大学赤本シリーズ

284

上智大学

TEAPスコア利用方式

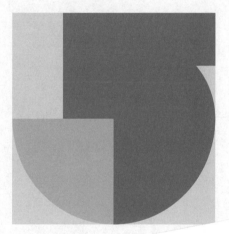

教学社

は　し　が　き

おかげさまで，大学入試の「赤本」は，今年で創刊70周年を迎えました。

これまで，入試問題や資料をご提供いただいた大学関係者各位，掲載許可をいただいた著作権者の皆様，各科目の解答や対策の執筆にあたられた先生方，そして，赤本を使用してくださったすべての読者の皆様に，厚く御礼を申し上げます。

以下に，創刊初期の「赤本」のはしがきを引用します。これからも引き続き，受験生の目標の達成や，夢の実現を応援してまいります。

本書を活用して，入試本番では持てる力を存分に発揮されることを心より願っています。

編者しるす

＊　＊　＊

学問の塔にあこがれのまなざしをもって，それぞれの志望する大学の門をたたかんとしている受験生諸君！　人間として生まれてきた私たちは，自己の欲するままに，美しく，強く，そして何よりも人間らしく生きることをねがっている。しかし，一朝一夕にして，この純粋なのぞみが達せられることはない。私たちの行く手には，絶えずさまざまな試練がまちかまえている。この試練を克服していくところに，私たちのねがう真に人間的な世界がはじめて開かれてくるのである。

人生最初の最大の試練として，諸君の眼前に大学入試がある。この大学入試は，精神的にも身体的にも，大きな苦痛を感ぜしめるであろう。あるスポーツに熟達するには，たゆみなき，はげしい練習を積み重ねることが必要であるように，私たちは，計画的・持続的な努力を払うことによって，この試練を克服し，次の一歩を踏みだすことができる。厳しい試練を経たのちに，はじめて満足すべき成果を獲得できるのである。

本書は最近の入学試験の問題に，それぞれ解答を付し，さらに問題をふかく分析することによって，その大学独特の傾向や対策をさぐろうとした。本書を一般の参考書とあわせて使用し，まとはずれのない，効果的な受験勉強をされるよう期待したい。

（昭和35年版「赤本」はしがきより）

挑む人の、いちばんの味方

赤本創刊70周年

1954年に大学入試の過去問題集を刊行してから70年。赤本は大学に入りたいと思う受験生を応援しつづけてきました。これからも，苦しいとき落ち込むときにそばで支える存在でいたいと思います。

そして，勉強をすること，自分で道を決めること，努力が実ること，これらの喜びを読者の皆さんが感じることができるよう，伴走をつづけます。

そもそも赤本とは…

受験生のための大学入試の過去問題集！

70年の歴史を誇る赤本は，500点を超える刊行点数で全都道府県の370大学以上を網羅しており，過去問の代名詞として受験生の必須アイテムとなっています。

…………… なぜ受験に過去問が必要なのか？ ……………

大学入試は大学によって問題形式や頻出分野が大きく異なるからです。

赤本の掲載内容

傾向と対策

これまでの出題内容から，問題の「**傾向**」を分析し，来年度の入試に向けて具体的な「**対策**」の方法を紹介しています。

問題編・解答編

- 年度ごとに問題とその解答を掲載しています。
- 「**問題編**」ではその年度の試験概要を確認したうえで，実際に出題された過去問に取り組むことができます。
- 「**解答編**」には高校・予備校の先生方による解答が載っています。

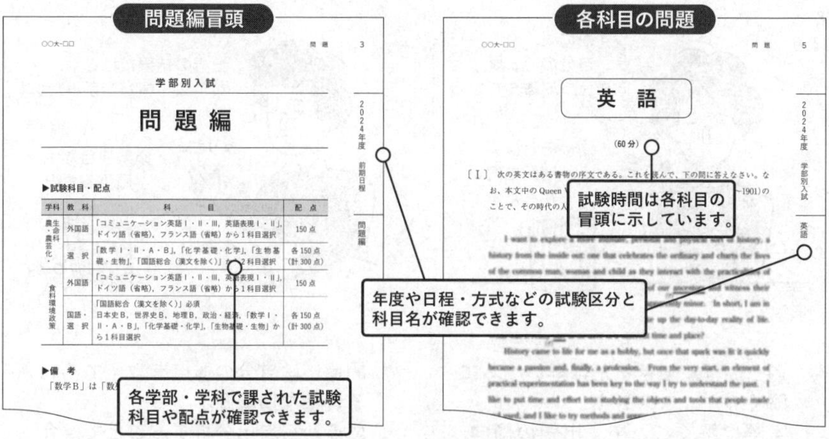

他にも，大学の基本情報や，先輩受験生の合格体験記，在学生からのメッセージなどが載っていることがあります。

掲載内容について

著作権上の理由やその他編集上の都合により問題や解答の一部を割愛している場合があります。なお，指定校推薦入試，社会人入試，編入学試験，帰国生入試などの特別入試，英語以外の外国語科目，商業・工業科目は，原則として掲載しておりません。また試験科目は変更される場合がありますので，あらかじめご了承ください。

受験勉強は

過去問に始まり，

STEP 1 なにはともあれ

まずは解いてみる

しずかに…
今，自分の心と
向き合ってるんだから
ムーン
それは
問題を解いて
からだホン!

過去問は，**できるだけ早いうちに解く**のがオススメ！
実際に解くことで，**出題の傾向，問題のレベル，今の自分の実力**がつかめます。

STEP 2 じっくり具体的に

弱点を分析する

分析の結果だけど
英・数・国が苦手みたい
スリー
必須科目だホン
頑張るホン

間違いは自分の弱点を教えてくれる**貴重な情報源**。
弱点から自己分析することで，**今の自分に足りない力や苦手な分野**が見えてくるはず！

合格者があかす 赤本の使い方

傾向と対策を熟読
（Fさん／国立大合格）

大学の出題傾向を調べるために，赤本に載っている「傾向と対策」を熟読しました。

繰り返し解く
（Tさん／国立大合格）

1周目は問題のレベル確認，2周目は苦手や頻出分野の確認に，3周目は合格点を目指して，と過去問は繰り返し解くことが大切です。

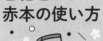

過去問に終わる。

STEP 3

志望校にあわせて

苦手分野の重点対策

明日からはみんなで頑張るよ！
参考書も！ 問題集も！
よろしくね！
呼んだ？
なにを!?
どこから!?
グッ
グッ

参考書や問題集を活用して，苦手分野の**重点対策**をしていきます。
過去問を指針に，合格へ向けた具体的な学習計画を立てましょう！

STEP 1 ▶ 2 ▶ 3

サイクルが大事！

実践を繰り返す

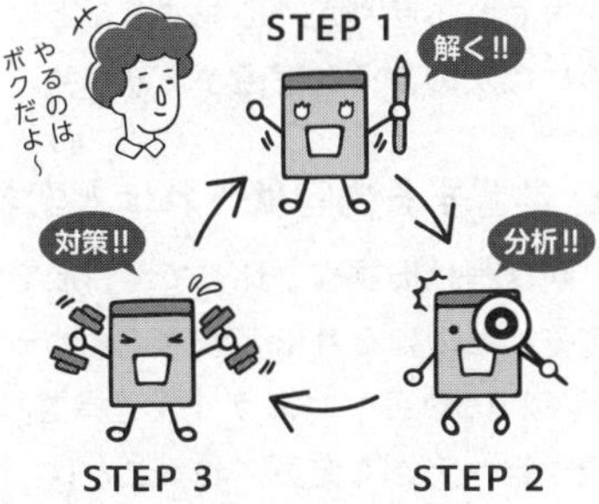
やるのはボクだよ～
STEP 1
解く!!
分析!!
対策!!
STEP 3
STEP 2

STEP 1～3を繰り返し，実力アップにつなげましょう！
出題形式に慣れることや，**時間配分を考えること**も大切です。

目標点を決める

(Yさん／私立大合格)

赤本によっては合格者最低点が載っているので，それを見て目標点を決めるのもよいです。

時間配分を確認

(Kさん／私立大学合格)

赤本は時間配分や解く順番を決めるために使いました。

添削してもらう

(Sさん／私立大学合格)

記述式の問題は先生に添削してもらうことで自分の弱点に気づけると思います。

新課程入試Q&A

2022年度から新しい学習指導要領（新課程）での授業が始まり，2025年度の入試は，新課程に基づいて行われる最初の入試となります。ここでは，赤本での新課程入試の対策について，よくある疑問にお答えします。

Q1. 赤本は新課程入試の対策に使えますか？

A. もちろん使えます！

旧課程入試の過去問が新課程入試の対策に役に立つのか疑問に思う人もいるかもしれませんが，心配することはありません。旧課程入試の過去問が役立つのには次のような理由があります。

● 学習する内容はそれほど変わらない

新課程は旧課程と比べて科目名を中心とした変更はありますが，学習する内容そのものはそれほど大きく変わっていません。また，多くの大学で，既卒生が不利にならないよう「経過措置」がとられます（Q３参照）。したがって，出題内容が大きく変更されることは少ないとみられます。

● 大学ごとに出題の特徴がある

これまでに課程が変わったときも，各大学の出題の特徴は大きく変わらないことがほとんどでした。入試問題は各大学のアドミッション・ポリシーに沿って出題されており，過去問にはその特徴がよく表れています。過去問を研究してその大学に特有の傾向をつかめば，最適な対策をとることができます。

出題の特徴の例	・英作文問題の出題の有無 ・論述問題の出題（字数制限の有無や長さ） ・計算過程の記述の有無

新課程入試の対策も，赤本で過去問に取り組むところから始めましょう。

Q2. 赤本を使う上での注意点はありますか？

A. 志望大学の入試科目を確認しましょう。

過去問を解く前に，過去の出題科目（問題編冒頭の表）と 2025 年度の募集要項とを比べて，課される内容に変更がないかを確認しましょう。ポイントは以下のとおりです。科目名が変わっていても，実際は旧課程の内容とほとんど同様のものもあります。

英語・国語	科目名は変更されているが，実質的には変更なし。 ▶▶ **ただし，リスニングや古文・漢文の有無は要確認。**
地歴	科目名が変更され，「歴史総合」「地理総合」が新設。 ▶▶ **新設科目の有無に注意。ただし，「経過措置」(Q３参照) により内容は大きく変わらないことも多い。**
公民	「現代社会」が廃止され，「公共」が新設。 ▶▶ **「公共」は実質的には「現代社会」と大きく変わらない。**
数学	科目が再編され，「数学 C」が新設。 ▶▶ **「数学」全体としての内容は大きく変わらないが，出題科目と単元の変更に注意。**
理科	科目名も学習内容も大きな変更なし。

数学については，科目名だけでなく，どの単元が含まれているかも確認が必要です。例えば，出題科目が次のように変わったとします。

旧課程	「数学Ⅰ・数学Ⅱ・数学Ａ・数学Ｂ（数列・ベクトル）」
新課程	「数学Ⅰ・数学Ⅱ・数学Ａ・**数学Ｂ（数列）・数学Ｃ（ベクトル）**」

この場合，新課程では「数学C」が増えていますが，単元は「ベクトル」のみのため，実質的には旧課程とほぼ同じであり，過去問をそのまま役立てることができます。

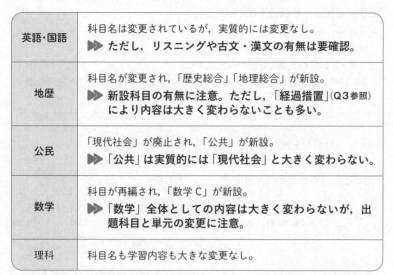

Q3. 「経過措置」とは何ですか?

A. 既卒の旧課程履修者への対応です。

多くの大学では，既卒の旧課程履修者が不利にならないように，出題において「経過措置」が実施されます。措置の有無や内容は大学によって異なるので，募集要項や大学のウェブサイトなどで確認しておきましょう。

○旧課程履修者への経過措置の例

- 旧課程履修者にも配慮した出題を行う。
- 新・旧課程の共通の範囲から出題する。
- 新課程と旧課程の共通の内容を出題し，共通範囲のみでの出題が困難な場合は，旧課程の範囲からの問題を用意し，選択解答とする。

例えば，地歴の出題科目が次のように変わったとします。

旧課程	「日本史B」「世界史B」から1科目選択
新課程	「**歴史総合**，日本史探究」「**歴史総合**，世界史探究」から1科目選択※ ※旧課程履修者に不利益が生じることのないように配慮する。

「歴史総合」は新課程で新設された科目で，旧課程履修者には見慣れないものですが，上記のような経過措置がとられた場合，新課程入試でも旧課程と同様の学習内容で受験することができます。

要チェックだホン

新課程の情報は WEB もチェック！
より詳しい解説が赤本ウェブサイトで見られます。
https://akahon.net/shinkatei/

科目名が変更される教科・科目

	旧課程	新課程
国語	国語総合 国語表現 現代文A 現代文B 古典A 古典B	現代の国語 言語文化 論理国語 文学国語 国語表現 古典探究
地歴	日本史A 日本史B 世界史A 世界史B 地理A 地理B	歴史総合 日本史探究 世界史探究 地理総合 地理探究
公民	現代社会 倫理 政治・経済	公共 倫理 政治・経済
数学	数学Ⅰ 数学Ⅱ 数学Ⅲ 数学A 数学B 数学活用	数学Ⅰ 数学Ⅱ 数学Ⅲ 数学A 数学B 数学C
外国語	コミュニケーション英語基礎 コミュニケーション英語Ⅰ コミュニケーション英語Ⅱ コミュニケーション英語Ⅲ 英語表現Ⅰ 英語表現Ⅱ 英語会話	英語コミュニケーションⅠ 英語コミュニケーションⅡ 英語コミュニケーションⅢ 論理・表現Ⅰ 論理・表現Ⅱ 論理・表現Ⅲ
情報	社会と情報 情報の科学	情報Ⅰ 情報Ⅱ

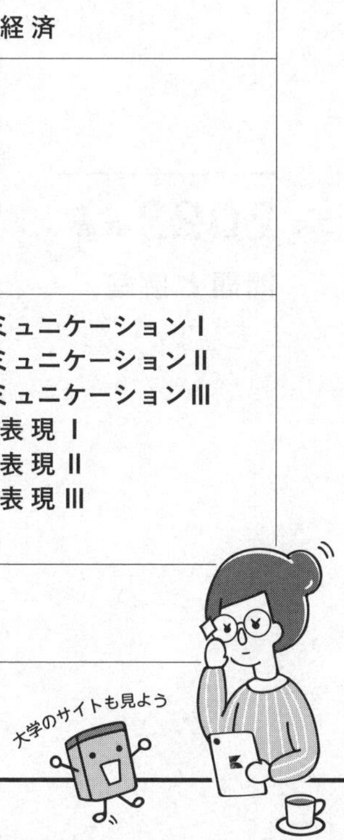

目　次

2022年度 問題と解答

UNIVERSITY GUIDE

大学情報

基本情報

沿革

1913（大正 2）	専門学校令による上智大学の開校。哲学科，独逸文学科，商科を置く
1928（昭和 3）	大学令による大学として新発足
1948（昭和 23）	新制大学として発足。文学部，経済学部を設置
1957（昭和 32）	法学部を設置
1958（昭和 33）	神学部，外国語学部を設置
1962（昭和 37）	理工学部を設置
1973（昭和 48）	上智短期大学開設
1987（昭和 62）	比較文化学部を設置
2005（平成 17）	文学部（教育学科，心理学科，社会学科，社会福祉学科）を総合人間科学部に改組
2006（平成 18）	比較文化学部を国際教養学部に改組
2013（平成 25）	創立 100 周年
2014（平成 26）	総合グローバル学部を設置

エンブレム

エンブレムの鷲は「真理の光」を目指して力強く羽ばたく鷲をかたどったもので，その姿は上智大学の本質と理想とを表している。中央にしるされた文字は，本学の標語「真理の光」，ラテン語で Lux Veritatis の頭文字である。

「真理の光」を目指して力強く羽ばたく鷲のシンボルに，学生が優れた知恵を身につけて，よりよい未来を拓いてほしいという上智大学の願いが込められています。

学部・学科の構成

大　学

●神学部

神学科

●文学部

哲学科，史学科，国文学科，英文学科，ドイツ文学科，フランス文学科新聞学科

●総合人間科学部

教育学科，心理学科，社会学科，社会福祉学科，看護学科

●法学部

法律学科，国際関係法学科，地球環境法学科

●経済学部

経済学科，経営学科

●外国語学部

英語学科，ドイツ語学科，フランス語学科，イスパニア語学科，ロシア語学科，ポルトガル語学科

●総合グローバル学部

総合グローバル学科

●国際教養学部

国際教養学科

●理工学部

物質生命理工学科，機能創造理工学科，情報理工学科

大学院

神学研究科 / 文学研究科 / 実践宗教学研究科 / 総合人間科学研究科 / 法学研究科・法科大学院 / 経済学研究科 / 言語科学研究科 / グローバル・スタディーズ研究科 / 理工学研究科 / 地球環境学研究科 / 応用データサイエンス学位プログラム

大学所在地

目白聖母キャンパス

四谷キャンパス

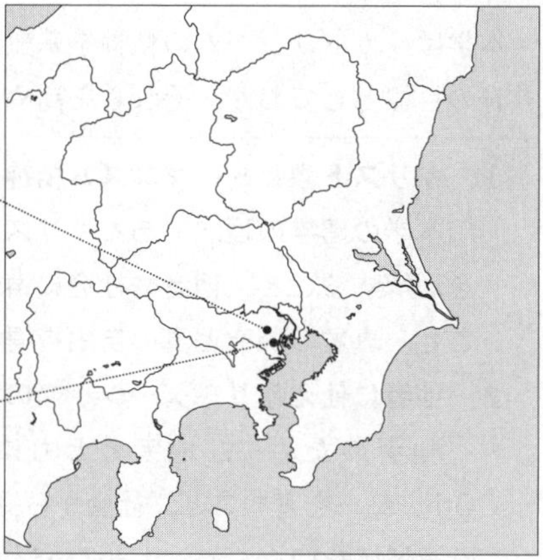

四谷キャンパス　〒102-8554　東京都千代田区紀尾井町 7 - 1

目白聖母キャンパス　〒161-8550　東京都新宿区下落合 4-16-11

アドミッション・ポリシー

大学より公表されているアドミッション・ポリシー（入学者受け入れの方針）を以下に示します。学部・学科ごとのアドミッション・ポリシーは大学ウェブサイト等を参照してください。

大学全体のアドミッション・ポリシー

本学は，カトリシズムの精神を基盤に，次の4つを柱とする人材養成を教育の目標としており，それらを高めたいと望む学生を受け入れます。

1．キリスト教ヒューマニズム精神の涵養

本学の建学の理念であるキリスト教ヒューマニズムに触れてこれを理解すること，他者や社会に奉仕する中で自己の人格を陶冶すること，真理の探究と真の自由を得るために自らを高めること。

2．他者に仕えるリーダーシップの涵養

他者のために，他者とともに生きる精神―“For Others, With Others”―を育むこと，社会から受ける恩恵を自覚し，それにともなう責任感を抱くこと，リーダーシップに必要な基礎能力を培うこと。

3．グローバル・コンピテンシーの養成

グローバル・イシューへの関心を抱くこと，複数の言語でコミュニケーションできること，さまざまな文化の違いを理解し，その違いを肯定的に受け止め，それらのかけ橋となれること。

4．幅広い教養と専門分野の知識・能力の修得

幅広い教養やコミュニケーション能力など社会人としての基礎能力，専攻する学問分野における専門的知識・能力を修得すること。

上記を学力の3要素に対比させると，1・2に関連して，「主体性・対話性・協働性」を高めていこうとする人，3に関連して，「思考力・判断力・表現力」を深めていこうとする人，4に関連して，「知識・教養・技能」の獲得を目指そうとする人を本学は求めています。

各方式におけるアドミッション・ポリシー

一般選抜の各方式で求める学生像は下記のとおり。

TEAP スコア利用方式

基礎的な学力（知識・技能）に加えて，高度な文章理解力，論理的思考力，表現力，実践的な英語力（４技能）を備えた入学者を受け入れることを目的としています。

学部学科試験・共通テスト併用方式

基礎的な学力（知識・技能）に加えて，高度な文章理解力，論理的思考力，表現力，各学問分野への意欲・適性を備えた入学者を受け入れることを目的としています。

共通テスト利用方式（３教科型・４教科型）

本学独自試験を行わないことで全国の志願者に受験機会を提供するとともに，他方式では設定されていない科目選択を可能にし，多様な入学者を受け入れることを目的としています。

一般選抜の各方式で特に重視する学力の要素は下記のとおり。

区　分	知識・教養・技能	思考力・判断力・表現力	主体性・対話性・協働性
TEAP スコア利用方式	○	◎	○ （面接該当学科）
学部学科試験・共通テスト併用方式	○	◎	○ （面接該当学科）
共通テスト利用方式（３教科型・４教科型）	◎	○	○ （面接該当学科）

入試データ

入試状況（志願者数・競争率など）

○競争率は第１次受験者数÷最終合格者数で算出。

○個別学力試験を課さない大学入学共通テスト利用選抜は１カ年のみ掲載。

2024年度 入試状況

●一般選抜 TEAP スコア利用方式

（　）内は女子内数

学部・学科		募集人員	志願者数	第１次受験者数	最終合格者数	競争率
神	神	8	20(18)	20(18)	8(8)	2.5
文	哲	14	99(62)	97(61)	34(27)	2.9
	史	23	139(93)	139(93)	62(42)	2.2
	国文	10	80(66)	80(66)	38(30)	2.1
	英文	24	220(173)	218(173)	89(73)	2.4
	ドイツ文	13	126(95)	123(94)	45(37)	2.7
	フランス文	15	109(83)	108(83)	25(22)	4.3
	新聞	20	171(142)	169(140)	37(29)	4.6
総合人間科	教育	18	117(90)	117(90)	37(27)	3.2
	心理	15	105(83)	105(83)	16(15)	6.6
	社会	17	140(103)	137(102)	39(31)	3.5
	社会福祉	15	87(74)	86(74)	27(25)	3.2
	看護	15	41(39)	40(38)	15(15)	2.7
法	法律	44	230(149)	227(148)	83(58)	2.7
	国際関係法	29	260(175)	257(172)	93(64)	2.8
	地球環境法	18	131(88)	131(88)	48(32)	2.7
経済	経済（文系）	30	137(60)	133(57)	60(29)	2.2
	経済（理系）	10	99(30)	94(29)	25(10)	3.8
	経営	25	319(191)	316(188)	50(32)	6.3
外国語	英語	45	405(278)	403(277)	132(90)	3.1
	ドイツ語	15	146(100)	144(99)	44(31)	3.3
	フランス語	18	197(145)	197(145)	63(46)	3.1
	イスパニア語	18	194(120)	193(119)	85(55)	2.3
	ロシア語	14	220(133)	218(133)	87(54)	2.5
	ポルトガル語	14	209(137)	206(135)	87(64)	2.4
総合グローバル		65	562(393)	561(392)	112(80)	5.0

（表つづく）

学部・学科		募集人員	志願者数	第1次受験者数	最終合格者数	競争率
理工	物質生命理工	22	147(78)	145(77)	70(40)	2.1
	機能創造理工	22	135(34)	134(34)	61(16)	2.2
	情報理工	20	121(45)	118(43)	49(15)	2.4
合計		616	4,966(3,277)	4,916(3,251)	1,621(1,097)	—

(備考）最終合格者数には補欠入学許可者数を含む。

●一般選抜　学部学科試験・共通テスト併用方式

（　）内は女子内数

学部・学科		募集人員	志願者数	第1次受験者数	最終合格者数	競争率
神	神	12	38(25)	35(23)	14(10)	2.5
文	哲	19	140(77)	128(72)	54(36)	2.4
	史	23	298(139)	279(125)	121(52)	2.3
	国文	30	313(224)	294(209)	105(84)	2.8
	英文	37	386(254)	370(245)	181(118)	2.0
	ドイツ文	18	209(138)	204(135)	63(39)	3.2
	フランス文	20	160(119)	157(117)	40(30)	3.9
	新聞	40	228(163)	222(158)	71(51)	3.1
総合人間科	教育	23	227(158)	219(154)	70(50)	3.1
	心理	20	205(154)	192(145)	27(23)	7.1
	社会	25	374(252)	357(242)	93(61)	3.8
	社会福祉	20	118(83)	109(77)	45(33)	2.4
	看護	21	216(210)	207(201)	55(54)	3.8
法	法律	64	507(279)	484(267)	208(125)	2.3
	国際関係法	44	444(257)	424(243)	216(130)	2.0
	地球環境法	29	276(154)	265(145)	123(70)	2.2
経済	経済	85	1,108(334)	1,053(312)	402(120)	2.6
	経営	85	1,693(689)	1,624(661)	372(170)	4.4
外国語	英語	50	607(373)	580(356)	195(128)	3.0
	ドイツ語	21	258(166)	249(160)	99(66)	2.5
	フランス語	23	426(278)	413(273)	137(95)	3.0
	イスパニア語	28	368(232)	357(226)	191(123)	1.9
	ロシア語	20	337(187)	323(177)	156(88)	2.1
	ポルトガル語	20	275(171)	268(165)	146(90)	1.8
総合グローバル		70	745(507)	690(470)	279(180)	2.5
理工	物質生命理工	45	893(380)	818(344)	350(140)	2.3
	機能創造理工	44	754(143)	692(128)	275(51)	2.5
	情報理工	45	789(177)	721(159)	218(41)	3.3
合計		981	12,392(6,323)	11,734(5,989)	4,306(2,258)	—

(備考）最終合格者数には補欠入学許可者数を含む。

●一般選抜　共通テスト利用方式（3教科型）

（　）内は女子内数

学部	学科	募集人員	志願者数	第1次受験者数	最終合格者数	競争率
神	神	2	87(54)	87(54)	7(6)	12.4
文	哲	2	265(135)	265(135)	36(26)	7.4
	史	2	203(107)	203(107)	37(20)	5.5
	国文	2	341(220)	341(220)	40(27)	8.5
	英文	3	155(104)	155(104)	55(43)	2.8
	ドイツ文	2	99(75)	99(75)	24(19)	4.1
	フランス文	2	123(101)	123(101)	26(24)	4.7
	新聞	2	268(195)	268(195)	34(27)	7.9
総合人間科	教育	3	198(128)	198(128)	33(25)	6.0
	心理	2	62(43)	62(43)	6(6)	10.3
	社会	2	108(74)	108(74)	13(8)	8.3
	社会福祉	3	74(56)	74(56)	11(11)	6.7
	看護	2	65(63)	65(63)	16(16)	4.1
法	法律	2	352(192)	352(192)	67(38)	5.3
	国際関係法	2	677(352)	677(352)	86(52)	7.9
	地球環境法	2	135(74)	135(74)	19(10)	7.1
経済	経済	2	302(109)	302(109)	34(15)	8.9
	経営	5	572(259)	572(259)	70(34)	8.2
外国語	英語	2	302(173)	302(173)	37(26)	8.2
	ドイツ語	2	173(107)	173(107)	21(12)	8.2
	フランス語	3	130(94)	130(94)	25(16)	5.2
	イスパニア語	2	245(133)	245(133)	46(28)	5.3
	ロシア語	2	318(164)	318(164)	71(41)	4.5
	ポルトガル語	2	433(251)	433(251)	50(32)	8.7
総合グローバル		3	493(336)	493(336)	63(45)	7.8
理工	物質生命理工	3	388(187)	388(187)	110(47)	3.5
	機能創造理工	2	303(81)	303(81)	88(18)	3.4
	情報理工	3	419(109)	419(109)	81(22)	5.2
合計		66	7,290(3,976)	7,290(3,976)	1,206(694)	—

（備考）最終合格者数には補欠入学許可者数を含む。

●一般選抜　共通テスト利用方式（4教科型）

（　）内は女子内数

学部・学科		募集人員	志願者数	第1次受験者数	最終合格者数	競争率
神	神	2	22(12)	22(12)	2(2)	11.0
文	哲	3	128(58)	128(58)	32(17)	4.0
	史	2	123(59)	123(59)	39(22)	3.2
	国文	3	85(51)	85(51)	26(11)	3.3
	英文	3	69(45)	69(45)	26(18)	2.7
	ドイツ文	2	107(55)	107(55)	32(16)	3.3
	フランス文	2	34(24)	34(24)	9(6)	3.8
	新聞	3	118(86)	118(86)	29(23)	4.1
総合人間科	教育	3	116(70)	116(70)	27(19)	4.3
	心理	3	70(52)	70(52)	10(9)	7.0
	社会	3	140(90)	140(90)	41(28)	3.4
	社会福祉	2	102(70)	102(70)	19(14)	5.4
	看護	2	78(74)	78(74)	9(9)	8.7
法	法律	5	369(183)	369(183)	100(48)	3.7
	国際関係法	3	263(147)	263(147)	57(31)	4.6
	地球環境法	3	73(41)	73(41)	15(8)	4.9
経済	経済	4	596(178)	596(178)	88(30)	6.8
	経営	15	636(245)	636(245)	122(58)	5.2
外国語	英語	3	193(109)	193(109)	32(21)	6.0
	ドイツ語	2	87(43)	87(43)	20(11)	4.4
	フランス語	2	49(33)	49(33)	18(13)	2.7
	イスパニア語	2	60(34)	60(34)	17(13)	3.5
	ロシア語	2	92(40)	92(40)	31(14)	3.0
	ポルトガル語	2	151(76)	151(76)	24(13)	6.3
総合グローバル		2	355(204)	355(204)	48(32)	7.4
理工	物質生命理工	3	283(148)	283(148)	75(33)	3.8
	機能創造理工	3	301(75)	301(75)	100(18)	3.0
	情報理工	3	221(63)	221(63)	62(13)	3.6
合計		87	4,921(2,365)	4,921(2,365)	1,110(550)	—

（備考）最終合格者数には補欠入学許可者数を含む。

●一般選抜第 2 次試験合格状況

学部・学科		TEAP スコア利用方式			学部学科試験・共通テスト併用方式			共通テスト利用方式					
								3 教科型			4 教科型		
		第1次合格者数	第2次受験者数	最終合格者数	第1次合格者数	第2次受験者数	最終合格者数	第1次合格者数	第2次受験者数	最終合格者数	第1次合格者数	第2次受験者数	最終合格者数
神	神	16	11	8	26	26	14	27	13	7	14	5	2
総合人間科	心理	49	44	16	72	67	27	10	7	6	23	15	10
	看護	24	24	15	128	118	55	24	18	16	9	9	9

（備考）最終合格者数には補欠入学許可者数を含む。

2023年度 入試状況

●一般選抜　TEAPスコア利用方式

（　）内は女子内数

学部	学科	募集人員	志願者数	第1次受験者数	最終合格者数	競争率
神	神	8	26(12)	26(12)	9(6)	2.9
文	哲	14	124(70)	121(68)	42(19)	2.9
	史	23	135(84)	133(83)	55(36)	2.4
	国文	10	90(64)	88(62)	24(14)	3.7
	英文	24	229(160)	227(159)	90(60)	2.5
	ドイツ文	13	139(105)	138(104)	47(35)	2.9
	フランス文	15	91(74)	91(74)	25(20)	3.6
	新聞	20	142(97)	139(94)	55(35)	2.5
総合人間科	教育	18	123(91)	121(89)	42(34)	2.9
	心理	15	101(71)	100(70)	22(17)	4.5
	社会	17	161(108)	159(106)	25(19)	6.4
	社会福祉	15	112(88)	111(88)	22(19)	5.0
	看護	15	40(39)	39(38)	21(21)	1.9
法	法律	44	269(159)	266(158)	94(65)	2.8
	国際関係法	29	255(179)	251(177)	100(75)	2.5
	地球環境法	18	113(70)	113(70)	37(26)	3.1
経済	経済(文系)	30	182(73)	179(71)	64(27)	2.8
	経済(理系)	10	88(29)	88(29)	27(9)	3.3
	経営	25	367(205)	363(204)	109(61)	3.3
外国語	英語	45	380(260)	378(259)	147(105)	2.6
	ドイツ語	15	129(91)	127(90)	58(37)	2.2
	フランス語	18	189(135)	188(134)	76(49)	2.5
	イスパニア語	18	174(117)	173(116)	66(42)	2.6
	ロシア語	14	180(103)	180(103)	106(63)	1.7
	ポルトガル語	14	142(80)	142(80)	77(43)	1.8
総合グローバル		65	555(392)	550(389)	192(150)	2.9
理工	物質生命理工	22	114(49)	111(49)	62(26)	1.8
	機能創造理工	22	141(37)	134(36)	77(19)	1.7
	情報理工	20	124(39)	122(39)	50(14)	2.4
合計		616	4,915(3,081)	4,858(3,051)	1,821(1,146)	—

（備考）最終合格者数には補欠入学許可者数を含む。

●一般選抜　学部学科試験・共通テスト併用方式

（　）内は女子内数

学部・学科		募集人員	志願者数	第1次受験者数	最終合格者数	競争率
神	神	12	30(15)	28(15)	12(7)	2.3
文	哲	19	145(65)	135(61)	49(21)	2.8
	史	23	274(143)	266(136)	98(33)	2.7
	国文	30	396(271)	380(260)	113(84)	3.4
	英文	37	364(236)	354(232)	168(109)	2.1
	ドイツ文	18	129(79)	121(74)	65(42)	1.9
	フランス文	20	119(92)	118(92)	40(33)	3.0
	新聞	40	193(130)	182(120)	84(52)	2.2
総合人間科	教育	23	268(179)	255(169)	68(47)	3.8
	心理	20	186(124)	171(115)	29(21)	5.9
	社会	25	363(228)	343(214)	91(61)	3.8
	社会福祉	20	109(83)	104(79)	40(28)	2.6
	看護	21	166(163)	157(155)	100(100)	1.6
法	法律	64	651(325)	633(321)	215(113)	2.9
	国際関係法	44	534(307)	519(300)	214(132)	2.4
	地球環境法	29	198(102)	195(101)	73(43)	2.7
経済	経済	85	1,058(329)	1,018(314)	454(136)	2.2
	経営	85	1,642(701)	1,573(670)	443(195)	3.6
外国語	英語	50	490(315)	468(305)	217(147)	2.2
	ドイツ語	21	171(106)	164(101)	94(60)	1.7
	フランス語	23	262(184)	256(179)	137(106)	1.9
	イスパニア語	28	276(167)	266(162)	156(94)	1.7
	ロシア語	20	226(122)	220(118)	158(90)	1.4
	ポルトガル語	20	200(112)	193(109)	129(71)	1.5
総合グローバル		70	778(522)	744(498)	355(232)	2.1
理工	物質生命理工	45	788(321)	746(301)	292(110)	2.6
	機能創造理工	44	838(176)	792(168)	279(53)	2.8
	情報理工	45	947(228)	892(214)	250(46)	3.6
合計		981	11,801(5,825)	11,293(5,583)	4,423(2,266)	—

（備考）最終合格者数には補欠入学許可者数を含む。

●一般選抜第 2 次試験合格状況

学部・学科		TEAP スコア利用方式			学部学科試験・共通テスト併用方式			共通テスト利用方式					
								3 教科型			4 教科型		
		第1次合格者数	第2次受験者数	最終合格者数	第1次合格者数	第2次受験者数	最終合格者数	第1次合格者数	第2次受験者数	最終合格者数	第1次合格者数	第2次受験者数	最終合格者数
神	神	17	15	9	20	18	12	13	12	5	7	5	3
総合人間科	心理	54	53	22	81	79	29	6	6	5	22	19	13
	看護	22	22	21	117	116	100	4	3	2	22	20	20

（備考）最終合格者数には補欠入学許可者数を含む。

2022 年度　入試状況

●一般選抜（TEAP スコア利用型）

（　）内は女子内数

学部	学科	募集人員	志願者数	第１次受験者数	最終合格者数	競争率
神	神	8	30(　18)	30(　18)	9(　5)	3.3
文	哲	14	133(　73)	130(　72)	40(　22)	3.3
	史	20	147(　88)	147(　88)	50(　31)	2.9
	国文	10	78(　64)	78(　64)	41(　33)	1.9
	英文	27	276(　191)	273(　189)	82(　62)	3.3
	ドイツ文	13	116(　78)	115(　78)	41(　26)	2.8
	フランス文	16	118(　85)	117(　84)	26(　17)	4.5
	新聞	20	151(　114)	149(　112)	29(　19)	5.1
総合人間科	教育	18	161(　116)	159(　114)	43(　25)	3.7
	心理	16	112(　77)	108(　75)	16(　13)	6.8
	社会	17	212(　168)	208(　164)	32(　25)	6.5
	社会福祉	16	97(　79)	97(　79)	28(　20)	3.5
	看護	16	46(　44)	45(　43)	18(　17)	2.5
法	法律	45	269(　168)	266(　167)	80(　54)	3.3
	国際関係法	30	233(　165)	233(　165)	79(　58)	2.9
	地球環境法	19	126(　80)	125(　79)	42(　29)	3.0
経済	経済（文系）	30	123(　47)	122(　47)	71(　25)	1.7
	経済（理系）	10	85(　24)	85(　24)	31(　10)	2.7
	経営	25	337(　182)	336(　182)	78(　44)	4.3
外国語	英語	45	343(　229)	340(　228)	124(　87)	2.7
	ドイツ語	16	147(　93)	146(　93)	44(　27)	3.3
	フランス語	18	209(　147)	207(　146)	76(　59)	2.7
	イスパニア語	18	236(　153)	235(　153)	71(　41)	3.3
	ロシア語	15	199(　122)	198(　121)	81(　50)	2.4
	ポルトガル語	15	201(　119)	199(　119)	61(　31)	3.3
総合グローバル		65	660(　466)	656(　465)	160(　119)	4.1
理工	物質生命理工	20	87(　32)	86(　31)	58(　23)	1.5
	機能創造理工	20	85(　24)	83(　22)	58(　16)	1.4
	情報理工	20	106(　35)	103(　33)	51(　13)	2.0
合計		622	5,123(3,281)	5,076(3,255)	1,620(1,001)	―

（備考）最終合格者数には補欠入学許可者数を含む。

●一般選抜（学部学科試験・共通テスト併用型）

（　）内は女子内数

学部・学科		募集人員	志願者数	第1次受験者数	最終合格者数	競争率
神	神	12	55(　39)	54(　38)	12(　9)	4.5
文	哲	19	142(　68)	133(　60)	55(　26)	2.4
	史	27	386(　158)	374(　151)	116(　35)	3.2
	国文	32	431(　292)	423(　286)	142(　97)	3.0
	英文	37	418(　254)	400(　243)	158(　84)	2.5
	ドイツ文	18	142(　83)	138(　81)	54(　35)	2.6
	フランス文	20	154(　112)	146(　107)	63(　50)	2.3
	新聞	50	265(　178)	258(　172)	50(　32)	5.2
総合人間科	教育	26	390(　245)	381(　238)	71(　50)	5.4
	心理	21	211(　129)	197(　121)	21(　19)	9.4
	社会	25	531(　328)	514(　318)	91(　59)	5.6
	社会福祉	21	126(　90)	116(　83)	53(　42)	2.2
	看護	21	148(　138)	139(　131)	84(　80)	1.7
法	法律	65	679(　339)	648(　325)	235(　124)	2.8
	国際関係法	45	517(　282)	498(　270)	179(　98)	2.8
	地球環境法	30	307(　153)	298(　147)	91(　55)	3.3
経済	経済	85	984(　307)	925(　287)	339(　108)	2.7
	経営	85	1,791(　730)	1,725(　701)	457(　199)	3.8
外国語	英語	50	546(　349)	515(　327)	188(　125)	2.7
	ドイツ語	21	230(　140)	222(　134)	92(　55)	2.4
	フランス語	25	270(　194)	257(　185)	136(　101)	1.9
	イスパニア語	29	333(　199)	328(　197)	172(　103)	1.9
	ロシア語	20	272(　148)	264(　142)	165(　92)	1.6
	ポルトガル語	20	275(　150)	266(　144)	138(　75)	1.9
総合グローバル		70	980(　652)	939(　630)	334(　214)	2.8
理工	物質生命理工	40	697(　253)	660(　241)	340(　132)	1.9
	機能創造理工	40	723(　110)	680(　103)	275(　40)	2.5
	情報理工	40	915(　240)	853(　226)	297(　55)	2.9
合計		994	12,918(6,360)	12,351(6,088)	4,408(2,194)	―

（備考）最終合格者数には補欠入学許可者数を含む。

●一般選抜第 2 次試験合格状況

学部・学科		TEAP スコア利用型			学部学科試験・共通テスト併用型			共通テスト利用型		
		第1次合格者数	第2次受験者数	最終合格者数	第1次合格者数	第2次受験者数	最終合格者数	第1次合格者数	第2次受験者数	最終合格者数
神	神	15	14	9	30	29	12	5	2	2
総合人間科	心理	58	56	16	94	93	21	16	14	3
	看護	24	23	18	117	116	84	16	12	11

（備考）最終合格者数には補欠入学許可者数を含む。

募集要項（出願書類）の入手方法

入試種別	頒布開始時期（予定）	入　手　方　法
国際教養学部募集要項	公開中	大学公式 Web サイトからダウンロード。 郵送は行いません。
SPSF募集要項	公開中	
理工学部英語コース募集要項	公開中	
推薦（公募制）入試要項	7 月上旬	
一般選抜要項	11 月上旬	

問い合わせ先

上智大学　入学センター

〒102-8554　東京都千代田区紀尾井町 7-1

TEL　03-3238-3167　　FAX　03-3238-3262

【業務時間】10：00 ～ 11：30，12：30 ～ 16：00（土・日・祝日は休業）

www.sophia.ac.jp

合格体験記 募集

2025 年春に入学される方を対象に，本大学の「合格体験記」を募集します。お寄せいただいた合格体験記は，編集部で選考の上，小社刊行物やウェブサイト等に掲載いたします。お寄せいただいた方には小社規定の謝礼を進呈いたしますので，ふるってご応募ください。

応募方法

下記 URL または QR コードより応募サイトにアクセスできます。
ウェブフォームに必要事項をご記入の上，ご応募ください。
折り返し執筆要領をメールにてお送りします。

※入学が決まっている一大学のみ応募できます。

http://akahon.net/exp/

応募の締め切り

総合型選抜・学校推薦型選抜	2025年 2 月 23日
私立大学の一般選抜	2025年 3 月 10日
国公立大学の一般選抜	2025年 3 月 24日

受験にまつわる川柳を募集します。
入選者には賞品を進呈！
ふるってご応募ください。

応募方法　http://akahon.net/senryu/　にアクセス！

気になること、聞いてみました！

在学生メッセージ

大学ってどんなところ？ 大学生活ってどんな感じ？
ちょっと気になることを，在学生に聞いてみました。

以下の内容は 2020 ～ 2022 年度入学生のアンケート回答に基づくものです。ここで触れられている内容は今後変更となる場合もありますのでご注意ください。

メッセージを書いてくれた先輩　［総合人間科学部］K.M. さん　Y.O. さん　［法学部］Y.S. さん
［外国語学部］石川寛華さん　N.T. さん

大学生になったと実感！

高校までと変わったことは，授業の時間割を自分で組めるようになったことです。必修科目もありますが，それ以外は自分の興味や関心に応じて科目を選択することができます。高校までは毎日午後まで授業がありますが，大学では時間割の組み方によっては午前中で帰れたり，授業を１つも取らない全休の日を作ったりすることもできます。空いた時間でアルバイトをしたり，自分の趣味を満喫したりできるのは，大学生ならではだと思います。また，大学は高校のときよりも主体性が求められます。レポートなどの提出物は締め切りを１秒でも過ぎると教授に受け取っていただけないこともあるため，自分でスケジュールを管理することがとても大切です。（石川寛華さん／外国語）

授業を自分で組めるようになったことです。高校までは嫌いな教科も勉強しなければならなかったけれど，大学では自分の好きなように時間割が組めます。興味がある授業をたくさん取ったり，忙しさの調整ができるようになったりした点で大学生になったと実感します。（K.M. さん／総合人間科）

高校とは違い，興味がある授業だけを選択して自分だけの時間割を作ることができるのは大学生ならではであると思います。また，リアペ（リアクションペーパー）と呼ばれる感想用紙を毎週提出するたびに大学生になったという実感が湧いてきます。（N.T. さん／外国語）

大学生活に必要なもの

授業中にメモを取るためのノートやルーズリーフ，シャープペンシル等の筆記用具は大学生になっても必要です。また，授業中にインターネット上で資料を参照したり，空き時間にレポート作成をしたりするために，パソコンが大学生の必須アイテムです。私は，大学生になってからパソコンを購入しましたが，レポートを作成するときにキーボードでたくさん文字を打つのに慣れていなくて時間がかかりました。大学生になったらパソコンを使って作業することが増えるので，入学前の春休み頃には購入してキーボードで文字を打つことに慣れておくとスムーズに大学生活を送れると思います。（石川寛華さん／外国語）

大学生として必要なものは計画性だと思います。高校までとは違い，自分で卒業に必要な単位数の取得を目指すため，学期ごとに自分で履修計画を立てなければなりません。（Y.S. さん／法）

大学の学びで困ったこと＆対処法

大学の学びで困ったことは，答えが１つではないことが多いということです。高校までのように課題は出されますが，レポートなどの課題は形式などに一定の指示はあるものの，自分で考えて作成するものがほとんどです。自分で問題意識をもって積極的に調べたりして考えていく姿勢が，大学では必要になります。問題意識をもつためには，様々なことに関心をもつことが大切だと思います。私は，外国語学部に在籍していますが，心理学や地球環境学などの自分の専攻とは異なる学部の授業を意識的に履修するようにしています。専攻とは異なる授業を履修することで，新たな視点から物事を見ることができています。（石川寛華さん／外国語）

問いに対する答えがないことですね。高校までは国語数学理科社会英語と明確な答えがある勉強をやってきたため，勉強をして点数が上がっていくという快感を味わうことができました。しかし，大学の勉強は考えてもそれが正しいのかわからないため，勉強をしている気になりません(笑)。だから，そのような事態に陥ったら高校の勉強に似た勉強をするといいと思います。つまり，答えのある勉強です。例えば TOEIC や資格試験の勉強なら将来にも役立つと思います。（Y.O. さん／総合人間科）

この授業がおもしろい！

キリスト教人間学と平和学です。キリスト教人間学は，イエズス会によって設立された上智大学ならではの科目です。聖書を読んだり，自分が今まで歩んできた人生を回想する「意識のエクササイズ」というものを行ったりします。時事的な事柄についてグループで話し合うこともあります。この科目は学部学科が異なる人とも授業を一緒に受けるので，多様な物の見方を知ることができておもしろいです。平和学は，国連の役割や紛争など国際関係に関する事柄について広く学びます。昨今の国際情勢についても授業で取り上げるので，現在の世界の状況を深く理解することができます。（石川寛華さん／外国語）

交友関係は？

入学式の日の学科別集会で，たまたま近くにいた人と話して意気投合しました。あとは授業で一緒になった人の中で自分と合いそうな人を見つけて話したりして交友関係を築きました。大学には様々なタイプの人がいるので，自分に合う人を見つけられると大学生活を有意義に過ごせると思います。なかには，入学前に SNS で交友関係を広げていたという友人もいました。（石川寛華さん／外国語）

授業前に話しかけたり，授業中のグループワーク，サークルで仲良くなりました。先輩とは授業で近くに座っていたり，サークルで出会ったり，学科のサポーターの人に相談したりして繋がりをもちました。自分から話しかけないとなかなか繋がりはもてません。（K.M. さん／総合人間科）

いま「これ」を頑張っています

専攻語であるイスパニア語（スペイン語）と英語の勉強を頑張っています。特にイスパニア語学科の授業は出欠確認が厳しく，内容もハードで毎日予習復習に追われるうえ小テストも多くて大変ですが，努力した分だけ結果が返ってきます。語学の習得は楽ではないですが，楽しみながら勉強を続けていきたいです。また，以前から興味のあった心理学の勉強にも熱中しています。人間の深層心理を知ることがおもしろく，日々新たな気づきを得ることを楽しんでいます。（石川寛華さん／外国語）

英語と専攻している言語の勉強を頑張っています。外国語の本を読んでみたり，外国の映画をじっくりと見てみたり，オンライン英会話レッスンを受けてみたりと楽しんでいます。（N.T. さん／外国語）

普段の生活で気をつけていることや心掛けていること

レポートなどの課題は，出されたらすぐに手をつけ始め，余裕をもって提出できるようにすることです。入学したての頃，他の課題に追われて 3000 字程度のレポートに締め切り 3 日前なのに全く手をつけておらず，慌てて作成したということがありました。それ以来，課題は早い段階から少しずつ進めるようにしています。（石川寛華さん／外国語）

おススメ・お気に入りスポット

大学内でお気に入りの場所は，図書館や 1 号館，6 号館（ソフィアタワー）です。図書館 1 階には，世界各地から集めた新聞が並んでいます。日本では珍しいバチカン市国の新聞も読むことができます！　1 号館は歴史が長く，都会の真ん中にありながら歴史を感じることができる場所です。6 号館は 2017 年に完成した地上 17 階建ての建物で，1 階にあるカフェでクレープを買ってベンチで友達と談笑することもあります。また，2 号館 17 階からは東京の景色を一望することができるため，ここも私のお気に入りの場所です。その他にも上智大学やその周辺には魅力的な場所がたくさんあります！　いつか大学の近くにある迎賓館に行きたいと思っています。（石川寛華さん／外国語）

入学してよかった！

語学力の面において，レベルの高い学生がたくさんいることです。留学経験のある人や帰国子女などが多数おり，授業によっては英語が話せて当たり前という雰囲気を感じることもあります。また，法学部生は第二外国語が 2 年間必修であり，英語のみならず興味がある言語の実力も伸ばすことができます。（Y.S. さん／法）

国際色豊かなイメージ通り，国際交流できるイベントがたくさんあることです。私は，大学で留学生と交流したいと思っていました。上智大学は，留学生と交流できる機会が多いです。留学生の日本語クラスに日本語ネイティブスピーカーのゲストとして参加して日本語で留学生と交流し，日本人がいかに読書不足であるかに気づいたりと自分の視野が広がる経験ができています。もちろん英語や他の言語で留学生と交流することもできます。私は，留学生サポーターになっているため，今後留学生の日本での生活をサポートして，留学生に日本の魅力をもっと知ってもらいたいと思っています。（石川寛華さん／外国語）

高校生のときに「これ」をやっておけばよかった

高校生のときにもっと読書をしておけばよかったなと思っています。大学生になって高校のときよりも自分の時間を取ることができる今，様々なジャンルの本を読んでいます。留学生と会話をするなかで，留学生たちは私が知らない本をたくさん読んでいて，自分が今までいかに読書をしてこなかったかということに気づきました。読書の習慣がついてから新たな視点で物事を見ることができるようになったと思います。（石川寛華さん／外国語）

高校時代にもっと英会話力をつけておけばよかったなと思います。やはり上智大学には英語がネイティブレベルの人が多いですし，留学生もいるため，英語が喋れるに越したことはありません。英語で開講される授業も多く，英語力があれば選択の幅も広がると思います。（Y.S. さん／法）

合格体験記

みごと合格を手にした先輩に，入試突破のためのカギを伺いました。
入試までの限られた時間を有効に活用するために，ぜひ役立ててください。

（注）ここでの内容は，先輩方が受験された当時のものです。2025 年度入試では当てはまらないこともありますのでご注意ください。
TEAP スコア利用型は，2023 年度に TEAP スコア利用方式に名称変更されました。

・アドバイスをお寄せいただいた先輩・

Message

A.K. さん　法学部（法律学科）
一般選抜 TEAP スコア利用型 2022 年度合格，
埼玉県出身

合格のポイントは，最後まであきらめなかったことです。私は TEAP の点数が低く，先生にも合格は厳しいと言われていました。しかし，国語次第だと言われ，国語に特に力を入れました。TEAP スコア利用型では，自分の得意科目と苦手科目をしっかりと見極め，得意科目の点数を最大限引き上げることが大切だと思います。

その他の合格大学　明治大（法），立教大（法〈共通テスト利用〉），学習院大（法，文），獨協大（法）

Message

K.M. さん　総合人間科学部（社会福祉学科）
一般選抜 TEAP スコア利用型 2021 年度合格，
神奈川県出身

毎日，勉強記録をつけて振り返り，どうしたらより良い受験生活を送れるのかを絶えず考えていました。欠点を積極的に見つけて，何度も改善していく姿勢が大切です。

その他の合格大学　立教大（コミュニティ福祉〈共通テスト利用〉），明治学院大（社会），東洋大（社会〈共通テスト利用〉）

入試なんでも Q & A

受験生のみなさんからよく寄せられる，
入試に関する疑問・質問に答えていただきました。

Q 「赤本」の効果的な使い方を教えてください。

A 自分の解答を導き出すまでのプロセスと赤本の解答までのプロセスを比べていました。自分がまぐれで当たっていたのか，赤本の解答作成者と同じ視点で解答できていたかを知ることができるからです。ただ答えが合っているのかを確認するだけでなく，解説を読み込むことが必要だと思います。特に，世界史は先生に添削をしていただいていましたが，赤本の解答を参考に，自分でも添削をしていました。赤本の解説をもとに教科書や資料集を使って覚えていないところを洗い出しました。また，世界史は流れが大切なので，自分で年表をまとめ直した後で，もう一度問題を解いていました。　（A.K. さん／法）

Q どのように学習計画を立て，受験勉強を進めていましたか？

A 受験生用の手帳を買い，それに沿って勉強していました。具体的には，受験本番までの日数を３分割し，「序盤は基礎，中盤は少し実戦を入れながら基礎，終盤は実戦」とそれぞれの計画をまず立てます。この計画では「B判定をとる」などあいまいなものではなく，合格するために必要な参考書，それを完璧にするためにかかる時間（私は７周を目標にしていたので，１章だけでもやってみて１周するのにかかる大体の時間を見積もり，その時間を７倍したもの）を書き出しました。それから，毎日どれくらい勉強したら事前に計画したノルマを達成できるのか，参考書を完璧にするまでの時間を日数で割ります。そして実行します。計画がずれてきたら修正しながら行いました。　（K.M. さん／総合人間科）

Q 苦手な科目はどのように克服しましたか？

A 世界史自体は得意だったものの，上智大学特有の資料を読み趣旨をつかんで記述をするという問題は苦手でした。過去問を解いていても，そもそも何を書けばいいのかわからず，トンチンカンな答えを書いてしまうこともありました。そのときには，解説を読んだ後に問題文のどこからその答えを導き出せるのか確認をして，自分でもう一度解き直しました。その後，先生に添削を頼み，返却されたらもう一度書き直してまた見てもらいました。同じ問題でも，だんだんと理解が深まっていくのがわかると思います。　（A.K. さん／法）

A 苦手科目は国語でした。現代文・古文・漢文すべてが絶望的でした。特に成績が悪かったのが現代文だったので，好きな科目を勉強したい気持ちをいったんセーブして現代文の勉強時間を増やしました。具体的には，現代文の問題を解いて，何ができていないのかを分析し，必要な対策を立てました。私は，語彙が全然足りていなくて文章を読めませんでした。なので，語彙を中心に参考書などで対策をした後に，問題を解

き，分析し，また対策をしました。その繰り返しで，だんだんと成績が上がっていきました。 (K.M. さん／総合人間科)

Q 時間をうまく使うためにしていた工夫を教えてください。

A スマホは勉強時間を奪う大敵だと考えていました。そのため，使う時間と内容を決めていました。学校からの連絡のチェックや英単語アプリ，志望校の情報チェックなどは必要なので，それらはすべて学校でやると決め，家ではスマホを使わないように外の倉庫に入れておきました。ほかには，１日の終わりに次の日の計画をざっくり立てていました。朝起きたときに何をやればいいのかわからずに怠けてしまうことを防げます。また，同時にその日の時間の使い方を振り返り，もっと勉強に使える時間はなかったのかを考え，無駄な時間を削っていきました。

(K.M. さん／総合人間科)

Q 上智大学 TEAP スコア利用方式を攻略する上で，特に重要な科目は何ですか？

A 国語だと思います。世界史はいくら勉強をしても当日の問題によって，ある程度は左右されてしまうと思います。しかし，国語なら，勉強した分が当日の点数になると思います。上智大学は入試の形式が変わってしまいましたが，国語はずっと変わっていません。上智大学は選択肢が短いことが特徴なので，ある程度の慣れが必要だと思います。私は，国語は過去問を 10 年分解きました。たくさん解いたことで当日緊張することなくテストに向かうことができました。英語はあらかじめ点数が確定しているので，努力がテストに反映されやすい国語を強化することが大切です。 (A.K. さん／法)

**Q　試験当日の試験場の雰囲気はどのようなものでしたか？
緊張のほぐし方，交通事情，注意点等があれば教えてください。**

A　いろいろなビラを配っていたり，ティッシュやカイロを配っていたりする人が多くてびっくりしました。試験場に入るとみんな勉強していたので，自分も最後の確認の勉強をしやすい環境でした。昼ご飯をとる時間がなかったので，ゼリーやチョコレートを食べている人がちらほらいました。片手で食べられるものを持っていくとよいと思います。お手洗いはとても混むので，試験が終わった直後に行ったり，休み時間が終わる少し前に行ったりして，できるだけ並ばないようにしました。

（A.K. さん／法）

科目別攻略アドバイス

みごと入試を突破された先輩に，独自の攻略法や
おすすめの参考書・問題集を，科目ごとに紹介していただきました。

世界史

歴史の流れを理解し，それを指定字数の中でうまくまとめることが必要です。また，問題文の中から論述に必要な要素を抜き出せるように添削をしてもらうことが必須です。また，記述の中で年代を入れなくてはならなかったので，年代を覚えておかないと減点されてしまいます。　（A.K. さん／法）

おすすめ参考書　『各国別世界史ノート』（山川出版社）

論述問題があるので，時代の流れや背景なども意識して学習しました。過去問をよく分析して，どのような知識・力があれば問題が解けるようになるのかを，常に考えることが大切だと思います。（K.M. さん／総合人間科）

おすすめ参考書　『時代と流れで覚える！　世界史用語』（文英堂）

TREND & STEPS

傾向と対策

科目ごとに問題の「傾向」を分析し，具体的にどのような「対策」をすればよいか紹介しています。まずは出題内容をまとめた分析表を見て，試験の概要を把握しましょう。

注　意

「傾向と対策」で示している，出題科目・出題範囲・試験時間等については，2024 年度までに実施された入試の内容に基づいています。2025 年度入試の選抜方法については，各大学が発表する学生募集要項を必ずご確認ください。

日本史

年度	内　容	形　式
2024 ◑	国家や政府による事業の負の側面（100・200 字）　⊘史料・視覚資料	論述・選択・記述
2023 ◑	日本人の移民・難民に対する意識の醸成（50・100・150 字，80 字 2 問）　⊘史料	選択・記述・論述
2022 ◑	性差の日本史（100 字 2 問，150 字）　⊘史料	選択・記述・論述

（注）●印は全問，◑印は一部マーク式採用であることを表す。

傾向　歴史の本質を深く問う　文章読解力・論述力，情報処理力も試される！

01　出題形式は？

大問数は１題で，歴史の本質に関わるリード文の内容に沿った出題がなされている。解答個数は，2022 年度は 16 個，2023 年度は 18 個，2024 年度は 23 個で，選択法と論述法を中心とした出題となっている。論述法は，2022 年度は総字数 350 字（100 字２問，150 字１問），2023 年度は総字数 460 字（50・100・150 字各１問，80 字２問），2024 年度は総字数 300 字（100・200 字各１問）であった。試験時間は 90 分。国公立大二次試験の「日本史」に類似した，厳密な文章読解力や論述力，情報処理能力を問う，ユニークな出題形式である。

なお，2025 年度は出題科目が「歴史総合，日本史探究」となる予定である（本書編集時点）。

02 出題内容はどうか？

時代別では，出題の少ない時代もあるが，古代～現代をまんべんなく扱うように配慮して作問されていることがうかがえる問題である。2022年度は，原始・古代から現代までの歴史をジェンダーの視点から捉えた問題で，各時代にわたり広く出題されていた。2023年度は，日本人の移民や難民に対しての意識がどのように醸成されてきたかを古代から現代までの歴史から読み解く問題であった。2024年度は，国家事業という祝祭の負の側面について，古代から現代まで考察する内容であった。

分野別では，2022年度は社会史，2023年度は外交史，2024年度は政治史が中心であった。テーマによっては分野が偏ることも考えられるが，全体的に，様々な分野を複合的に絡めた出題がなされているので，今後も幅広い分野に対し目配りしておく必要があるだろう。

史料問題は，2022年度は「魏志」倭人伝，『安土日記』が出題され，難しくはないが読解力を求める設問があった。2023年度は中国残留孤児に関わる口述筆記が引用され，2024年度は太閤検地に関する史料などが出題され，いずれも読解力が求められた。

高校「日本史」の知識に基づき，さらに全体を通じて文章読解力や情報処理能力が試されている点が特徴である。2022年度は，夫婦別姓の問題につながるジェンダーについて，2023年度はロヒンギャ難民問題についてがテーマであった。2024年度は，2021年に開催された後も問題点が取りざたされている第32回オリンピック東京大会や，2025年に開催が決定している大阪・関西万博に関する問題点について出題されるなど，時事的問題をテーマとする出題が続いている。単に時事的事項が問われるというだけでなく，現代社会で注目される事象を深く掘り下げて，その背景に対する歴史的考察力を要するものになっているのが大きな特徴といえる。

03 難易度は？

教科書学習で対応可能な標準レベルの設問も含まれるが，難問が多くを占める年度もある。また，現代文の厳密な文章読解力を要する設問と，100～200字の論述は難問である。今後，出題形式が変化する可能性はあるが，「日本史」の正確な知識に基づいて歴史に関するテーマを深く考察させ，読解力・論述力・情報処理能力を総合的に問う問題であり，単なる知識の蓄積だけでは対応できないことに注意が必要である。いずれの設問も難度が高くじっくり取り組みたいが，時間に余裕はないだろう。100～200字の論述に十分な時間をかけられるよう，時間配分を意識して取り組もう。

対策

01 教科書を丹念に読み，完全マスターを

難度の高い設問が多いとはいえ，基礎～標準レベルの日本史の知識が土台にあってこそ，リード文の読解問題や難問に対応できる応用力が養成される。そこで，まずは教科書を丹念に読み，完全にマスターすることをめざそう。

「マスターする」とは，教科書本文や脚注の文字情報を「読む」ことだけではない。特に近現代史では，教科書の記述を自分で検証して「理解」することをすすめる。たとえば，経済史分野の記述について，教科書収載の統計表やグラフに示されているどのような数値やデータから，教科書の執筆者がどのように記述しているのかを丁寧に確認しよう。日本史は単なる暗記科目ではなく，過去の文献史料や物的資料やデータを，研究者たちが分析・研究した成果の集積なのである。日頃から自分自身で分析・確認してこそ，確実に日本史を理解しマスターすることができる。そうすれば，歴史を扱う文章に対する読解力と洞察力が養われるだろう。

また，教科書の理解を助けるために，用語集（山川出版社『日本史用語集』など）を用いて正しく歴史用語を理解することが大切である。さらに，教科書記述をより深く理解するために，参考書（山川出版社『詳説 日本史研究』など）を読むことも効果的である。知識がまとめられた入試問題対策向けの参考書にやみくもに手を出さず，まずは教科書理解にじっくり取り組むことを強くすすめる。

02 史料・図版・グラフ・年表などに親しむ

2024年度は視覚資料（写真）を使った設問がみられ，過去には図版（絵図）を利用する出題もあった。今後も考古学遺物や美術作品などの視覚資料や，グラフ・年表などを利用した多角的な出題が予想される。

史料に関しては日頃の学習から史料集を用いて，史料の背景に対する知識を蓄え，史料読解問題に対処できるよう準備しておきたい。史料を読み，意味を理解し，解説や出典などを確認することが読解力養成の必要事項である。また，図版などの視覚資料や統計表などを利用した問題にも対応できるように，図説集を用いて，統計表・地図・年表・写真図版を照合しながら学習し，必要なデータの読み取りができるようにするとともに，歴史地理的出題への対応力を養おう。

03 分野別の整理を

これまで取り上げられてきた史料は，「魏志」倭人伝，『信長公記』『令義解』『大日本帝国憲法義解』『国体の本義』や近現代の歴史家が記した論文などで，史書・仏教書・随筆・評論書など，時代も分野も多岐にわたっている。『詳説 日本史史料集』（山川出版社）に引用箇所が掲載されているものが多いが，掲載のないものも含まれている。こうした出題に対応するためには，新書などの概説書を読むことをすすめる。単なる一問一答ではない設問への対応力や，論述などでアウトプットできる応用力につながりやすい。また，文化史，経済史，外交史などは，図説集収載のまとめ年表を利用したり，分野別の整理や比較年表を作ったりするなど，自分に合った方法で整理して知識を増やしておきたい。

04 時事問題に対する関心を

日頃から時事問題・社会問題に対して一定程度の関心をもっていることが前提となっている設問もあり，このことは上智大学が受験生に求める資質であるといえるだろう。受験準備期間中は試験科目の学習だけに集中しがちだが，社会の動きから隔絶された環境で受験勉強のみをするのではなく，新聞を読み，ニュース解説などで理解を深めたり，時事問題に対する私見をまとめたりするなどの習慣をもちたい。それは同時に，文章読解力・論述力の養成にもつながるはずである。

世界史

年度	内容	形式
2024 ◑	歴史書の描き方から考える世界史の歴史（200・350 字）	選択・論述
2023 ◑	「北の十字軍」による中世西ヨーロッパ世界の拡大（200・350 字） ⊘地図	選択・論述
2022 ◑	黒人差別からみた近代・現代のアフリカ・アメリカ社会（200・300 字） ⊘史料	選択・論述

（注） ●印は全問，◑印は一部マーク式採用であることを表す。

傾向 本格的な論述問題が出題

01 出題形式は？

大問１題で，選択法・論述法が出題されている。論述法は，2022 年度は 200 字・300 字各１問で合計 500 字，2023・2024 年度は 200 字・350 字各１問で合計 550 字であった。史料や地図を利用した出題もみられる。試験時間は 90 分。

なお，2025 年度は出題科目が「歴史総合，世界史探究」となる予定である（本書編集時点）。

02 出題内容はどうか？

地域別では，大問１題ということもあって，地域的な傾向を絞るのが難しくはあるが，この３年間でみると，2022 年度はアフリカを中心に，小問レベルで欧米地域からも出題され，2023 年度はヨーロッパのみの出題となっていた。2024 年度は全体としてヨーロッパからの出題が多いが，小問レベルでアジア・アフリカからも出題されている。

時代別では，2022 年度は近世〜現代，2023 年度は中世〜現代，2024 年度は古代〜近代から出題されている。論述 2 問は，2022 年度は近現代から，2023 年度は中世〜現代から，2024 年度は近世〜近代から出題されている。

分野別では，論述法については，2022 年度は 2 問とも社会史的な内容から，2023 年度は 1 問は経済史から，1 問は政治史・外交史的な内容から，2024 年度は 1 問は経済史から，1 問は社会史的な内容からの出題となっている。政治史・外交史だけでなく幅広い分野が問われる傾向となっている。

03 難易度は？

選択法は教科書レベルの基本的内容を問うものが多いが，論述法は暗記中心の学習では対応できない問題となっている。試験時間が 90 分とはいえ，各事項の歴史的意義を把握すると同時に，俯瞰的な視点から歴史の大きな流れを簡潔にまとめる力や歴史に対する考察力が試されており，時間的余裕はあまりない。選択法の問題を早めに処理し，残りの時間で論述問題にじっくり取り組みたい。リード文を参考にすることも求められているため，リード文の丁寧な読解も心がけたい。

対策

01 教科書による基礎の徹底が基本

まずは教科書を通じた基礎学習が欠かせない。教科書の精読はもちろん，重要語句の正確な把握に努めると同時に，説明部分についても単なる暗記ではなく，意味や流れについても意識しながら，確実な知識として身につけることが大切である。

02 章扉を利用した大局の把握

教科書の本文による細かい知識の把握は重要だが，選択問題対策を意識するあまり，ともすれば歴史の大きな流れを見失いかねない。大きなウエートを占める論述問題に対応するためにも，一見暗記事項がないものとして見過ごしてしまいがちな教科書の章扉の内容を，むしろ強く意識してみよう。章扉に記述されている各時代・各地域における大局的な歴史の流れを把握することが，論述問題対策の第一歩となる。また，2022 年度ではリード文に 2020 年に関する内容も含まれていたので，繰り返し報道される国際問題などについては，そのテーマや関連する国々について遡って学習しておけば論述対策にもなる。問題集としては，『体系世界史』（教学社）をすすめたい。短文での論述問題が収載されており，過去問演習への橋渡しになるだろう。

03 史料や視覚資料に注意

史料や視覚資料に注意した学習を心がけたい。対応すべき史料については日本史ほど数が多いわけではないが，教科書のみならず資料集なども活用して，その史料の特徴と歴史的意義，後世に与えた影響などを確実に把握しておこう。また，文化史に関する視覚資料についても，作品の名称や作者名だけではなく，その背景や他文化・他地域・他時代に与えた影響などについて用語集の説明文などとも対比させながら考えることが必要である。

04 論述対策

教科書による基礎の徹底と同時に，より細かい知識の補完として『世界史用語集』（山川出版社）などの用語集を活用してポイントを常に意識した学習を心がけよう。200 ～ 350 字程度の論述となると，暗記による単純な語句のつなぎ合わせだけでは十分に対応できない。章扉レベルの大局的な歴史的意義を説明すると同時に，内陸アジアやアフリカなども含めた大陸別など広い地域での社会・経済・文化の変化をはじめ，地域や時代の異なる類似の事項に関して，その特徴や相違点を簡潔に文章化する練習が欠かせない。また，2024 年度設問 3 などから，歴史が現代の私たちに何を教えているかについて，日頃から自分自身の考えをもっておきたい。

05 テーマの想定と類似問題演習

TEAP スコア利用方式という入試形態から，論述問題では世界史を俯瞰的に説明できる，国際的なテーマが問われることが多い。教科書中心の学習を進める際に，世界の歴史に大きな影響を与えたテーマ（キリスト教とイスラーム教の衝突，宗教改革，産業革命，米ソ冷戦といった大きな視点で）を想定し，改めて演習を行う必要がある。その際，演習問題としては他大学の過去問も活用し，『判る！解ける！書ける！ 世界史論述』（河合出版）などを参考にするとよい。200 ～ 350 字程度であれば 20 分を目安に，問題が求める事項（特徴・意義・違いなど）に注意しながらテーマに関連するキーワードとその簡潔な説明をメモ（箇条書き）し，それらを解答として不自然さがないように並べ替え，字数に応じて肉付けして文章として完成させればよい。また，2022・2023 年度ではリード文中に解答のヒントとなる表現がかなり含まれており，過年度も同様の傾向がみられるので，長いリード文をもつ論述問題の場合は，設問を先に読んでからリード文を熟読すれば，解答時間の短縮にもつながる。論述問題は演習の繰り返しによる，時間配分を含めた慣れが合否を大きく左右することを肝に銘じてほしい。

数　学

▶文系学部

年度	番号	項　目	内　容
2024 ●	〔1〕	図形と計量，微分法	三角形の面積，四面体の体積
	〔2〕	確　率	点が移動する確率
	〔3〕	小問 4 問	⑴指数・対数関数　⑵図形と計量　⑶図形と方程式　⑷積分法
2023 ●	〔1〕	微分法，三角関数	三角関数，３次関数の最大・最小
	〔2〕	ベクトル	空間ベクトル（正八面体）
	〔3〕	確　率	病原菌感染の陽性・陰性の判定の確率，条件付き確率
	〔4〕	小問 3 問	⑴領域　⑵数列　⑶面積
2022 ●	〔1〕	確　率	さいころの目で決まる直線の確率
	〔2〕	ベクトル	空間ベクトル，立方体
	〔3〕	微・積分法	３次関数のグラフと面積
	〔4〕	小問 3 問	⑴論証　⑵円と直線　⑶対数関数

（注）●印は全問，◑印は一部マーク式採用であることを表す。

▶経済（理系）・理工学部

年度	番号	項　目	内　容
2024 ◑	〔1〕	小問 3 問	⑴整数の性質　⑵複素数平面　⑶指数・対数関数
	〔2〕	ベクトル	四角錐における面積・体積
	〔3〕	微・積分法	グラフの概形，積分方程式　✓図示・証明
	〔4〕	数　列	漸化式の証明　✓証明
2023 ◑	〔1〕	小問 3 問	⑴最大公約数　⑵整数の桁数　⑶数列の極限
	〔2〕	ベクトル	立方体を平面で切ったときの切り口の面積，体積
	〔3〕	微・積分法	容器に注水するときの水面の面積，体積
	〔4〕	微・積分法	不等式の証明，近似値　✓証明
2022 ◑	〔1〕	小問 3 問	⑴近似値　⑵データの分析　⑶論証
	〔2〕	ベクトル	空間における２直線の位置関係，線分の通過領域
	〔3〕	確　率	正四面体のさいころの目による勝敗の確率
	〔4〕	微・積分法	極方程式で表された曲線，面積　✓図示

（注）●印は全問，◑印は一部マーク式採用であることを表す。

出題範囲の変更

2025 年度入試より，数学は新教育課程での実施となります。詳細については，大学から発表される募集要項等で必ずご確認ください（以下は本書編集時点の情報）。

学　部	2024 年度（旧教育課程）	2025 年度（新教育課程）
文系学部	数学Ⅰ・Ⅱ・Ａ・Ｂ（数列，ベクトル）	数学Ⅰ・Ⅱ・Ａ・Ｂ（数列）・Ｃ（ベクトル）
経済（理系）・理工学部	数学Ⅰ・Ⅱ・Ⅲ・Ａ・Ｂ（数列，ベクトル）	数学Ⅰ・Ⅱ・Ⅲ・Ａ・Ｂ（数列）・Ｃ（ベクトル，平面上の曲線と複素数平面）

旧教育課程履修者への経過措置

2025 年度に限り，旧教育課程履修者への配慮として，下記の通り経過措置を講じる。

文系学部：新教育課程の『数学Ⅰ・Ⅱ・Ａ・Ｂ（数列）・Ｃ（ベクトル）』と旧教育課程の『数学Ⅰ・Ⅱ・Ａ・Ｂ（数列，ベクトル）』の共通範囲から出題する。

経済（理系）・理工学部：新教育課程の『数学Ⅰ・Ⅱ・Ⅲ・Ａ・Ｂ（数列）・Ｃ（ベクトル，平面上の曲線と複素数平面）』と旧教育課程の『数学Ⅰ・Ⅱ・Ⅲ・Ａ・Ｂ（数列，ベクトル）』の共通範囲から出題する。

傾向

基礎力重視の標準的問題
図形的な問題に注意

01　出題形式は？

文系学部：2023 年度までは大問 4 題の出題であったが，2024 年度は大問 3 題となっている。すべてマーク式であり，－と数字をマークする形である。試験時間は 90 分。

経済（理系）・理工学部：大問 4 題の出題となっている。2022・2023 年度は〔１〕〔２〕〔３〕がマーク式，〔４〕が記述式（2023 年度〔３〕は 1 問のみ記述式），2024 年度は〔１〕〔２〕がマーク式，〔３〕〔４〕が記述式となっている。マーク式は，－と数字をマークする形と，選択肢などから選んでマークする形が混在している。試験時間は 90 分。2022 年度は図示問題が，2023 年度は証明問題が，2024 年度は図示問題・証明問題ともに出題された。

02 出題内容はどうか？

文系学部，経済（理系）・理工学部とも，例年１題は小問集合形式を含んでおり，さまざまな分野からまんべんなく出題されている。

03 難易度は？

標準的な問題で，難問は出題されていないが，解きにくい問題もあるので注意。特に，2024 年度経済（理系）・理工学部の〔４〕(3)は問題文が抽象的で，難しく感じた受験生もいると思われる。試験時間と大問数を考えると，大問１題あたり 20 ～ 30 分程度で解くことになるので，時間内に解けるように練習しておこう。

対策

01 基礎力を充実させる

教科書に載っている定義，定理，公式をしっかりと理解し，証明もできるようにしておく必要がある。さまざまな分野からまんべんなく出題されているので，すべての分野で基礎力をつけておかなければならない。『基礎問題精講』シリーズ（旺文社）などで問題演習を重ねよう。経済（理系）・理工学部では証明問題も出されているので，『厳選！　大学入試数学問題集 理系 272』（河合出版）などもよいだろう。

02 計算力の強化

マーク式では計算ミスは致命的である。普段からスピードを意識しつつ，正確な計算力を身につける必要がある。面倒な計算も最後まで解ききる習慣をつけておくこと。

03　図形の問題に慣れる

図形的な問題も出題されている。図形の問題に苦手意識をもっている受験生も多いだろうが，ふだんから図を描きながら問題を解く訓練を積んで，問題に慣れておこう。

上智大「数学」におすすめの参考書

Check!

- ✓『大学入試 最短でマスターする数学Ⅰ・Ⅱ・Ⅲ・A・B・C』（教学社）
- ✓『基礎問題精講』シリーズ（旺文社）
- ✓『厳選！ 大学入試数学問題集 理系 272』（河合出版）

物　理

年度	番号	項　目	内　容
2024	〔1〕	力　　学	ばねに取り付けられた小球と壁との衝突，衝突後の小球の運動 ⊘描図
	〔2〕	電　磁　気	金属中を運動する自由電子の運動とエネルギー
2023	〔1〕	力　　学	ばねおよびゴムひもに取り付けられた小球の単振動，エネルギー保存則 ⊘描図
	〔2〕	電　磁　気	コンデンサーの極板移動にともなう電気量および静電エネルギーの変化
2022	〔1〕	力　　学	自由落下と鉛直投げ上げ，一直線上での 2 物体の衝突 ⊘描図
	〔2〕	電　磁　気	電池の内部抵抗，コンデンサー，コイル

傾向　基本的内容で幅広い範囲から出題　描図問題に注意

01　出題形式は？

大問 2 題の出題で，試験時間は理科 2 科目で 90 分。記述式で結果のみを示し，導出過程は記さない形式である。例年，描図問題が出題されている。

02　出題内容はどうか？

出題範囲は「物理基礎・物理」である。例年，力学と電磁気から各 1 題の出題である。力学では，弾性力や慣性力，力学的エネルギー保存則，仕事とエネルギーの関係式や単振動の関係式，運動量の変化と力積の関係式などを用いる基本的な内容である。電磁気では，コンデンサー，電流回路，電磁誘導などテーマは多岐にわたるが，いずれも基本的な知識が問われている。あわてず丁寧に考えれば対処はできると思われる。

03 難易度は？

ほとんどが教科書レベルの基本的問題であるが，幅広い分野を組み合わせた出題で，物理的思考力を必要とする内容となっている。物理現象を正しくイメージして，式を記述する力が求められる。

ただし，理科１科目あたり 45 分と考えると，じっくりと完答を狙えるほどの時間的余裕はない。全体にわたり手際のよさが求められている。

対策

01 基礎・基本を確実に

全体的に基本的内容を中心とする出題であるが，現象を正しくイメージして公式・法則に当てはめて考えることができないと，思わぬミスをすることになる。教科書の公式・法則を暗記するだけでなく，しっかりと使いこなすことができるように，『体系物理』（教学社）や『物理のエッセンス』シリーズ（河合出版）などで演習を積んでおこう。

02 計算力を鍛えよう

解答は導出過程を記さずに結果のみを答える形式であるので，計算ミスのない正確な計算力が求められる。問題演習を行うときに，計算過程を丁寧に記述して正解を導く練習を繰り返しておこう。文字式の解答だけでも計算力を問われる。数値計算の問題も演習して鍛えておこう。

03 描図問題の演習を

例年，グラフの描図問題が出題されている。教科書の図やグラフなどを自分でノートに描いて，図やグラフの表す意味を正しく理解しておこう。グラフでは軸の表す意味や次元を考えながら作成するようにしておくとよい。問題演習の際に描図問題を多くこなして問題に慣れることで，描図の力は身についてくるものである。

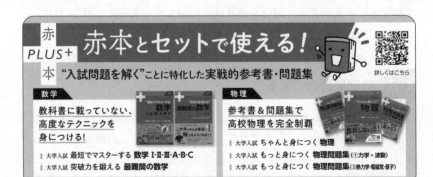

化　学

年度	番号	項　目	内　容
2024 ◑	〔1〕	構造・変化	メタンの水蒸気改質と水性ガスシフト反応，平衡定数，熱化学方程式 ✓計算
	〔2〕	構造・無機	原子の構造，周期表，同位体，半減期，放射性炭素年代測定 ✓計算
	〔3〕	有　機	$C_5H_{12}O$ の構造異性体と関連化合物，元素分析 ✓計算
2023 ◑	〔1〕	状態・変化	水の蒸気圧曲線，吸収する熱量，水蒸気の比熱 ✓計算
	〔2〕	構造・変化	鉄の単位格子と密度，Fe^{2+} と $KMnO_4$ の酸化還元滴定 ✓計算
	〔3〕	有機･高分子	$C_{14}H_{19}NO_3$ の化合物の構造決定と加水分解 ✓計算
2022 ◑	〔1〕	変　化	分解速度と反応速度定数，活性化エネルギー ✓計算
	〔2〕	変化･高分子	アミノ酸の電離平衡と平衡定数，等電点，イオン交換膜による電解 ✓計算
	〔3〕	有　機	脂肪族エステルの構造決定 ✓計算

（注）●印は全問，◑印は一部マーク式採用であることを表す。

傾向　理論と有機が中心　教科書の内容の徹底した理解を

01　出題形式は？

出題数は，大問3題となっている。試験時間は理科2科目で90分。マーク式が中心であるが，一部，有機化合物の分子式や構造式，化学反応式や熱化学方程式などを答えさせる記述式の部分もある。マーク式の計算問題の場合は，結果の数値を1桁ずつマークさせるようになっているので，有効数字や記入法に細心の注意が必要である。また，選択肢にも複数の解答が存在する場合もあるので油断できない。

02　出題内容はどうか？

出題範囲は「化学基礎・化学」である。2023・2024 年度は理論・無機・有機の各分野から出題されているが，例年は理論と有機の比重が大きく，無機からの出題は少ない。

理論では，2022 年度は活性化エネルギーの計算，2023 年度は水蒸気の比熱や酸化還元滴定，2024 年度は半減期に関する問題が出題された。

無機では，2023 年度は鉄の結晶構造，2024 年度は周期表と元素の周期性に関する問題が出題された。

有機では，2022 年度は乳酸と 2-ブタノールのエステルの構造決定，2023 年度は $C_{14}H_{19}NO_3$ の構造決定，2024 年度は $C_5H_{12}O$ の構造異性体が出題された。教科書に記載されている特徴的な反応についてはしっかりと復習しておきたい。

03　難易度は？

全体的には，教科書程度の基本的・標準的な問題が多いが，不十分な理解では解答しにくい問題もある。構造決定については類題をできるだけ多く解いて，速く正確に解答できるようにしておくことが重要である。試験時間が 2 科目 90 分であることを考慮すると，45 分で 3 題なので，1 題 10 ～ 15 分程度で解けるように練習しておこう。

対策

01　基本的な問題演習の反復

出題内容は教科書程度の基本的なものが多い。法則や用語の意味，定義についても確実に理解しておくことが大切である。また，基礎理論の習得と同時に，具体的な物質の性質や反応に関する知識を豊富にすることも忘れてはならない。理論と無機各論を関連づける幅広い知識をしっかりと身につけること。また，解答や解説の詳しい参考書（例えば，『理系大学受

験 化学の新研究』（三省堂）など）を用いて，わからない問題はじっくりと納得するまで自分の頭で考える習慣をつけることも重要である。マーク式の問題に数多くあたり，試験時間を有効に使う技術も養っておくこと。

02 理論（計算）

化学的思考力や理論に対する理解は計算問題を通して問われている。特に化学反応の量的関係や化学平衡に関する計算は必須である。少しレベルの高い内容まで踏み込んで計算練習をしっかりとしておくこと。混合気体の分圧，半減期や pH の計算など対数計算に関しても十分に復習をして整理し，出題の意図を正確に把握することが大切である。

03 無　機

周期表の同族元素に関する正確な知識・理解が問われている。主な単体・化合物の性質や反応について整理し，理解を深めておきたい。無機のウエートは比較的低いが，油断せず，気体の発生や金属イオンの沈殿・溶解反応，実験操作などについてもしっかりと確認しておきたい。

04 有　機

主な化合物の構造や性質，反応，構造異性体などに関する基本的な内容については，教科書を中心にしっかりと身につけておきたい。構造決定に関する内容はよく出題されるので，問題集で十分に訓練を積んでおきたい。ヨードホルム反応や銀鏡反応など，構造決定には欠かせない特徴的な反応についてはじっくりと取り組んでおこう。応用的な反応も確認しておきたい。

生　物

年度	番号	項　目	内　容
2024 ◑	〔1〕	代謝，進化・系統	酵母・細菌の発酵（200字他） ✓論述
	〔2〕	細胞，遺伝情報	細胞の構造 ✓論述
	〔3〕	代謝	光合成の反応経路 ✓論述
2023 ◑	〔1〕	遺伝情報	核酸の構造，サンガー法，遺伝子の発現 ✓論述
	〔2〕	植物の反応，代謝	植物の組織，気孔の開閉，窒素代謝 ✓論述・描図
	〔3〕	動物の反応	興奮伝導の経路と反射，刺激の受容と反応，筋収縮 ✓論述・描図
2022 ◑	〔1〕	生殖・発生	両生類の発生 ✓描図
	〔2〕	体内環境，細胞	ホルモンの作用，受容体と情報伝達 ✓論述・描図
	〔3〕	遺伝情報，植物の反応	遺伝子の導入，葉の老化 ✓論述

（注）●印は全問，◑印は一部マーク式採用であることを表す。

傾向　多彩な出題　知識と思考力が問われる

01　出題形式は？

試験時間は理科2科目で90分。大問3題の出題である。解答形式は，記述式とマーク式の併用で，論述問題の割合が大きい。2024年度はみられなかったが，例年描図問題も出題されている。

02　出題内容はどうか？

出題範囲は「生物基礎・生物」である。大問が3題なので年度ごとに偏りがみられるが，植物に関しての高度な問題がよく出題されている。また，細胞，代謝，生殖・発生，遺伝情報，動物の反応，植物の反応といった分野からの出題も多い。生態からの出題はまだみられない。未出題の生態も含め，全分野に対する幅広い学習が必要であろう。

03 難易度は？

教科書の本文だけでなく，コラムや発展などの囲み記事の内容までしっかり把握していないと対応できない場合がある。試験時間は2科目で90分なので，思考力を必要とする問題や論述問題や描図問題が多いことを考慮すると，時間に十分な余裕があるとは決していえない。時間配分を考えながら，問題を解く練習をしておこう。

対策

01 教科書のすみずみまでチェック

教科書のコラムや発展などの囲み記事や，本文でも囲み記事との境界にあたるような詳細な記述まで理解していないと対応できない問題が多い。教科書のすみずみまでよく読むことが大事だが，こういった境界上の項目は，図説や参考書に，より深く広く記述してあることが多い。第一学習社をはじめ，各社から優れた図説が発売されているので，教科書を読んだ後は図説の該当箇所をみて知識をより広げておくことが大事である。

02 問題練習を徹底的に

標準～やや難の，できるだけ問題数の多い問題集を選び（書店で手に取って自分の感覚に合うものを選ぶとよい），何度も練習を繰り返して，正確で詳細な知識を身につけておくこと。問題数が多いと，01で述べた詳細なところまで網羅しているので，その点でも有利である。

また，出題形式や難易度に年度ごとに多少のゆれがみられるため，過去問を使って時間の配分のしかたなどを体感しておくこと。TEAP スコア利用方式だけでなく理工学部の過去問もみておきたい。論述問題はそうして得た詳細な知識を使って内容の密度の高い文章を書くよう心がけよう。教科書や参考書の文章は密度の高い説明文の良い見本である。近年みられる「適切なものを全て選べ」という独特の正誤判定問題にも注意しておきたい。これも過去問にあたって難易度を経験しておこう。

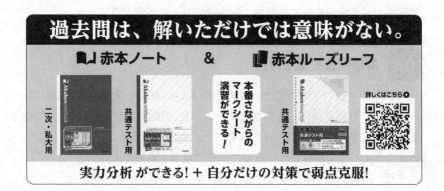

国　語

年度	番号	種類	類別	内容	出典
2024 ●	〔1〕	現代文	評　論	内容説明，語意，内容真偽	「科学の世界と心の哲学」　小林道夫
	〔2〕	古　文	日　記	内容説明，人物指摘，語意，文学史	「更級日記」　菅原孝標女
	〔3〕	漢　文	経　書 思　想	表現効果，語意，内容真偽，内容説明，空所補充	「論語」孔子 「弁名」　荻生徂徠
2023 ●	〔1〕	現代文	評　論	内容説明，空所補充，語意，内容真偽	「いかにして思考するべきか？」　船木亨
	〔2〕	古　文	日　記 歌物語 歌　集	古典常識，内容説明，語意，和歌修辞，口語訳，和歌解釈，内容真偽	「とはずがたり」　後深草院二条 「伊勢物語」 「古今和歌六帖」
	〔3〕	古・漢 融　合	軍　記 物　語 史　伝	書き取り，語意，内容説明，口語訳，空所補充，内容真偽	「太平記」 「大東世語」　服部南郭
2022 ●	〔1〕	現代文	評　論	内容説明，空所補充，口語訳，主旨	「文学問題（F＋f）＋」　山本貴光
	〔2〕	古　文	評　論	語意，指示内容，内容説明，敬語，文学史	「無名草子」
	〔3〕	古・漢 融　合	史　伝 文　章 説　話	書き下し文，人物指摘，語意，文学史，空所補充，内容真偽	「後漢書」 「為一條左大臣辞右大臣第三表」　菅原文時 「宇治拾遺物語」

（注）●印は全問，◑印は一部マーク式採用であることを表す。

傾向 現代文は正確で迅速な読解力，古典は基礎固めを 言語能力の向上と知識の習得も重要

01 出題形式は？

例年，〔１〕が現代文，〔２〕〔３〕が古典分野という問題構成であり，古典分野は古文と漢文の融合問題がよく出題されている。出題形式は大問３題すべてマーク式による選択式で，試験時間は 60 分。

02 出題内容はどうか？

現代文は，例年評論からの出題である。テーマは哲学・文化・社会・言語・文学・心理などに関するものが多い。設問は内容説明問題が中心だが，語意や空所補充，内容真偽なども出題される。

古文・漢文については，2024 年度は〔２〕は古文のみ，〔３〕は漢文のみの出題であったが，例年は古文ないし漢文が１題出題され，他の１題は古・漢融合問題として，一篇の漢詩についての漢文と古文による注釈や，関連する古文と漢文（漢詩）を組み合わせての出題など，さまざまな形式で出題されている。設問は，内容説明問題が多いが，口語訳・空所補充・文法・文学史なども出題される。2023 年度は〔２〕で複数の古文の素材を併せて考えさせる問題が出題された。

03 難易度は？

現代文に関しては，本文および設問ともに標準レベルであるが，試験時間の短さを考え合わせると，多少難度が上がる。古文・漢文の融合問題も，設問数が多いうえに，複数の文章の関係をみていかなければならず，手間がかかる。全体としては標準～やや難のレベルである。設問によって（選択肢の紛らわしさを含めて）難易の差が大きいので，易しい設問での失点は避けたい。

60 分という試験時間で解かなければならないので，無駄な時間を作らないよう，解ける問題から確実に解いていくという姿勢が重要である。ま

た，設問数の多い現代文に時間をかけすぎると，古文・漢文が厳しくなるので注意したい。古文・漢文の問題では知識問題もあるので，〔2〕〔3〕を先に終わらせるのもよいだろう。

対策

01 現代文

基本的に正確な読解を前提とした設問が多いので，まずは日頃の学校での授業をきちんとこなし，読解・解答に関するアプローチの仕方を吸収すること。さらに，評論の読解力を養うために，『高校生のための現代思想エッセンス ちくま評論選』（筑摩書房）や『現代評論20』（桐原書店）などの解説つきアンソロジーや問題集でさまざまな評論を読み，読解力を養おう。また，グラフや図を使用した評論文は，最近の「新書」に多くみられる。書店や図書館で新書を入手し，こうした傾向の文章を読み慣れておくことは重要である。演習のための教材としては，上智大学の過去問を，他の日程のものも含めて解くことが最も有効である。また出題傾向の似た大学（例えば中央大学など）もあるので，余裕があればそうした大学の過去問を解いてもよい。過去問以外であれば，マーク式の標準以上のレベルの問題集で，傍線部＋選択肢問題を中心としたものが有効。各選択肢文の文字数がそれほど多くないので，そうした点も考慮に入れて問題集を選ぶとよいだろう。また，ことばの意味や慣用表現に関する知識の補充を継続的に行っておくこと。

02 古　文

単語や文法も含め，基本となる事柄をしっかりと身につけていくこと。予習において，文章を読んで単語や文法を調べ，わからないことを見つけておく。基本的とされる古文単語ほど，本文の文脈に応じて的確に訳出できるように注意しなくてはならない。また，国語便覧などを用いて，古文の世界の背景（生活・思想・習慣など）や文学史を学んで，文章読解の土台を強固なものにしていこう。そしてそのうえで問題集などでたくさんの古文に接して，文章全体の筋・展開をつかめるようにしたい。長文の問題文に慣れる必要もある。なお，和歌についても多くの和歌に触れ，修辞や解釈に慣れておくこと。古文の世界での行動様式や約束事，さらには和歌の解釈についての知識を身につけるのに最適な問題集が『大学入試　知らなきゃ解けない古文常識・和歌』（教学社）である。そのほか，『「有名」私大古文演習』（河合出版）など，さまざまな文章を収めた標準レベル以上の問題集を２冊以上仕上げるくらいの気持ちで取り組んでほしい。

03 漢　文

独立した大問としての出題，あるいは，古文と併せて出題されたとしても，漢文そのものの読解力が要求されていることに変わりはない。句法と重要語句のチェックは特に重要である。また，過去問演習に加えて，白文を書き下し文に直すトレーニングが共通テスト対策と同様に有効である。漢詩からの出題も多いので，漢詩の規則（形式，押韻，対句など）を把握したうえで，大意をつかむ読解力も身につけておきたい。これらの対策として，過去問と並行して『共通テスト新課程攻略問題集　国語（古文，漢文）』（教学社）を解くことを勧める。

04 融合問題

古・漢融合が出題される傾向がある。現・古融合，現・漢融合，さらには詩歌との融合問題や現代文どうしを組み合わせた問題なども出題される可能性がある。まず取り組まなければならないのは，現代文・古文・漢文それぞれの読解力を高めていくことである。そのうえで複数の文章の関連が問われる設問形式に慣れることも必要である。問題集などで複数の文章を扱っているものを探して，経験を積んでおくとよい。

05 国語常識・古典常識

古文・漢文を中心に，国語常識・古典常識があると有利な設問も出題されている。文学史や和歌修辞など，国語便覧を利用するなどして学習しておくとよい。

06 マーク式対策

全問マーク式で出題されている。論理的思考力を問う設問も記述式ではなく選択式である。ただ選択式であるからこその難しさもある。読解問題であれば，本文で解答の手がかりを見つけられても，選択肢の表現が工夫されていて本文そのままの文言でなかったり，同じような語句や言い回しの選択肢が複数あったり，と判別に苦しむことがしばしばある。国語常識問題でも微妙な表現の違いに迷うことがある。そのうえ，そのような設問を短時間のうちに解いていくことが求められている。できるだけたくさんの問題を解いて，形式に慣れておこう。時間があれば，共通テストの過去問にもあたっておくとよい。そして，直前の時期には試験時間内に解く練習もしておこう。

上智大「国語」におすすめの参考書　Check!

- ✓『高校生のための現代思想エッセンス ちくま評論選』（筑摩書房）
- ✓『現代評論 20』（桐原書店）
- ✓『大学入試 知らなきゃ解けない古文常識・和歌』（教学社）
- ✓『「有名」私大古文演習』（河合出版）
- ✓『共通テスト新課程攻略問題集 国語（古文，漢文）』（教学社）

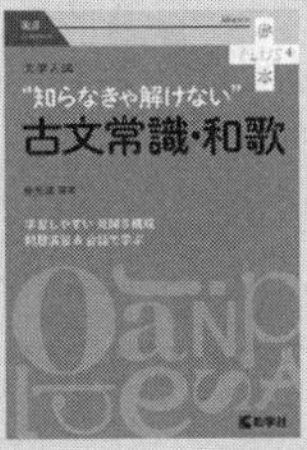

2024年度

問題と解答

一般選抜：TEAP スコア利用方式

問 題 編

▶試験科目・配点

学部・学科	試験区分	試験教科・科目		配 点
神[※2]・文（史・国文・英文・ドイツ文・フランス文・新聞）	英語外部検定試験	英語	TEAP／TEAP CBT　※1	150 点
	大学独自試験	国語	国語総合（古文・漢文含む）	100 点
		地理歴史	日本史Ｂ，世界史Ｂのうちから１科目選択	100 点
文（哲）・総合人間科（教育・心理[※2]・社会・社会福祉）・法・外国語・総合グローバル	英語外部検定試験	英語	TEAP／TEAP CBT　※1	150 点
	大学独自試験	国語	国語総合（古文・漢文含む）	100 点
		地理歴史または数学	日本史Ｂ，世界史Ｂ，数学（Ⅰ・Ⅱ・Ａ・Ｂ*）のうちから１科目選択	100 点
総合人間科(看護[※2])・経済(経済〈文系〉)	英語外部検定試験	英語	TEAP／TEAP CBT　※1	150 点
	大学独自試験	国語	国語総合（古文・漢文含む）	100 点
		数学	数学（Ⅰ・Ⅱ・Ａ・Ｂ*）	100 点
経済（経営）	英語外部検定試験	英語	TEAP／TEAP CBT　※1	200 点
	大学独自試験	国語	国語総合（古文・漢文含む）	100 点
		地理歴史または数学	日本史Ｂ，世界史Ｂ，数学（Ⅰ・Ⅱ・Ａ・Ｂ*）のうちから１科目選択	150 点
経済（経済〈理系〉）	英語外部検定試験	英語	TEAP／TEAP CBT　※1	100 点
	大学独自試験	数学	数学（Ⅰ・Ⅱ・Ⅲ・Ａ・Ｂ*）	100 点

学部・学科	試験区分	試験教科・科目		配　点
理工	英語外部検定試験	英語	TEAP／TEAP CBT　※1	100 点
	大学独自試験	数学	数学（Ⅰ・Ⅱ・Ⅲ・A・B*）	150 点
		理科	物理（物理基礎・物理），化学（化学基礎・化学），生物（生物基礎・生物）のうちから 2 科目選択	150 点（各 75 点）

▶備　考

※1　大学独自の英語試験は行わず，代替として TEAP または TEAP CBT のスコアを英語の得点として利用する。

※2　神学部神学科，総合人間科学部心理学科・看護学科では，面接試験を実施する。2 段階での選抜とし，第 1 次試験合格者にのみ第 2 次試験として面接を実施し，最終合否判定を行う。

＊「数学B」は「数列・ベクトル」から出題する。

日本史

（90 分）

（注）記述式の解答は，各解答欄にていねいに記入すること。数字，ローマ字については，1マスに2字とする。

次の問題文をよく読んで，関連する以下の問いに答えなさい。

【問題文】

2025(令和7)年開催予定の日本国際博覧会(大阪・関西万博)では，海外パビリオンの建設が遅れているという。ウクライナ戦争等に由来する建築資材の高騰や人手不足のために，日本国内の建設業者と契約が進まないのが原因らしい。しかしそもそも，オリンピックや万博といったメガ・イベントで都市を宣伝し，各種の奇抜かつ大規模な建築物を配置，国内外からの観光客を呼び込むという経済活性化の方法自体，もはや前世紀の遺物なのではないか。2021年に開催された東京オリンピックでも，コンパクト五輪を謳った招致構想はどこへやら，最終的な開催経費は公式発表で当初案の2倍，もしくは5倍にまでのぼるとの推定もある。挙げ句の果てに，広報宣伝を担当した電通グループや博報堂など関連企業，組織委員会が談合し，不正な事業受注の調整を行っていたことまで明らかになった。近年，オリンピックというと負のレガシー(a)の処理が課題となっているが，それは具体的なモノばかりではなく，経済的利権に群がる政治家や事業者によって，市民の利益が蝕まれ，生活が脅かされる情況そのものといえるかもしれない。事実，2020東京五輪のメイン会場となった明治神宮外苑は，元来第一種文教地区，第二種風致地区に指定されており，娯楽関連施設の設置や緑地開発，高層建物の建築が厳しく規制されていた。しかし，五輪関連の特別措置で条例の改変や規制緩和が行われ，JOC(日本オリンピック委員会)・JSC(日本スポーツ振興センター)関連の各施設，事業者の本社ビルなどの新築高層化が計画，順次実現されているのである。一方，新国立競技場の建設では，SDGsを謳いながらマレーシアやインドネシアの熱帯雨林から資材を得ていたことが判明，またスペースの拡充で姿を消す明治公園からは路上生活者の強制排除があり，隣接する都営霞ヶ丘アパートの住民にも立ち退きが求められて，住み慣れた生活の場を無理矢理に奪われることになった。現在地域住民から工事中止の訴訟がなされている，1000本もの街路樹の伐採や移転を含む外苑再開発も，かかる暴挙に連なるものである。(b)アメリカの政治学者ジュールズ・ボイコフは，商業五輪と新自由主義の結託した再開発を〈祝祭型資本主義(Celebration Capitalism)〉と呼んでいるが，大規模な土木工事をともなうメガ・イベントは，世界中で類似の問題を引き起こしているのである。

日本列島の歴史を遡ってみると，巨大土木事業や制度設計によって，一般の人びとが多大な迷惑を被った事例は少なくない。例えば宮都の造営など，高校までの日本史の教科書では国家の視点でしか述べられないが，平城京にしろ平安京にしろ，都が建つ前まではどんな場所だったのか，誰が住んでいたのか，住んでいたとしたらどうなったのか，考えてみる想像力が必要だろう。(c)『日本書紀』を紐解いてみると，持統天皇7年2月己巳条に，「造京司衣縫王《きぬぬいのおおきみ》等に詔して，掘るところの尸《しかばね》を収めしむ」との記事がある。同様の記述は，(d)『(　ア　)』和銅2年10月癸巳条にも，「もし彼の墳隴《ふんろう》，発《ひら》き掘らるれば，随《まにま》に即ち埋め斂《おさ》め，露棄せしむること勿かれ。普く祭酎《さいちゅう》を加へ，以て幽魂を慰めよ」とみえる。藤原京や平城京については，考古学的な調査により，同所の造営に際して，宮域・京域内に含まれていた相当数の(　イ　)が削平されたことが分かっている。また，(e)同書慶雲元年11月壬寅条に「宅の宮中に入れる百姓一千五百烟に，布賜ふこと差《しな》有り」，(f)同書延暦3年6月丁卯条には，「百姓私宅，新京宮内に入る五十七町は，当国の正税四万三千余束を以て，其の主に賜へ」とあり，宮域内に入る一般庶民の家宅に何らかの補償を与え，立ち退かせていることがうかがえる。死者にしても生者にしても，国権を背景とした移転が，合意のうえで行われたのかどうかは疑問である。ただし，平城京遷都前の大和国添上郡には土師氏，長岡京遷都前の山背国乙訓郡，平安京遷都前の同葛野郡には，渡来系氏族の(　ウ　)が蟠踞《ばんきょ》していたが，一説によると，両者はそれぞれの宮城内で多く下級官人に登用されていたらしい。彼らが都の誘致に動いていたとすれば，根拠地への宮都造営には，氏族にとってそれなりの利益があったのかもしれない。

中近世にも大寺社や城郭の建築がみられ，その都度山林が伐り拓かれたり，都市ではやはり，町屋が立ち退きにあったりしている。よく知られるところでは，織田信長と戦った一向一揆の拠点(　エ　)は，豊臣秀吉の頃に退去させられ，跡地には巨大な大坂城が建設された。同地には，古代に(　オ　)が置かれ，外交と交易の拠点，水陸交通の結節点であった。商人の町である(　カ　)も近く，この地に本拠地を築くことは，豊臣政権にとって，大きな経済的利益があったのだろう。同政権はそののち，土地の生産性を厳密に測定したうえで住人の労働力へ転化，租税化してゆく(　キ　)を実施する。1590(天正18)年「浅野長吉宛秀吉朱印状」は，小田原城攻め直後に東北の支配を再編成するにあたり，恭順の態度を示さず没収された東北諸将の領地へ(　キ　)の徹底を指示したものだが，(g)目的を達成するためにはどのような厳しい措置も厭《いと》わないという，苛烈な言葉が並んでいる。

……自然，相届かざる覚悟の輩之《これ》在《あ》るに於《おい》ては，城主にて候ハヽ，其もの城へ追入れ，各相談じ，一人も残し置かず，なでぎりニ申し付くべく候。百姓以下ニ至るまで，相届かざるに付てハ，一郷も二郷も悉《ことごと》くなでぎり仕るべく候，……

広域権力というものの，一般庶民に対する姿勢が明確にあらわれているが，それは次代の江戸幕府，そして明治政府に至っても変わらなかった。近代帝国を象徴する巨大建築には，やはりさまざまな抑圧の要素が隠れている。皇室に関連する橿原神宮や明治神宮の創祀，境域の拡張や外苑の整備に際しては，全国から多数の献木や勤労奉仕が行われたが，それも文字どおりの主体的な取り組みとみてよいかどうか。最も象徴的なのは，4つの仮議事堂を経て成った現国会議事堂の建設だろう。その完成は，計画の開始から50年を経た1936(昭和11)年だったが，注意しておきたいのは，建築資材が，当時領有していた(　ク　)，朝鮮，満州，台湾からも調達され，部材レベルで〈帝国日本〉のありようを体現していた点である。当時の衆院議長 富田幸次郎は，同年11月に行われた竣工式において，

……私はこの議事堂そのものが日本の(　ケ　)を象徴するものだと考へます。中央は御便殿《ごびんでん》であるが残りに総てのものが含まれてゐる訳です，このことは皇室を中心に国民はその周囲に皇室を輔翼《ほよく》し奉ることを現はしてゐます。……

と述べている〔1936年11月6日付『読売新聞』夕刊〕。審議の内容を左右しうる議場構造には，1890年以来，議会権限の弱い(　コ　)型立憲主義を体現する雛壇付扇

形が一貫して採用され，天皇の玉座や傍聴席とともに，閣僚が議員たちを睥睨《へいげい》する空間を創出した。国家が天皇機関説を肯定していた大正デモクラシー期には，建築コンペなど議事堂に民主政治を反映させる試みもみられたが，関東大震災後の国家主義への急進のなかで灰燼《かいじん》に帰し，上棟式直前の1925(大正14)年には(サ)制定，竣工式挙行の1936年には二・二六事件の勃発する世相へと変貌してしまった。結果として現議事堂は，帝国日本の国権を体現するものとして誕生するに至ったのである。それゆえに戦後においては，民主主義を反映する形へ建て直そう，現在の建物を解体しようという建議も繰り返しなされたが，結果としてうやむやになりいまに至っている。

冒頭で触れた万国博覧会自体，そもそもがヨーロッパで展開された帝国主義を体現する，植民地から収奪した物品の見本市だった。1867年のパリ万博を視察した(シ)は，そののち税制・幣制改革や合本組織の導入などを担うが，彼が「日本資本主義の父」と呼ばれることには，一定の注意が必要かもしれない。1903(明治36)年，大阪天王寺で開かれた(ス)では，当時の東京帝国大学教授 坪井正五郎の監修のもと，「内地に最近の異人種」として，北海道アイヌ，台湾先住民，琉球，朝鮮，清，インド，ジャワの人びとを，その風俗とともに実物展示する「学術人類館」が作られた。日本は，調査・展示される側から調査・展示する側へ，差別される側から差別する側へ転じようとしていたのである。当然のごとく，(セ)や朝鮮からは領事館・外交官の抗議があり開館前後に外されたが，それ以外の展示は，『琉球新報』などからの猛烈な批判にもかかわらず続行された。先に触れた古代の藤原宮では，律令国家の成立を謳う701(大宝元)年の元日朝賀において，「蕃夷の使者」を百官のあとに陳列させており，『(ア)』はこのときのことを，「文物の儀，是に於て備はれり」と記している。近代帝国は，その国威発揚の方法においても，古代国家に倣っているのかもしれない。なお，人類館を批判した『琉球新報』の社説は，「我輩は，日本帝国に斯《か》かる貪欲の国民あるを恥づるなり。彼らが他府県に於ける異様の風俗を展陳せずして，特に台湾の生蕃，北海のアイヌ等と共に本県人を撰みたるは，之《これ》，我を生蕃・アイヌ視したるものなり。我に対するの侮辱，豈《あに》これより大なるものあらんや」〔1903年4月11日号〕と，(h)帝国的価値観を内面化したものであった。

戦後に至っても，在日米軍立川飛行場の拡張に反対した砂川闘争，住民との合意を無視して強行された(ソ)建設に対する三里塚闘争，利権が重なり建設自体が目的化したダム工事など，巨大土木事業をめぐる国家／市民の軋轢は少なくない。東北や北陸をはじめとする原子力発電所の建設，沖縄などの基地問題も同列に考えることができるが，重要なのは，(i)〈祝祭〉の目くらましに気づくことかもしれない。オリンピックやパラリンピックは，あらゆるメディアを通じて感動のブラック・ホールを演出，市民をボランティアに編成して運営体制を整えてゆくが，それは「ナチスの手法」，〈参加型権力〉とも呼ばれている。事実，開会までを盛り上げる聖火ランナーは，ナチスが政治利用した1936年ベルリン大会から始まった。感動のベールを剥ぎ取れば，その裏側で繰り返されている，深刻な弱者の切り捨てもみえてくる。1968年メキシコ大会では，反対派の学生集会が警察・軍隊に襲撃され，300人にのぼる死者を出した(トラテロルコ事件)。2010年カナダ・バンクーバー大会では，多民族共生をスローガンとしていたにもかかわらず，関連施設の建設で先住民の土地収奪反対運動を刺激，指導者であった高齢のハリエット・ナハニーを投獄し病死させる事態を招いている。2012年イギリス・ロンドン大会では，イースト・ロンドン地区を中心にストリート・クリアランスとジェントリフィケーションが強行，2016年ブラジル・リオ大会では，ファベーラ(スラム)地区に軍警察・文民警察が動員され，前2年間で1000人に及ぶ死者を出したという。

わたしたちは，行政・企業・メディアなどの経済利益優先の目論見に巻き込まれ，何も問題意識を持たないマジョリティの視点に立たされて，眼前の競技やイベントに一喜一憂している。スタジアムの歓声やパビリオンの賑わいに対する怨嗟の眼差しに気づかずにいること，あえて思考を停止し目を背けていることは，もしかすると最も冷酷な振る舞いなのかもしれない。

○墳隴……墓。　○祭酎……酒を供えて祀ること。　○慶雲……文武天皇治政に改められた元号。この4年に文武天皇が崩御し，元明天皇が即位した。

問1　下線部(a)について。レガシーとは何を意味し，どのような理由で「負」なのか。100字程度で説明しなさい。

問2　下線部(c)～(f)について。これらの史料は，それぞれ次のどの宮都の建設過程を記しているか。最も適切なものを，次のうちから1つ選び，記号で答えなさい(同じ記号を何度選んでもよい)。

①　藤原京　②　平城京　③　長岡京　④　平安京

問3　空欄(　ア　)に当てはまる史書は何か。最も適切なものを，次のうちから1つ選び，記号で答えなさい。

①　古事記　②　日本書紀　③　続日本紀　④　日本後紀

問4　空欄(　イ　)に当てはまる語句は何か。最も適切なものを，次のうちから1つ選び，記号で答えなさい。

①　古墳　②　寺院　③　神社　④　楼観

問5　空欄(　ウ　)に当てはまる氏族は何か。最も適切なものを，次のうちから1つ選び，記号で答えなさい。

①　大江氏　②　菅原氏　③　橘氏　④　秦氏

問6　空欄(　エ　)に当てはまる語句の説明として最も適切なものを，次のうちから1つ選び，記号で答えなさい。

①　1431年に五山派を辞したのち，一休宗純を住持として特異な文化を築いた。

②　1465年に10世真慧が伊勢へ移し，勢力を近畿や北陸へ広げた。

③　1496年に建立，寺内町には商人が集住し経済的に発達した。

④　1499年，建立者の蓮如はこの地で死去した。

問7　空欄(　オ　)に当てはまる施設は何か。最も適切なものを，次のうちから1つ選び，記号で答えなさい。

①　安濃津　②　難波宮　③　福原宮　④　山崎津

問8　空欄(　カ　)に当てはまる語句の説明として最も適切なものを，次のうちから1つ選び，記号で答えなさい。

①　平安末期には大輪田泊と呼ばれ，平氏による日宋貿易の拠点となった。

②　会合衆による自治が行われ，ガスパル＝ヴィレラのイエズス会への報告に，平和で自由な都市として記載されている。

③　年行司と呼ばれる豪商が町政を掌握，自治都市として繁栄した。

④　廻船問屋を中心とした老分衆により，自治運営が行われた。

問9　空欄(　キ　)に当てはまる語句は何か。漢字4文字で書きなさい。

問10　下線部(g)について。この書状は浅野長吉へ，庶民をどのように扱ってよいと指示しているか。説明として最も適切なものを，次のうちから1つ選び，記号で答えなさい。

①　城主は皆殺しにするが，百姓は1～2村くらいならば許す。

②　納得しない者は百姓に至るまで，1村でも2村でも皆殺しにして構わない。

③　命令が届かないなら，1村でも2村でも，対面し慰撫することが肝要である。

④　必要な物資が届かない場合は，1村でも2村でも，1人残らず殺し尽くせ。

問11　空欄(　ク　)に当てはまる地名は何か。最も適切なものを，次のうちから1つ選び，記号で答えなさい。

①　カムチャツカ　　②　北樺太　　③　千島　　④　南樺太

問12　空欄(　ケ　)に当てはまる語句は，竣工式の翌年に刊行された書物において，その内容が詳しく定義された。その書物とは何か。最も適切なものを，次のうちから1つ選び，記号で答えなさい。

①『改造』　　②『憲法撮要』　　③『国会論』　　④『国体の本義』

問13　空欄(　コ　)に当てはまる国名は何か。下記の写真を参考にして，最も適切なものを，次のうちから1つ選び，記号で答えなさい。

①　アメリカ　　②　イギリス　　③　ドイツ　　④　フランス

アメリカ議会 下院本会議場

イギリス議会 下院本会議場

ドイツ帝国議会 本会議場

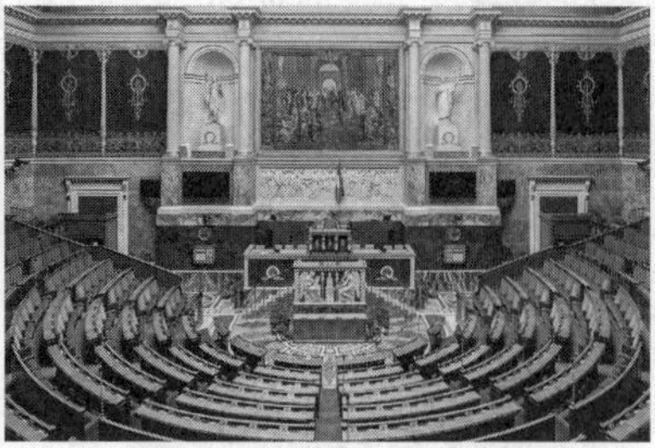

フランス国民議会 本会議場

写真（右）：ユニフォトプレス提供
著作権の都合により，類似の写真に差し替えています。

問14　空欄(　サ　)に当てはまる語句の説明として最も適切なものを，次のうちから1つ選び，記号で答えなさい。

①　遺伝性疾患をもつ患者に対する断種を定めた法律。

②　国体の変革，私有財産の否認を目的とする結社の禁止。

③　言論報道機関の，戦争への全面協力体制をつくるための法律。

④　著作・文書などで官僚らを批判することの禁止。

問15　空欄(　シ　)に当てはまる人名は何か。漢字4文字で書きなさい。

問16　空欄(　ス　)に当てはまる語句は何か。最も適切なものを，次のうちから1つ選び，記号で答えなさい。

①　紀元二千六百年記念式典　　②　内国勧業博覧会

③　日本大博覧会　　④　日本国際博覧会

問17　空欄(　セ　)に当てはまる語句は何か。最も適切なものを，次のうちから1つ選び，記号で答えなさい。

①　アイヌ　　②　清　　③　台湾　　④　琉球

問18　下線部(h)について。「帝国的価値観」とは，具体的に何を意味するものか。説明として最も適切なものを，次のうちから1つ選び，記号で答えなさい。

①　アジアにおける諸民族の共存・共栄を追求する思想。

②　人種や民族を厳密に区別しようとする科学的志向性。

③　「内地人」を頂点とする，中華思想的な身分秩序。

④　琉球の人びとこそが日本列島の先住民であるという歴史認識。

問19　空欄(　ソ　)に当てはまる語句は何か。最も適切なものを，次のうちから１つ選び，記号で答えなさい。

①　成田空港　②　羽田空港　③　八ッ場ダム　④　横田基地

問20　下線部(b)(i)について。〈祝祭型資本主義〉の意味するところを理解したうえで，問題文を参考に下記①〜④から１つを選び(該当する番号をマークすること)，どのような〈祝祭〉を目くらましにどのような政治目的が果たされようとしたのか，200字程度で説明しなさい(事例によっては，「資本主義」は「専制政治」などへ置き換えて理解してもよい)。

①　古代における東大寺大仏の造営

②　謝恩使・慶賀使など琉球使節の江戸入り

③　大日本帝国憲法の発布

④　1964年オリンピック東京大会の開催

〔以上の問題文は，下記の文献を参照して作成した。

・奈良岡聰智「議場構造論」(御厨貴・井上章一編『建築と権力のダイナミズム』岩波書店，2015年)

・Jules Boykoff, *Celebration Capitalism and the Olympic Games*, Routledge, 2014.

・小笠原博毅・山本敦久編『反東京オリンピック宣言』航思社，2016年〕

世界史

（90分）

（注）記述式の解答は，各解答欄にていねいに記入すること。数字，ローマ字については，１マスに２字とする。

問題　次の文章を読み，設問に答えなさい。

「世界史」という言葉は，科目名となっているほど，私たちにとって当たり前のものに感じられる。だが，「世界史」の中身は，今も昔も同じなのだろうか。そもそも，「世界史」という考え方は，昔から自明のものだったのだろうか。現代の「世界史」が成立するまでの歴史，いわば「世界史の世界史」を振り返ってみよう。

大航海時代以降の，地球全体が資本主義的なネットワークでつながり始める時代より以前，人々は，地球全体の姿を把握することがなかった。そのため必然的に，「世界史」という意識が希薄であり，人々が描く歴史も，自分たちの文明や地域に限られざるをえなかった。

例えば，『史記』などの歴史書(1)に代表されるように，古くから歴史編纂の文化が進んだ中国では，いわゆる「中華」の歴史が王朝ごとに書かれてきた。特に，王朝政府自身が正史を編纂し，その事業を官僚の職務として初めて定めたのは，唐であった。唐代に書かれた文書には，王朝の地理的・領域的な範囲を「中国」と呼び，この中国に属し，儒教的思想や価値観，それらにもとづく文化や生活様式が行き渡った範囲を「中華」と呼ぶ，とする記述がみられる。つまり，「中華」という語は，単なる地理的な領域をあらわすだけでなく，自分たちの文化を共有している場を指す価値づけを伴った語であった。そのため，「中華の歴史」を書くという作業は，どこまでの地域や民族が儒教文化を共有している，あるいは共有すべきだと考えるか，という認識と不可分であった。

こうした王朝による歴史とは異なり，知識人個人が書く歴史の場合，自らが属する国や文化に限定せず，できるだけ遠くの地域や文化圏までをも書こうとする歴史記述もみられる。ヘロドトスの『歴史』がその例である。彼はギリシアのみならず，ヨーロッパ，小アジア，オリエント世界までをも対象とした歴史を書いた。だが，まだ「西暦」がない時代であり，それらの地域間には共通の年代の枠組みが存在しない。そこでヘロドトスは，アッシリアやメディアなどのオリエントの王の在位年をもとに，各国各地域の年代を定めていった。現代の視点からみると，ヘロドトスの記述は辺境地域などへの偏見や空想も多々みられるが，少なくとも当時の歴史記述としては，ギリシア中心主義ではない異文化観を示しており，私たちが考える「世界史」の先駆けをなすものであった。

こうした地域史とは異なる仕方で，大航海時代以前にも「世界史」が描かれる場合もあった。キリスト教やイスラームにおいて，宗教的視点から「世界の創造」を起点として描かれる「普遍史」である。聖書で記された世界の創造は，信仰をもつ人々にとっては歴史的事実であり，当時の人々が生きる世界と連続した時系列上にあった。そのため，この創造の出来事から，将来起こるとされる神の救済までをも含む人類の歴史，普遍史を描く企てが多数試みられた。キリスト教では，アウグスティヌスの『神の国』が，人類の歴史を神の国と地上の国の対立として捉えた。神の国の歴史とは，アダムの創造やノアの洪水に始まる，聖書で描かれる歴史である。他方，地上の国の歴史とは，アッシリアからローマまでの帝国の歴史であり，将来地上の国が滅亡し，神の国の統治が実現するとされた。イスラームでは，例えば10世紀のタバリーが，ムハンマド以前の人類史をどう描くかという問題に取り組んだ。すなわち，(2)イスラーム成立以前のペルシア地方の諸王の列伝と，クルアーンに記される宗教的歴史とをどう結びつけるか，という課題である。タバリーは二種類の歴史を無理に一つにせず，二つの歴史を年代順に並べて記述するという方法を採用した。これらの歴史は，歴史的事実と宗教的教義との接合に苦慮した一方で，誰もみたことのない世界の歴史の「始まり」から「終わり」までを描こうとした点に特徴がある。

こうして近世初頭まで，「世界」を志向する多様な歴史が描かれたが，それが大きな転機を迎えるのは，大航海時代を経たヨーロッパの啓蒙思想においてであった。啓蒙思想に先立ち，17世紀の思想家ボシュエは『普遍史序説』において，従来の普遍史の考え方を残す一方で，信仰に依拠しない，歴史への文献学的なアプローチを説いていた。その後，啓蒙思想のもとで博物学の知識が蓄積されていくとともに，宗教的な普遍史の試みは衰退していく。例えば，教会の普遍史では紀元前6000年頃の出来事だとされていた世界の創造の出来事が，エジプト文明や中国文明の古さ，さらには地球の地質学的年代の圧倒的な古さを前に否定されていった。普遍史に代わって，ヴォルテールら啓蒙思想家(3)たちは，アジアやアメリカまでをも含めた世界の諸民族，さらには動植物などの全自然をも広く網羅するスケールで「世界史」を描きはじめた。ただし，彼らが描く世界史は，単なる諸民族，諸出来事の偶然の蓄積ではなく，「未開」から「文明」へと人類全体が移行するという進歩史観にもとづいた，思弁的な歴史という一面もあった。

こうした歴史を批判したのが，19世紀に成立する近代の実証主義的歴史学である。実証主義的歴史学とは，ランケが唱えた，史料と証拠に厳密にもとづいて過去の事実を明らかにする学問を指す。ロマン主義やナショナリズムの高まり(4)のなか，ランケは啓蒙思想のような進歩史観を否定し，それぞれの時代，それぞれの地域に個性があり，歴史を描く価値があるとした。こうして彼の唱えた理念のもと，各国・各地域の詳細な歴史学的研究が進むようになる。だが，ランケは，単に各国の歴史の叙述に満足していたわけではなく，諸民族の歴史を寄せ集めただけでない「世界史」を書くことを目指していた。彼は晩年，『世界史』という著作の記述に着手し，一つの「生き生きとした全体」として国家が連続して興亡していく歴史を「世界史」だと考えた。しかし，ランケは，この国家の興亡が起こったのは主としてヨーロッパ世界であるとし，ランケ以後も，「世界史」をヨーロッパ史によって代表させる傾向が生じることにもなった。

19世紀にもう一つみられた世界史の試みは，マルクス主義によるものであった。マルクスは，人間の物質的生産活動が歴史や社会の土台であると考え，「生産力と生産関係の矛盾によって歴史が展開する」とする史的唯物論を提示した。実証主義的歴史学が否定した，ある種の目的論を再び提示する世界史だとも言えるだろう。マルクスは，人類の生産様式の段階を，時代順にアジア的，古代的，封建的，近代ブルジョア（資本家）的な様式と区分し，資本主義の広まりによって世界市場が形成された(5)当時のありようを世界史の現在地だとみなした。そしてその先に，資本主義経済が革命によって打破され，社会主義国家が確立されると想定したのである。マルクス主義的な世界史観は20世紀の歴史学に影響を与えたが，同時に，この世界史観もまた，アジア的生産様式以外の諸段階はいずれもヨーロッパをモデルとしており，ヨーロッパによって代表される世界史であった。

設問1　以下の(1)～(5)に答えなさい。

(1)　下線部(1)に関する次の記述のうち，正しいものを1つ選びなさい。

(a)　『春秋』は，魯の国の歴史書であると同時に，儒教の四書の一つである。

(b)　司馬遷による『史記』には，漢の武帝までの歴史が紀伝体で記されている。

(c)　班固による『漢書』は，前漢の歴史を編年体で記したものである。

(d)　『資治通鑑』は，王安石の新法に賛成した司馬光による編年体の歴史書である。

(2)　下線部(2)に関する次の記述のうち，正しいものを1つ選びなさい。

(a)　ヒジュラの後，イスラーム軍はタラス河畔の戦いでササン朝軍を破った。

(b)　ウマイヤ朝の第4代正統カリフのアリーの子孫だけを指導者と認める一派をスンナ派と呼ぶ。

(c)　アッバース朝は，アラブ人を特権化せず，あらゆる民族のムスリムに人頭税(ジズヤ)を課した。

(d)　10世紀にイランに成立したブワイフ朝はイクター制を導入した。

(3)　下線部(3)に関する次の記述のうち，正しいものを1つ選びなさい。

(a)　ヴォルテールは『哲学書簡』などを著し，フリードリヒ2世(大王)の宮廷に招かれた。

(b)　ロシアのエカチェリーナ2世は北方戦争でスウェーデンと戦った。

(c)　モンテスキューは『リヴァイアサン』において三権分立を主張した。

(d)　フランスの財務総監テュルゴーは重農主義を否定し，重商主義を説いた。

(4)　下線部(4)に関する次の記述のうち，誤りを含むものを1つ選びなさい。

(a)　ベンガル分割令に反対し，インド国民会議カルカッタ大会では自治を求めるスワラージの綱領が掲げられた。

(b)　哲学者フィヒテはナポレオン支配に対抗し，「ドイツ国民に告ぐ」という講演をおこなった。

(c)　独立戦争でオスマン帝国に勝利したギリシアは，サン＝ステファノ条約によって独立が国際的に承認された。

(d)　オーストリアの三月革命後，ハンガリーではコッシュート(コシュート)が独立を求めて蜂起した。

(5)　下線部(5)に関する次の記述のうち，正しいものを１つ選びなさい。

(a)　オランダはマレー半島において強制栽培制度を展開し，商品作物を栽培した。

(b)　イギリスは19世紀に穀物法や航海法を廃止し，自由貿易を進めた。

(c)　スティーヴンソンが開発した蒸気船が改良され，海上交通の発展につながった。

(d)　アフリカ大陸西岸のモノモタパ王国は，ヨーロッパとの間で奴隷貿易をおこなった。

設問２　下線部＝＝について，大航海時代に世界と結びつくことで16世紀のヨーロッパの経済に生じた変化を，以下の指定用語をすべて用いて200字以内で説明しなさい。なお，使った用語には必ず下線を引くこと(同じ用語を複数回使う場合には，下線は初出の１箇所のみで構わない)。

【用語】　商業革命　　価格革命　　地中海沿岸　　銀

設問３　次の会話文は，問題文を踏まえてなされた，先生と，二人の高校生ＡとＢとの会話である。問題文の内容を踏まえたうえで会話文を読み，会話文の［　　　］に入る文章を，自分で考えて書きなさい。［　　　］内には，問題文で触れられた過去の歴史や世界史に対する考え方から，少なくとも１つの考え方を取り上げること(300字以上，350字以内)。

Ａ　：世界史って，当たり前のように考えていたけれど，いろんな考え方や成り立ちがあるんだと分かりました。今の世界史との違いが新鮮でした。

先生：19世紀までの世界史の試みに続いて，20世紀，特に後半になると，それまでの問題点を批判し，新しい視点の世界史が登場するようになります。

B　：どんな世界史でしょうか。西洋中心であることを批判するような世界史ですか。

先生：もちろんそうした視点は重要です。いま，世界はグローバル化したと言われていますが，必ずしも最近になって初めてグローバル化したわけではありません。それ以前からすでに様々な仕方で，世界は国や地域を超えた動きを示してきました。そうした視点から歴史を描くグローバルヒストリーと呼ばれる歴史学は，新しい世界史の一つです。

A　：教科書に「世界の一体化」なんて考え方も載っていましたね。

B　：ほかにも，ランケの頃に比べると，国や政治だけが世界史のテーマではなくなった，という話も聞いたこともあります。

先生：そうですね。「国王の歴史」と言われていたように，かつての世界史の中心的なテーマは各国の政治的な動きに置かれていましたが，いまでは，文化の変化や，一般の人々の生活など，扱うテーマも飛躍的に増えました。グローバルヒストリーは，そういう視点とも結びついて，ダイナミックな世界の動きを描き出すようになったのです。

A　：確かに教科書でも，中世にはイスラームや中国の海上商人，さらには北方のノルマン人，東アジアの海洋民族，アフリカの沿岸の商人などが，国家の枠を超えて多様な海上ネットワークを作り，情報や文化の伝播にも貢献した，と説明されていました。

B　：大航海時代には，新しい農作物だけじゃなくて，家畜や病原菌までもが大陸を超えてもたらされ，世界のあり方を大きく変えていったという記述もありました。

先生：また，20世紀には，グローバルな視点だけではなく，もっと長期的な時間の区分で世界史を考える人たちも登場しました。例えば，地球の長期的な気候変動といった自然環境の要因から，文化や社会の変化を説明する世界史の教科書もあります。

A　：私たちの教科書にも，世界史の考え方の変化がいろいろ反映されているんですね。

先生：世界史への見方が深まってくれたようで嬉しいです。では，私は用事があるのでここで失礼しますね。

（先生，退室する）

A ：新しい世界史の話，面白かったなぁ。でも，いまの新しい世界史ではない，過去の世界史にも目を向ける意味って，どこにあるんだろう。

B ：地球の全体の姿を知らない時代だと，世界史という考え方もいまとは全然違ったり，そもそも，世界史という概念自体がなかったりするだろうしなぁ。

A ：あ，この話題って，先生が授業で課したレポートのテーマそのものだね。「現代において世界史の過去のあり方を学ぶ意義について，自分の考えを述べなさい」っていうテーマのレポート。難しいなぁ。先生がいるうちにヒントを聞いておけばよかったよ。

B ：自分もちょうどそのレポートを書いていて，一応最後まで書けたので読んでもらってもいいかな？

A ：読みたい読みたい。

B ：こんな内容なんだけど…。

「私は，世界史とは，世界のそれぞれの国々の歴史を年表にして，それを横並びにすればよいとばかり思っていた。しかし，「世界史の世界史」について書かれた文章を読み，世界史とは，もっと広い視点や多様な描き方が必要だと考えるようになった。また，その際には，様々な文化や時代において書かれてきた過去の世界史の問題点を批判する一方，現代の世界史とのつながりを考えたり，過去の世界史の試みにみられた視点を再評価したりすることも意味があるだろう。□」

どうかな…？

数　学

マークによる数値解答欄についての注意

解答欄の各位の該当する数値の欄にマークせよ。その際，はじめの位の数が0のときも，必ずマークすること。

符号欄がもうけられている場合には，解答が負数の場合のみ $-$ にマークせよ。(0または正数の場合は，符号欄にマークしない。)

分数は，既約分数で表し，分母は必ず正とする。また，整数を分数のかたちに表すときは，分母を1とする。根号の内は，正の整数であって，2以上の整数の平方でわりきれないものとする。

解答が所定欄で表すことができない場合，あるいは二つ以上の答が得られる場合には，各位の欄とも Z にマークせよ。(符号欄がもうけられている場合，$-$ にはマークしない。)

〔解答記入例〕 $\boxed{ア}$ に7，$\boxed{イ}$ に -26 をマークする場合。

	符号	10 の 位											1 の 位										
ア	—	0	1	2	3	4	5	6	7	8	9	Z	0	1	2	3	4	5	6	7	8	9	Z
	○	●	○	○	○	○	○	○	○	○	○	○	○	○	○	○	○	○	○	●	○	○	○
イ	—	0	1	2	3	4	5	6	7	8	9	Z	0	1	2	3	4	5	6	7	8	9	Z
	●	○	○	●	○	○	○	○	○	○	○	○	○	○	○	○	○	○	●	○	○	○	○

〔解答表示例〕

$-\dfrac{3}{2}$ を，$\dfrac{\square}{\square}$ にあてはめる場合 $\dfrac{\boxed{-3}}{\boxed{2}}$ とする。

0を，$\dfrac{\square}{\square}$ にあてはめる場合 $\dfrac{\boxed{0}}{\boxed{1}}$ とする。

$-\dfrac{\sqrt{3}}{2}$ を，$\dfrac{\square}{\square}\sqrt{\square}$ にあてはめる場合 $\dfrac{\boxed{-1}}{\boxed{2}}\sqrt{\boxed{3}}$ とする。

$-x^2+x$ を，$\square\, x^2+\square\, x+\square$ にあてはめる場合

$\boxed{-1}\,x^2+\boxed{1}\,x+\boxed{0}$ とする。

◀数学Ⅰ・Ⅱ・A・B▶

（90分）

1　一辺の長さが2の正四面体ABCDにおいて，辺AD上の点E，辺DC上の点F，辺CA上の点G，辺BC上の点Hを $AE = DF = CG = 2t$，$BH = t$ となるようにとる。ただし，$0 \leqq t \leqq 1$ とする。

(1) △EFGの面積は

$$\sqrt{\boxed{\text{ア}}\left(\boxed{\text{イ}}\,t^2 + \boxed{\text{ウ}}\,t + \boxed{\text{エ}}\right)}$$

である。

(2) Bから平面ACDに垂線を下ろし，平面ACDとの交点をPとするとき，

$$BP = \frac{\boxed{\text{オ}}}{\boxed{\text{カ}}}\sqrt{\boxed{\text{キ}}}$$

である。

(3) Hから平面EFGに垂線を下ろし，平面EFGとの交点をQとするとき，

$$HQ = \frac{\boxed{\text{ク}}}{\boxed{\text{ケ}}}\sqrt{\boxed{\text{コ}}}\left(t + \boxed{\text{サ}}\right)$$

である。

(4) 四面体HEFGの体積が最小になるのは

$$t = \boxed{\text{シ}} + \frac{\boxed{\text{ス}}}{\boxed{\text{セ}}}\sqrt{\boxed{\text{ソ}}}$$

のときである。

2 表と裏が出る確率がそれぞれ $\frac{1}{2}$ である硬貨がある。座標平面において, 原点 $(0,0)$ に置かれた点Aおよび座標 $(1,0)$ に置かれた点Bを, 硬貨を1回投げるごとに以下の規則 (R) に従って動かし, n 回硬貨を投げた直後における点A, Bの位置について考える。

規則 (R) :

- 表が出たとき, Aは動かさず, BはAを中心に反時計回りに 90° 回転した位置に動かす。
- 裏が出たとき, Bは動かさず, AはBを中心に反時計回りに 90° 回転した位置に動かす。

(1) $n=10$ のとき, $\overrightarrow{\mathrm{AB}} = \left(\boxed{タ}, \boxed{チ} \right)$ となる。

(2) $n=3$ のとき, Aが位置することが可能な座標の総数は $\boxed{ツ}$ である。

(3) $n=4$ のとき, Aが原点にある確率は $\dfrac{\boxed{テ}}{\boxed{ト}}$ であり,

Aが x 軸上にある確率は $\dfrac{\boxed{ナ}}{\boxed{ニ}}$ である。

(4) $n=8$ のとき, Aが原点にある確率は $\dfrac{\boxed{ヌ}}{\boxed{ネ}}$ であり,

Aが x 軸上にある確率は $\dfrac{\boxed{ノ}}{\boxed{ハ}}$ である。

3

(1) 整数の組 (x, y) で条件

$$\begin{cases} \log_{\frac{1}{4}} y < \log_{\frac{1}{2}}(x-1) \\ 2^{y-1} < 8^x \end{cases}$$

を満たすものは全部で $\boxed{\text{ヒ}}$ 個ある。

(2) $\mathrm{AB} = 4$, $\mathrm{BC} = 2\sqrt{6}$, $\mathrm{CA} = 2\sqrt{3} - 2$ の $\triangle\mathrm{ABC}$ がある。
$\angle\mathrm{A}$ の二等分線と辺 BC の交点を D とする。このとき, $\triangle\mathrm{ABC}$ の面積は

$$\boxed{\text{フ}} + \boxed{\text{ヘ}}\sqrt{\boxed{\text{ホ}}}$$

であり,

$$\mathrm{AD} = \boxed{\text{マ}} + \boxed{\text{ミ}}\sqrt{\boxed{\text{ム}}}$$

である。

(3) 座標平面において, 直線 $y = 2x - 3$ を, 原点を中心に反時計回りに 45° 回転して得られる直線は

$$y = \boxed{\text{メ}}\, x + \boxed{\text{モ}}\sqrt{\boxed{\text{ヤ}}}$$

である。

(4) 座標平面上で放物線 $y = x^2$ 上の点 $\mathrm{P}(t, t^2)$ $(0 \leqq t \leqq 1)$ における接線と放物線 $y = -(x+1)^2$ の 2 つの共有点の中点を Q とする。ただし, 共有点が 1 つの場合は, その共有点を Q とする。
Q の座標は

$$\left(\boxed{\text{ユ}}\, t + \boxed{\text{ヨ}},\ \boxed{\text{ラ}}\, t^2 + \boxed{\text{リ}}\, t + \boxed{\text{ル}}\right)$$

である。t が $0 \leqq t \leqq 1$ の範囲を動くとき線分 PQ が動いてできる図形の面積は $\dfrac{\boxed{\text{レ}}}{\boxed{\text{ロ}}}$ である。

◀数学Ⅰ・Ⅱ・Ⅲ・A・B▶

（90分）

1

(1) $77x + 52y = 1$ を満たす整数 x, y の組のうち, x が正で最小の組は $(x, y) = \left(\boxed{\text{ア}}, \boxed{\text{イ}}\right)$ である。

(2) 複素数 $(\sqrt{2} + \sqrt{6}\,i)^{2024}$ を極形式で表したときの絶対値を r, 偏角を θ とする。ただし, $0 \leqq \theta < 2\pi$ とする。このとき,

$$\frac{\log_2 r}{2024} = \boxed{\text{あ}}, \quad \theta = \boxed{\text{い}}\,\pi$$

である。

$\boxed{\text{あ}}$, $\boxed{\text{い}}$ の選択肢 :

(a) 0	(b) 1	(c) $\frac{1}{2}$	(d) $\frac{3}{2}$	(e) $\frac{1}{3}$	(f) $\frac{2}{3}$	(g) $\frac{4}{3}$	(h) $\frac{5}{3}$
(i) $\frac{1}{4}$	(j) $\frac{3}{4}$	(k) $\frac{5}{4}$	(ℓ) $\frac{7}{4}$	(m) $\frac{1}{6}$	(n) $\frac{5}{6}$	(o) $\frac{7}{6}$	(p) $\frac{11}{6}$

(3) (i) $\log_{10} 2 = 0.301$ とする。このとき, $\log_{10} 1.28 = 0.\boxed{\text{ウ}}$ である。

(ii) n は2以上の整数とする。$n^{100} < 1.28^n$ となる最小の n について, $2^a \leqq n < 2^{a+1}$ となる整数 a は $a = \boxed{\text{エ}}$ である。

2 平面 α 上にある長方形 ABCD と, α 上にない点 O で定まる四角錐《すい》 O-ABCD を考える。$\overrightarrow{\mathrm{OA}}=\vec{a}$, $\overrightarrow{\mathrm{OB}}=\vec{b}$, $\overrightarrow{\mathrm{OC}}=\vec{c}$, $\overrightarrow{\mathrm{OD}}=\vec{d}$ とするとき,

$$|\vec{a}|=9,\ |\vec{b}|=7,\ |\vec{c}|=2\sqrt{11},\ \vec{a}\cdot\vec{b}=33,\ \vec{b}\cdot\vec{c}=34$$

である。

(1) $\vec{d}$ を $\vec{a}$, $\vec{b}$, $\vec{c}$ で表すと,

$$\vec{d}=\boxed{\text{オ}}\,\vec{a}+\boxed{\text{カ}}\,\vec{b}+\boxed{\text{キ}}\,\vec{c}$$

である。

(2) $\vec{a}\cdot\vec{c}=\boxed{\text{ク}}$ である。

(3) O から平面 α に垂線 OH を下ろすと,

$$\overrightarrow{\mathrm{OH}}=\frac{\boxed{\text{ケ}}}{\boxed{\text{コ}}}\vec{a}+\frac{\boxed{\text{サ}}}{\boxed{\text{シ}}}\vec{b}+\frac{\boxed{\text{ス}}}{\boxed{\text{セ}}}\vec{c}$$

であり, 点 H は $\boxed{\text{う}}$ にある。

$\boxed{\text{う}}$ の選択肢 :

(a) 長方形 ABCD の外部

(b) 長方形 ABCD の周上

(c) 対角線 AC 上 (ただし, 点 A, 点 C は含まない)

(d) 三角形 ABC の内部

(e) 三角形 ACD の内部

(4) 長方形 ABCD の面積は $\boxed{\text{ソ}}$ である。

(5) 四角錐 O-ABCD の体積は $\boxed{\text{タ}}$ である。

3 (1) $x > 0$ のとき, 関数 $y = \dfrac{e^x}{x}$ の極値を求めて, そのグラフの概形をかけ。

(2) 次の等式を満たす正の定数 a を求めよ。

$$\int_a^{2a} \frac{e^x}{x}\,dx = \int_a^{2a} \frac{e^x}{x^2}\,dx$$

(3) 次の等式を満たす異なる正の整数 m, n が存在しないことを証明せよ。

$$\int_m^{n} \frac{e^x}{x}\,dx = \int_m^{n} \frac{e^x}{x^2}\,dx$$

4 次の漸化式 (A) を満たす数列 $\{a_n\}$ を考える。

$$\text{(A)}:\ a_{n+2} = na_{n+1} - a_n \quad (n = 1, 2, 3, \ldots)$$

(1) (A) を満たす数列を 1 つあげよ。

(2) 2 つの数列 $\{a_n\}$ と $\{b_n\}$ が (A) を満たすとする。どんな実数 x, y に対しても数列 $\{xa_n + yb_n\}$ が (A) を満たすことを証明せよ。

(3) (A) および 次の条件 (P) を満たす 2 つの数列 $\{c_n\}$ と $\{d_n\}$ の組を考える。

(P) : (A) を満たすどの数列も, ある実数 s, t を用いて $\{sc_n + td_n\}$ と表される。

(i) $\{c_n\}$ と $\{d_n\}$ の例をあげよ。

(ii) (i) であげた例が (P) を満たしていることを証明せよ。

物　理

（2科目 90分）

（注）解答は，結果のみを各解答欄にていねいに記入すること。導出過程は記さない。

1 図1のように，大きさが無視できる質量 m の小球AとBが，自然長 l，ばね定数 k の質量を無視できるばねでつながれ，なめらかで水平な直線上を運動している。ここで，小球AとBは同じ直線上にある。直線に垂直な壁の表面が $x=0$ となるように直線と平行に x 軸を定め，壁から離れる方向を x 軸の正の方向とする。時刻 $t<0$ では，小球AとBおよびそれらの重心の速度はすべて $-v$ $(v>0)$ で，ばねの長さは自然長に等しかった。

小球Aが時刻 $t=0$ で壁と弾性衝突したあと，時刻 $t=T$ で再び壁に衝突した。時刻 $t<T$ で小球Bおよび小球AとBの重心の位置はそれぞれ図2のように変化した。

1. 壁との衝突で小球Aが受けた力積を k，l，m，v のうち必要なものを用いて表せ。

2. 衝突直後の小球AとBの運動量の和を k，l，m，v のうち必要なものを用いて表せ。

3. 衝突直後の小球AとBの運動エネルギーの和を k，l，m，v のうち必要なものを用いて表せ。

4. 時刻 T を k，l，m，v のうち必要なものを用いて表せ。

5. 図2のグラフから値を読み取り，k を l，m，v を用いて表せ。

時刻 $t=T$ で小球Aが壁に衝突したあと，小球Aが壁に固定されるようにしたところ，小球Bは単振動を始めた。

6. 小球Bについて，時刻 $T<t<\dfrac{5}{2}T$ の範囲での位置の時間変化をグラフに実線で表せ。必要に応じて $\sqrt{2}\fallingdotseq 1.4$ の近似を用いてよい。

〔解答欄〕図2と同じ。

壁の材質を変えて，図1のように時刻 $t<0$ で再び小球AとBおよび自然長のばねを速度 $-v$ で運動させたところ，時刻 $t=0$ で小球Aが壁と完全非弾

性衝突した。この衝突のあと，小球Bが小球Aと衝突することはなかった。

7. 小球Aと壁が接触している時間はTの何倍かを数値で答えよ。

8. 以下の文章の〔　　　〕に適切な用語を入れよ。

「小球Aが壁から離れたあと，小球AとBの運動量はどちらも時間とともに変化するが，ばねでつながれた小球AとBを一つの物体系と考えたとき，ばねによる力は〔　　　〕なので運動量の和は保存される。」

9. 小球Aが壁から離れたあと，小球AとBの重心の運動を表す用語を記せ。

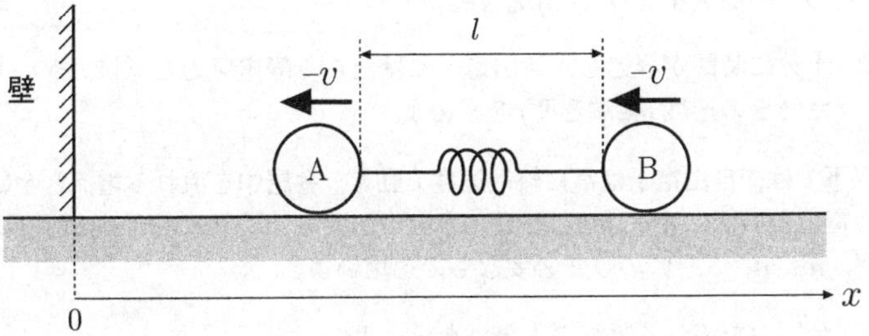

図 1

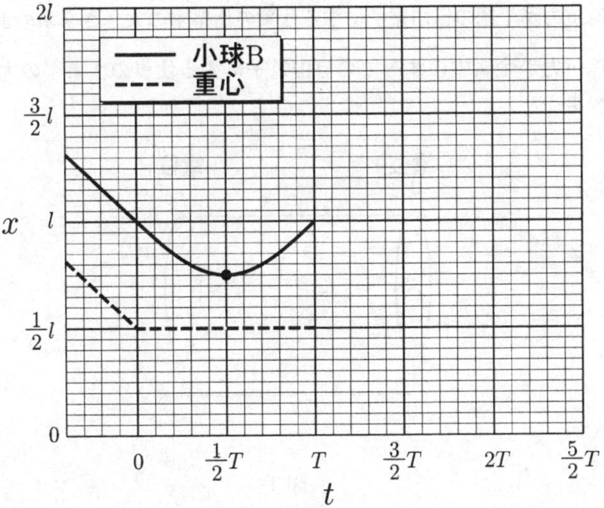

図 2

2 図1のように，長さ l，断面積 S の金属の両端に電位差 V $(V > 0)$ を加える。金属中には質量 m，電気量 $-e$ $(e > 0)$ の自由電子が単位体積あたり n 個ある。金属の左端を原点として図の右向きを x 軸の正の方向とし，重力の影響は無視する。

1. 金属中の電場 (電界) の強さを求めよ。ただし，金属の向かい合う断面に垂直な方向にのみ一様な電場が生じると考えてよい。

2. 金属中の自由電子は，電場による静電気力と，速さに比例し速度に逆向きの抵抗力を受けている。x 軸方向の加速度，速度をそれぞれ a，v とするとき，1個の自由電子に対する運動方程式を求めよ。ただし，抵抗力の比例係数を k $(k > 0)$ とする。

3. 十分に時間が経過し，自由電子にはたらく静電気力と抵抗力がつりあったときの速度 (終端速度) を求めよ。

以下では，自由電子は常に終端速度で動き，金属中を流れる電流と金属に加えた電位差の間にオームの法則が成り立つとする。以下の 4.〜8. の解答には e，k，l，m，n，S，V のうち必要なものを用いよ。

4. 金属中を流れる電流の大きさを求めよ。

5. 金属の抵抗率を求めよ。

6. 金属中における消費電力の大きさを求めよ。

7. 抵抗力が1個の自由電子にする仕事の仕事率の大きさを求めよ。

8. 抵抗力が金属中のすべての自由電子にする仕事の仕事率の大きさを求めよ。

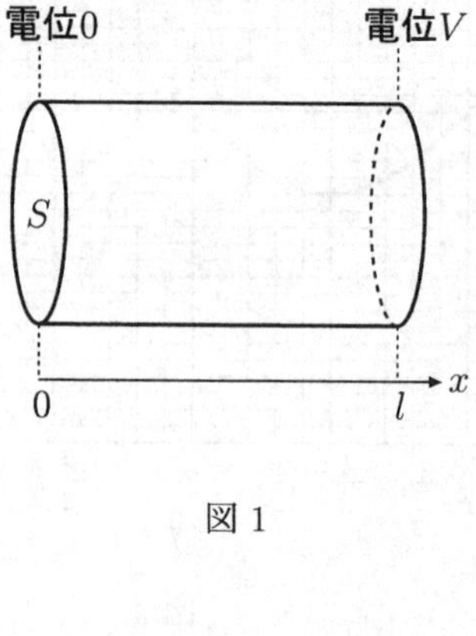

図1

図2のように，もとの金属の長さを $\frac{3}{4}l$ とし，長さ $\frac{1}{4}l$，断面積 S の異なる種類の金属を直列につなぎ合わせ，その金属全体の両端に電位差 V を加えた。新たにつなげた金属中で自由電子が受ける抵抗力の比例係数を k' $(k'>0)$ とし，単位体積あたりの自由電子の数はもとの金属と同じものとする。それぞれの金属中の自由電子は，それぞれの金属中の終端速度で動き，二つの金属のつなぎ合わせの影響は無視できるものとする。

9. 二つの金属をつなぎ合わせた金属全体の抵抗率を求めよ。ただし，金属全体の抵抗と抵抗率の間には (金属全体の抵抗) = (抵抗率)$\times\frac{l}{S}$ の関係がある。解答には e，k，k'，l，m，n，S，V のうち必要なものを用いよ。

再び，最初に用意した長さ l，断面積 S の金属に戻した。金属の両端の電位差を V に保ちながら，図3のように $x=0$ における温度を0°C, $x=l$ における温度を20°C に保つと，金属中の温度は左端からの距離 x の位置で $20\times\frac{x}{l}$〔°C〕となった。自由電子が受ける抵抗力の比例係数は温度が上がるにつれて大きくなり，温度 T〔°C〕のときに $k_0(1+\alpha T)$ と表される。ここで k_0 は温度0°C における抵抗力の比例係数，α $(\alpha>0)$ は温度係数とする。

10. この金属は，図3のように温度が異なる微小な長さの多数の金属が直列につながったものとみなせる。このとき，金属の抵抗率を求めよ。ただし，ジュール熱の発生による温度分布の変化は無視してよい。解答には e，k_0，l，m，n，S，V，α のうち必要なものを用いよ。

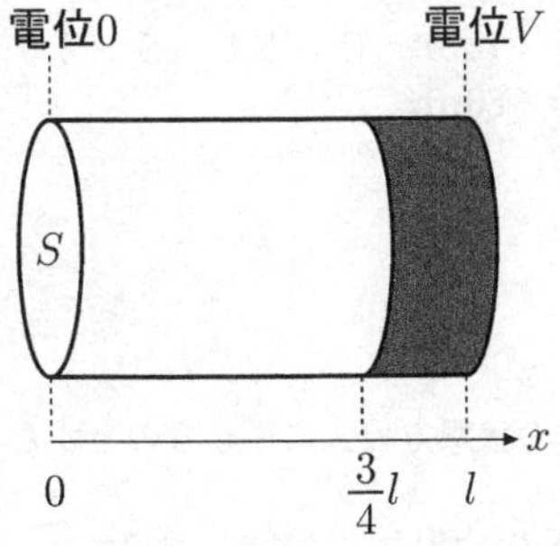

図2

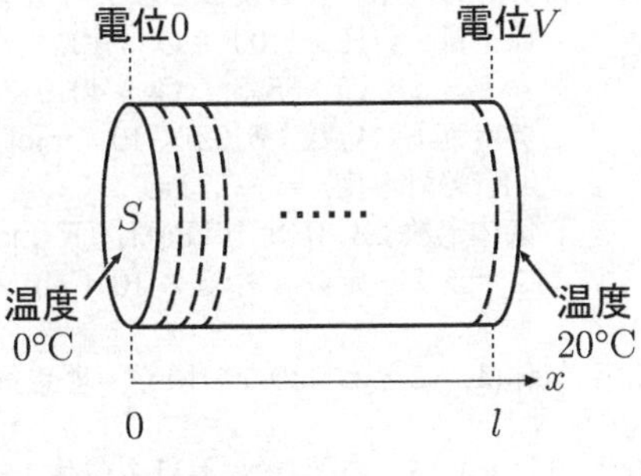

図3

化　学

（2科目 90分）

解　答　上　の　注　意

(1)　数値による解答は，各問に指示されたように記述せよ。
答えが0（ゼロ）の場合，特に問題文中に指示がないときはa欄をマークせよ。
有効数字2桁で解答する場合，位取りは，次のように小数点の位置を決め，記入例のようにマークせよ。

$0.30 \rightarrow 3.0 \times 10^{-1}$

$1.24 \rightarrow 1.2 \times 10^{0}$

$17.5 \rightarrow 1.8 \times 10^{+1}$

記入例：3.0×10^{-1}

	1　の　桁	0.1　の　桁	指　　数	
ⓐ	①②●④⑤⑥⑦⑧⑨	●①②③④⑤⑥⑦⑧⑨	⊕●	⓪●②③④⑤⑥⑦⑧⑨

指数が0（ゼロ）の場合は正負の符号にはマークせず，0（ゼロ）のみマークせよ。

	指　　数
⊕⊖	●①②③④⑤⑥⑦⑧⑨

(2)　計算を行う場合，必要ならば次の値を用いよ。

原子量　H：1.00　C：12.0　N：14.0　O：16.0　S：32.0
　　　　Cl：35.5　Ca：40.0　Br：80.0

アボガドロ定数：6.02×10^{23} /mol

0 K（絶対零度）＝ −273 ℃

気体定数：8.31×10^{3} Pa・L/(K・mol)

ファラデー定数：9.65×10^{4} C/mol

(3)　気体は，ことわりのない限り，理想気体の状態方程式に従うものとする。

(4)　0 ℃，1.01×10^{5} Pa における気体 1 mol の体積は，22.4 L とする。

(5)　pH は，水素イオン指数である。

(6)　構造式は，下の例にならって示せ。＊印は不斉炭素原子を表す。

例）

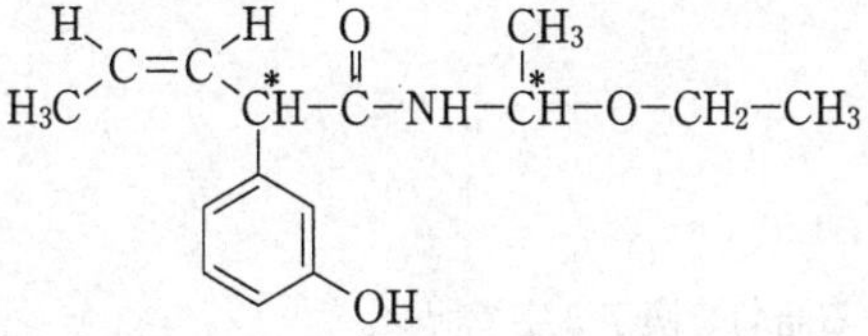

1　次の文章を読み，問1～問6に答えよ。ただし，以下に示した生成熱および結合エネルギーの数値は，いずれも 25 ℃，1.01×10^5 Pa での値とする。

反応前後でそれ自身は変化せず，反応速度を大きくする物質を［ア］という。ある［ア］の存在下，メタン CH_4 を水 H_2O と高温で反応させると，一酸化炭素 CO と水素 H_2 が生成する。これは CH_4 の水蒸気改質とよばれ，式(1)で表される。

$$CH_4(気) + H_2O(気) \rightleftarrows CO(気) + 3H_2(気) \qquad (1)$$

生成した CO を別の［ア］の存在下，H_2O と反応させると，二酸化炭素 CO_2 と水素 H_2 が生成する。これは水性ガスシフト反応とよばれ，式(2)で表される。

$$CO(気) + H_2O(気) \rightleftarrows CO_2(気) + H_2(気) \qquad (2)$$

式(2)の反応において，温度を上昇させると［イ］反応のため，［ウ］の方向に平衡が移動する。平衡を，生成物の濃度が増加する方向に移動させるには［エ］での反応が望ましいが，［エ］では反応速度は低下する。そのため，水性ガスシフト反応には一般的に，［ア］が用いられる。

式(2)の反応を考えるうえで，CO と H_2O の気体のみが，2.00×10^{-1} mol ずつ入っている容積一定の密閉容器を用意した。ある温度 T_1 で容器をしばらく置いたところ，(i)容器内の気体が平衡に達し，反応後の CO の物質量は 2.00×10^{-2} mol となった。

次に，CO，H_2O，H_2 の気体のみが，それぞれ(ii)2.00×10^{-1} mol，2.00×10^{-1} mol，x mol ずつ入っている容積一定の密閉容器を用意した。ある温度 T_2 で容器をしばらく置いたところ，容器内の気体が平衡に達した。このときの CO，H_2O，

CO_2 および H_2 のモル濃度の比は，$[CO]:[H_2O]:[CO_2]:[H_2]=1:1:9:12$ となった。

問1　ア に適する語句を漢字2字で記せ。

問2　式(1)の反応について，CH_4，H_2O，CO，H_2 の各気体の圧力 p_{CH_4}，p_{H_2O}，p_{CO}，p_{H_2} を用いると，圧平衡定数 K_p は以下の式で表される。

$$K_p=\frac{p_{CO}\,p_{H_2}{}^3}{p_{CH_4}\,p_{H_2O}}$$

ここで圧力の単位はPaとする。気体の温度が727℃のとき，圧平衡定数 K_p と濃度平衡定数 K_c との比 $\frac{K_p}{K_c}$ は，何$(Pa\cdot L/mol)^2$ か。有効数字2桁で答えよ。指数が16以上の場合は，z欄をマークせよ。

問3　式(2)の熱化学方程式は，以下に示す式となる。

$$CO(気)+H_2O(気)=CO_2(気)+H_2(気)+Q\,kJ$$

反応熱 Q は何kJか。有効数字2桁で答えよ。ただし，計算には以下の値を用いること。解答が正の値であれば ⊕，負の値であれば ⊖ をマークし，解答の絶対値をマークせよ。

H—H の結合エネルギー	436 kJ/mol
O=O の結合エネルギー	498 kJ/mol
H_2O の O—H の結合エネルギー	463 kJ/mol

$$C(黒鉛)+\frac{1}{2}O_2(気)=CO(気)+111\,kJ$$

$$CO(気)+\frac{1}{2}O_2(気)=CO_2(気)+283\,kJ$$

問4　イ ～ エ に入る語句はどれか。次のa）またはb）のどちらかを選べ。

イ の選択肢：	a）発熱	b）吸熱
ウ の選択肢：	a）正反応	b）逆反応
エ の選択肢：	a）低温	b）高温

問5　下線部(i)について，濃度平衡定数 K_c はいくらか。有効数字2桁で答えよ。

問6　下線部(ii)について，x は何 mol か。有効数字2桁で答えよ。ただし，式(2)の平衡状態のみを考えることとする。

2　次の文章を読み，問7～問12に答えよ。

原子は，その中心部にある [ア] と，それを取り巻く電子からなる。[ア] はさらに，正の電荷をもつ [イ] と，電荷をもたない中性子からできている。

[イ] の数は原子番号といい，元素ごとに異なる。また，[イ] の数と中性子の数の和を [ウ] という。同じ元素で [ウ] の異なる原子どうしを，互いに同位体という。例えば，水素には，[ウ] が1，2，3の同位体がある。[ウ] が1の水素原子は，[ウ] が2や3の同位体と区別するため，(i)元素記号と原子番号および [ウ] を用いて ${}^{1}_{1}\mathrm{H}$ と書き表される。

元素を原子番号の順に並べると，単体の融点など，性質のよく似た元素が周期的に現れる。(ii)元素の性質のこのような周期性を [エ] という。元素を原子番号の順に並べ，性質の似た元素が同じ縦の列に並ぶように配列した表を，元素の周期表という。周期表では，横の行を周期といい，縦の列を [オ] という。

問7　[ア] ～ [オ] に適する語句をそれぞれ漢字3字以内で記せ。

問8　下線部(i)中の表記法にならい，中性子を7個もつ炭素の同位体を記せ。

問9　ある遺跡から，人類が食用にしたと思われる木の実が発掘された。この木の実に含まれる，中性子を6個もつ炭素の安定同位体Xと中性子を8個もつ炭素の放射性同位体Zについて調べた。その結果，XとZの原子数の関係は，$1.00 : 2.16 \times 10^{-13}$ とわかった。Zは5730年の半減期で壊変し，中性子を7個もつ窒素に変化する。遺跡で発掘された木の実は，現在から何年前のものか。有効数字2桁で答えよ。ただし，木の実が枝に生《な》っているときのXとZの原子数の関係は，$1.00：1.20 \times 10^{-12}$であったものとする。また，木の実は枝から外れた後，外界との炭素の交換はなく，木の実の中に新たに放射性同位体Zが生じることはないものとする。なお，$\log_{10}2 = 0.301$，$\log_{10}3 = 0.477$とする。

問10　天然に存在している銅Cuには2つの安定な同位体があり，その相対質量は，それぞれ62.93と64.93である。銅の原子量が63.55であるとき，相対質量62.93の銅原子の存在比は何％か。有効数字2桁で答えよ。

問11　下線部(ii)について，図1は，第5周期までの周期表の概略図である。次の(1)〜(5)のそれぞれに該当する領域を，図中の領域a)〜i）からすべて選べ。

(1)　希ガス(貴ガス)

(2)　アルカリ金属

(3)　ハロゲン

(4)　典型元素

(5)　非金属元素

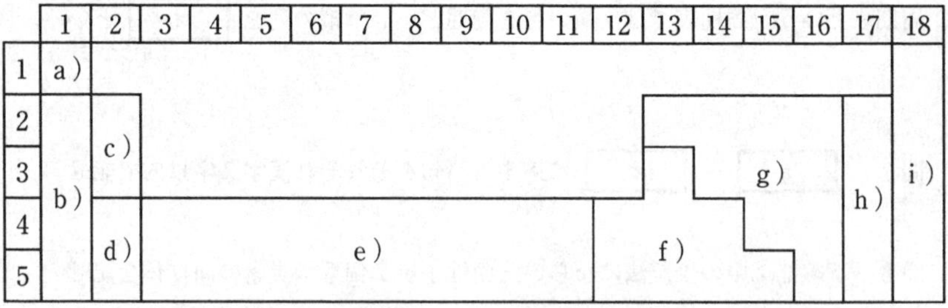

図1　第5周期までの周期表の概略図

問12　次の図は，元素に関するある値と原子番号の関係をプロットしたものである。(A)〜(F）の図の縦軸は，それぞれ何の値を表しているか。次のa)〜i）から，最も適切なものをそれぞれ1つ選べ。なお，図の縦軸は，

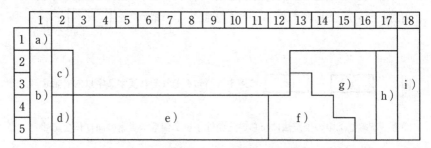

等間隔の幅が一定の量の変化を表す線形目盛で示されており，矢印の方向に値が大きくなる。

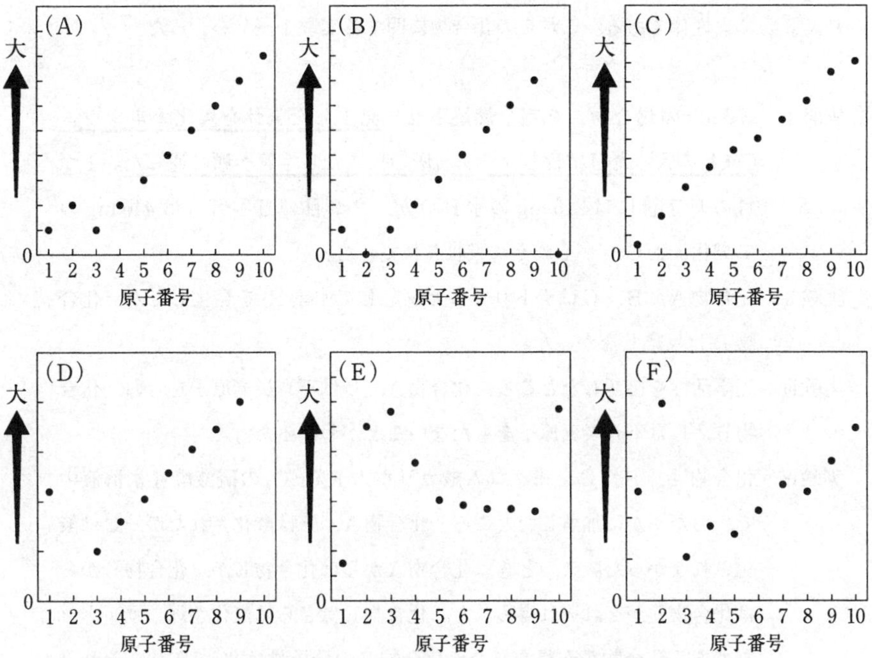

a）電気陰性度　　b）電子親和力　　c）第一イオン化エネルギー

d）原子半径　　e）最外殻電子の数　　f）価電子の数

g）原子量　　h）単体の融点　　i）L殻の電子の数

3　次の文章を読み，問 13〜問 18 に答えよ。

分子式 $C_aH_bO_c$ で表される化合物A，B，C，Dの分子量はいずれも 88 であり，互いに異性体である。これらの化合物に関する実験Ⅰ〜Ⅴを行った。

実験Ⅰ　176 mg の化合物Aを完全燃焼させ，(i)発生した気体を塩化カルシウム $CaCl_2$ の入ったU字管とソーダ石灰の入ったU字管へ順に通した。1つ目のU字管には 216 mg の水 H_2O が，2つ目のU字管には 440 mg の二酸化炭素 CO_2 がそれぞれ吸収されていた。

実験Ⅱ　化合物A，B，Cはナトリウムと反応して水素 H_2 を発生したが，化合物Dは反応しなかった。

実験Ⅲ　光学活性を確認したところ，化合物A，Dは不斉炭素原子をもち，化合物B，Cは不斉炭素原子をもたないことがわかった。

実験Ⅳ　化合物A，B，Cを二クロム酸カリウム $K_2Cr_2O_7$ の硫酸酸性水溶液中で，おだやかに加熱したところ，化合物A，Bは酸化されたが，Cは酸化されなかった。このとき，化合物Aからは化合物Eが，化合物Bからは化合物Fがそれぞれ得られた。化合物Eはさらに酸化され，カルボン酸である化合物Gが得られた。化合物Fの分子量は 86 であり，それ以上酸化されなかった。

実験Ⅴ　14.0 g の化合物Bを濃硫酸と加熱すると，分子内のみで脱水反応が完全に進行し，化合物Hのみが得られた。得られた化合物Hに，臭素 Br_2 を完全に付加させ，化合物Iのみを得た。

問13　下線部(i)において，2つのU字管の順番を逆にした場合，塩化カルシウムの入ったU字管に吸収される水の量はどうなるか。結果と理由を表す次の文章の［　ア　］と［　イ　］にあてはまる最も適切なものをそれぞれ，次の選択肢 a)〜c) と d)〜f) から1つ選べ。

塩化カルシウムの入ったU字管に吸収される水の量は［ア］。
なぜなら，［イ］ためである。

［ア］の選択肢
a）増加する
b）減少する
c）変化しない

［イ］の選択肢
d）ソーダ石灰が水を吸収する
e）ソーダ石灰が水を放出する
f）ソーダ石灰は水を放出も吸収もしない

問14　化合物Aの分子式 $C_aH_bO_c$ の a，b，c を，それぞれ1～19の整数で答えよ。20以上の場合は，z欄をマークせよ。

問15　化合物B，Dの構造式をそれぞれ示せ。ただし，不斉炭素原子には＊印を付けよ。

問16　化合物A，B，C，Dの中で，沸点が最も低い化合物をA～Dから1つ選べ。

問17　化合物Eにあてはまる記述を，次のa）～e）からすべて選べ。該当する選択肢がない場合は，z欄をマークせよ。

a）不斉炭素原子をもつ。
b）銀鏡反応を示す。
c）ヨードホルム反応を示す。
d）エチル基を2個もつ。
e）水素原子の数は8個である。

問18　実験Vで得られた化合物Iの質量は何gか。有効数字2桁で答えよ。

生 物

（2 科目 90 分）

（注）記述式の解答は解答欄にていねいに記入すること。字数が指定されている場合は，漢字，かな（カナ），アルファベット，数字，記号，句読点などは，原則としてそれぞれ一字として記入すること。

1 パン作りに関する次の文章を読み，以下の問 1 ～問 5 に答えよ。

文章　Aさんは自家製のおいしいパンを作ろうと思い，料理本に書かれたレシピ（表）とパン作りの手順を参考にしていろいろな方法でパンを作り，その過程におけるパン生地の見た目や風味を比較した。

表　パン作りのレシピ

材料	分量
強力粉	250 g
ドライイースト（ベーキングパウダーで代用可能）	6 g
砂糖	16 g
食塩	5 g
お湯（約 40 ℃）	170 ml
バター	15 g

・強力粉：グルテンというタンパク質の量が多い小麦粉

・ドライイースト：酵母を生きたまま乾燥させたもの

・ベーキングパウダー：炭酸水素ナトリウムに酸化剤（酒石酸水素カリウムなど）を添加したもので，パン生地を膨らませる効果がある。

【パン作りの手順】

1）強力粉，ドライイースト，砂糖，食塩をボールに入れてよく混ぜ合わせたのち，お湯を加えてヘラで混ぜ，さらにパン生地がまとまるまで手で混ぜる。

2）パン生地がまとまったらまな板にのせ，手のひらでよくこねて空気を抜く。

3）パン生地をボールに戻し，バターを加え，もみ込むようにして混ぜ合わせる。

4）パン生地が乾燥しないようにラップをかぶせて，35℃で40分間静置する。

5）パン生地をまな板にのせ，手で軽く押して平たくのばし，包丁で10等分にする。

6）パン生地を丸めなおし，クッキングシートを敷いた天板の上に並べて，上からラップをかぶせる。40℃で静置し，パン生地がある程度の大きさに膨らみ，パン生地に特有の匂いがするまで待つ。

7）予熱しておいたオーブン(200℃)でパン生地を12分間焼く。

問1　ドライイーストに含まれている酵母と同様に菌類に属する生物をa～gのうちから全て選べ。ただし，適切なものがない場合はhをマークせよ。

a）アオカビ　b）シアノバクテリア　c）シイタケ　d）大腸菌
e）超高熱菌　f）乳酸菌　g）ミドリムシ

問2　手順6で，パン生地を膨らませた気体の名前を答えよ。

問3　ふっくらとしたパンを作ろうと，手順6で通常よりも長くパン生地を静置したところ，パン生地に特有の匂いが強くなった。また，焼きあがったパンを試食したところ，レシピ通りに作ったパンに比べて甘味が足りないと感じた。このような結果になった理由を考察せよ。

問4　以下の3つの観察結果からパン生地が膨らむしくみについて考えられることを200字程度で述べよ。

【観察結果1】　パン生地が傷んでしまうことを恐れて手順4と6で冷蔵庫の中で静置したところ，パン生地がほとんど膨らまなかった。

【観察結果2】　手順1で誤って沸騰したばかりの熱湯を加えてパン生地を作ったところ，手順6でパン生地がほとんど膨らまなかった。

【観察結果3】　ドライイーストの代わりにベーキングパウダーを用いたときは，手順1で誤って沸騰したばかりの熱湯を加えてパン生地を作っても，手順6でパン生地がしっかりと膨らんだ。

問5　ドライイーストが普及する以前の伝統的なパン作りでは，ドライイーストの代わりにパン種(だね)とよばれるものが使われていた。パン種は，その原料を5日間以上発酵させて作る。原料には，酵母だけでなく，原料に付着していた様々な微生物も含まれている。下の図に示すパン種に含まれる微生物の生菌数とパン種中の pH の推移から，このパン種に含まれる乳酸菌の役割を考察せよ。

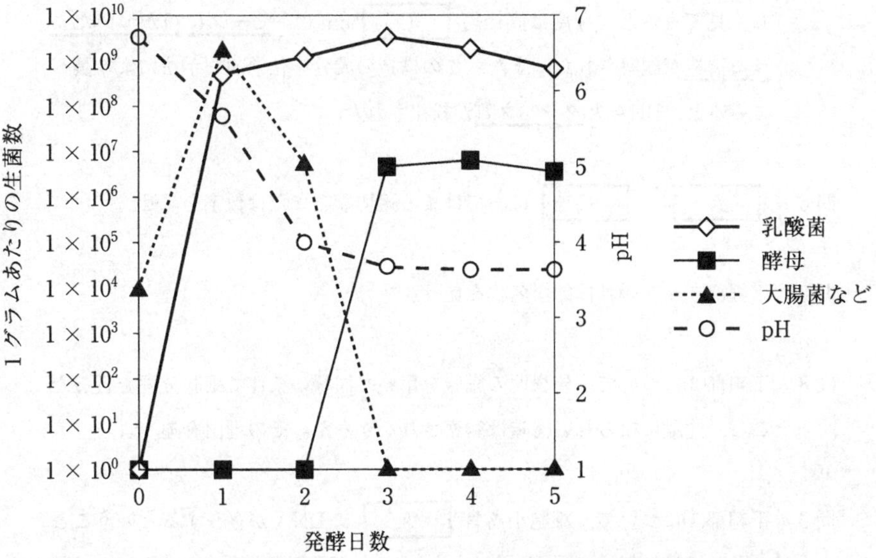

図　パン種を仕込んでいる過程での微生物の生菌数とpHの推移

2　細胞の構造に関する文章1と文章2を読み，以下の問6～問10に答えよ。

文章1　真核細胞内には様々な細胞小器官が存在し，それらは特有の構造と機能を持つ。細胞小器官の性質を詳細に調べるには，細胞分画法が有効である。この方法では，まず細胞を穏やかな条件で破砕後，遠心分離機にかけ，遠心力を徐々に強くシフトしていく過程で沈殿してくる細胞小器官を分離する。ヒトの培養細胞を用いた場合，最初に沈殿するのは核である。次に遠心力をやや強くすると(1)DNAを含む細胞小器官である［　A　］が，さらに強い遠心力をかけるとRNAを含む細胞小器官である［　B　］が沈殿してくる。

いま，ヒトの染色体構造を調べるため，(2)間期の細胞を用いて実験を行った。ある遠心条件で得られた核の画分を界面活性剤で処理して電子顕微鏡を用いて観察したところ，(3)繊維状の構造が観察された。この構造をより詳しく見てみると，今度は直径約 [C] nm の，(4)<u>ビーズに紐がついたような構造</u>が観察された。また，この構造の成分を化学的な手法により調べてみると，DNA と(5)<u>タンパク質</u>が検出された。

問 6　[A] ～ [C] にあてはまる適切な語または数字を記せ。

問 7　下線部(3)～(5)の具体的な名称を記せ。

問 8　下線部(2)について，分裂期の細胞を用いて同様の条件で細胞分画を行ったところ，沈殿に核らしい構造は観察されなかった。その理由を述べよ。

問 9　下線部(1)について，細胞小器官 [A] に DNA が存在するということは，そこでは遺伝子発現が行われていることが予想される。この DNA は具体的にどのような遺伝子を持っていると考えられるか。推論して詳細に述べよ。

文章 2　細胞内には，様々な種類や状態の RNA が存在する。いま，ヒトの培養細胞を用いて細胞分画を行い，核とそれ以外の画分に分けた。次に，それらの画分に含まれる RNA を調べたところ，(6)<u>この 2 つの画分に含まれる RNA の間には，量的にも質的にも多くの違いが見つかった</u>。

問10　下線部(6)について，どのような違いが見つかったか。そのような違いを生じさせる細胞内の過程も含めて詳細に説明せよ。

3　光合成に関する次の文章を読み，以下の問11〜問14に答えよ。

文章　光合成の反応は，(1)光化学反応と炭素同化の2つに大きく分けられる。光化学反応では，光エネルギーを利用して(2)NADPHとATPが作られる。炭素同化では，カルビン回路によってNADPHとATPを利用して有機物が作られる。多くの植物では，最初の段階として(3)CO_2がリブロース1,5-ビスリン酸と結合した後，2つに分解され，2分子のC_3化合物［ア］になる。［ア］はNADPHとATPを消費して［イ］となる。［イ］の一部は葉緑体から細胞質に輸送され，スクロースなどに変えられる。

問11　下線部(1)について，光化学反応と炭素同化が行われる葉緑体の部位の名称をそれぞれ答えよ。

問12　下線部(2)について，光化学反応においてNADPHとATPが作られる過程を以下の用語を全て使って詳細に説明せよ。なお，用語は何度使ってもよい。
用語：ATP合成酵素，還元，光化学系Ⅰ，光化学系Ⅱ，電子伝達系，
反応中心クロロフィル

問13　［ア］と［イ］にあてはまる化合物の名称を，略称を使わずに記せ。

問14　下線部(3)の反応はルビスコ（リブロース1,5-ビスリン酸カルボキシラーゼ／オキシゲナーゼ）という酵素により触媒される。この酵素はリブロース1,5-ビスリン酸をCO_2と結合させる活性のほかに，O_2と結合させる活性も持つ。ルビスコの活性部位はCO_2とO_2のどちらとも結合が可能なため，CO_2とO_2は互いに拮抗する。どちらの反応が起こるかは基質濃度や環境条件によって異なる。C_3植物の場合，乾燥した条件下ではこれらのうち，どちらの反応が起こりやすいかを，理由とともに述べよ。

c 此若

d 是以

問七 空欄Xに入るものとして、もっとも適切なものを次の中から一つ選べ。

a 己之所欲

b 以施於人

c 己所不欲

d 勿施於人

問八 文章A〜Cに関連する内容として、適切なものを次の中から二つ選べ。

a 文章A・Bには八字の同文を含むが、Aの方が正統な文章と文章Cは見なす。

b 『中庸』の文章は「仁」と「恕」との関係性を解説したものになっている。

c 『中庸』は孔子が書いた『論語』の注釈書として、古来重要視されてきた。

d 「仁」という徳を備えるためには、「恕」が必要である。

e 「恕」を実践するためには、相手の好悪を推し量る能力が要求される。

f 「仁」は人に対する思いやりの徳と解釈することができる。

c　嫌悪すべき行為は礼を欠くので人に施すべきではない。

d　人心は様々なので、人に対する施し方も変わってくる。

問四　傍線部4「是註入正文也」の意味する内容として、もっとも適切なものを次の中から一つ選べ。

a　「己所不欲〜」の八字が「仲弓問仁」の文章を解説している。

b　「己所不欲〜」の八字が正統な文章であることを注記している。

c　「己所不欲〜」の八字が「恕」字の注解となっている。

d　「己所不欲〜」の八字が文章B全体の注釈となっている。

問五　傍線部5「伝」の意味として、もっとも適切なものを次の中から一つ選べ。

a　経典を味読する

b　文義を解釈する

c　善悪を弁別する

d　古文を伝承する

問六　傍線部6「諸」と同義になる二字として、もっとも適切なものを次の中から一つ選べ。

a　之於

b　其乎

〈注〉○仲弓…孔子の門人、冉雍《ぜんよう》の字。　○大賓…大切な客人。　○大祭…天地を祭る大事な祭礼。　○子貢…孔子の門人、端木賜《たんぼくし》の字。

問一　傍線部1「出門如見大賓、使民如承大祭」の比喩が意味する内容として、もっとも適切なものを次の中から一つ選べ。

a　相手を敬って身をつつしむことが肝要である。
b　相手を尊重して行う正統な儀礼が大切である。
c　相手を気分良くさせる環境作りが第一である。
d　相手を嫌がらせないような配慮が重要である。

問二　傍線部2「終身」と同義の熟語として、もっとも適切なものを次の中から一つ選べ。

a　卒年
b　畢世
c　訣別
d　永劫

問三　傍線部3「恕之解」として、文章Cの論旨に合致しないものを次の中から一つ選べ。

a　みずからの心に欲することを人に施すことも恕である。
b　恕という字は心にある思いにしたがうという意である。

B　子貢問《ヒテ》曰《ク》、有《ル》下一言《ニシテ》而可《キ》二以《テ》[2]終身行《フ》レ之《ヲ》者上乎《ト》。子曰《ク》、其《レ》恕乎。己所レ不レ欲、勿レ施二於人一。

（『論語』衛霊公）

C　[3]恕之解《ハ》、見《ユ》二論語《ニ》一。曰《ク》、己所レ不レ欲、勿レ施二於人一、是也。此《ノ》八字《ハ》、一《タビ》見《ル》三於答《ヘシヲ》二仲弓《ニ》一。是正文也。再《ビ》見《ル》三於答《ヘシヲ》二子貢《ニ》一。[4]是註入正文也。上文《ニ》曰《ク》、其《レ》恕乎。[5]伝二論語一者、乃《チ》以《テ》二此《ノ》八字一解《スル》二恕字《ヲ》一耳。故《ニ》中庸《ニ》曰《ク》、忠恕違《ルコト》レ道《ヲ》不レ遠《カラ》、施[6]諸己而不願、亦勿レ施二於人一、是也。祇《ただ》恕《ハ》於《イテ》レ文《ニ》、如《クスルヲ》レ心《ノ》為《ス》レ恕《ト》。故《ニ》己之所レ欲、以施二於人一、亦恕也。然《レドモ》其《ノ》事広大《ニシテ》、非《ズ》二学者《ノ》所《ニ》一レ能《クスル》。且《ツ》人心不レ同《ジカラ》、所《モ》レ欲《スル》或《ハ》殊《ナリ》。故《ニ》止《ただ》以 X 言《フ》レ之《ヲ》耳。

（荻生徂徠『弁名』）

問十　傍線部9「さらば」とはどういうことか。もっとも適切なものを次の中から一つ選べ。

a　季節の風情の優劣について語り合うという忘れがたい体験をしたからには
b　冬の雪の風情が春や秋よりもすばらしいことをお互いに確認したからには
c　人それぞれに感じる季節のすばらしさが異なることを明らかにしたからには
d　いずれの季節も月夜にこそ価値があることを理解し合えたからには

問十一　『更級日記』の作者は誰か。次の中から一つ選べ。

a　藤原道綱母　　b　大弐三位　　c　菅原孝標女　　d　赤染衛門

三

次のA・Bは『論語』中の文章であり、Cはそれらの文章を踏まえて書かれたものである。これらの文章を読んで、後の問に答えよ。なお、設問の関係上、返り点・送り仮名を省いたところがある。

A　仲弓問フレ仁ヲ。子曰ク、1<u>出レ門如レ見二大賓一、使レ民如レ承二大祭一</u>。己所レ不レ欲、勿レ施二於人一。

（『論語』顔淵）

問七　傍線部6とはどういうことか。もっとも適切なものを次の中から一つ選べ。

a　季節の情趣が心に深く刻まれるのは、自分の心が惹《ひ》きつけられる出来事があった時だということ。

b　誰かに恋心を抱き、悲しみや喜びを感じた時に、はじめて四季折々の風情を理解できるということ。

c　昔の人々が抱いた感動に自分の心が寄り添えた時、語り継がれた季節の情趣に共鳴できるということ。

d　これまですばらしい景色を何度も見た経験によって、日常の風景の中にも情趣を見出だせるということ。

問八　傍線部7「よしふかく」とはどのような意味か。もっとも適切なものを次の中から一つ選べ。

a　品があって

b　もの知り顔で

c　恐れ多く

d　悲しみに沈んで

問九　傍線部8のように思うようになったのはなぜか。もっとも適切なものを次の中から一つ選べ。

a　伊勢の神域で琵琶を勧められた時の、あの世に行ってしまったかのような体験を思い出したくないから。

b　伊勢と京の冬の雪夜の風情を比較すると、京の風情の方がはるかにすばらしかったから。

c　伊勢で冬の夜に斎宮に長く仕えた女房とやりとりをした体験が、この上もなくすばらしかったから。

d　冬の雪の降る夜になると、勅使として伊勢に赴いた晴れがましい経験が思い起こされるから。

問四　A～Cの和歌は誰の作か。組み合わせとしてもっとも適切なものを次の中から一つ選べ。

a　A　同僚の女房　B　作者　C　源資通

b　A　作者　B　源資通　C　同僚の女房

c　A　源資通　B　同僚の女房　C　作者

d　A　同僚の女房　B　源資通　C　作者

問五　傍線部4「思ひわづらひたる」とあるが、なぜか。もっとも適切なものを次の中から一つ選べ。

a　作者は春を、同僚の女房は秋を支持し、二人の意見が異なったから。

b　作者は秋を、同僚の女房は春を支持し、二人の意見が異なったから。

c　作者と同僚の女房ともに春を支持し、二人の意見が偏ったから。

d　作者と同僚の女房ともに秋を支持し、二人の意見が偏ったから。

問六　傍線部5「ゆゑ」の意味として、もっとも適切なものを次の中から一つ選べ。

a　風情

b　理由

c　歴史

d　方法

a　星の光さえ見えない暗い夜
b　時雨が音を立てながら降る夜
c　星が空一面に輝いている夜
d　明るく月が照っている夜

問二　傍線部2「春秋のこと」とは何を指しているか。もっとも適切なものを次の中から一つ選べ。
a　この一年間の出来事
b　儒教の経典『春秋』
c　春と秋の風情の優劣
d　春と秋に行われる行事

問三　傍線部3で述べられている内容に合致するものとして、もっとも適切なものを次の中から一つ選べ。
a　春、秋、冬と、季節ごとに演奏する楽器が決まっており、それを正しく用いることが貴族の教養であると諭している。
b　春は朧月夜《おぼろづきよ》、秋は澄んだ月の風情がすばらしいが、冬は月光の下の雪景色が寒々しく、春秋には劣ると述べている。
c　昔の人の逸話を、春、秋、冬から一つずつ選んで説明し、そこに書かれない夏のすばらしさを評価している。
d　春、秋、冬の月夜の風情がいずれもすばらしいことを、それぞれに似合う楽器の音と合わせて語っている。

ことのあるとき、やがてそのをりの空のけしきも、月も花も、心にそめらるるにこそあべかめれ。春秋をしらせたまひけむことのふしなむ、いみじう承らまほしき。冬の夜の月は、昔よりすさまじきもののためしにひかれてはべりけるに、またいと寒くなどしてことに見られざりしを、斎宮の御裳着《もぎ》の勅使にて下りしに、暁に上らむとて、日ごろ降り積みたる雪に月のいと明きに、旅の空とさへ思へば、心ぼそくおぼゆるに、まかりまうしに参りたれば、余《よ》の所にも似ず、思ひなしさへけおそろしきに、さべき所に召して、円融院の御世より参りたりける人の、いといみじく神さび、古めいたるけはひの、7いとよしふかく、昔のふるごとどもいひ出で、うち泣きなどして、よう調べたる琵琶の御琴をさし出でられたりしは、この世のこととどもおぼえず、夜の明けなむも惜しう、京のことも思ひたえぬばかりおぼえはべりしよりなむ8冬の夜の雪降れる夜は思ひ知られて、火桶などをいだきても、かならず出でゐてなむ見られはべる。おまへたちも、かならずさおぼすゆゑはべらむかし。9さらば今宵よりは、暗き闇の夜の、時雨《しぐれ》うちせむは、また心にしみはべりなむかし。斎宮の雪の夜に劣るべき心地もせずなむ」。

（『更級日記』）

〈注〉○風香調…琵琶の調子の一つ。　○ひかりあひたる…月の光に照り映えている。　○あさみどり…浅緑色の空。
○斎宮の御裳着の勅使…伊勢神宮に奉仕する斎宮の成人の儀式のために、装束を奉る帝の使者。　○まかりまうし…お暇を申し上げること。　○余の所…他のところ。　○円融院の御世より参りたりける人…円融天皇の時代から長く斎宮に仕えてきた女房。

問一　傍線部1「なかなかに艶にをかしき夜かな」とあるが、この夜を、何と比較して「艶にをかしき夜」と言っているのか。もっとも適切なものを次の中から一つ選べ。

二

次の文章は、宮仕えをしている作者とその同僚の女房のもとに、男性貴族の源資通《すけみち》がやってきて、二人に話しかけて問いを投げかけ、その答えに応じてさらに自説を展開したものである。これを読んで、後の問に答えよ。

星の光だに見えず暗きに、うちしぐれつつ、木の葉にかかる音のをかしきを、「[1]なかなかに艶にをかしき夜かな。月の隈《くま》なく明《あか》からむもはしたなくまばゆかりぬべかりけり」。[2]春秋のことなどいひて、「[3]時にしたがひ見ることには、春霞《はるがすみ》おもしろく、空ものどかに霞《かす》み、月のおもてもいと明うもあらず、遠う流るるやうに見えたるに、琵琶の風《ふ》香調《こうじょう》ゆるるかに弾きならしたる、いといみじく聞こゆるに、また秋になりて月いみじう明きに、空は霧《き》りわたりたれど、手にとるばかりさやかに澄みわたりたるに、風の音、虫の声、とりあつめたる心地するに、箏《そう》の琴かきならされたる、横笛の吹き澄まされたるは、なぞの春とおぼゆかし。また、さかと思へば、冬の夜の、空さへさえわたりいみじきに、雪の降りつもりひかりあひたるに、篳篥《ひちりき》のわななき出でたるは、春秋もみな忘れぬかし」といひつづけて、「いづれにか御心とどまる」と問ふに、秋の夜に心を寄せて答へたまふを、さのみ同じさまには言はじとて、

A あさみどり花もひとつに霞みつつおぼろに見ゆる春の夜の月

と答へたれば、かへすがへすうち誦じて、「さは秋の夜はおぼし捨てつるななりな。

B 今宵より後の命のもしもあらばさは春の夜をかたみと思はむ」

といふに、秋に心寄せたる人、

C 人はみな春に心を寄せつめりわれのみや見む秋の夜の月

とあるに、いみじう興じ、[4]思ひわづらひたるけしきにて、「唐土《もろこし》などにも、昔より春秋のさだめは、えし侍らざなるを、このかう思《おぼ》し分かせたまひけむ御心ども、思ふに、[5]ゆゑ侍らむかし。[6]わが心のなびき、そのをりの、あはれとも、をかしとも思ふ

c　コントは、ニュートン力学の画期性を認めず、その体系を理論ではなく「一般的事実」とみなした。

d　カントによると、理論体系は感性形式と思考形式を用いた実証主義的方法によって構築される。

問九　本文の内容に合致するものを次の中から二つ選べ。

a　近現代の科学においては、観察事実と理論は一般的事実とみなされ、両者から引き出された仮説を検証する実証主義的立場が主流となった。

b　科学理論は経験から実証的に引き出されるものであり、当該理論で用いられる高次の概念はわれわれの経験全体を説明するものでなければならない。

c　近代科学は自然現象の普遍的構造を解明することを目指しており、そのためには日常言語から導出される、文脈に依存しない少数の原理を用いることが必要となる。

d　科学的説明は数学の記号言語によってなされるものであり、その記号言語の体系の解釈が実証的に帰納しえない自然現象の普遍的構造を推察させる。

e　数学的論証を行うことで理論法則を証明することが可能であり、その過程において、現象や事実の観測は必ずしも要求されない。

f　個人の知覚は普遍的でないため、近現代の科学で扱う対象は、現実世界で実体を観測し自然現象の普遍的構造を解明できるものでなければならない。

c　ある概念をもとに、それと論理的に関連のある複数の概念を導入すること。

d　議論の前提条件となる概念を事前に規定せず、最終段階で導入すること。

問六　傍線部6の「規約」とはどのような意味か。もっとも適切なものを次の中から一つ選べ。

a　科学者がすでに構築した理論。

b　科学者のなかで共有された前提。

c　科学者どうしが交わしている契約。

d　科学者が提唱している言説。

問七　傍線部7の「近代科学」について、筆者の見解としてもっとも適切なものを次の中から一つ選べ。

a　観察事実と理論法則に違いはないため、理論法則の内容は、そのまま事実として検証できるはずであるということ。

b　観察事実と理論法則は同じ性質をもつため、あらゆる理論体系も観察された経験をもとに発展してきたということ。

c　観察事実と理論法則は本質的に合致するものであるため、両者はいずれも普遍的妥当性を有するということ。

d　観察事実と理論法則は合致しないため、知覚経験から理論体系が帰納的に引き出されることはないということ。

問八　本文の中で各人物が表明した立場について、もっとも適切なものを次の中から一つ選べ。

a　アリストテレスの認識論では、数学は単なる道具ではなく、それ自体が生産性を持つと考えられた。

b　ポワンカレは、知覚的事実と理論とのあいだに隔絶があることを指摘した。

c　経験された事実を数学の記号言語の体系により解釈することで、新たな推察を生み出すことを示す好例であるため。

d　数学的な論証から導出した推察が実験によって検証されるという展開が、科学的に画期的であったため。

問三　傍線部3の「知覚経験」の例としてふさわしくないものを次の中から一つ選べ。

a　落下する物体を見ること。

b　友人の名前を覚えること。

c　屋外で暖かい風を感じること。

d　講演会場で演説を聴くこと。

問四　傍線部4の「理論仮説」について、筆者の見解としてもっとも適切なものを次の中から一つ選べ。

a　理論仮説は、知覚経験や現象から、直接、帰納的に構築されるものである。

b　ニュートン力学で提唱された事柄は、いずれも観察経験から引き出された理論仮説に訴えて構築されたものである。

c　経験法則に対する理論仮説は、科学的説明を行う際に導入される必要がある。

d　理論仮説を導入することにより、事実を複数の原理から具体的に説明することが可能になる。

問五　傍線部5の「天下り的」とはどのような意味か。もっとも適切なものを次の中から一つ選べ。

a　ある問題を解くうえで必要な概念を、根拠を示さずに導入すること。

b　論理的に自明である概念を、定義が曖昧な状態で導入すること。

されるからであると考えた。彼によっても、われわれの知覚様式と科学的経験との様式は同質であると考えられたのである。

小林道夫『科学の世界と心の哲学』中央公論新社

〈注〉○ガリレオ…イタリアの自然哲学者、天文学者、数学者。　○数学がもつ「多次元性」や「多項性」…数学、とりわけ方程式が有する特徴。問題文とは別の節において、筆者は、これらの特徴により、複数の物理的属性(例えば、温度、圧力、長さなど)を一つの方程式のなかで関係づけることができると述べている。　○アリストテレス…古代ギリシアの哲学者。　○ニュートン…イングランドの自然哲学者、数学者、物理学者、天文学者。　○エルンスト・マッハ…オーストリアの物理学者、科学史家、哲学者。　○アンリ・ポワンカレ…フランスの数学者、理論物理学者、科学哲学者。

問一　傍線部1の「数学」について筆者はどのように考えているか。もっとも適切なものを次の中から一つ選べ。

a　数学的な推察は、経験から導出できない普遍的構造を表現できる。

b　数学的な記述は、数値を用いることにより、個々の状況に応じた現象の構造を表現できる。

c　数学的な推察は、日常で得られる事実や経験は用いずに、記号の理論値のみから導出される。

d　数学的な記述は、数値として表現できないものも記号で説明することが可能である。

問二　傍線部2について、筆者はなぜマクスウェルの推察を「特筆すべき」ものとして取り上げているのか。理由としてもっとも適切なものを次の中から一つ選べ。

a　方程式から算出した理論値と光速度の実験値との合致を検証することが、科学的説明の例としてふさわしいため。

b　光は電磁波にほかならないという推察が大きな科学的発見をもたらし、ガリレオの理論を裏付ける役割を担うため。

ニュートンだが、彼の力学体系は、現象からは引き出しえない理論仮説の導入によって構成されたものであり、ただ、それから帰結されるさまざまな理論が、アインシュタイン(一八七九―一九五五)の「相対性理論」が出現するまでは、経験全体と見事に合致すると認められてきたのである。

「実証主義」という言葉を案出し、それを思想史上定着させたのは、一九世紀前半のオーギュスト・コント(一七九八―一八五七)であるが(彼は、「科学史」の創始者といってもよい人物であり、その大著『実証哲学講義』(一八三〇―四二年)において、古代から当時に及ぶ科学の進展をそのさまざまな分野において解説してみせた)、彼は、もちろん、ニュートンの力学の画期性を認め、また、その後の「解析力学」の形成を高く評価した。しかし、「慣性の法則」や「作用・反作用の法則」などの、「理論力学」の根本原理を「一般的事実」そのものとみなし、「観察事実」と「理論」とのあいだの身分の違いを認めなかった。彼は、実証主義の立場から、「観察事実」と「理論法則」とのあいだの飛躍を承認しなかったのである。そのあいだには、アインシュタインの相対性理論の形成をまつまでもなく、ポワンカレが指摘するように、厳密な合致はもともとないのである。

このように、ニュートンの力学やそれが発展したものは、それ自身、知覚経験や現象から、帰納的、あるいは実証主義的に引き出されたものではなかった。7近代科学は、その根本的枠組みを設定したガリレオやデカルトによってはっきりと自覚されていたように、知覚経験や現象から帰納的に形成されるものではなく、そうしたものからは連続的に引き出されない理論仮説に訴えて形成されたものなのである。

ちなみに、「知覚的事実」と「理論」とのあいだの合致、あるいは調和を求めたのは、コントのような実証主義者ばかりではなかった。認識論的には「経験論」と逆の「観念論」を構築したイマヌエル・カント(一七二四―一八〇四)は、ニュートンによって体系化されたような数学的自然科学が「普遍的妥当性」をもつのは、物理的対象が、われわれ人間一般に備わっている、空間と時間という感性形式(われわれの知覚様式)と、思考形式(カテゴリー)とからなる、一組の原則に従ってのみ、対象として認識ところで、「仮説」というと、「我は仮説を作らず」といったニュートンが想起されるかもしれない。これは彼の、物理学史上画期的な著作『プリンキピア』の第二版(一七一三年)に付け加えられた「一般的注解」に見られるものである。その文脈で彼は、現象から引き出すことのできないものはすべて仮説と呼ばれるべきであるとし、そのような仮説は自分の「実験哲学」には場所をもたないと明言している。このニュートンの言説がそのあと大きな影響を与え、科学思想史上、一時期は、ニュートンの「(現象からの)帰納主義」、あるいは、科学理論は経験から実証的に引き出されるものでなければならないという、「実証主義」が標榜《ひょうぼう》された。

しかし、ニュートンは『プリンキピア』において、後にエルンスト・マッハ(一八三八―一九一六)がはっきりと指摘したように、「絶対空間」と「絶対時間」という、それ自身、現象から実証的には帰納しえない概念を、[5]天下り的に要請している。また、ニュートンの三つの運動法則は、それ自体、独立に検証のしようのないものなのである(この点は後にアンリ・ポワンカレ(一八五四―一九一二)が明快に指摘した)。

その運動の第一法則は、「物体は、外的原因に阻害されないかぎり、等速直線運動あるいは静止状態を続ける」という慣性法則であるが、この宇宙のどこにも、厳密には、周りに物体が存在しないところ、したがって、外的作用を全く受けないところはない。つまり、慣性法則は、それだけを独立に検証できるものではないのである(ポワンカレは、その点を指摘し、彼自身は、慣性法則のような「力学の根本原理」それ自体は、経験的意味をもたない「[6]規約」であると解した)。また、ニュートンの万有引力の法則も、現象からの帰納的一般化によって得られたものではない。それはケプラーの運動論的経験法則(とくに第三の法則)などに対して、それらにはない「質量」や「力」という高次の力学上の概念を導入して得られたものなのである。

このように、「我は仮説を作らず」と断言し、自分が提示したものはすべて、「現象から引き出したものである」と明言する的論証の生産性が発揮される、ということになるのである。

　ガリレオの場合、投射体の運動は放物線をなすということが論証された結果、そこから数学的論証のみによって、投射体の最大射程は、それが地面と四十五度の角度をなすときであるということが証明されたのであった。この点で、[2]現代に近いところで特筆すべきなのは、一九世紀後半に電磁気学を確立したジェームズ・C・マクスウェル（一八三一―七九）による電磁気学の方程式の光学的解釈である。マクスウェルは、自分の電磁気学の方程式から引き出される電磁波の伝播《でんぱ》速度の理論値を求め、それが光速度cの実験値とよく合致することから、光は電磁波にほかならないと推察した。この推察は、しばらくして、ドイツの物理学者ハインリヒ・R・ヘルツ（一八五七―九四）によって実証されたのであった。

　また、近現代の物理学は、数学がもつ「多次元性」や「多項性」という構造、あるいはそれが許す「近似的操作」を活用し、それ自体の生産性によって進展してきている。このことは、アリストテレスの経験論的認識論はもちろん、一般に「経験論」の認識論がもたらすことのできない事態なのである。

　以上で述べたのは、近現代の科学の作業においては、その対象の指示（同定）そのものにおいて数量化の操作がなされ、科学的説明は、それ自身が生産性をもった数学の記号言語によってなされるということであった。このような「科学的作業の[3]知覚経験からの乖離《かいり》」は、さらに、「科学的説明」における「[4]理論仮説の導入の不可欠性」ということで明確になる。科学的説明は、数量化されたもろもろの事実や経験法則を題材として、それらをより高次な少数の原理によって統一的に説明しようとしてなされるが、そこで知覚現象からは直接的・連続的には導出されない「理論仮説」の導入が不可欠になるのである。科学的説明を与える物理理論の構成においては、もろもろの経験法則に対する理論仮説の導入、それからの「数学的演繹《えんえき》」、理論の実験による「検証」、が基本的段階として要請される。そうして、これらの一連の作業を経ることによって、科学的説明が貫徹されるのである。

国語

（六〇分）

一

次の文章は小林道夫『科学の世界と心の哲学』の一節である。これを読んで後の問に答えよ。なお、設問の関係上、一部の記述や注釈は省かれている。

われわれの日常言語の第一の特質は、「これ」、「あれ」といった指示詞、あるいは「今」、「ここ」、「私」、「君」といった指標詞が、その軸を構成するということである。これは、「発話者」や発話者が身を置く「文脈（状況）」抜きには意味をなさない。逆に、これらの言葉は、ある文脈（コンテクスト）のなかで、ある人によって発話されると、とたんに、いきいきと意味をもつ。日常言語は、したがって、「状況（文脈）依存的」であり、個々の状況と独立な現象の普遍的構造を表現することには、本性上適していないのである。

これに対して、[1]数学の記号言語の体系には、そのような発話者や状況依存語は登場せず、時間や位置は、「今」とか「ここ」としてではなく、「記号」として登場し、具体的には数値として例化される。数学が、自然現象の普遍的構造の解明を目指す近現代の「科学的説明」によって採択されるのは、状況依存性を排除するものだからなのである。

ただし、このようにいうと、近現代の科学にとって、数学は自然現象を記述するための「よくできた言語」、つまり「道具」にすぎないと考えられるかもしれない。しかし、それはそうではない。自然現象が数学によって表現されることによって、数学

解答編

日本史

解答

問1. メガ・イベントに付随する有形や無形の遺物。その中には，運営にかかる莫大な経費や，政府と企業間の談合，不正，癒着，さらには利益を追求した結果引き起こされる住環境の悪化や自然環境の破壊など，負の影響をもつものもある。(100 字程度)

問2. (c)—① (d)—② (e)—① (f)—③

問3. ③ **問4.** ① **問5.** ④ **問6.** ③ **問7.** ② **問8.** ②

問9. 太閤検地 **問10.** ② **問11.** ④ **問12.** ④ **問13.** ③ **問14.** ②

問15. 渋沢栄一 **問16.** ② **問17.** ② **問18.** ③ **問19.** ①

問20. (①～④から1つを選択)

① 聖武天皇の治世では，伝染病である天然痘が流行したり，当時の政権に対して不満を持った藤原広嗣が大宰府で挙兵したりするなど，社会不安が増大していた。また，度重なる遷都も庶民の大きな負担となり，不満を招いた。聖武天皇はその目くらましとして，東大寺大仏造立を命じ，仏教への信仰心をあおることで，庶民の不安や不満を逸らそうとした。孝謙朝で大仏開眼供養会が盛大に催されたことも，これと同様の意味をもった。(200 字程度)

② 江戸時代初頭，徳川家康の承認を得た薩摩藩主島津家久は，琉球王国を攻めて，同国を服属させた。これ以降，将軍の代替わりごとに慶賀使が，琉球国王の代替わりごとに謝恩使が，琉球王国から江戸に派遣されたが，その際，使節の行列には異国風の服装や髪型が求められた。これは使節の行列という祝祭を通じて，江戸の民に対して，あたかも異国が幕府に従っているというようにみせかけ，幕府の権威の高揚をはかるという意味をもった。(200 字程度)

③　国民の政治参加を主張する自由民権運動が高揚するなか，政府は大日本帝国憲法を発布した。民権派はこれを民意の政治反映実現の祝祭として受け入れたが，国民の選挙で議員が選出される衆議院の立法権は実質的に貴族院によって制限されたり，臣民と規定された国民には，所有権の不可侵や信教の自由，言論・出版・集会・結社の自由が法律の範囲内でのみ認められたりするなど，政府は民意の政治への反映を限定的なものにとどめおいた。(200字程度)

④　1960年代の日本では高度経済成長が達成される一方で，農山漁村での過疎化や大都市の過密化，交通渋滞や交通事故の増加，騒音問題，住宅・病院の不足などが次第に目立つようになっていた。また，産業公害も深刻化し，企業が垂れ流した汚染物質による環境破壊も進んでいた。そのようななか政府は，1964年オリンピック東京大会を祝祭として開催することで，人々の関心をオリンピックに逸らし，さらなる経済成長を優先させようとした。(200字程度)

解説

《国家や政府による事業の負の側面》

問１． 本問の要求は，①「レガシーとは何を意味」し，②「(レガシーは) どのような理由で『負』なのか」100字程度で説明することである。レガシーとは，「遺産」や「先人の遺物」などを意味する言葉である。【問題文】では，オリンピックなどのメガ・イベントについて，「もはや前世紀の遺物なのではないか」と述べられている。これを踏まえ，「先人が残した好ましくない遺物」など，「負」のレガシーであることを強調した表現をする必要がある。また，【問題文】には，政府と企業間の癒着のもとで談合や不正が行われていること，利益追求を求めるあまりに人びとの生活がないがしろにされていること，メガ・イベントのための建造物建設が優先され自然環境が破壊されていることなども記されている。これらの事例も参考に，どのような点が「負」であるのかを表現することを意識して解答を作成したい。

問２． (e)　難問。①が正しい。「慶雲元年」とは704年を指す。藤原京への遷都は694年であり，その後710年に平城京へ遷都するまで都であった。

(f)　やや難。③が正しい。「延暦３年」は784年を指す。784年には，桓武天皇によって長岡京に都が遷された。

問3． ③が正しい。『続日本紀』には，文武天皇から桓武天皇の時代についてまとめられている。「和銅２年」は元明天皇の時代の年号。

問4． ①が正しい。下線部(c)の前に，「都が建つ前まではどんな場所だったのか」とあり，下線部(c)・(d)中の史料には「尸《しかばね》を収めしむ」「墳隴《ふんろう》，発《ひら》き掘らるれば」とある。これらの情報から，「古墳」が該当すると判断できる。

問6． やや難。空欄エには石山本願寺が該当する。③正文。①誤文。一休宗純を住持としたのは大徳寺。②誤文。真慧は伊勢に無量寿院を築いた。④誤文。蓮如が死去した地とは，山科本願寺。

問8． 空欄カには堺が該当する。②正文。①誤文。大輪田泊は現在の神戸市に位置した。③・④誤文。年行司は博多で自治を，老分衆は大湊で自治を行った豪商らを指す。

問11． ④が正しい。【問題文】の「1936（昭和11）年」「当時領有していた」「部材レベルで〈帝国日本〉のありようを体現」などをヒントとしたい。

問12． 難問。④が正しい。「竣工式の翌年に刊行された」をヒントにしたい。①の『改造』は1919年，②の『憲法撮要』は1923年，③の『国会論』は1879年に刊行されたが，③の判断が難しい。

問14． ②が正しい。「1925（大正14）年」や「民主政治を反映させる試みもみられたが……変貌してしまった」から，治安維持法を想起したい。

問16． 難問。②が正しい。①の紀元二千六百年記念式典は神武天皇即位紀元2600年を祝ったもので，1940年に開かれたので誤り。③の日本大博覧会は内国勧業博覧会が1912年に名称を改めたものであるため誤り。④の日本国際博覧会とは，日本で開かれた万博を指すが，1970年の大阪万博が最初となるので誤り。

問17． ②が正しい。「領事館・外交官」が置かれていたことから，「1903（明治36）年」時点で国家として成立していた国を選択したい。①のアイヌは国家ではないため誤り。③の台湾は1895年，④の琉球は1879年に日本に編入されているため誤り。

問18． ③が正しい。【問題文】には，「蕃夷の使者」や「近代帝国は，その国威発揚の方法においても，古代国家に倣っているのかもしれない」と記されている。ここから「中華思想的な身分秩序」を想起したい。「中華思想的な身分秩序」とは，自己を文化の中心である中華とし，周辺国や民族を蕃国・蕃夷とみなすという考えを前提とした身分秩序のこと。

問20. 〈祝祭型資本主義〉の意味するところを理解したうえで，【問題文】を参考に①～④のテーマから１つを選び，「どのような〈祝祭〉を目くらましにどのような政治目的が果たされようとしたのか」200字程度で説明する問題。【問題文】から「祝祭型資本主義」（もしくは祝祭型専制政治）とは，国家や政権が政治目的を遂行するためにメガ・イベントを目くらましに利用するという考えであるということが読み取れる。当時の社会状況や政局を想起しつつ，①～④が目くらましとしてどんな機能を果たしたのかという点を軸にまとめよう。

講評

長文のリード文を通して読解力や歴史的思考力を問う形式が続いている。2024年度もこれまで同様，基礎的な知識をもとに，リード文に即して考察する問題が多く，時事問題に対しても歴史的視点からみる学習姿勢が求められているため，単語の選択問題や記述問題も決して容易とはいえない。論述問題の字数は，2023年度の50字１問，80字２問，100字１問，150字１問と比べ，2024年度は100字１問，200字１問と減少したが，リード文の趣旨を捉えたうえでの答案が求められているため，多くの時間を要することになっただろう。

世界史

解答

設問1．（1）―(b)　（2）―(d)　（3）―(a)　（4）―(c)　（5）―(b)

設問2． ポルトガルがインド航路を，スペインが新大陸との航路を開拓したことで，商業の中心が地中海沿岸から大西洋沿岸に移動し東方貿易が衰退するという商業革命が起こった。また，スペインがアメリカから大陸産の銀を多量に持ち込んだため銀価格が下落し，物価が２～３倍に上昇する価格革命をまねいた。この結果，西欧諸国は経済先進地域となったが，固定地代の収入に立脚する領主層の没落が決定的となり，封建社会は衰退していった。（200字以内）

設問3． 例えば，過去の世界史の問題点としては「ヨーロッパによって代表される世界史」であったことがあげられる。実際には大航海時代以前からヨーロッパ以外の地域でも国家が興亡し，さまざまな民族が独自の社会・文化を花開かせ，経済的にも文化的にも多種多様な交流がすでに存在していたことは確かで，決して欧米の周辺史として語られるべきものではない。一方，早くも紀元前にはヘロドトスによって特定地域中心の世界観から脱却する試みがなされており，ランケが俯瞰的に「一つの生き生きとした全体」として捉えようとしたことは私たちも学ぶべき視点である。このように，過去の世界史のあり方を学ぶことは新たな着眼点を見つける際の有効なヒントとなり，現代における新しい世界史として多様なあり方を考えるうえでも，大いに参考にすべきだと思う。（300字以上，350字以内）

解説

《歴史書の描き方から考える世界史の歴史》

設問1．（1）(a)誤文。『春秋』は『易経』『書経』『詩経』『礼記』とともに五経の一つ。四書は『大学』『中庸』『論語』『孟子』の４つ。

(b)正文。

(c)誤文。『漢書』は紀伝体の歴史書。

(d)誤文。司馬光は旧法党の中心人物で，王安石の新法に反対した。

（2）(a)誤文。ヒジュラ（622年）の後，イスラーム軍がササン朝軍を破ったのはニハーヴァンドの戦い（642年）。タラス河畔の戦い（751年）はアッバース朝イスラーム軍と唐軍との戦い。
(b)誤文。アリーとその子孫のみを指導者と認めたのはシーア派。
(c)誤文。アッバース朝ではイスラーム教徒であれば民族に関わらず人頭税（ジズヤ）が免除された。
(d)正文。
(3)　(a)正文。
(b)誤文。北方戦争（1700～21年）でスウェーデンのカール12世と戦ったロシア皇帝はピョートル1世（位1682～1725年）。
(c)誤文。モンテスキューが三権分立を説いた著書は『法の精神』。『リヴァイアサン』はイギリスのホッブズの主著。
(d)誤文。テュルゴーが説いたのは重農主義。
(4)　(c)誤文。ギリシアの独立が国際的に承認されたのはロンドン会議（1830年）。サン=ステファノ条約（1878年）はロシア=トルコ戦争の講和条約。
(5)　(a)誤文。オランダはオランダ領東インド（インドネシア）のジャワ島を中心に強制栽培制度を展開した。
(b)正文。
(c)誤文。蒸気船を実用化させたのはアメリカのフルトン。スティーヴンソンは蒸気機関車を実用化させたイギリスの技術者。
(d)誤文。奴隷貿易を行ったアフリカ大陸西岸の王国は，ダホメ王国やベニン王国。モノモタパ王国はアフリカ南東部にあった王国で，インド洋貿易で栄えた。
設問2． 大航海時代に世界と結びつくことで16世紀のヨーロッパ経済に生じた変化が問われている。

大航海時代の幕開けによりヨーロッパ経済に生じた変化は，指定用語でもある「商業革命」と「価格革命」に集約される。そのため，残る指定用語「地中海沿岸」「銀」を絡めながら2つの革命を説明し，これにヨーロッパでの変化を加え，200字以内にまとめればよい。

「商業革命」のポイントは商業の中心が従来の「地中海沿岸」から大西洋に移動したことにある。ポルトガルがインド航路を，スペインが新大陸との航路を開拓したことで，北イタリア諸都市による地中海経由の東方貿易は衰退した。また，スペインによってアメリカ大陸のポトシ銀山などから多量に持ち込まれた「銀」はその価格の暴落を誘発し，物価騰貴をまねいた。これが「価格革命」である。

この結果，大西洋沿岸の西ヨーロッパは世界とつながることで経済先進地域となったが，固定地代を収入源とする領主層は貨幣価値の下落によって大きな打撃を受け，封建社会の崩壊が促進されることになった。

この他，エルベ川以東の東欧地域が西欧諸国への穀物生産地となり近代化が遅れた点なども変化として考えられるが，200 字という文字数では触れるのが難しいと思われる。

設問３． 難問。問題文の内容を踏まえて会話文を読み，高校生Ｂの書いたレポートの空欄に入れる文章を書くことが求められている。その際，「問題文で触れられた過去の歴史や世界史に対する考え方から，少なくとも１つの考え方を取り上げること」が条件となっている。

高校生に課された「現代において世界史の過去のあり方を学ぶ意義について，自分の考えを述べなさい」というテーマのレポートの続きであるため，多種多様な解答が存在し得る。ただ，高校生Ｂのレポート前半に沿った内容にする必要がある。また，問題文で触れられた過去の歴史や世界史に対する考え方から，少なくとも１つの考え方を取り上げることが求められているので，Ｂのレポートの前半部分と矛盾がないように引用しなければならない。Ｂのレポートには「世界史とは，もっと広い視点や多様な描き方が必要だと考えるようになった」とあり，その方法として「過去の世界史の問題点を批判する」と同時に「現代の世界史とのつながりを考えたり，過去の世界史の試みにみられた視点を再評価したりすることも意味があるだろう」としているので，それらの具体例を問題文から引用したい。

まず，「過去の世界史の問題点を批判する」については，会話文の最初のＢの指摘にもあるように，「西洋中心であること」があげられる。具体的には問題文でランケについて触れた第７段落「国家の興亡が起こったのは主としてヨーロッパ世界」であり，ランケ以後もその傾向が生じたとある。また，第８段落のマルクスについても，「ヨーロッパによって代表される世界史であった」とある。

次に「現代の世界史とのつながりを考えたり，過去の世界史の試みにみられた視点を再評価」については，問題文第４段落において，ヘロドトスが「ギリシア中心主義ではない異文化観を示しており，私たちが考える

『世界史』の先駆け」であったとしているので，先述の西洋中心のような特定地域中心の世界観とは異なる試みで，すでに紀元前に存在していたことが評価されている。それ以外では，啓蒙思想家たちが「全自然をも広く網羅するスケール」で世界史を描こうとしたこと（第6段落）や，ランケが西洋中心から脱却できてはいないものの，各国史の寄せ集めではなく「一つの『生き生きとした全体』として国家が連続して興亡していく歴史を『世界史』だと考えた」（第7段落）ことなどがあげられる。

こうした内容をいくつか例として引用しながら「批判」と「再評価」をまとめ，最後に世界史の過去のあり方を学ぶ意義について，新しい世界史を考えるうえで大いに参考となることなどを入れつつ，自分なりの表現で300字以上，350字以内にまとめればよい。

講評

世界各地における歴史記述について述べた「世界史の世界史」をテーマに，主に中世～近代末の西洋・東洋を広く問う内容となっている。政治・経済・社会史からの出題が多いものの，小問の選択肢では文化やアフリカも扱っている。なお，論述法の設問2についてはリード文の内容を引用しなくても解答可能な問題だった。

出題形式に変化はなく，従来と同じ選択法および論述法で構成されている。選択法は，2024年度は2023年度と同様に誤文選択1問，正文選択4問となっている。論述法については，設問2は2022・2023年度同様に4つの指定語句が解答を導く大きなヒントとなっており，関連する用語を想起しながらまとめていけば解答しやすい。設問3はリード文および設問に付随する会話文の内容から300～350字以内にまとめる必要があり，読解力と論述力が試されている。リード文および会話文から問題の意図に関連する記述や用語を引用しつつ，「現代において世界史の過去のあり方を学ぶ意義」について，自分の考えをまとめる必要がある。2024年度も2023年度と同様に世界史的知識がそれほど必要ない内容となっているが，2023年度が「説明」を求めていたのに対し，2024年度は問題の意図に沿って「自分で考えて」書くことを求めており，より論文的要素が強まっている。

数　学

◀数学Ⅰ・Ⅱ・A・B▶

1 解答

(1)ア. 3　**イ.** 3　**ウ.** −3　**エ.** 1

(2)オ. 2　**カ.** 3　**キ.** 6

(3)ク. −1　**ケ.** 3　**コ.** 6　**サ.** −2

(4)シ. 1　**ス.** −1　**セ.** 3　**ソ.** 2

解説

《三角形の面積，四面体の体積》

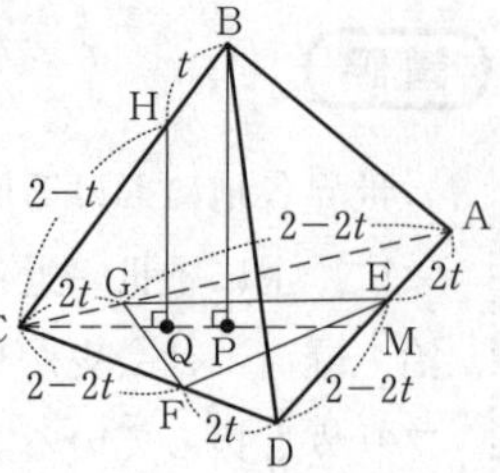

(1)　△AGE≡△CFG≡△DEF で，その面積 S は

$$S=\frac{1}{2}\cdot 2t\cdot(2-2t)\cdot\sin 60°=\sqrt{3}\,t(1-t)$$

ゆえに

$$\triangle\mathrm{EFG}=\triangle\mathrm{ACD}-3S$$

$$=\frac{1}{2}\cdot 2\cdot 2\cdot\sin 60°-3\sqrt{3}\,(t-t^2)$$

$$=\sqrt{3}\,(3t^2-3t+1)\quad(\to\text{ア～エ})$$

(2)　点Pは△ACDの外心であり，△ACDは正三角形なので，点Pは重心でもある。

辺ADの中点をMとすると　　$\mathrm{CM}=\sqrt{3}$

よって　　$\mathrm{CP}=\frac{2}{3}\mathrm{CM}=\frac{2}{3}\sqrt{3}$

ゆえに

$$\mathrm{BP}=\sqrt{\mathrm{BC}^2-\mathrm{CP}^2}=\sqrt{4-\frac{12}{9}}$$

$$=\frac{2}{3}\sqrt{6}\quad(\to\text{オ～キ})$$

(3)　△BCP∽△HCQ であるから

$$\frac{\mathrm{HQ}}{\mathrm{BP}}=\frac{\mathrm{HC}}{\mathrm{BC}}$$

よって

$$\mathrm{HQ}=\frac{\mathrm{HC}}{\mathrm{BC}}\times\mathrm{BP}=\frac{2-t}{2}\times\frac{2\sqrt{6}}{3}$$

$$=\frac{-1}{3}\sqrt{6}(t-2)\quad(\to ク\sim サ)$$

(4)　四面体 HEFG の体積を $V(t)$ とすると

$$V(t)=\frac{1}{3}\times\mathrm{HQ}\times\triangle\mathrm{EFG}$$

$$=\frac{1}{3}\times\frac{-1}{3}\sqrt{6}(t-2)\times\sqrt{3}(3t^2-3t+1)$$

$$=-\frac{\sqrt{2}}{3}(3t^3-9t^2+7t-2)$$

$$V'(t)=-\frac{\sqrt{2}}{3}(9t^2-18t+7)$$

$V'(t)=0$ を解くと

$$t=\frac{9\pm\sqrt{81-63}}{9}=1\pm\frac{\sqrt{2}}{3}$$

$0\leqq t\leqq 1$ より，増減表は下のようになる。

t	0	$\cdots$	$1-\frac{\sqrt{2}}{3}$	$\cdots$	1
$V'(t)$		$-$	0	$+$	
$V(t)$		↘		↗	

よって，$V(t)$ は $t=1-\frac{\sqrt{2}}{3}=1+\frac{-1}{3}\sqrt{2}$ のとき最小となる。

(→シ～ソ)

2　解答

(1)タ.　-1　**チ.**　0
(2)ツ.　6
(3)テ.　1　**ト.**　4　**ナ.**　3　**ニ.**　8
(4)ヌ.　9　**ネ.**　64　**ノ.**　35　**ハ.**　128

解説

《点が移動する確率》

(1)

$n=0$ のとき

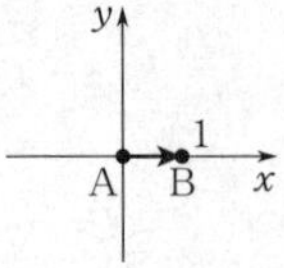

$n=1$

（i）表のとき

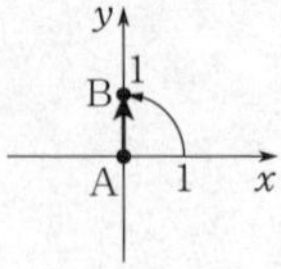

（ii）裏のとき

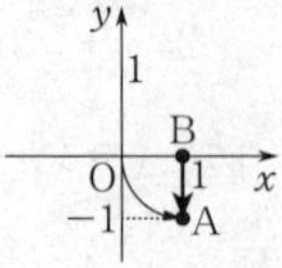

$n=2$

（i）表表のとき

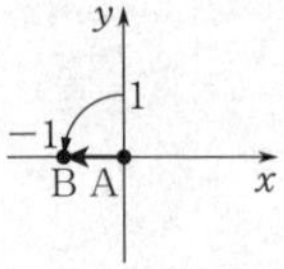

（ii）表裏のとき

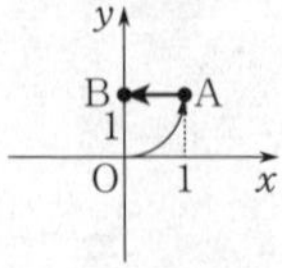

（iii）裏表のとき

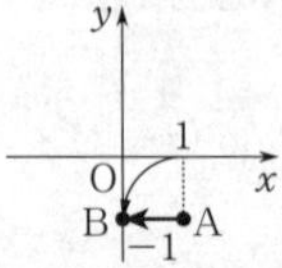

（iv）裏裏のとき

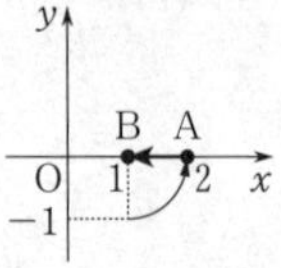

これらから，硬貨を1回投げるごとに $\overrightarrow{AB}$ は反時計回りに90°回転する。

よって，$n=10$ のときは，$10\times90°=360°\times2+180°$ より，$\overrightarrow{AB}$ が x 軸の正の方向となす角は180°で，$|\overrightarrow{AB}|=1$ であるから

$$\overrightarrow{AB}=(-1,\ 0)$$　（→タ，チ）

(2)　$n=3$ のときは以下の8パターンである。

（i）表表表のとき

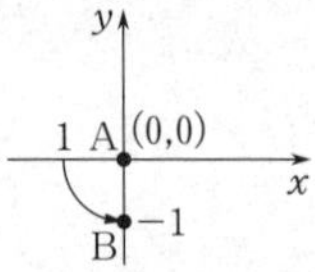

（ii）表表裏のとき

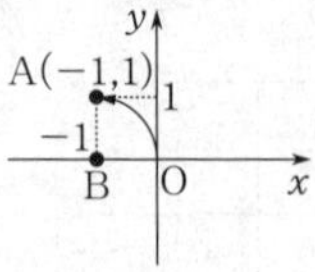

（iii）表裏表のとき

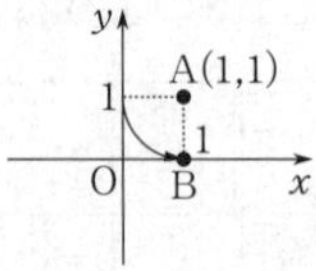

（iv）表裏裏のとき

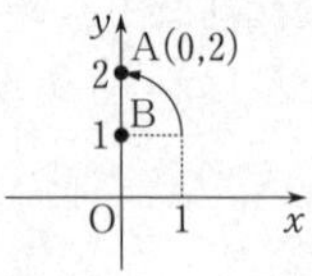

（v）裏表表のとき

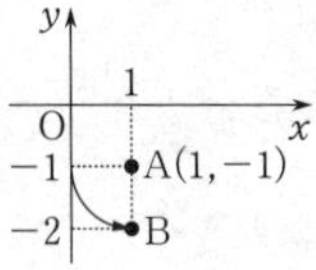

（vi）裏表裏のとき

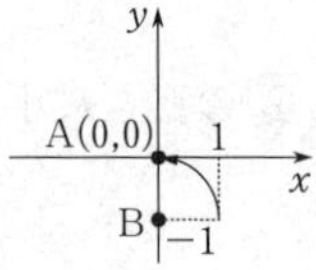

（vii）裏裏表のとき

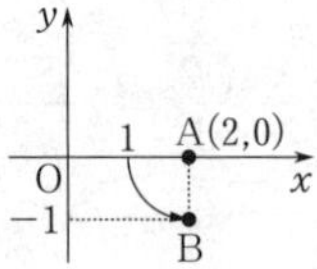

（viii）裏裏裏のとき

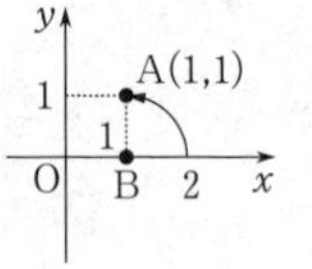

以上により，(0，0)，(−1，1)，(1，1)，(0，2)，(1，−1)，(2，0)の6カ所である。（→ツ）

(3)　$n=3$ から $n=4$ での点Aの座標の移動は

(0，0) —表→ (0，0)
(0，0) —裏→ (−1，−1)

(−1，1) —表→ (−1，1)
(−1，1) —裏→ (−2，0)

(1，1) —表→ (1，1)
(1，1) —裏→ (0，0)

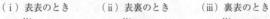

$(0,\ 2)$ 表→ $(0,\ 2)$　裏→ $(-1,\ 1)$

$(1,\ -1)$ 表→ $(1,\ -1)$　裏→ $(0,\ -2)$

$(2,\ 0)$ 表→ $(2,\ 0)$　裏→ $(1,\ -1)$

よって，$n=4$ のときAが原点にあるのは

$n=3$ のとき $(0,\ 0)$ で表が出る

$(1,\ 1)$ で裏が出る

のいずれかである。

$n=3$ のときAが $(0,\ 0)$，$(1,\ 1)$ にある確率は，(2)より，ともに $\dfrac{2}{8}$ なので，$n=4$ のときAが原点にある確率は

$$\left(\frac{2}{8}\times\frac{1}{2}\right)\times2=\frac{1}{4}\quad(\rightarrow テ，ト)$$

同様に，$n=4$ のときAが原点以外の x 軸上にあるのは

$n=3$ のとき $(-1,\ 1)$ で裏が出る

$(2,\ 0)$ で表が出る

のいずれかである。

$n=3$ のときAが $(-1,\ 1)$，$(2,\ 0)$ にある確率は，(2)より，ともに $\dfrac{1}{8}$ なので，$n=4$ のときAが原点以外の x 軸上にある確率は

$$\left(\frac{1}{8}\times\frac{1}{2}\right)\times2=\frac{1}{8}$$

したがって，Aが x 軸上にある確率は

$$\frac{1}{8}+\frac{1}{4}=\frac{3}{8}\quad(\rightarrow ナ，ニ)$$

(4) (2)，(3)より，$n=4$ のときAが位置することが可能な座標と，その確率は

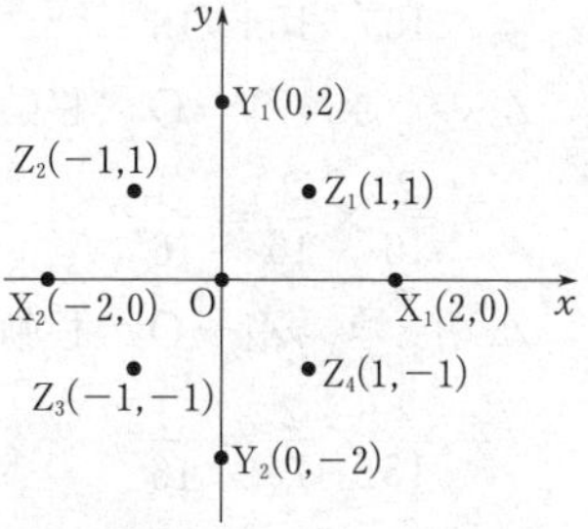

$O(0,\ 0)\ \dfrac{4}{16}$，$X_1(2,\ 0)\ \dfrac{1}{16}$，

$X_2(-2,\ 0)\ \dfrac{1}{16}$，$Y_1(0,\ 2)\ \dfrac{1}{16}$，

$Y_2(0,\ -2)\ \dfrac{1}{16}$，$Z_1(1,\ 1)\ \dfrac{2}{16}$，

$Z_2(-1,\ 1)\ \dfrac{2}{16}$，$Z_3(-1,\ -1)\ \dfrac{2}{16}$，$Z_4(1,\ -1)\ \dfrac{2}{16}$

である。

$n=8$ のときを $n=4$ から4回後と考えると，$n=4$ のときの点Aの位置から O のとき，O→O は $\frac{4}{16}$ なので

$$\frac{4}{16}\times\frac{4}{16}=\frac{16}{16^2}$$

X_1 のとき，X_1→O の移動は，$n=4$ のときの O→X_2 と等しく $\frac{1}{16}$ なので

$$\frac{1}{16}\times\frac{1}{16}=\frac{1}{16^2}$$

同様に，X_2 のとき，X_2→O の移動は O→X_1 と等しく

$$\frac{1}{16}\times\frac{1}{16}=\frac{1}{16^2}$$

Y_1 のとき，Y_1→O の移動は O→Y_2 と等しく

$$\frac{1}{16}\times\frac{1}{16}=\frac{1}{16^2}$$

Y_2 のとき，Y_2→O の移動は O→Y_1 と等しく

$$\frac{1}{16}\times\frac{1}{16}=\frac{1}{16^2}$$

Z_1 のとき，Z_1→O の移動は O→Z_3 と等しく

$$\frac{2}{16}\times\frac{2}{16}=\frac{4}{16^2}$$

Z_2 のとき，Z_2→O の移動は O→Z_4 と等しく

$$\frac{2}{16}\times\frac{2}{16}=\frac{4}{16^2}$$

Z_3 のとき，Z_3→O の移動は O→Z_1 と等しく

$$\frac{2}{16}\times\frac{2}{16}=\frac{4}{16^2}$$

Z_4 のとき，Z_4→O の移動は O→Z_2 と等しく

$$\frac{2}{16}\times\frac{2}{16}=\frac{4}{16^2}$$

したがって，$n=8$ のときAが原点にある確率は

$$\frac{16}{16^2}+\frac{1}{16^2}\times 4+\frac{4}{16^2}\times 4=\frac{9}{64}\quad (\to ヌ,\ ネ)$$

Aが x 軸上にある確率も同様に考えると，$n=4$ のときにAが x 軸上（O，X_1，X_2）にあるとき

$$\left(\frac{4}{16}+\frac{1}{16}+\frac{1}{16}\right)\times\left(\frac{4}{16}+\frac{1}{16}+\frac{1}{16}\right)=\frac{36}{16^2}$$

$y=1$ 上（Z_1，Z_2）にあるとき

$$\left(\frac{2}{16}+\frac{2}{16}\right)\times\left(\frac{2}{16}+\frac{2}{16}\right)=\frac{16}{16^2}$$

$y=-1$ 上（Z_3，Z_4）にあるとき

$$\left(\frac{2}{16}+\frac{2}{16}\right)\times\left(\frac{2}{16}+\frac{2}{16}\right)=\frac{16}{16^2}$$

点 Y_1 にあるとき

$$\frac{1}{16}\times\frac{1}{16}=\frac{1}{16^2}$$

点 Y_2 にあるとき

$$\frac{1}{16}\times\frac{1}{16}=\frac{1}{16^2}$$

したがって，$n=8$ のときAが x 軸上にある確率は

$$\frac{36}{16^2}+\frac{16}{16^2}\times 2+\frac{1}{16^2}\times 2=\frac{35}{128}\quad (\to ノ,\ ハ)$$

③ 解答

(1)ヒ. 13

(2)フ. 6　**ヘ.** −2　**ホ.** 3　**マ.** 8　**ミ.** −4　**ム.** 3

(3)メ. −3　**モ.** 3　**ヤ.** 2

(4)ユ. −1　**ヨ.** −1　**ラ.** −3　**リ.** −2　**ル.** 0　**レ.** 13　**ロ.** 3

解説

《小問4問》

(1)

$$\begin{cases}\log_{\frac{1}{4}}y<\log_{\frac{1}{2}}(x-1) & \cdots\cdots ① \\ 2^{y-1}<8^x & \cdots\cdots ②\end{cases}$$

①より，真数条件から　　$y>0$，$x>1$

このとき①は　　$\dfrac{\log_2 y}{\log_2 2^{-2}}<\dfrac{\log_2(x-1)}{\log_2 2^{-1}}$

$\log_2 y > \log_2 (x-1)^2$

$\therefore \quad y > (x-1)^2,\ x > 1 \quad \cdots\cdots ①'$

②より　$2^{y-1} < 2^{3x}$

$\therefore \quad y-1 < 3x \quad \cdots\cdots ②'$

①′かつ②′より　$(x-1)^2 < y < 3x+1,\ x>1 \quad \cdots\cdots ③$

$(x-1)^2 < 3x+1$ より　$x^2 - 5x < 0$

$\therefore \quad x(x-5) < 0 \quad \cdots\cdots ㋐$

㋐かつ $x>1$ を満たす整数 x は　$x=2,\ 3,\ 4$

よって，③を満たす整数の組 $(x,\ y)$ は

$$\begin{cases} x=2 \text{ のとき} & y=2,\ 3,\ 4,\ 5,\ 6 \\ x=3 \text{ のとき} & y=5,\ 6,\ 7,\ 8,\ 9 \\ x=4 \text{ のとき} & y=10,\ 11,\ 12 \end{cases}$$

の 13 個。（→ヒ）

(2)　余弦定理より

$$\cos A = \frac{4^2 + (2\sqrt{3}-2)^2 - (2\sqrt{6})^2}{2\cdot 4\cdot(2\sqrt{3}-2)} = \frac{-8(\sqrt{3}-1)}{8\cdot 2(\sqrt{3}-1)} = -\frac{1}{2}$$

よって　$A = 120°$

ゆえに

$$\triangle \mathrm{ABC} = \frac{1}{2} \times 4 \times (2\sqrt{3}-2) \times \sin 120°$$
$$= 6 - 2\sqrt{3} \quad (\text{→フ〜ホ})$$

$\triangle \mathrm{ABC} = \triangle \mathrm{ABD} + \triangle \mathrm{ACD}$ より

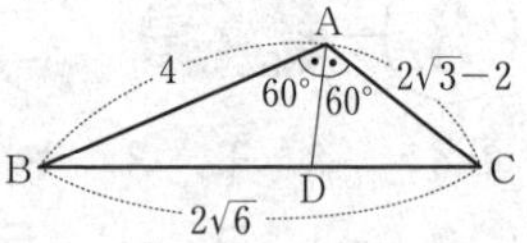

$$6 - 2\sqrt{3} = \frac{1}{2}\cdot 4\cdot \mathrm{AD}\cdot \sin 60°$$
$$+ \frac{1}{2}\cdot(2\sqrt{3}-2)\cdot \mathrm{AD}\cdot \sin 60°$$

$$6 - 2\sqrt{3} = \frac{3+\sqrt{3}}{2}\mathrm{AD}$$

$\therefore \quad \mathrm{AD} = 8 - 4\sqrt{3} \quad$（→マ〜ム）

(3)　直線 $y=2x-3$ 上の点 $\mathrm{A}(0,\ -3)$，$\mathrm{B}\left(\dfrac{3}{2},\ 0\right)$ を原点のまわりに 45° 回転して得られる点をそれぞれ $\mathrm{A}'(a_1,\ a_2)$，$\mathrm{B}'(b_1,\ b_2)$ とすると

$$a_1 = 3\cos(-45°) = \frac{3\sqrt{2}}{2}$$

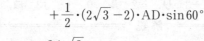

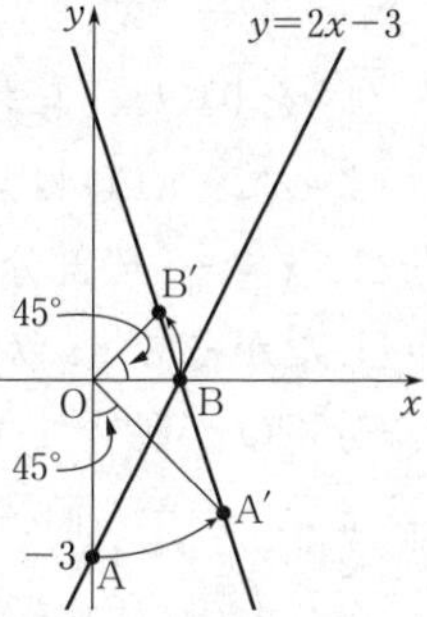

$a_2=3\sin(-45°)=-\dfrac{3\sqrt{2}}{2}$

$b_1=\dfrac{3}{2}\cos 45°=\dfrac{3\sqrt{2}}{4}$

$b_2=\dfrac{3}{2}\sin 45°=\dfrac{3\sqrt{2}}{4}$

求める直線は直線 A′B′ なので

$$y=\frac{-\frac{3\sqrt{2}}{2}-\frac{3\sqrt{2}}{4}}{\frac{3\sqrt{2}}{2}-\frac{3\sqrt{2}}{4}}\left(x-\frac{3\sqrt{2}}{2}\right)-\frac{3\sqrt{2}}{2}$$

$$=-3\left(x-\frac{3\sqrt{2}}{2}\right)-\frac{3\sqrt{2}}{2}$$

$\therefore\quad y=-3x+3\sqrt{2}$　（→メ～ヤ）

(4)　放物線 $y=x^2$ 上の点 $\mathrm{P}(t,\ t^2)$（$0\leqq t\leqq 1$）における接線の方程式は

$y=2t(x-t)+t^2$

$\therefore\quad y=2tx-t^2$　……①

①と放物線 $y=-(x+1)^2$ の共有点の x 座標は

$2tx-t^2=-(x+1)^2$　すなわち　$x^2+2(t+1)x-t^2+1=0$　……②

の実数解で，判別式 $\dfrac{D}{4}=(t+1)^2-(-t^2+1)=2t^2+2t$ より

$$\begin{cases} t=0 \text{ のとき} & D=0 \\ 0<t\leqq 1 \text{ のとき} & D>0 \end{cases}$$

よって，②の解を α，β とすると，解と係数の関係より

$\alpha+\beta=-2(t+1)$　……③

点Qを $(X,\ Y)$ とすると，③より

$$\begin{cases} X=\dfrac{\alpha+\beta}{2}=-t-1 & \cdots\cdots④ \\ Y=2tX-t^2=2t(-t-1)-t^2=-3t^2-2t & \cdots\cdots⑤ \end{cases}$$

ゆえに　$\mathrm{Q}(-t-1,\ -3t^2-2t)$　（→ユ～ル）

④より　$t=-X-1$　……④′

④′を⑤に代入して

$Y=-3(-X-1)^2-2(-X-1)$

$\therefore \quad Y=-3X^2-4X-1$

④′ を $0\leqq t\leqq 1$ に代入して　　$-2\leqq X\leqq -1$

よって，点 Q は放物線 $y=-3x^2-4x-1$ の $-2\leqq x\leqq -1$ の部分である。

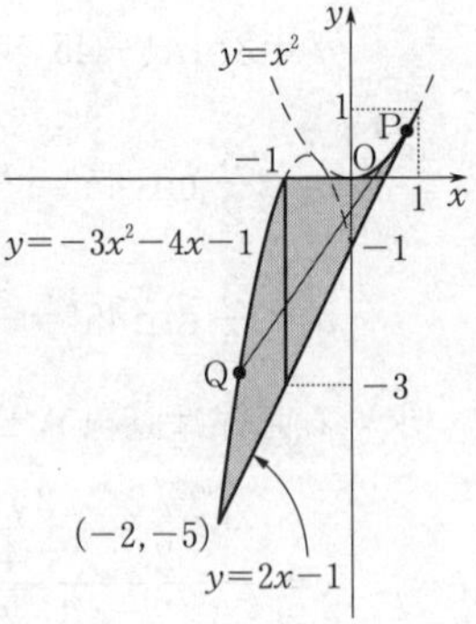

したがって，t が $0\leqq t\leqq 1$ の範囲を動くとき，線分 PQ が動いてできる図形は，右図の網かけ部分で，その面積は

$$\int_{-2}^{-1}\{(-3x^2-4x-1)-(2x-1)\}dx$$

$$+\frac{3+1}{2}\times 1+\int_0^1\{x^2-(2x-1)\}dx$$

$$=\int_{-2}^{-1}(-3x^2-6x)dx+2+\int_0^1(x-1)^2dx$$

$$=\Big[-x^3-3x^2\Big]_{-2}^{-1}+2+\left[\frac{1}{3}(x-1)^3\right]_0^1$$

$$=(1-3)-(+8-12)+2-\frac{1}{3}(-1)$$

$$=\frac{13}{3}$$ （→レ，ロ）

講評

大問 3 題の出題で，全問マーク式である。

1　四面体における面積，体積の問題である。(1)は面上にある三角形の面積を求める問題である。直接は求めにくいので，正三角形から求める三角形以外の三角形の面積をひくことで求めるとよい。(2)は点 P が △ACD の外心かつ重心であることから求める。(3)は △BCP と △HCQ が相似であることを用いる。(4)は四面体 HEFG の体積を t で表すと t の 3 次関数となるので，$0\leqq t\leqq 1$ の範囲における最小になる t を増減を調べて求める。

2　座標平面上を移動する 2 点の位置の確率の問題である。(1)は 2 点を規則に従って移動させると $\overrightarrow{\mathrm{AB}}$ の動きの規則がわかる。(2)は実際に移動させてみて，8 パターンすべてを調べてみる。(3)は(2)からさらにもう1回の動きを考える。実際に $n=4$ のときに点Aがある座標と，その確率を求める。(4)は $n=4$ のときの位置からさらに4回後の移動を考えると，$n=4$ のときの位置を原点として考えていくとよい。実際に移動してみないとわかりづらい。

3　小問4問からなる。(1)は連立不等式を満たす整数の組 $(x,\ y)$ を求める問題である。対数の真数条件も忘れないようにしたい。(2)は三角形の面積，線分の長さを求める問題である。余弦定理からコサインの値を求めて，それからサインの値を求めることから面積を求める。角の二等分線の長さは，三角形の面積を利用して求めることができる。(3)は直線を原点のまわりに $45°$ 回転して得られる直線を求める問題である。もとの直線上にある具体的な2点（どこでもよい）を原点のまわりに $45°$ 回転して，その2点を通る直線を求めればよい。(4)は共有点の中点の軌跡を考える問題である。線分の動く領域は式から求めようとすると大変であるが，図形で考えるとわかりやすい。その領域の面積は定積分で求める。

◀数学Ⅰ・Ⅱ・Ⅲ・A・B▶

1 **解答** **(1)ア.** 25　**イ.** −37

(2)あ—(d)　**い**—(f)

(3)(i)ウ. 107　**(ii)エ.** 11

解説

《小問3問》

(1)　ユークリッドの互除法より

$$77=52\times1+25$$
$$52=25\times2+2$$
$$25=2\times12+1$$

これから　　$1=25-2\times12$

$$1=25-(52-25\times2)\times12$$
$$=25\times25-52\times12$$
$$1=(77-52)\times25-52\times12$$
$$=77\times25-52\times37$$

よって，$77x+52y=1$ の整数解の1組は，$x=25$，$y=-37$ である。

$$\begin{array}{rl} & 77x+52y=1 \quad \cdots\cdots① \\ -) & 77\cdot25+52(-37)=1 \\ \hline & 77(x-25)+52(y+37)=0 \end{array}$$

$\therefore\quad 52(y+37)=77(25-x)\quad\cdots\cdots①'$

52と77は互いに素なので，①′より $y+37$ は77の倍数である。

よって，$y+37=77n$（n は整数）と表せる。

これを①′に代入すると

$$52\cdot77n=77(25-x)\qquad\therefore\quad 52n=25-x$$

ゆえに，①の整数解は

$$\begin{cases} x=25-52n \\ y=77n-37 \end{cases}\quad(n \text{ は整数})$$

このうち，x が正で最小の組は $n=0$ のときで

$(x,\ y)=(25,\ -37)$　（→ア，イ）

(2)　$\sqrt{2}+\sqrt{6}\,i=2\sqrt{2}\left(\cos\dfrac{\pi}{3}+i\sin\dfrac{\pi}{3}\right)$

よって

$$(\sqrt{2}+\sqrt{6}\,i)^{2024}=(2\sqrt{2})^{2024}\left(\cos\frac{\pi}{3}+i\sin\frac{\pi}{3}\right)^{2024}$$

$$=\left(2^{\frac{3}{2}}\right)^{2024}\left(\cos\frac{2}{3}\pi+i\sin\frac{2}{3}\pi\right)$$

$$\left(\because\quad \frac{\pi}{3}\times 2024=2\pi\times 337+\frac{2}{3}\pi\right)$$

ゆえに　$r=2^{\frac{3}{2}\times 2024}$

$\therefore$　$\dfrac{\log_2 r}{2024}=\dfrac{3}{2}$　(→あ)

$\theta=\dfrac{2}{3}\pi$　(→い)

(3)(i)　$\log_{10}1.28=\log_{10}\dfrac{128}{100}=\log_{10}\dfrac{2^7}{10^2}$

$$=7\log_{10}2-2=7\times 0.301-2$$

$$=0.107\quad(\text{→ウ})$$

(ii)　$n^{100}<1.28^n$　……①

$n=2$ のとき，$2^{100}>1.28^2$ となるので成立しない。

よって，$n\geqq 3$ で考える。

①より　$100\log_{10}n<n\log_{10}1.28=n\times 0.107$

$\therefore$　$100\times\dfrac{\log_{10}n}{n}<0.107$　……①′

ここで，$f(x)=100\times\dfrac{\log_{10}x}{x}$ とおくと

$$f(x)=\frac{100}{\log_e 10}\times\frac{\log_e x}{x}$$

$$f'(x)=\frac{100}{\log 10}\cdot\frac{\frac{1}{x}\times x-\log x\cdot 1}{x^2}=\frac{100}{\log 10}\cdot\frac{1-\log x}{x^2}$$

$x\geqq 3$ のとき　$f'(x)<0$

よって，$f(x)$ は単調減少である。

$$f(2^{11})=100\times\frac{\log_{10}2^{11}}{2^{11}}=100\times\frac{11\times 0.301}{2^{11}}=0.16\cdots>0.107$$

$$f(2^{12})=100\times\frac{\log_{10}2^{12}}{2^{12}}=100\times\frac{12\times0.301}{2^{12}}=0.08\cdots<0.107$$

ゆえに，①′を満たす n は　　$2^{11}<n<2^{12}$

したがって，$2^a\leqq n<2^{a+1}$ となる整数 a は　　$a=11$　(→エ)

2 解答　**(1)オ．** 1　**カ．** −1　**キ．** 1

(2)ク． 18

(3)ケ． 1　**コ．** 4　**サ．** 3　**シ．** 20　**ス．** 3　**セ．** 5　**う**—(d)

(4)ソ． 40　**(5)タ．** 80

解説

《四角錐における面積・体積》

(1)　四角形ABCDは長方形なので　　$\overrightarrow{AD}=\overrightarrow{BC}$

よって　　$\vec{d}=\vec{a}-\vec{b}+\vec{c}$　(→オ〜キ)

(2)　$\overrightarrow{BA}\perp\overrightarrow{BC}$ より

$\overrightarrow{BA}\cdot\overrightarrow{BC}=0$

$(\vec{a}-\vec{b})\cdot(\vec{c}-\vec{b})=0$

$\vec{a}\cdot\vec{c}-\vec{a}\cdot\vec{b}-\vec{b}\cdot\vec{c}+|\vec{b}|^2=0$

$\vec{a}\cdot\vec{c}-33-34+49=0$

$\therefore$　$\vec{a}\cdot\vec{c}=18$　(→ク)

(3)　点Hは平面 α 上の点なので

$\overrightarrow{AH}=m\overrightarrow{AB}+n\overrightarrow{AC}$　(m，n は実数)　……Ⓐ

と表せる。

よって　　$\overrightarrow{OH}=(1-m-n)\vec{a}+m\vec{b}+n\vec{c}$

$\overrightarrow{OH}\perp$平面 α より　$\begin{cases}\overrightarrow{OH}\perp\overrightarrow{AB} & \cdots\cdots① \\ \overrightarrow{OH}\perp\overrightarrow{AC} & \cdots\cdots②\end{cases}$

①より　　$\overrightarrow{OH}\cdot\overrightarrow{AB}=0$

$\{(1-m-n)\vec{a}+m\vec{b}+n\vec{c}\}\cdot(\vec{b}-\vec{a})=0$

$-(1-m-n)|\vec{a}|^2+m|\vec{b}|^2+(1-2m-n)\vec{a}\cdot\vec{b}+n\vec{b}\cdot\vec{c}-n\vec{c}\cdot\vec{a}=0$

$-81(1-m-n)+49m+33(1-2m-n)+34n-18n=0$

$\therefore$　$-48+64m+64n=0$　……①′

②より　　$\overrightarrow{OH}\cdot\overrightarrow{AC}=0$

$\{(1-m-n)\vec{a}+m\vec{b}+n\vec{c}\}\cdot(\vec{c}-\vec{a})=0$

$$-(1-m-n)|\vec{a}|^2+n|\vec{c}|^2-m\vec{a}\cdot\vec{b}+m\vec{b}\cdot\vec{c}+(1-m-2n)\vec{c}\cdot\vec{a}=0$$

$$-81(1-m-n)+44n-33m+34m+18(1-m-2n)=0$$

$\therefore\quad -63+64m+89n=0\quad\cdots\cdots$②′

①′，②′より　$m=\dfrac{3}{20}$，$n=\dfrac{3}{5}$

よって　$\overrightarrow{\mathrm{OH}}=\dfrac{1}{4}\vec{a}+\dfrac{3}{20}\vec{b}+\dfrac{3}{5}\vec{c}$　(→ケ～セ)

Ⓐより　$\overrightarrow{\mathrm{AH}}=\dfrac{3}{20}\overrightarrow{\mathrm{AB}}+\dfrac{3}{5}\overrightarrow{\mathrm{AC}}=\dfrac{3}{4}\times\dfrac{\overrightarrow{\mathrm{AB}}+4\overrightarrow{\mathrm{AC}}}{5}$

辺 BC を 4：1 に内分する点を E とすると，$\overrightarrow{\mathrm{AH}}=\dfrac{3}{4}\overrightarrow{\mathrm{AE}}$ より，点 H は線分 AE を 3：1 に内分する点である。

ゆえに，点 H は △ABC の内部にある。(→う)

(4)　$|\overrightarrow{\mathrm{AB}}|^2=|\vec{b}-\vec{a}|^2=|\vec{b}|^2-2\vec{a}\cdot\vec{b}+|\vec{a}|^2$

$=49-66+81=64$

$\therefore\quad |\overrightarrow{\mathrm{AB}}|=8$

$|\overrightarrow{\mathrm{BC}}|^2=|\vec{c}-\vec{b}|^2=|\vec{c}|^2-2\vec{b}\cdot\vec{c}+|\vec{b}|^2$

$=44-68+49=25$

$\therefore\quad |\overrightarrow{\mathrm{BC}}|=5$

よって，長方形 ABCD の面積は

$\mathrm{AB}\times\mathrm{BC}=8\times5=40$　(→ソ)

(5)　$|\overrightarrow{\mathrm{OH}}|^2=\left|\dfrac{1}{20}\left(5\vec{a}+3\vec{b}+12\vec{c}\right)\right|^2$

$$=\frac{1}{400}\{25|\vec{a}|^2+9|\vec{b}|^2+144|\vec{c}|^2+30\vec{a}\cdot\vec{b}+72\vec{b}\cdot\vec{c}+120\vec{c}\cdot\vec{a}\}$$

$$=\frac{1}{400}(25\times81+9\times49+144\times44+30\times33+72\times34+120\times18)$$

$$=\frac{9}{400}(225+49+704+110+272+240)$$

$$=\frac{9\times1600}{400}=36$$

$\therefore\quad |\overrightarrow{\mathrm{OH}}|=6$

ゆえに，四角錐 O-ABCD の体積は

$\dfrac{1}{3}\times$(長方形 ABCD の面積)$\times\mathrm{OH}=\dfrac{1}{3}\times40\times6=80$　(→タ)

3 **解答** **(1)** $f(x)=\dfrac{e^x}{x}$ $(x>0)$ とおく。

$$f'(x)=\frac{e^x\cdot x-e^x\cdot 1}{x^2}=\frac{(x-1)e^x}{x^2}$$

増減表は右のようになるので

$$\begin{cases}\text{極小値}\quad e\\ \text{極大値なし}\end{cases}\quad\cdots\cdots\text{(答)}$$

x	0	$\cdots$	1	$\cdots$
$f'(x)$		$-$	0	$+$
$f(x)$		↘	e	↗

$$\lim_{x\to+0}\frac{e^x}{x}=+\infty,\ \lim_{x\to+\infty}\frac{e^x}{x}=+\infty$$

これらと増減表より，$y=f(x)$ のグラフは下図の通り。

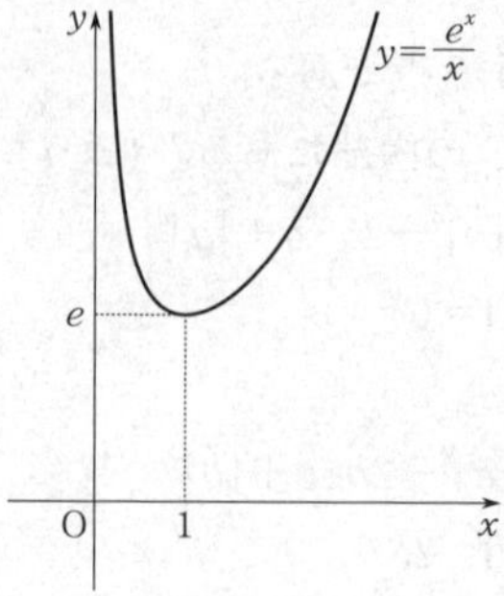

(2)　$$\int_a^{2a}\frac{e^x}{x}dx=\left[\frac{e^x}{x}\right]_a^{2a}-\int_a^{2a}\left(-\frac{e^x}{x^2}\right)dx$$

$$=\frac{e^{2a}}{2a}-\frac{e^a}{a}+\int_a^{2a}\frac{e^x}{x^2}dx\quad\cdots\cdots①$$

であるから

$$\int_a^{2a}\frac{e^x}{x}dx=\int_a^{2a}\frac{e^x}{x^2}dx$$

①より　$$\frac{e^{2a}}{2a}-\frac{e^a}{a}+\int_a^{2a}\frac{e^x}{x^2}dx=\int_a^{2a}\frac{e^x}{x^2}dx$$

$$\frac{e^{2a}}{2a}-\frac{e^a}{a}=0$$

$$\frac{e^a(e^a-2)}{2a}=0$$

$$e^a=2$$

$\therefore$　$a=\log 2$　……(答)

(3)　$\displaystyle\int_m^n \frac{e^x}{x}dx=\int_m^n \frac{e^x}{x^2}dx$　……②

(2)と同様に考えて　$\dfrac{e^n}{n}=\dfrac{e^m}{m}$

$\therefore$　$f(n)=f(m)$

(1)で描いたグラフから，$f(x)=k$（$k>e$）を満たす x は2つ存在するが，小さいほうの解は0と1の間なので整数ではない。

ゆえに，②を満たす異なる正の整数 m，n は存在しない。（証明終）

解説

《グラフの概形，積分方程式》

(1)　第1次導関数，第2次導関数を求め，増減，凹凸を調べてグラフの概形を描く。

(2)　部分積分法を用いると同じ定積分の形が得られて，a についての方程式となる。

(3)　(2)と同様に考えると $\dfrac{e^n}{n}=\dfrac{e^m}{m}$ が得られる。(1)で求めた $y=f(x)=\dfrac{e^x}{x}$ のグラフを利用して，$f(x)=k$ を満たす x を $y=f(x)$ と $y=k$ の共有点の x 座標としてみつける。

4　解答

(1)　$a_n=0$　$(n=1,\ 2,\ \cdots)$　……（答）

(2)　$c_n=xa_n+yb_n$ とすると

$$
\begin{aligned}
c_{n+2}&=xa_{n+2}+yb_{n+2}\\
&=x(na_{n+1}-a_n)+y(nb_{n+1}-b_n)\\
&=n(xa_{n+1}+yb_{n+1})-(xa_n+yb_n)\\
&=nc_{n+1}-c_n
\end{aligned}
$$

よって，どんな実数 x，y に対しても数列 $\{c_n\}$ つまり数列 $\{xa_n+yb_n\}$ が(A)を満たす。（証明終）

(3)　**(i)**　$\left.\begin{array}{l}\text{数列}\{c_n\}：c_1=1,\ c_2=0,\ c_{n+2}=nc_{n+1}-c_n\\ \text{数列}\{d_n\}：d_1=0,\ d_2=1,\ d_{n+2}=nd_{n+1}-d_n\end{array}\right\}$ を満たす数列。……（答）

(ii)　(A)を満たす任意の数列 $\{a_n\}$ が $a_1=s$，$a_2=t$，$a_{n+2}=na_{n+1}-a_n$ を満たすとき，$a_n=sc_n+td_n$ とすると

$a_{n+2}=sc_{n+2}+td_{n+2}$

$$=s(nc_{n+1}-c_n)+t(nd_{n+1}-d_n)$$
$$=n(sc_{n+1}+td_{n+1})-(sc_n+td_n)$$
$$=na_{n+1}-a_n$$

よって

$$a_{n+2}=na_{n+1}-a_n,\ a_1=sc_1+td_1=s,\ a_2=sc_2+td_2=t$$

したがって，(P)を満たす。　（証明終）

解説

《漸化式の証明》

(2)　$c_n=xa_n+yb_n$ とおいて，$c_{n+2}=nc_{n+1}-c_n$ を示す。

(3)　(A)を満たすどの数列も $\{sc_n+td_n\}$ と表されることを示すので，具体的に調べていくとよい。

講評

1・2はマーク式，3・4は記述式となっている。

1　小問3問である。(1)は不定方程式の整数解を求める問題である。ユークリッドの互除法を利用して求める。ユークリッドの互除法はきちんと確認しておこう。(2)は複素数の計算の問題である。極形式に変形して，ド・モアブルの定理を利用する。(3)は対数の値の問題である。(ii)は不等式を満たす n を考える問題であるが，$n=2^a$ を代入して考えればよい。

2　空間ベクトルの問題である。(1)は四角形 ABCD が長方形であることより求める。(2)は内積の値を求めるが，与えられた条件から考えると，$\overrightarrow{BA}\perp\overrightarrow{BC}$ から求めることになる。(3)は $\overrightarrow{OH}\perp$ 平面 α と $\overrightarrow{OH}\perp\overrightarrow{AB}$ かつ $\overrightarrow{OH}\perp\overrightarrow{AC}$ は同値であるので，$\overrightarrow{OH}\cdot\overrightarrow{AB}=0$ かつ $\overrightarrow{OH}\cdot\overrightarrow{AC}=0$ より $\overrightarrow{OH}$ を求める。(4)は長方形の2辺の長さを求めて面積を出す。(5)は(3)で求めた $\overrightarrow{OH}$ から $|\overrightarrow{OH}|$ を求めると，底面を α としたときの高さが OH となる。

3　グラフの概形とそれを利用した積分方程式の問題である。(1)はグラフの概形を描く問題である。「極値を求めて，そのグラフの概形をかけ」とあるので，$f''(x)$ は調べなくてもよいであろう。(2)は積分方程式の問題である。一方の定積分の計算を行うと他方の形がでてくるので，定積分が消えて a についての方程式が得られる。(3)も(2)と同様に考えるのだが，$\dfrac{e^m}{m}=\dfrac{e^n}{n}$ を満たす異なる正の整数 m，n が存在しないことを示す。(1)の $y=\dfrac{e^x}{x}$ を利用する。

4　数列の漸化式の問題である。(1)は $a_n=0$ である定数数列が条件を満たす。(2)は $c_n=xa_n+yb_n$ とおいて，$c_{n+2}=nc_{n+1}-c_n$ が成り立つことを示す。(3)は $a_{n+2}=na_{n+1}-a_n$ を満たすすべての数列 $\{a_n\}$ が，$a_n=sc_n+td_n$ と表されることを示す。数列 $\{a_n\}$ は a_1 と a_2 が定まれば，数列全体が定まる。すなわち，$\{a_n\}$ は a_1 と a_2 の組み合わせに依存していると捉えることができる。したがって，ある実数 s，t を用いて $a_1=sc_1+td_1$，$a_2=sc_2+td_2$ としたときに，すべての実数の組 $(a_1,\ a_2)$ を表すことができる c_1，c_2，d_1，d_2 を考えればよい。その具体例の1つとして〔解答〕であげた $c_1=1$，$c_2=0$，$d_1=0$，$d_2=1$ がある。

物　理

1　解答

1. $2mv$　**2.** 0　**3.** mv^2　**4.** $\pi\sqrt{\dfrac{m}{2k}}$

5. $\dfrac{8mv^2}{l^2}$

6.

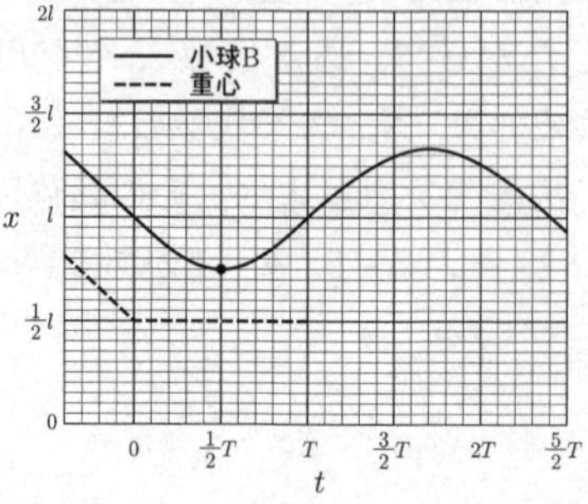

7. $\sqrt{2}$ 倍　**8.** 内力　**9.** 等速直線運動

解説

《ばねに取り付けられた小球と壁との衝突，衝突後の小球の運動》

1. 小球Aは壁と弾性衝突するので，右図のように，衝突直後（$t=0$）のAの速度は v となる。ゆえに

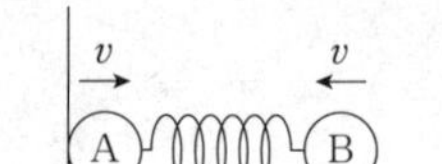

（Aが衝突時に壁から受けた力積）

＝(壁と衝突後のAの運動量)－(壁と衝突前のAの運動量)

$=mv-(-mv)$

$=2mv$

2. 壁と衝突直後のA，Bの速度はそれぞれ v，$-v$ であるから，運動量の和は

$$mv+(-mv)=0$$

3. 壁と衝突直後のA，Bの運動エネルギーの和は

$$\frac{1}{2}mv^2+\frac{1}{2}m(-v)^2=mv^2$$

4．Aは壁と1回目の衝突後，A，Bの重心の位置Gを端点として単振動を行う。このとき，Gから見ると，右図のように，AはGA間のばねにつながれて単振動するとみなせるので，本来のばねの半分の長さ，すなわちばね定数 $2k$ のばねとみなすことができる（※）。したがって，この単振動の周期を T_1 とすると，$T_1=2\pi\sqrt{\dfrac{m}{2k}}$ である。

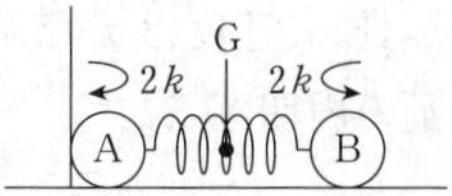

また，図2より，1回目の壁との衝突後のGの速度は0である。Aは1回目の壁との衝突直後，単振動の中心の位置（ばねが自然長なので，はたらく力0の位置）からスタートして，いったん縮み，再び単振動の中心の位置まで戻ってきたところで，壁と2回目の衝突を行うと考えられる。ゆえに，時刻 T は

$$T=\frac{1}{2}T_1=\pi\sqrt{\frac{m}{2k}}$$

※　この部分については，Aがばねの自然長から任意の距離 x（右向き）だけ縮んだとき，Bも同じように x だけ左向きに縮むので，Aにはたらく力 $F=-k\cdot 2x=-2kx$（左向き）となることから，周期 $T_1=2\pi\sqrt{\dfrac{m}{2k}}$ としてもよい。

5．$0\leqq t\leqq T$ において，図2のグラフのBの変位より，Gから見てB側のばねが $\dfrac{l}{4}$ だけ縮んでいるときに最も縮んでおり，このときのBの速度は0となる。また，1より，Gから見ると，AもBと対称な形で運動することが考察できるので，ばねは最大で $\dfrac{l}{2}$ 縮む。

これらのことから，$t=0$ と $t=\dfrac{1}{2}T$ のときのAとBを合わせた力学的エネルギーを比較すると，力学的エネルギー保存則より

$$\frac{1}{2}mv^2\cdot 2+0=0+\frac{1}{2}k\left(\frac{l}{2}\right)^2$$

$$\therefore\quad k=\frac{8mv^2}{l^2}$$

6．$t=T$ のとき，Bは $x=l$ の位置に戻ってきており（このときばねは自

然長)，速度は v である。ここでAを固定すると，$t=T$ 以後のBの単振動の周期 T_2 は

$$T_2=2\pi\sqrt{\frac{m}{k}}=\sqrt{2}\,T_1\fallingdotseq 1.4T_1$$

また，振幅 A とすると，力学的エネルギー保存則より

$$\frac{1}{2}mv^2+0=0+\frac{1}{2}kA^2$$

$$\therefore\quad A=v\sqrt{\frac{m}{k}}=\frac{\sqrt{2}}{4}l\fallingdotseq 0.35l$$

以上のことをまとめて，グラフに描くと，〔解答〕のグラフのようになる。

7．Aは壁と完全非弾性衝突後，壁と接触したままで，Bは単振動を行い，周期は $T_2=2\pi\sqrt{\dfrac{m}{k}}$ と等しくなる。$t=0$ のとき，Bは単振動の中心の位置（ばねが自然長なので，はたらく力0の位置）からスタートしてばねが縮み，再び単振動の中心の位置に戻ってきたところで，ばねが再び自然長となって，Aが壁から離れるので，Aの接触時間は

$$\frac{1}{2}T_2=\pi\sqrt{\frac{m}{k}}=\sqrt{2}\,T$$

よって　$\sqrt{2}$ 倍

8．ばねによる力は，外から加えられた力ではなく，AとBがお互いにばねを介して及ぼし合う力なので，AとBの物体系から見ると，内力となる。

9．Aが壁から離れたあと，8より，AとBの運動量の和が保存されるので，A，Bの速度をそれぞれ v_{A}，v_{B} とおくと

$$mv_{\mathrm{A}}+mv_{\mathrm{B}}=\text{一定}\qquad\therefore\quad v_{\mathrm{A}}+v_{\mathrm{B}}=\text{一定}\quad\cdots\cdots①$$

また，A，Bおよび，重心Gの位置をそれぞれ x_{A}，x_{B}，x_{G} とおくと，$x_{\mathrm{G}}=\dfrac{mx_{\mathrm{A}}+mx_{\mathrm{B}}}{m+m}=\dfrac{x_{\mathrm{A}}+x_{\mathrm{B}}}{2}$ なので，$\varDelta t$ の間のA，Bおよび，Gの変位をそれぞれ $\varDelta x_{\mathrm{A}}$，$\varDelta x_{\mathrm{B}}$，$\varDelta x_{\mathrm{G}}$ とおくと，$\varDelta x_{\mathrm{G}}=\dfrac{\varDelta x_{\mathrm{A}}+\varDelta x_{\mathrm{B}}}{2}$ となる。

ゆえに，A，Bおよび，Gの速度をそれぞれ v_{A}，v_{B}，v_{G} とおくと

$$v_{\mathrm{G}}=\frac{\varDelta x_{\mathrm{G}}}{\varDelta t}=\frac{\dfrac{\varDelta x_{\mathrm{A}}}{\varDelta t}+\dfrac{\varDelta x_{\mathrm{B}}}{\varDelta t}}{2}=\frac{v_{\mathrm{A}}+v_{\mathrm{B}}}{2}=\text{一定}\quad(①\text{より})$$

したがって，Gの運動は等速直線運動となる。

2 **解答**　**1．** $\dfrac{V}{l}$　**2．** $ma=e\dfrac{V}{l}-kv$　**3．** $\dfrac{eV}{kl}$

4． $\dfrac{e^2nSV}{kl}$　**5．** $\dfrac{k}{e^2n}$　**6．** $\dfrac{e^2nSV^2}{kl}$　**7．** $\dfrac{e^2V^2}{kl^2}$　**8．** $\dfrac{e^2nSV^2}{kl}$

9． $\dfrac{3k+k'}{4e^2n}$　**10．** $\dfrac{k_0(1+10\alpha)}{e^2n}$

解説

《金属中を運動する自由電子の運動とエネルギー》

1． 電場の強さを E とおくと，一様なので

$$E=\frac{V}{l}$$

2． 1個の自由電子にはたらく力や速度は，右図のようになっている（力と速度は右向きを正とする）ので，運動方程式は

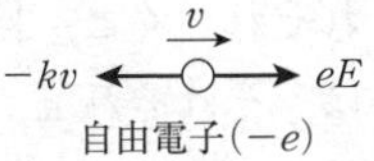

$$ma=eE-kv=e\frac{V}{l}-kv$$

3． 終端速度を v_0 とする。十分に時間がたつと，$e\dfrac{V}{l}-kv_0=0$ となるので

$$v_0=\frac{eV}{kl}$$

4． 電流の大きさ I は，金属の断面を1秒間に通過する電気量の大きさで表される。自由電子は金属中を1秒間に v_0 だけ進むので，金属の断面を1秒間に通過する自由電子の個数は nSv_0 個となる。したがって

$$I=e\cdot nSv_0=\frac{e^2nSV}{kl}$$

5． オームの法則より

$$R=\frac{V}{I}=\frac{V}{\dfrac{e^2nSV}{kl}}=\frac{k}{e^2n}\cdot\frac{l}{S}$$

金属の抵抗率を ρ とおくと，$R=\rho\cdot\dfrac{l}{S}$ であるから

$$\rho=\frac{k}{e^2n}$$

6．消費電力の大きさを P とおくと

$$P=VI=\frac{e^2nSV^2}{kl}$$

7．抵抗力が１個の自由電子にする仕事の仕事率の大きさを P_e とおくと

$$P_e=kv_0\cdot v_0=\frac{e^2V^2}{kl^2}$$

8．この金属中の自由電子の総個数は nSl 個であるから，抵抗力がすべての自由電子にする仕事の仕事率の大きさを P' とおくと

$$P'=P_e\cdot nSl=\frac{e^2nSV^2}{kl}$$

これは消費電力の大きさと同じである（$P=P'$）。

9．図２の左側の金属の両端の電位差を V_1，内部の自由電子の速度を v_1，図２の右側の金属の両端の電位差を V_2，内部の自由電子の速度を v_2 とそれぞれおくと，自由電子が終端速度で動いているときの力のつりあいの式は，それぞれ

$$左側：e\frac{V_1}{\frac{3}{4}l}=kv_1\quad\cdots\cdots①\qquad 右側：e\frac{V_2}{\frac{1}{4}l}=k'v_2\quad\cdots\cdots②$$

となる。ここで，左側と右側の金属は直列接続なので，電流の強さ I は等しくなる。

ゆえに　　$v_1=v_2$　……③

また　　$V_1+V_2=V$　……④

③，④の条件式を①，②に代入すると

$$e\frac{4V_1}{3l}=kv_1\quad\cdots\cdots⑤\qquad e\frac{4(V-V_1)}{l}=k'v_1\quad\cdots\cdots⑥$$

⑤，⑥より，V_1 を消去して，v_1 について整理すると

$$v_1=\frac{4e}{(3k+k')l}V$$

ここで，オームの法則より

$$R=\frac{V}{I}=\frac{V}{enS\cdot\frac{4e}{(3k+k')l}V}=\frac{3k+k'}{4e^2n}\cdot\frac{l}{S}$$

したがって，金属全体の抵抗率 ρ' は

$$\rho'=\frac{3k+k'}{4e^2n}$$

別解　それぞれの金属中の自由電子は，それぞれの金属中の終端速度で動くので，5の結果より，左側の金属と右側の金属の抵抗率は，それぞれ $\dfrac{k}{e^2n}$，$\dfrac{k'}{e^2n}$ である。

金属全体の抵抗を R' とすると，左側の金属と右側の金属は直列接続なので

$$R'=\frac{k}{e^2n}\cdot\frac{3l}{4S}+\frac{k'}{e^2n}\cdot\frac{l}{4S}=\frac{3k+k'}{4e^2n}\cdot\frac{l}{S}$$

よって，金属全体の抵抗率を ρ' とすると　　$\rho'=\dfrac{3k+k'}{4e^2n}$

10. 金属の左端からの距離 x の位置において，自由電子が受ける抵抗力 f の大きさは，この位置における自由電子の終端速度（平均）を v_x として，$f=k_0\left(1+\dfrac{20\alpha}{l}x\right)v_x$ と表される。

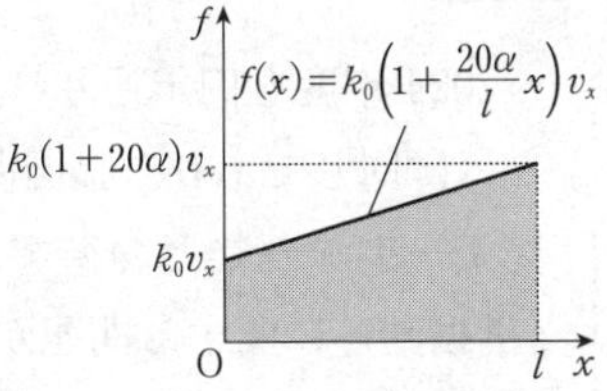

ここで，金属の各部分が直列につながったものとみなせることに着目すると，9と同様に考えて，$v_x=$ 一定である。したがって，自由電子1個が金属の左端（$x=0$）から右端（$x=l$）に達するまでのあいだに抵抗力がする仕事の大きさは，右図の網かけ部分の面積で表される。この面積は

$$\{k_0v_x+k_0(1+20\alpha)v_x\}\cdot l\cdot\frac{1}{2}=k_0(1+10\alpha)v_xl \quad \cdots\cdots⑦$$

である。

一方，この金属の消費電力の大きさは，$P=VI=V\cdot enSv_x$ であり，6および8より，これが金属中のすべての自由電子に抵抗力がする仕事率の大きさに等しいので，自由電子1個に抵抗力がする仕事率の大きさを P_e とすると

$$P_e=\frac{V\cdot enSv_x}{nSl}=eV\cdot\frac{v_x}{l}$$

となる。この自由電子が金属の左端から右端に達するまでの時間は，$\dfrac{l}{v_x}$ なので，この間に抵抗力がする仕事の大きさは

$$P_e \cdot \frac{l}{v_x} = eV \quad \cdots\cdots ⑧$$

⑦と⑧が等しいので

$$k_0(1+10\alpha)v_x l = eV \qquad \therefore \quad v_x = \frac{eV}{k_0(1+10\alpha)l}$$

ここで，オームの法則より

$$R = \frac{V}{I} = \frac{V}{enS \cdot \dfrac{eV}{k_0(1+10\alpha)l}} = \frac{k_0(1+10\alpha)}{e^2 n} \cdot \frac{l}{S}$$

となるので，金属の抵抗率 ρ'' は

$$\rho'' = \frac{k_0(1+10\alpha)}{e^2 n}$$

講評

2024年度も例年通り，大問2題の出題であった。設問数は2023年度とほぼ同じであり，描図問題も出題された。

1　小球の壁との衝突および，ばねにつながれた2つの小球の運動（単振動）に関する問題が出題された。1～3は，壁に弾性衝突した直後の小球Aの速度が反対向きに等しくなることがわかっていれば平易。4～6は，衝突後の小球AとBの運動についての考察が必要となる。対称性に気づけば難しくはないが，落ち着いて考えたい。7以降は，Aが壁と完全非弾性衝突した後の，重心系の運動に関する問題が主であった。重心系の考え方をマスターしていれば，定性的な考察のみなので，解答に苦労することはなかっただろう。

2　金属中の自由電子の運動とエネルギーに関する問題が出題された。オームの法則のモデル化を学習していれば，1～8まではそれほどてこずることはなかったと思われる。出てくる文字式が多いので，解答で指定された文字式の選択を間違えないようにしたい。9は直列接続なので，電流（電子の速度）は変わらないことがポイント。あとは落ち着いて式を処理して解答したい。10は6と8の答えが等しくなることを用いる発想ができれば糸口はつかめるが，やや高度な思考力や考察力を要する。普段から物理的な感覚をどれだけ磨いているかが試される問題であった。

いずれの問題も例年同様，前半は基礎的な知識や処理能力を，後半はそれらをふまえた上での，やや発展的な思考力や考察力を問うており，物理に関する総合的な能力を見るのに適した良問であった。

化　学

1　**解答**　**問1．** 触媒　**問2．** $6.9\times10^{+13}$　**問3．** $+4.2\times10^{+1}$

問4． イ―a）　ウ―b）　エ―a）　**問5．** $8.1\times10^{+1}$

問6． 6.0×10^{-2}

解説

《メタンの水蒸気改質と水性ガスシフト反応，平衡定数，熱化学方程式》

問1．（正）触媒の存在により，反応の活性化エネルギーは低下して，反応速度は大きくなる。

問2． 式(1)の反応の濃度平衡定数 K_c は，次のように表される。

$$K_c=\frac{[CO][H_2]^3}{[CH_4][H_2O]}$$

ここで，$p_{CO}=[CO]RT$，$p_{H_2}=[H_2]RT$，$p_{CH_4}=[CH_4]RT$，$p_{H_2O}=[H_2O]RT$ を，それぞれ上式に代入する。

$$K_c=\frac{\dfrac{p_{CO}}{RT}\times\left(\dfrac{p_{H_2}}{RT}\right)^3}{\dfrac{p_{CH_4}}{RT}\times\dfrac{p_{H_2O}}{RT}}=K_p\times\frac{1}{(RT)^2}$$

となり

$$\frac{K_p}{K_c}=(RT)^2=(8.31\times10^3\times1000)^2=69.0\times10^{12}$$

$$\fallingdotseq6.9\times10^{13}$$

となる。

問3． 3つの結合エネルギーの値を用いて，H_2O（気）の生成熱 x〔kJ/mol〕を求める。

$$H_2\,(気)+\frac{1}{2}O_2\,(気)=H_2O\,(気)+x\,[kJ]$$

反応熱 x=(生成物の結合エネルギーの総和)−(反応物の結合エネルギーの総和) より

$$x=(463\times2)-\left(436+\frac{1}{2}\times498\right)=241\ [kJ/mol]$$

よって

$$H_2(気)+\frac{1}{2}O_2(気)=H_2O(気)+241\,\mathrm{kJ}\quad\cdots\cdots①$$

また

$$CO(気)+\frac{1}{2}O_2(気)=CO_2(気)+283\,\mathrm{kJ}\quad\cdots\cdots②$$

なので，②－①より

$$CO(気)+H_2O(気)=CO_2(気)+H_2(気)+42\,\mathrm{kJ}$$

問4． 式(2)の正反応が発熱反応なので，温度を上昇させると逆反応の吸熱反応の方向に平衡が移動する。また，生成物の濃度を増加させる正反応の方向へ平衡を移動させるには，低温での反応が望ましい。

問5． 式(2)で，COとH_2Oの気体のみを2.00×10^{-1} molずつ容積一定の密閉容器に入れ，ある温度T_1で放置したところ平衡に達した。反応後のCOの物質量は2.00×10^{-2} molになったので，量的関係は次のようになる。

	CO	＋	H_2O	$\rightleftarrows$	CO_2	＋	H_2	
反応前	2.00×10^{-1}		2.00×10^{-1}		0		0	〔mol〕
変化量	-1.80×10^{-1}		-1.80×10^{-1}		$+1.80\times10^{-1}$		$+1.80\times10^{-1}$	〔mol〕
平衡時	2.00×10^{-2}		2.00×10^{-2}		1.80×10^{-1}		1.80×10^{-1}	〔mol〕

ゆえに，密閉容器の容積をV〔L〕とすると，濃度平衡定数K_cは

$$K_c=\frac{\dfrac{1.80\times10^{-1}}{V}\times\dfrac{1.80\times10^{-1}}{V}}{\dfrac{2.00\times10^{-2}}{V}\times\dfrac{2.00\times10^{-2}}{V}}=81$$

問6． 式(2)で，CO，H_2O，H_2の気体のみを，それぞれ2.00×10^{-1} mol，2.00×10^{-1} mol，x〔mol〕ずつ容積一定の密閉容器に入れ，ある温度T_2で放置したところ平衡に達した。平衡時の各気体のモル濃度の比は，$[CO]:[H_2O]:[CO_2]:[H_2]=1:1:9:12$になったので，比例定数を$k$とすると量的関係は次のようになる。

	CO	＋	H_2O	$\rightleftarrows$	CO_2＋	H_2	
反応前	2.00×10^{-1}		2.00×10^{-1}		0	x	〔mol〕
変化量	$-(2.00\times10^{-1}-k)$		$-(2.00\times10^{-1}-k)$		$+9k$	$+(12k-x)$	〔mol〕
平衡時	k		k		$9k$	$12k$	〔mol〕

変化量の絶対値の比は反応物および生成物の係数比に等しいので

$2.00\times10^{-1}-k=9k$　　$\therefore\ k=2.00\times10^{-2}$

また　　$9k=12k-x$

$\therefore\ x=3k=6.00\times10^{-2}$〔mol〕

2　**解答**　**問7．ア．** 原子核　**イ．** 陽子　**ウ．** 質量数
エ． 周期律　**オ．** 族

問8． ${}^{13}_{6}\mathrm{C}$　**問9．** $1.4\times10^{+4}$　**問10．** $6.9\times10^{+1}$

問11． (1)－ i ）　(2)－ b ）　(3)－ h ）
(4)－ a ）・ b ）・ c ）・ d ）・ f ）・ g ）・ h ）・ i ）
(5)－ a ）・ g ）・ h ）・ i ）

問12． (A)－ e ）　(B)－ f ）　(C)－ g ）　(D)－ a ）　(E)－ d ）　(F)－ c ）

解説

《原子の構造，周期表，同位体，半減期，放射性炭素年代測定》

問7． 原子は正電荷をもつ原子核と負電荷をもつ電子からなる。原子核は正電荷をもつ陽子と電荷をもたない中性子からなる。陽子数を原子番号といい，陽子数と中性子数の和を質量数という。元素を原子番号の順に並べると，性質のよく似た元素が周期的に現れる周期律がある。周期表では横の行を周期といい，第1周期から第7周期まである。また，縦の列を族といい，1族から18族まである。

問8． 元素記号の左上は質量数，左下は原子番号を示す。中性子を7個もつ炭素の質量数は，原子番号が6のため13となる。

問9． 木の実が枝に生っているときのXとZの原子数の関係は $1.00:1.20\times10^{-12}$，遺跡で発掘された木の実のXとZの原子数の関係は $1.00:2.16\times10^{-13}$ より，木の実が枝に生っているときのZの原子数を N_0，遺跡で発掘された木の実のZの原子数を N とすると

$$\frac{N}{N_0}=\frac{2.16\times10^{-13}}{1.20\times10^{-12}}=1.80\times10^{-1}$$

Zは5730年の半減期で β 崩壊し，中性子を7個もつ窒素に変化する。

$${}^{14}_{6}\mathrm{C}\longrightarrow{}^{14}_{7}\mathrm{N}+{}^{0}_{-1}\mathrm{e}^{-}$$

ここで，遺跡で発掘された木の実は，現在から半減期の n 倍前に発掘されたものとする。

$$1.80\times10^{-1}=18\times10^{-2}=3^2\times2\times10^{-2}=\left(\frac{1}{2}\right)^n$$

両辺に常用対数を取ると

$$\log_{10}(3^2\times2\times10^{-2})=\log_{10}\left(\frac{1}{2}\right)^n$$

$$2\log_{10}3+\log_{10}2-2=-n\log_{10}2$$

$$-0.745=-0.301n$$

$$\therefore\quad n=2.47$$

よって　$5730\times2.47=1.41\times10^4\fallingdotseq1.4\times10^4$

ゆえに，遺跡で発掘された木の実は現在から 1.4×10^4 年前のものとなる。

問10. 相対質量 62.93 の銅原子の存在比を x〔%〕とすると

$$63.55=62.93\times\frac{x}{100}+64.93\times\frac{100-x}{100}$$

$x=69$〔%〕

問11. **(1)** 希ガス（貴ガス）は 18 族元素である。

(2) アルカリ金属はHを除く 1 族元素である。

(3) ハロゲンは 17 族元素である。

(4) 典型元素は，3 族から 11 族の遷移元素を除く全ての元素である。

(5) 非金属元素は，周期表の右上に位置する元素にHを加えた元素で，陰性が強い元素である。

問12. **(A)** 縦の一目盛りを 1 とする。原子番号 1 のHは 1 個，原子番号 2 の He は 2 個，原子番号 3 から 10 の Li から Ne は 1 個から 8 個となるので，最外殻電子数を示すグラフとなる。

(B) (A)と同様だが，原子番号 2 の He と原子番号 10 の Ne はそれぞれ 0 個となるので，価電子数を示すグラフとなる。

(C) 全体的にグラフは原子番号の増加とともに単調増加している。縦の一目盛りを 2 とする。H は 1，He は 4 などとなるので，原子量を示すグラフとなる。

(D) 縦の一目盛りを 1 とする。He と Ne の希ガスは定義がなく，H は 2.1，F は 4.0 および Li から F まで原子番号の増加とともに単調増加しているので，電気陰性度を示すグラフとなる。

(E) H は K 殻のみなので原子半径は最も小さい。最外殻が L 殻の Li から F までは原子番号の増加とともに正電荷が大きくなるので，収縮して原子半径は小さくなる。He と Ne の希ガスの原子半径はファンデルワールス半径をもとに求められているので大きくなる。以上より，原子半径を示すグラフとなる。

(F) He と Ne の希ガスが極大となり，Li が最も小さいので，第一イオン化エネルギーを示すグラフとなる。

3 解答

問13. **ア**－b）　**イ**－d）

問14. a：5　b：12　c：1

問15. **B**：$CH_3-CH_2-CH-OH$
　　　　　　　　　　　|
　　　　　　　　　　CH_2-CH_3

D：$CH_3-CH_2-C^*H-O-CH_3$
　　　　　　　　　　|
　　　　　　　　　CH_3

問16. **D**　**問17.** a）・b）　**問18.** $3.7\times10^{+1}$

解説

《$C_5H_{12}O$ の構造異性体と関連化合物，元素分析》

問13. 通常の元素分析装置では，まず塩化カルシウム管に混合気体を通して水を吸収させ，後にソーダ石灰管に通して二酸化炭素を吸収させる。順番を逆にすると，NaOH と CaO の混合物であるソーダ石灰は水も吸収してしまうため，塩化カルシウム管に吸収される水の量は減少することになる。また，水と二酸化炭素のそれぞれの質量も求められなくなる。

問14. 化合物 A の組成式を $C_xH_yO_z$ とする。実験 I の元素分析で 176 mg の A を完全燃焼させ，塩化カルシウム管に通して吸収させた H_2O（分子量 18）の質量は 216 mg，ソーダ石灰管に通して吸収させた CO_2（分子量 44）の質量は 440 mg なので

$$\text{C の質量}：440\times\frac{12.0}{44.0}=120\ \text{〔mg〕}$$

$$\text{H の質量}：216\times\frac{2.00}{18.0}=24\ \text{〔mg〕}$$

$$\text{O の質量}：176-(120+24)=32\ \text{〔mg〕}$$

$$x:y:z=\frac{120}{12.0}:\frac{24}{1.00}:\frac{32}{16.0}=5:12:1$$

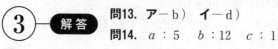

以上より，**A** の組成式は $C_5H_{12}O$（式量 88）となる。また，**A** の分子量も 88 なので，**A** の分子式も $C_5H_{12}O$ となり，**A**～**D** は飽和一価アルコールまたはエーテルと考えられる。

問15. 実験Ⅱより，化合物 **A**，**B**，**C** は Na と反応して H_2 を発生させたのでアルコール，**D** は反応しなかったのでエーテルとなる。

実験Ⅲより，**A** と **D** は不斉炭素原子 C^* をもち，**B** と **C** はもたない。

実験Ⅳより，**A** を酸化するとアルデヒド **E** が生成し，さらに酸化するとカルボン酸 **G** が生成するので，**A** は C^* をもつ第一級アルコールとなる。

$CH_3-CH_2-C^*H-CH_2-OH$
　　　　　　|
　　　　　CH_3

B を酸化するとケトン **F** が生成するので，**B** は C^* をもたない第二級アルコールとなる。

$CH_3-CH_2-CH-OH$
　　　　　　|
　　　　　CH_2-CH_3

C は酸化されないので，C^* をもたない第三級アルコールとなる。

　　　　　CH_3
　　　　　　|
CH_3-CH_2-C-OH
　　　　　　|
　　　　　CH_3

D は C^* をもつエーテルとなる。

$CH_3-CH_2-C^*H-O-CH_3$
　　　　　　|
　　　　　CH_3

問16. **A**～**D** の中で最も沸点が低いのは **D** である。アルコール **A**～**C** は分子間で水素結合をするが，エーテル **D** は水素結合をしないので分子間力が最も弱く，最も沸点が低くなる。

問17. **E** は C^* をもつアルデヒドなので，還元性があり銀鏡反応を示す。

$CH_3-CH_2-C^*H-CHO$
　　　　　　|
　　　　　CH_3

また，CH_3CO- や $CH_3CH(OH)-$ の構造をもたないので，ヨードホルム反応を示さない。エチル基 CH_3-CH_2- は 1 個もち，H 原子数は 10 個である。

問18. 実験Ⅴより，分子式 $C_5H_{12}O$ である 14.0g の **B** を濃硫酸と加熱して分子内脱水反応を起こさせると，分子式 C_5H_{10} のアルケン **H** が生成する。**H** に Br_2（分子量 160）を完全に付加させると，以下の式のとおり分子式 $C_5H_{10}Br_2$（分子量 230）である 37 g の **I** が生成する。

$$\begin{array}{lll} C_5H_{12}O & \longrightarrow & C_5H_{10} \ + H_2O \\ \dfrac{14.0}{88}\,\text{mol} & & \dfrac{14.0}{88}\,\text{mol} \end{array}$$

$$\begin{array}{lll} C_5H_{10} \ + Br_2 & \longrightarrow & C_5H_{10}Br_2 \\ \dfrac{14.0}{88}\,\text{mol} & & \dfrac{14.0}{88}\,\text{mol} \end{array}$$

これらより **I** の質量は

$$\frac{14.0}{88}\times 230 = 36.5 \fallingdotseq 37\,[\text{g}]$$

講評

1 「メタンの水蒸気改質と水性ガスシフト反応，平衡定数，熱化学方程式」に関する問題であった。問 2 は，状態方程式を用いて K_p から K_c に変換できれば容易に解答できた。問 6 は，平衡前後の量的関係を的確に表現し，変化量の絶対値の比が反応物の係数比を表すことを理解できれば問題はなかった。

2 「原子の構造，周期表，同位体，半減期，放射性炭素年代測定」に関する問題であった。問 9 は，炭素の放射性同位体Ｚの半減期に関する問題で，木の実が枝に生っているときのＺの数に対する遺跡で発掘された木の実のＺの数の割合が，半減期の何倍の関係になっているかを考えることがポイントであった。また，常用対数を用いて正確に計算できれば解答にたどり着くことができた。問 12 は，原子番号と元素に関するある値の関係のグラフを選ぶ問題であった。教科書や資料集などで見られるグラフもあり，詳細なところまで確認しておくことが重要であった。

3 「$C_5H_{12}O$ の構造異性体と関連化合物，元素分析」に関する問題であった。問 14 は，従来通りの元素分析の手順と計算を確実に行えば容易に解答できた。構造異性体についても不斉炭素原子の有無に注意すればよい。

いずれの問題も基礎・基本を扱う問題が多く標準的であった。また，大問２の半減期に関する問いは良問であったが，半減期の意味を理解していないと立式ができず，解答は困難であったかもしれない。

生　物

1 解答

問1. a)・c)

問2. 二酸化炭素（CO_2）

問3. 酵母のアルコール発酵が通常よりも多く行われることで，パン生地に特有の匂いを放つエタノールの量が多くなり，また，グルコースの前駆物質であり甘味物質である砂糖の量が少なくなったため。

問4. アルコール発酵に関する酵素には最適温度があり，低温下では不活性化し，高温下では失活する。観察結果1・2では，冷蔵庫や熱湯によりアルコール発酵が進行せず，パン生地がほとんど膨らまなかった。観察結果3では，ドライイーストがないためアルコール発酵は進行しないが，ベーキングパウダーから発生した二酸化炭素によってパン生地がしっかりと膨らんだ。したがって，パン生地は二酸化炭素によって膨らむことが考えられる。(200字程度)

問5. パン種に含まれる乳酸菌は，乳酸発酵により生成した乳酸によりパン種中のpHを低下させ，食品としては適さない大腸菌などの微生物の増殖を抑制する役割があると考えられる。

解説

《酵母・細菌の発酵》

問1. a）アオカビは子のう菌類，b）シアノバクテリアは細菌類，c）シイタケは担子菌類，d）大腸菌は細菌類，e）超好熱菌は古細菌類，f）乳酸菌は細菌類，g）ミドリムシはユーグレナ藻類に属する。以上の中で菌類に属する生物はa）アオカビとc）シイタケである。

問2. パン作りには酵母によるアルコール発酵が利用される。アルコール発酵の反応式は次の通り。

$$C_6H_{12}O_6 \longrightarrow 2CO_2 + 2C_2H_5OH + \text{エネルギー}$$

手順6）でパン生地を膨らませた気体は二酸化炭素（CO_2）である。

問3. アルコール発酵の基質は砂糖の分解によって生じるグルコースであり，生成物は二酸化炭素とエタノール（C_2H_5OH）である。砂糖は甘味物質であり，エタノールはパン生地に特有の匂いを放つ物質である。本問では，パン生地に特有の匂いが強くなった理由と，レシピ通りに作ったパンに比べて甘味が足りなかった理由について問われているため，「パン生地に特有の匂いを放つエタノールの量が多くなった」「甘味物質である砂糖の量が少なくなった」の２点を盛り込みたい。

問4． 酵素は低温下では不活性化し，高温下では失活することに注目したい。観察結果１～３の概要および考察をまとめると次のようになる。

観察結果１：冷蔵庫の中でパン生地を静置したため，酵母のアルコール発酵に関する酵素が低温によりはたらかず，アルコール発酵が進行しなかった→パン生地はほとんど膨らまなかった

観察結果２：パン生地に熱湯を加えてしまったため，酵母のアルコール発酵に関する酵素が高温により失活し，アルコール発酵が進行しなかった→パン生地はほとんど膨らまなかった

観察結果３：ドライイーストがないため酵母のアルコール発酵は進行しなかったが，ベーキングパウダーから発生した二酸化炭素によってパン生地がしっかりと膨らんだ

→考察：以上の３つの結果から，パン生地は二酸化炭素によって膨らむ

本問では，それぞれ３つの観察結果からパン生地が膨らむしくみについて考えられることが問われているため，「観察結果１では，冷蔵庫による低温により酵素がはたらかず，アルコール発酵が進行しなかった」「観察結果２では，熱湯による高温により酵素が失活し，アルコール発酵が進行しなかった」「観察結果３では，ベーキングパウダーから二酸化炭素が発生した」「以上より，パン生地は二酸化炭素によって膨らむことが考えられる」の４点を盛り込みたい。

問5． 図より，乳酸菌が増殖することでパン種中の pH が低下し，それに伴って大腸菌などの微生物の生菌数が低下していることを読み取ることができる。また，酵母は乳酸菌よりも遅れて増殖するが，その増殖は pH 低下の影響を受けないことも読み取ることができる。したがって，乳酸菌は，乳酸発酵により生成した乳酸により pH を低下させ，大腸菌などの微生物（酵母以外の微生物）の増殖を抑制する役割があることがわかる。

本問では，パン種に含まれる微生物の生菌数とパン種中の pH の推移から，このパン種に含まれる乳酸菌の役割について問われているため，「乳酸発酵により生成した乳酸によりパン種中の pH を低下させる」「pH の低

下によって，食品としては適さない大腸菌などの微生物（酵母以外の微生物）の増殖を抑制する」の２点を盛り込みたい。

２ 解答 **問6．A.** ミトコンドリア **B.** リボソーム
C. 11または10

問7． (3)クロマチン繊維 (4)ヌクレオソーム (5)ヒストン

問8． 分裂期の細胞では核膜が消失しているため。

問9． ミトコンドリアではたらくRNAポリメラーゼやtRNAなどの遺伝子発現に必要なタンパク質や核酸などをコードする遺伝子が含まれていると考えられる。

問10． リボソームRNAは核小体で合成されるため核内にも一定量存在するが，細胞質基質中でリボソームの成分としてはたらくため，核以外の画分のほうに多く含まれる。また，スプライシング前のmRNA前駆体は核の画分に，スプライシング後のmRNAは細胞質基質に輸送されるため核以外の画分にそれぞれ含まれる。

解説

《細胞の構造》

問6．A. DNAを含む細胞小器官としてはミトコンドリア以外に葉緑体も考えられるが，文章１の細胞分画法ではヒトの細胞を用いているため，本問の解答としては「ミトコンドリア」が適切である。

問8． 分裂期の細胞では，前期で核膜や核小体が消失するため，細胞分画を行っても核は沈殿しない。

問9． 本問では，問題文中に「そこ（＝ミトコンドリア）では遺伝子発現が行われていることが予想される」と記載されていることから，遺伝子発現に関する遺伝子（RNAポリメラーゼやtRNAなどの遺伝子発現に必要なタンパク質や核酸などをコードする遺伝子）について言及するとよい。また，実際には，ミトコンドリアではたらくRNAポリメラーゼをコードする遺伝子は核へと移行しており，ミトコンドリアDNAには含まれてはいないが，本問ではあくまで「推論」して述べることが求められているため，RNAポリメラーゼを扱った解答も正答となるだろう。また，ミトコンドリアが行う呼吸に関する遺伝子（クエン酸回路酵素群やシトクロムオキシダーゼなどのタンパク質をコードする遺伝子）について記述してもよ

いだろう。

問10. 核の画分のRNAには，核小体で合成されるリボソームRNAとスプライシング前のmRNA前駆体が含まれる。また，核以外の画分のRNAとは，スプライシング後のmRNAやリボソームRNAのことである。特にリボソームを構成するリボソームRNAは細胞内の全RNAの80％を占め，細胞質全体に分散して存在している。本問では，核の画分と核以外の画分のそれぞれに含まれるRNAにおける「量的」な違いと「質的」な違いを，細胞内の過程も含めた上で問われているため，「リボソームRNAは核内の核小体で合成され，細胞質基質中でリボソームの成分としてはたらく」「核以外の画分のRNAとはスプライシング後のmRNAやリボソームRNAのことである」「核の画分よりも核以外の画分のほうがRNAの量が多い」の３点を盛り込みたい。また，核以外の画分についてはtRNAを述べてもよい。

3　解答

問11. 光化学反応：チラコイド　炭素同化：ストロマ

問12. 光化学系Ⅱにおいて水が分解されてH^+とe^-が生成されると，e^-が光化学系Ⅱの反応中心クロロフィルに渡されて，電子伝達系を経て光化学系Ⅰへと移動し，光化学系Ⅰの反応中心クロロフィルへと渡される。このe^-が反応中心クロロフィルから放出された際$NADP^+$を還元して，NADPHを生成する。また，e^-が光化学系Ⅱから光化学系Ⅰへと移動する過程でストロマからチラコイド内腔へ取り込まれて蓄積したH^+が，ATP合成酵素を通ってストロマへ拡散する際にATPが合成される。

問13. **ア.** ホスホグリセリン酸（PGA）

イ. グリセルアルデヒドリン酸（グリセルアルデヒド-3-リン酸）

問14. 乾燥した条件下において，C_3植物の葉は，内部の水分を保持するために気孔を閉じる。その結果，葉の内部の細胞に十分量のCO_2が供給されず，細胞内のCO_2濃度が低下し，相対的に細胞内のO_2濃度が上昇するため，ルビスコにO_2が結合する反応が起こりやすくなる。

解説

《光合成の反応経路》

問12. 光化学反応においてNADPHとATPが作られる過程は次の通り。

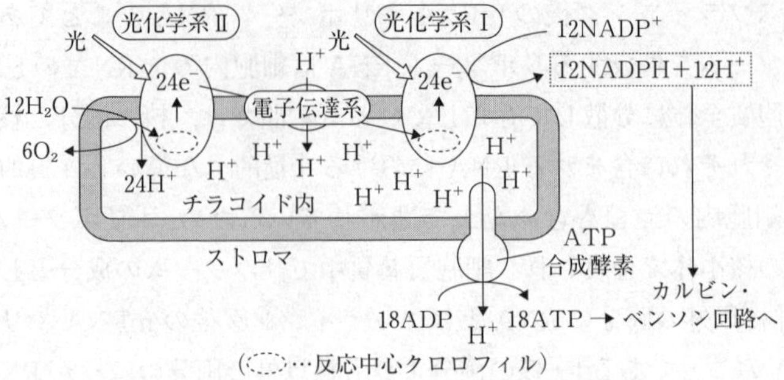

本問では，「光化学系Ⅱにおいて水由来のe^-が反応中心クロロフィルに渡される」「e^-が電子伝達系を経て光化学系Ⅰへと移動し反応中心クロロフィルへと渡される」「光化学系Ⅰのe^-が$NADP^+$を還元してNADPHを生成する」「電子伝達系でストロマからチラコイド内腔へ取り込まれて蓄積したH^+がATP合成酵素を通ってストロマへ拡散する際にATPが合成される」の4点を盛り込みたい。

問14. 乾燥した条件下では，C_3植物の葉は，気孔を閉じることで蒸散を防止し，内部の水分を保持する。しかし，気孔を閉じると体外から十分量のCO_2を取り込むことができなくなり，葉の内部の細胞内のCO_2濃度が低下する。その結果，葉の細胞内では，CO_2濃度と比べてO_2濃度が高くなり，ルビスコの活性部位にはCO_2よりもO_2の方が基質として作用しやすくなるため，O_2が結合する反応が起こりやすくなる。本問では，乾燥した条件下において，C_3植物の葉の内部の細胞がもつルビスコの〈CO_2が結合する反応〉と〈O_2が結合する反応〉のどちらの反応が起こりやすいかを，理由とともに問われているため，「乾燥した条件下では，C_3植物の葉は気孔を閉じる」「その結果，葉の内部の細胞に十分量のCO_2が供給されず，細胞内のCO_2濃度が低下する」「相対的に細胞内のO_2濃度が上昇するため，ルビスコにO_2が結合する反応が起こりやすくなる」の3点を盛り込みたい。

講評

例年どおり，2024 年度も大問３題の出題であった。小問数は 14 問。2022・2023 年度では出題された描図問題がみられなかった。論述問題は８問で，2023 年度と比べて倍増した。従来と比較して，問題の量は少なくなり，難易度も低下した。

1　酵母・細菌の発酵に関する出題であった。問３ではパン作りにおけるエタノールの生成量と砂糖の消費量に関する論述問題が，問４では３つの観察結果からパン生地が膨らむしくみについて問う論述問題が，問５ではパン種における乳酸菌の役割を図のデータから判断する論述問題が出題された。

2　細胞の構造に関する出題であった。問６の空欄Ｃは，教科書や資料集に記載されている図の詳細な内容を明確に覚えていないと正答できないものであった。問８では分裂期の細胞において，細胞分画で核が沈殿されない理由について問う論述問題が，問９ではミトコンドリアDNA が保有している遺伝子に関する論述問題が，問10 では核と核以外の画分の RNA の量的・質的な違いを問う論述問題が出題された。

3　光合成の反応経路に関する出題であった。問12 では光化学反応について詳細な過程が問われる論述問題が，問14 では光呼吸に関する論述問題が出題された。

いずれの大問も，従来からの頻出分野である。特に「遺伝情報」「細胞」「代謝」「植物の反応」「動物の反応」の分野は，十分に学習しておくことが望ましい。２の問６の空欄Ｃ，３の問14 での出題を考慮すると，教科書や資料集の発展内容まで把握しておきたい。

したがって正解はd・fである。

講評

一　小林道夫の評論。近代科学が知覚経験や現象ではなく理論仮説によって形成されたことを述べる文章である。紛らわしい選択肢もなく、標準的な難易度である。問九の内容真偽問題は、本文と照らし合わせて根拠となる記述を確認することを心がける。キーワードのみで取捨選択するとひっかかってしまう選択肢もあるので、丁寧に読み取る必要がある。全体を速やかに読み返す力が求められるので、普段から制限時間を意識した練習をしておきたい。

二　『更級日記』からの出題。問二は「春秋」がここでは季節のことを指すことを読み取れるかがカギ。いわゆる〈春秋優劣論〉を知っていると有利であった。標準的な難易度である。問四は和歌だけではなく、地の文（その場の状況）にも留意して考えるとよい。問五は登場人物がそれぞれどの季節に魅力を感じているかを把握しなくてはならない。問七は傍線部を正確に読解する必要がある。「なびく」「心にそむ（しむ）」などの語義の知識が必要。問九・問十は傍線部の前後の展開をやや広く把握する必要がある。

三　『論語』と江戸時代の儒学者荻生徂徠の『弁名』からの出題。『論語』の「恕」についての解説が述べられている。難易度はかなり高い。問一は「如」を用いた比喩の説明。傍線部だけではなく後に続く文を読むことがヒントとなる。問二は「終身」の知識問題。問三は、「礼」については文章Ｃで言及していない点を決め手とする。問四は、前後のつながりから、「正文」の意味を推し量れるかがポイント。問五は「伝」字のみではなく、後文とのつながりを意識して考える。問六は「諸」の同義語を選ぶ知識問題。問七は、荻生徂徠が「己之所欲」を知ることが「己所不欲」を知るより難しいと考えていたことを読み取る必要がある。問八は、どの選択肢もそれ自体では明らかに間違いであると判断しづらいので、本文と丁寧に照合する必要があり、難しい。

ている。しかし、「己之所欲」（＝自分の望むこと）は範囲が広く、人の心は同じでなく望むことも人によって異なるので、その実行は難しいとしている。文章Cが、文章A・Bで示された『論語』の「己所不欲、勿施於人」の解説であることを踏まえると、『論語』ではより実践しやすい「己所不欲」（＝自分が望まないこと）という表現を用いて教えを説いたと考えるとよい。したがって正解はc。

問八　a、文章Cにおいて、文章Bの八字（＝「己所不欲、勿施於人」）は、「恕」字の語注が本文に含まれたものとしているが、語注が混入しているからといって『論語』であることは変わりないので、文章A・Bのどちらがより「正統」ということはない。文章Cの「正文」とは〝本文〟という意味であって、「正統な文章」という意味ではない。

b、文章Cで引用されている『中庸』の文章は「忠恕」の説明であり、ほぼ『論語』と同じ内容である。したがって、「『仁』と『恕』との関係性を解説した」は誤り。

c、文章A～Cに『中庸』が「『論語』の注釈書として、古来重要視されてきた」という内容の記述はない。『中庸』は、『論語』『大学』『孟子』とともに、儒教で重視される四書のひとつである。

d、文章Aで仲弓が「仁」について問うたのに対し、他人に対する恭敬（＝「出門……大祭」）と「己所不欲、勿施於人」である、と孔子は答えている。さらに文章Bでは「恕」＝「己所不欲、勿施於人」とされ、文章Cでもそれが踏襲されている。つまり、「恕」は「仁」という徳の要素と理解できるので、適切な内容となる。

e、文章Bで「恕」＝「己所不欲、勿施於人」と示されている。一方で文章Cでは、相手の望むこと（「好悪」の「好」）を推し量るのは困難であるとし〝望まないことをしてはならない〟ということのみを『論語』は説いたとしている。したがって「好悪を推し量る能力が要求される」は不適。

f、「仁」の一般的な定義でもあるが、文章Aで示された傍線部1の比喩や、それに続く「己所不欲、勿施於人」は、他人に対する恭敬と思いやり（＝その人の身になって考えること）、つまり、自分が望まないことは他人も望まないだろうという気遣いを示したものと解釈できるので、適切な内容となる。

〝死んだ年・没年〟の意。cの「訣別」は〝別れ・別離〟の意。dの「永劫」は〝永久・非常に長い時間〟の意である。

問三　文章Cは全体が「恕」についての解説となっている。aは傍線部6の後の「祇恕於文、……亦恕也」の箇所に合致する。bは「祇恕於文、如心為恕」に合致する。ここでの「文」字は〝文字〟の意味で用いられている。cは「礼を欠くので」が本文には書かれていない内容である。したがってcが正解。文章Cは「恕」について『論語』を引用して説明している。「己所不欲」（＝自分が望まないこと）を人にしてはならないとするのが、文章Cにおける「恕」の説明でもある。dは本文の内容に合致する。文章Cでは、人の心は皆が同じではないので、実行は難しいと留保しながら、「己之所欲、以施於人」（＝自分の望むことを、人にすること）も「恕」のあり方であるとしている。

問四　傍線部4は「是れ註の正文に入りしなり」と書き下す。「註」は〝本文の意味を説明するもの〟、「正文」は〝本文〟の意。もともとは本文の語注として書き添えられていた文章が、長い間書写を繰り返していくうちに本文に入った、ということである。直後に「上文曰、其恕乎。……」とあるので、八字の上の文の中にある「恕」という文字の語注がこの八字である、ということになる。したがって正解はcである。

問五　傍線部5を含む一文では、『論語』を「伝える」者は、「己所不欲、勿施於人」の八字によって恕を解釈している、と述べている。「恕」字の解釈について述べた一文であることから、正解はbである。「伝」字には〝述べる・解釈する〟の意がある。aは「味読する」が不適。「味読」は〝内容を味わいながら丁寧に読む〟の意。cは「弁別する」が不適。「弁別」は〝違いをわきまえて区別する〟の意。dについては「伝」字には選択肢に示された〝伝承する・継承する〟の意もあるが、「恕」字の解釈とつながらないので不適。

問六　傍線部6の「諸《しょ》」は「之《し》於《お》」の縮約語として「これを…に」と読む用法である（「施諸己」＝「施之於己」）。したがって正解はa。bの「其乎」は「其…乎」（其れ…か）の形で反語・感嘆・疑問を表す。cの「此若」は「若」字も〝この〟の意を表し、二字で〝この〟の意。dの「是以」は「ここをもつて」と読み〝そこで〟の意。

問七　空欄Xより前の箇所で、「己之所欲、以施於人」（＝自分の望むことを、人にすること）も「恕」の表れであるとし

読み

A 仲弓仁《ちゅうきゅうじん》を問ふ。子曰《しいは》く、門《もん》を出でては大賓《たいひん》を見るが如《ごと》くし、民《たみ》を使《つか》ふには大祭《たいさい》を承《う》くるが如くす。己の欲《ほっ》せざる所は、人に施すこと勿《な》かれと。

B 子貢《しこう》問ひて曰く、一言《いちげん》にして以《もっ》て終身之《しゅうしんこれ》を行ふ可《べ》き者《もの》有るやと。子曰く、其《そ》れ恕《じょ》か。己の欲せざる所は、人に施すこと勿かれと。

C 恕《じょ》の解は、論語に見ゆ。曰く、己の欲せざる所は、人に施すこと勿かれと、是《これ》なり。此の八字は、一たび仲弓に答へしを見る。是れ正文《せいぶん》なり。再び子貢に答へしを見る。是れ註の正文に入りしなり。上文《じやうぶん》に曰く、其れ恕か。論語を伝ふる者、乃《すなは》ち此の八字を以て恕字を解するのみ。故に中庸に曰く、忠恕道を違《さ》ること遠からず、諸《これ》を己に施して願はずんば、亦《ま》た人に施すこと勿かれと、是なり。祗《ただ》恕は文に於いて、心の如くするを恕と為す。故に己の欲する所、以て人に施すも、亦た恕なり。然れども其の事広大にして、学者の能《よ》くする所に非ず。且《か》つ人心同じからず、欲する所も或は殊なり。故《ゆえ》に止《ただ》己の欲せざる所を以て之を言ふのみ。

解説

問一 傍線部1は、「仁」とは何か、という問いに対する孔子の答え。「仁」の定義は難しいが、広い意味で〝思いやり〟と理解するとよい。傍線部が対句になっていることに着目する。「大賓」と「大祭」には語注が施されている。「出門」は〝門を出る〟なので〝外出する〟の意と考え、「使民」は〝民を使役する〟の意。すると傍線部の大意は、〈人に会うときには身分の高い客人を迎えるように礼を尽くして振る舞い、民を使役するときには大事な祭礼に奉仕するように敬い慎重に行う〉となる。孔子は比喩を用いて他人に対する恭敬と思いやりを説いていると解釈できる。したがって正解はa。bは「正統な儀礼が大切」が不適。「儀礼」についてのみ述べたものではない。cは「相手を気分良くさせる」、dは「相手を嫌がらせない」がそれぞれ誤り。自分自身の振る舞いについて述べたものである。

問二 「終身」は〝一生涯〟の意。正解はbの「畢世」（「畢生」と同じ）。〝一生涯・終生〟の意である。aの「卒年」は

問八 d・f

全訳

A （孔子の門人である）仲弓が「仁」について尋ねた。孔子先生が言うことには、「（家の）門を出て（人に会うときには）大切な客人に会うように（礼を尽くして）振る舞い、（公のために）民を使役するときには天地を祭る大事な祭礼に奉仕するようにする（＝敬い慎重に行う）。自分が望まないことは、人にしてはならない」と。

B 子貢が尋ねて言うことには、「一言だけで一生行ってよいことはありましょうか」と。孔子先生が言うことには、「それは『恕』だろうね。自分が望まないことは、人にしてはならない」と。

C 「恕」字の解釈は、『論語』の中に書かれている。（『論語』が）言うことには、「自分の望まないことは、人にしてはならない」と、これ（が「恕」字の解釈）である。この八字は、一度仲弓（の問い）に答えた文に見える。これ（＝顔淵篇の「己所不欲、勿施於人」）は（『論語』の）本文である。（同じ八字が）再び子貢に答えた文に見える。これ（＝衛霊公篇の「己所不欲、勿施於人」）は語注が本文に混入したものである。（八字の）前の文は、「其れ恕か」となっている。『論語』を解釈する者は、そこでこの八字によって「恕」の字を解釈したのである。したがって『中庸』に言う、「忠恕は（「道」そのものではないが）道を遠く離れてはいない、自分にしてほしいと願わないことであるのならば、また（同じことを）人にしてはならない」とは、このことである。ただ「恕」は文字の成り立ちでは（「如」字と「心」字との組合せであり）、自分の心の思うようにすることを「恕」とする。したがって自分の望むことを、人にすることも、また「恕」である。しかしながらそのこと（＝自分の願うこと）は広く大きく、学問を学びつつある者のできることではない。そのうえ人の心というものは同じではなく、願うことは他と違うこともある。したがってただ「自分が望まないこと」（という言葉）を用いてこれ（＝「恕」）を言うのだ。

ような「暗き闇の夜の、時雨うちせむ」（＝暗い闇の夜で、時雨がさっと降るような）ときも深く心に残ることだろうと述べている。bのように「冬の雪の風情」と特定の季節が優れていると結論づけてはいない。cでは傍線部後の〈この時雨ふる秋の夜が我々の心に残るだろう〉という内容に続かない。dは傍線部3の内容に沿うが、「さらば」の後の「暗き闇の夜……心にしみはべりなむかし」に合わないので不適。

問十一 『更級日記』の作者はcの菅原孝標女である。『更級日記』は十三歳から五十一歳までの自叙伝的日記。a、藤原道綱母は『蜻蛉日記』の作者で、菅原孝標女の伯母にあたる。『蜻蛉日記』は天延二（九七四）年以降の成立とされる。女流日記文学の先駆となった。b、大弐三位は平安中期の女流歌人。藤原宣孝と紫式部の娘。d、赤染衛門は平安中期の女流歌人。藤原道長の妻倫子に仕え、大江匡衡の妻となる。当時、和泉式部と並び称されるほど和歌に秀でていた。『栄花物語』の作者は赤染衛門説が有力であるが未詳。

三

出典

A、孔子『論語』顔淵篇
B、孔子『論語』衛霊公篇
C、荻生徂徠『弁名』

解答

問一 a
問二 b
問三 c
問四 c
問五 b
問六 a
問七 c

時々の当人の感慨について述べたものである。dは「これまですばらしい景色を何度も見た経験によって」が不適。風景を見る経験によって、風景に情趣を感じるようになるとは述べていない。

問八　「よし」は〝①理由・口実、②由緒・いわれ、③手段・方法、④風情・趣、⑤事情・いきさつ〟などの意味がある。ここでは長く斎宮に仕えてきた女房の、神々しく、年をとった様子を述べた箇所である。〈よしふかし〉は、その風情の程度がひととおりでないさまを言う。したがって正解はa。b・c・dはいずれも「よし」の語義に合わない。

問九　傍線部8では資通が、伊勢の斎宮のもとを訪れて以来、雪景色を眺めるようになったことを述べている。〈思ひ知る〉は〝十分にわかる・よく理解する〟の意。ここでは資通が冬の夜の風情の素晴らしさを十分にわかったということである。本文では、資通が使者として伊勢神宮に下向した際に、冬の旅路の心細さ、伊勢神宮の神々しさ、斎宮に長らく仕えてきた女房の様子に畏怖と感銘を受けたことが述べられている。特に古参の女房とのやりとりについては「この世のことともおぼえず……おぼえはべりし」とあり、資通にとって印象深いものだったのであろう。この内容に合致するのはcである。aは「……体験を思い出したくない」が不適。以後の雪景色を眺めるようになる資通の行動と合わない。bは「京の風情の方がはるかにすばらしかったから」が不適。「京のことも思ひたえぬばかりおぼえはべりし」（＝京のこともすっかり忘れてしまうほどに思われました）に合わない。dのように伊勢に勅使として赴いたことの栄誉を誇っているのではない。

問十　傍線部9の「さらば（然らば）」は〈さ＋あら＋ば〉が転じたもので〝それならば〟の意。傍線部の前で資通は冬に情趣を感じるようになった自身の経験を作者たちに語ったうえで、「かならずさおぼすゆゑはべらむかし」（＝きっと春や秋が勝っているとお思いになる理由がございますのでしょうね）と言う。資通は自身の経験にもとづき、しみじみと忘れがたい思い出があると、その季節や風物に感興を抱くようになると言う。「さらば」はこの箇所を受けているので、正解はa。今夜の（春秋の優劣を論じた）やりとりも同じように思い出深いものとなるはずなので、同じ

問四 和歌のやりとりに至る経緯は前書きに示されている。A「あさみどり……」の歌は、「いづれにか御心とどまる」との資通の問いに対して、作者が応じたものである。作者は一緒にいた同僚の女房が秋の味方をして答えたのに対して、春の味方をする歌を詠む。「さのみ同じさまには言はじ」の「じ」は打消意志の助動詞。B「今宵より……」の歌は、Aの作者の歌に対して「さは秋の夜はおぼし捨てつるななりな」（＝それならば（あなたは）秋の夜は見捨てなされたようですね）と資通が応じて詠んだもの。これに対して「秋に心寄せ」ていた同僚の女房がC「人はみな……」の歌を詠んだ。したがって正解はb。

問五 傍線部4の主語は資通。「思ひわづらふ」は〝あれこれ思案して苦しむ・悩む〟の意。傍線部の直前に「いみじう興じ」（＝たいそう面白がって）とあることにも注意する。春と秋とはどちらも風情ある季節であり、あくまでも知的な遊びのやりとりである。その春秋の優劣を決める遊びのなかで、作者はAの和歌で春の味方をし、同僚の女房はCの和歌で秋の味方をしている。どちらが優れていると決めかねて資通は困っているのである。したがって正解はa。

問六 名詞「ゆゑ（故）」の語義としてはa「風情」・b「理由」が該当する。傍線部5の後に「春秋をしらせたまひけむことのふしなむ、いみじう承らまほしき」と資通は作者たちに対して、春・秋が勝っているとする理由を尋ねている。「ふし（節）」はここでは〝理由・根拠〟の意。したがって正解はb。

問七 傍線部6前後は、資通が作者らに、春・秋のそれぞれに味方する理由を尋ねる場面である。「心のなびき」の〈なびく〉は〝心を寄せる〟の意。「心にそめらるる」の〈そむ（染む）〉は〝深く心に感じる・しみる〟の意。「らる」は自発の助動詞「らる」の連体形。傍線部6の大意は〝心に思うことがあるときに、（時節に応じて）見る景物が人の心に残るものであるようだ〟となる。資通はこのように述べたうえで、自身が冬を情趣ある季節と思う理由となった出来事を語る。同じように作者たちにも、春、秋のそれぞれに心ひかれるようになる理由となったことがあるに違いない、と作者らの話を聞きたがっているのである。したがってaが正解。bは「誰かに恋心を抱き」とあるが、恋心に限定してはいない。cは「昔の人々が抱いた感動に自分の心が寄り添えた時」が不適。昔の人ではなく、そのある〃の意。傍線部1の後の「月の隈なく……まばゆかりぬべかりけり」に着目する。傍線部後の「はしたなく」はここでは〃体裁が悪く・きまりが悪く〃の意。「まばゆし」はここでは〃気がひける・照れくさい〃の意。源資通は作者とその同僚の女房に対して、月が曇りなく明るかったとしたら、きまりが悪く照れくさかっただろう、と述べている。つまり、月が明るいと、顔が見えすぎてきまりが悪いと述べていると考えてよい。したがってdが正解。a・bは当夜の状況を述べており、cは傍線部以後の月に関して述べた記述に合わないので不適。

問二　「春秋のこと」については、資通は「時にしたがひ見ることには」（＝時節に応じて眺める景色としては）に続けて、春、秋の風情を述べ、加えて冬の情趣を述べている。そのうえで作者らに対して「いづれにか御心とどまる」（＝どの季節に心をひかれますか）と問うていることから、「春秋のこと」とは、春と秋とのいずれが勝っているかと春秋の優劣について述べていると考えてよい。したがってcが正解。なお、このような〈春秋の争い〉は『万葉集』や『源氏物語』の中にも見られる知的遊戯である。aのように「この一年間」のことのみを述べたものではない。bの『春秋』は五経の一つであるが、漢籍について述べる内容ではない。dのように行事について述べた箇所はないので不適。

問三　傍線部3は、春・秋・冬の季節の情趣を、風物と楽器との取り合わせによって述べている箇所である。まず春について、霞、朧月夜の美しさ、その折に耳にする琵琶の音色の取り合わせによってその素晴らしさを述べる。次に秋について、霧、澄みわたった月の美しさ、風の音や虫の声、それに加えて箏の琴や横笛の澄んだ音色の取り合わせの妙によってその素晴らしさを述べる。さらに冬については、冷え冷えとした月夜に、雪が照り映えている情景、そこに聞こえる震えるような篳篥の音色は、春秋の素晴らしさに勝るとも劣らないと述べている。したがって正解はdである。a、楽器の正しい用い方や貴族の教養について述べたものではない。b、冬が春・秋に比べて劣るとは述べていない。傍線部の「春秋もみな忘れぬかし」の「ぬ」は完了の助動詞であり〃春秋（の良さ）もすっかり忘れてしまいますよ〃と訳出する。c、「昔の人の逸話」を述べたものではない。

劣の）判定は、決めることができずにいるということですが、このように（あなた方が）判断なされたお二人のお気持ちは、（私が）思うに、理由があるのでしょうね。自分の心が惹かれ、その折の、しみじみと心ひかれることだとも、面白いことだとも思うことのあるときに、そのままそのときの空の様子も、月も花も、自然と深く心にしみ入るものでこそあるようです。（あなた方が）春秋を（どちらの方が優れていると）判断なされた理由を、とても伺いたいものです。冬の夜の月は、昔から趣のないものの例として引かれておりましたし、またとても寒くなどあって格別見ることはなかったのですが、斎宮の御裳着を奉る勅使として（伊勢に）下りましたときに、夜明け方に帰京しようということで、数日来降り積もった雪に月がとても明るく照り映えているときに、（住み慣れた京ではなく）旅先だとまでも思うと、心細く思われたときに、（斎宮に）お暇を申し上げに参上したところ、他の所にも似ず、（神々しい伊勢神宮と）思う心だけでもなんとなく恐ろしいときに、しかるべき部屋に（私を）お呼びになって、円融院の時代から（長く斎宮に）仕えてきた女房で、たいそう実に神々しく、年をとった様子の人が、とても風情の深い様子で、昔のあったことなどを話し出し、少し泣いたりなどして、よく調律してある琵琶の御琴を（私に）差し出された（＝演奏を所望した）のは、この世のこととも思われず、夜が明けてしまうことも残念で、京のこともすっかり忘れてしまうほどに思われましたときから冬の夜の雪が降っている夜は（冬の夜の風情の素晴らしさが）十分にわかるようになって、（寒くて）火桶などを抱えてでも、必ず（端近に）出て（坐りこみ雪景色を）眺めてしまいます。あなた方も、きっとそのように（＝春や秋が勝っていると）お思いになる理由がございますのでしょうね。それならば今夜からは、暗い闇の夜で、時雨がさっと降るようなときには、（私は）またしみじみと深く心に感じることでしょうよ。（今夜は、かつての）斎宮の雪の夜に劣りそうな気もしないのです」。

解説

問一　資通がやってきた折の夜の様子は「星の光だに見えず暗き」（＝星の光さえ見えず暗い）とある。「なかなか」は〝かえって〟の意。「艶に」は〈艶なり〉（＝優美だ・風情がある）の連用形であり、「をかしき」はここでは〝風情が

（あらわになり過ぎて）きまりが悪く照れくさいにちがいないでしょうよ」。春秋のこと（＝春と秋との優劣のこと）などを言って、「時節に応じて眺めること（景色）としては、春霞は風情があり、空も穏やかに霞み、月の面もとても明るいということでもなく、（月の光が）遠く流れるように見えているときに、琵琶の風香調をゆったりと弾き鳴らしているのが、とても素晴らしく聞こえますが、一方で秋になって月がとても明るいときに、空は一面霧がかかっているが、（月は）手に取るほどにはっきりと澄みわたっている上に、風の音や、虫の声、（これら秋の情趣を）一所に寄せ集めた気持ちがするときに、箏の琴が弾き鳴らされていたり、横笛が吹き澄まされたりするの（を聴くときの気持ち）は、（秋の風情が素晴らしいので）春など何がよいのかと思われますよ。また、そうかと思うと、冬の夜で、空までもがすっかり冷え冷えとしてとても寒いときに、雪が降り積もって輝き合っているときに、篳篥が震えるように音を出しているのは、春秋（の良さ）もすっかり忘れてしまいますよ」と言い続けて、「どの季節にお心がひかれますか」と（資通が）尋ねるので、（一緒にいる女房が）秋の夜に心を寄せて答えなさるので、そうばかり同じように（秋が好ましいと）は言うまいと思って、

　A、浅緑色の空も花も一つになって霞んでいて、ぼんやりと見える春の夜の月よ（私は春の風情に心ひかれます）。

と答えたところ、（資通は）何度も何度も（この歌を）口ずさんで、「それならば（あなたは）秋の夜は見捨てなされたようですね。

　B、今夜よりも後まで命がもしもあるのならば、それなら春の夜を（この夜のあなたとのやりとりを思い出す）よすがとしましょう。

と言うと、秋に心を寄せた人（＝一緒にいた女房）が、

　C、人はみな（＝お二人は）春に心を寄せてしまったようですね。私だけが秋の夜の月を見ることになるのでしょうか。

と詠んだところ、たいそう面白がって、（どちらの味方をするか）思い悩んだ様子で、「唐土などにも、昔から春秋の（優

f、傍線部3を含む段落に「近現代の科学の作業においては、その対象の指示（同定）そのものにおいて数量化の操作がなされ、科学的説明は、それ自身が生産性をもった数学の記号言語によってなされる」とある。つまり、「近現代の科学で扱う対象」は「現実世界で実体を観測」できるものでなくてもかまわないので、合致しない。

二

出典 菅原孝標女『更級日記』

解答

問一 d
問二 c
問三 d
問四 b
問五 a
問六 b
問七 a
問八 a
問九 c
問十 a
問十一 c

全訳

星の光さえ見えず暗いところへ、時雨（＝降ってはやみ降ってはやみする雨）がさっと降りながら、木の葉にかかる音が風情があるのを、（源資通が）「（月がなくて）かえって優美で風情ある夜ですね。月が曇ったところがなく明るいのも

a、「アリストテレス」については、傍線部2を含む次の段落に「近現代の物理学は、数学がもつ……それ自体の生産性によって進展してきている。このことは、アリストテレスの経験論的認識論はもちろん、一般に『経験論』の認識論がもたらすことのできない事態なのである」とあることから、不適。

c、「コント」については、最後から三つめの段落に「彼（＝コント）は、もちろん、ニュートンの力学の画期性を認め」とあることから、不適。

d、「カント」については、最終段落に「コントのような実証主義者ばかりではなかった。認識論的には『経験論』と逆の『観念論』を構築したイマヌエル・カント……」とあることから、〈カントは実証主義的方法ではなく、観念論的方法を用いた〉と判断できるので、不適。

問九　a、問七でみたように、傍線部7を含む文に「近代科学は……知覚経験や現象から帰納的に形成されるものではなく、そうしたものからは連続的に引き出されない理論仮説に訴えて形成されたものなのである」とあることから、合致しない。

b、aでみたように、〈科学理論は経験から実証的に引き出されるものではない〉ので、合致しない。

c、「日常言語」を手がかりとして本文をみると、冒頭の段落に「日常言語は……『状況（文脈）依存的』であり、個々の状況と独立な現象の普遍的構造を表現することには、本性上適していない」とあることから、合致しない。

d、傍線部1を含む段落に「数学の記号言語」が「自然現象の普遍的構造の解明を目指す近現代の『科学的説明』によって採択される」とある。また傍線部3を含む段落に「その対象の指示（同定）そのものにおいて数量化の操作がなされ、科学的説明は、それ自身が生産性をもった数学の記号言語によってなされる」とあることから、合致する。

e、「数学的論証」を手がかりとして本文をみると、傍線部2を含む段落に「ガリレオの場合、投射体の運動は放物線をなすということが論証された結果、そこから数学的論証のみによって……証明された」とあることから、合致する。

に対する理論仮説の導入……が基本的段階として要請される」とあることから、ｃが正解。

問五　「天下り」は元来、〝天上界から地上界に降りること〟だが、転じて、天下りないし天下り人事とは、〝上層部で勝手に人事を決め、強制的に下に押しつけること、また公務員が民間会社などの重要な地位に横すべりすること〟の意。ここでは、傍線部5の直前に「『絶対空間』と『絶対時間』という、それ自身、現象から実証的には帰納しえない概念」とあり、一つ後の文にも「ニュートンの三つの運動法則は、それ自体、独立に検証のしようのないもの」とあることから、実証や検証のできないもののことを「天」から下ってきたものと表現していることがわかる。したがって正解は「根拠を示さずに」とあるａ。

問六　「規約」とは〝団体内で協議して決めた規則〟の意。傍線部6を含む文に「慣性法則のような『力学の根本原理』それ自体は、経験的意味をもたない『規約』であると解した」とあり、二つ後の段落に「彼（＝ニュートン）の力学体系は、現象からは引き出しえない理論仮説の導入によって構成されたものであり、ただ、それから帰結されるさまざまな理論が……経験全体と見事に合致すると認められてきた」とあることから、ここでの「規約」は〈さまざまな理論の根本となる約束事〉のような意味だといえるので、ｂが正解。

問七　選択肢に共通している「観察事実と理論法則」を手がかりとして本文をみると、最後から三つめの段落に「『理論力学』の根本原理を『一般的事実』そのものとみなし、『観察事実』と『理論』とのあいだの身分の違いを認めなかった。……そのあいだには……厳密な合致はもともとないのである」とあることから、ｄの前半が正しい。また、傍線部7を含む文に「近代科学は……知覚経験や現象から帰納的に形成されるものではなく、そうしたものからは連続的に引き出されない理論仮説に訴えて形成されたものなのである」とあることから、ｄの後半も正しい。よって、ｄが正解。

問八　最後から三つめの段落に、「『観察事実』と『理論法則』とのあいだ」には「ポワンカレが指摘するように、厳密な合致はもともとない」とあるので、ｂが正解。

に引き出されない理論仮説に訴えて形成されたものである。

解説

問一　傍線部1を含む一文に「時間や位置は……『記号』として登場し、具体的には数値として例化される」、次の文に「数学が、自然現象の普遍的構造の解明を目指す近現代の『科学的説明』によって採択されるのは、状況依存性を排除するものだから」とある。「状況依存性」については、一つ前の段落の末尾に説明があり、「日常言語は、したがって、『状況（文脈）依存的』であり、個々の状況と独立な現象の普遍的構造を表現することには、本性上適していない」と述べられている。以上より、b「個々の状況に応じた」とd「数値として表現できない」は明らかに不適。cは紛らわしいが、傍線部2の直後に「理論値を求め、それが光速度cの実験値とよく合致することから、光は電磁波にほかならないと推察した」とあることから、「理論値のみ」ではないので不適。aは、第五段落で、数学の物理学への貢献が「アリストテレスの経験論的認識論はもちろん、一般に『経験論』の認識論がもたらすことのできない事態」とあることから、正解。

問二　ガリレオとマクスウェル、および第五段落の「近現代の物理学」は、第三段落の「自然現象が数学によって表現されることによって、数学的論証の生産性が発揮される」ことの例として挙げられたものである。したがって正解は、「新たな推察を生み出す」が「数学によって表現される」とあるc。「経験された事実」が「自然現象」に、「数学の記号言語の体系により解釈する」が「数学によって表現される」に、「新たな推察を生み出す」が「生産性が発揮される」にそれぞれ相当する。

問三　「知覚経験」の定義については本文に明確に述べられていないので、「知覚」とは一般に〝感覚器官を通して外界の事物や身体内部の状態を知る働き〟を意味すると考えると、aは視覚、cは触覚、dは聴覚の例だといえるので、bが正解。

問四　傍線部4を含む文の直後の一文に「科学的説明は……知覚現象からは直接的・連続的には導出されない『理論仮説』の導入が不可欠になる」とあり、続いて「科学的説明を与える物理理論の構成においては、もろもろの経験法則

国語

一

出典　小林道夫『科学の世界と心の哲学』〈第I部　科学の目的と規範　第2章　科学的知識の三つの基本的規範　§2　科学的説明とは何か〉（中公新書）

解答

問一　a
問二　c
問三　b
問四　c
問五　a
問六　b
問七　d
問八　b
問九　d・e

要旨

自然現象の普遍的構造の解明を目指す近現代の「科学的説明」は、状況依存的な日常言語ではなく、状況依存性を排除した数学の記号言語によってなされ、数学的論証自体が生産性をもつ。科学的作業の知覚経験からの乖離は、「科学的説明における理論仮説の導入の不可欠性」ということで明確になる。ニュートンは「我は仮説を作らず」と断言したが、彼の力学体系は、知覚経験や現象から帰納的あるいは実証主義的に引き出されたものではなく、そうしたものからは連続的

・memo・

2023年度

問題と解答

■一般選抜：TEAP スコア利用方式

問題編

▶試験科目・配点

学部・学科	試験区分	試験教科・科目		配　点
神[※2]・ 文（史・国文・英文・ドイツ文・フランス文・新聞）	英語外部検定試験	英語	TEAP／TEAP CBT　※1	150 点
	大学独自試験	国語	国語総合（古文・漢文含む）	100 点
		地理歴史	日本史B，世界史Bのうちから1科目選択	100 点
文（哲）・ 総合人間科（教育・心理[※2]・社会・社会福祉）・ 法・ 外国語・ 総合グローバル	英語外部検定試験	英語	TEAP／TEAP CBT　※1	150 点
	大学独自試験	国語	国語総合（古文・漢文含む）	100 点
		地理歴史または数学	日本史B，世界史B，数学（Ⅰ・Ⅱ・A・B[*]）のうちから1科目選択	100 点
総合人間科（看護[※2]）・経済（経済〈文系〉）	英語外部検定試験	英語	TEAP／TEAP CBT　※1	150 点
	大学独自試験	国語	国語総合（古文・漢文含む）	100 点
		数学	数学（Ⅰ・Ⅱ・A・B[*]）	100 点
経済（経営）	英語外部検定試験	英語	TEAP／TEAP CBT　※1	200 点
	大学独自試験	国語	国語総合（古文・漢文含む）	100 点
		地理歴史または数学	日本史B，世界史B，数学（Ⅰ・Ⅱ・A・B[*]）のうちから1科目選択	150 点
経済（経済〈理系〉）	英語外部検定試験	英語	TEAP／TEAP CBT　※1	100 点
	大学独自試験	数学	数学（Ⅰ・Ⅱ・Ⅲ・A・B[*]）	100 点

学部・学科	試験区分	試験教科・科目		配　点
理工	英語外部検定試験	英語	TEAP／TEAP CBT　※1	100点
	大学独自試験	数学	数学（Ⅰ・Ⅱ・Ⅲ・A・B*）	150点
		理科	物理（物理基礎・物理），化学（化学基礎・化学），生物（生物基礎・生物）のうちから2科目選択	150点（各75点）

▶備　考

※1　大学独自の英語試験は行わず，代替としてTEAPまたはTEAP CBTのスコアを英語の得点として利用。

※2　神学部神学科，総合人間科学部心理学科・看護学科では，面接試験を実施する。2段階での選抜とし，第1次試験合格者のみ第2次試験として面接を行い，最終合否判定を行う。

＊「数学B」は「数列・ベクトル」から出題する。

日本史

(90 分)

(注) 記述式の解答は，各解答欄にていねいに記入すること。数字，ローマ字については，１マスに２字とする。

次の問題文をよく読んで，関連する以下の問いに答えなさい。

【問題文】

2022(令和４)年２月24日，ロシアによるウクライナ侵攻が現実のものとなり，人びとの平和な日常が瞬く間に破壊された。子どもや老人，病者や障がい者の区別なく，あらゆる生命が虐殺の対象となり，遺体は路上に放置され，あるいは単なるモノとして無造作に処理された。経済や社会への影響も計り知れず，エネルギー問題の逼迫《ひっぱく》は物価の高騰を招き，国際関係は(a)冷戦期のような二項対立構造へ引き戻されつつある。しかし，悲惨な現実が連日報道される列島社会では，すでに(b)集合的な忘却が始まっているかにみえる。それはいったい，なぜなのだろうか。

紛争や戦争が勃発して広汎な地域が混乱状態に陥ると，それらに生活していた人びとが危険を避け，安全な隣国等へ移動する難民が発生する。ウクライナに関しては，成人男性が防衛の義務を負って国内に残留したため，主に子どもや女性が難民となったが，立場の弱い彼らを狙い人身売買や性暴力が横行したとの報道もあった。日本も難民の受け入れを決定したが，しかしこれは人道的見地からではなく，一種の政治的判断だったのではないだろうか。長年，日本は，難民の受け入れに消極的だったからである。記憶に新しいのは2010年代以降，ミャンマー国軍・警察等の弾圧を受け脱出した(　ア　)難民受け入れの低調ぶりだが，百歩譲って東南アジアの複雑な宗教的対立が判断を鈍らせているのだとしても，同時期から問題視され始めた担当機関(　イ　)の非人道的姿勢は，厳しく問われなければなるまい。COVID-19が猛威を振るっていた2021(令和３)年にも，閉鎖性・

排他性を強める(　イ　)へ支援団体等の批判が集中していた矢先，名古屋の関係施設に収容中だったスリランカ国籍の女性，ラスナヤケ・リヤナゲ・ウィシュマ・サンダマリさんが死亡した。原因が職員の不適切な対応にあった可能性は高く，現在，遺族による国家賠償請求訴訟が係争中だが，国は頑なに死亡時の情報公開を拒んでいる。

　このような事態は，一般にいわれるように，〈島国根性〉によるものなのだろうか。しかし歴史を遡ってみると，移民や難民の発生／受け容れに揺れた，あまり知られぬ列島の姿が浮かび上がってくる。

　まず『(　ウ　)』には，612(推古天皇20)年，百済から渡来した路子工という人物をめぐる興味深い記事がある。彼の身体は「斑白《まだら》」であったため，「白癩《しらはた》」を疑われて海中の島へ捨てられようとしたが，庭園を造る知識・技術が認められ活用されたという。確かに，四方を囲む海から訪れる者への不安感，恐怖感を垣間見ることができる。事実，737(天平９)年の天然痘大流行が遣新羅使の帰還を契機としたこともあり，(c)悪病は新羅からもたらされるとの意識が生じ，中世の説話集『古事談』には，「もがさと云《いふ》病は，新羅国よりおこりたり」との記載がある。『明月記』天福元(1233)年２月17日条では，「近日咳病，世俗に夷 病《えびすやまい》と称す，去ぬる比《ころ》夷狄入京し，万人翫見《がんけん》すと云々。是れ又極めて不吉の徴《しるし》なり」と，流行中の感染症の原因を，王朝の周縁から訪れた蝦夷に帰している。しかし一方で，古代東アジアにおける辺境の倭国が日本という律令国家へと展開しえたのは，中国や朝鮮半島から多くの渡来人が訪れ，これを受け容れた結果だろう。

　現在，国立歴史民俗博物館の研究成果により，弥生時代の年代観が大幅に遡りつつある。これによれば，同時代の開始期は前10世紀初で，朝鮮半島の青銅器時代前期に当たるという。この時期，半島南部には農耕社会が成立し，広大な畑を持つ環濠集落，青銅器を副葬する首長墓が出現していた。地域共同体の再編成が進み，社会の各方面へ圧力が強まり，そこから弾き出されるようにして新たな土地を求めた人びとが，列島に辿り着いたものと推測される。彼らのもたらした知識や技術，集団の結びつき方によって，九州北部でも半島と同様の社会的変化が起き，武器型青銅器を私有する首長を生む(　エ　)が進んでゆくのである。

　このような渡来の波は，以降も断続的に訪れるが，列島の古代においては，４～５世紀，あるいは５～６世紀がひとつの画期だろう。『論語』や『千字文』をもたらした王仁，120県の民とともに養蚕や機織を伝えたという弓月君，文筆に優れ党類17県を率いて来帰した阿知使主など，のちに古代国家の行政機構を支える渡来系氏族の，始祖とされる人びとの伝承が遺されている。この頃，中国では，胡族王朝が乱立し漢人王朝を南へと圧迫した五胡十六国，魏晋南北朝の時代にあった。戦乱を逃れようとする人びとのうちには，統率力のあるリーダーの指導下に村落がまるごと移動する事例もあった。また各王朝も，支配民の叛乱を防ぐ等の目的で，一定のまとまりをもった人びとを本貫から移動させる徙民政策を採った。社会の流動化は一層進み，やはり中華世界から周縁部へと追いやられる難民も少なくなかったと考えられる。北朝鮮で発掘された 4 世紀半～ 5 世紀の壁画古墳，安岳 3 号墳や徳興里古墳は，かかる混乱のなかで(　オ　)へ亡命してきた中国人の墓という。『宋書』倭国伝には，倭王讃の派遣した司馬の曹達が文帝に上表，方物を献上したことがみえるが，(d)列島による東アジア外交の基礎を築いた彼ら渡来人にも，同様の出自の者が少なくなかったのかもしれない。なお 7 世紀後半，中央集権化を進める倭国は，唐と新羅の連合軍に滅ぼされた百済の遺民たちを受け容れ，唐の襲撃に備えて大宰府や瀬戸内の防備を固めた。そうして702(大宝 2)年，33年ぶりに派遣された遣唐使は，百済という国家の正当性を吸収したかのように，新たに「日本」という国号を宣言するに至るのである。707(慶雲 4)年に帰国した際，彼らは唐の捕虜となっていた讃岐国那賀郡の錦部刀良らを随伴しており，(　カ　)によって生じた亀裂を修復する役割も帯びていたのかもしれない。

中世以降になると，遣唐使停止ののちも活発に行われた交易によって，環東シナ海各地に異国人どうしが雑居する空間，和人町や唐人町が作られた。一時的にでも異国に住むということは，災害のほか政治的な異変によっても，難民になる危険が高いということを意味する。894(寛平 6)年，唐国内の政治的混乱から遣唐使派遣の危険性を訴えた菅原道真の奏上は，唐の商人王訥に託された留学中の僧中瓘の書状に基づくものであったが，彼自身は果たして無事だったのだろうか。日本における南北朝の動乱期，九州探題今川貞世らと九州の支配権を争っていた南朝征西将軍府の(　キ　)は，明に遣使して「日本国王」の冊封を得ることに成功するが，冊封使を迎える前に今川方に博多を奪われ，熊本へ後退してしまう。1381(洪武14)年，(　キ　)は，勢力の挽回を図って明の左丞相胡惟庸の謀反に荷担したらしく，与党の誘いに応えて(e)配下や僧侶を大陸へと送ったが，使者たちは謀反の発覚によって現地で捕縛され，雲南の大理へと流されてしまう。この事件の解釈には諸説があるが，1436(正統元)年編纂の詩文集『滄海遺珠』には，派遣された日本僧の美文が収められており，彼らの学識が現地で高く評価されたことが分かる。ただし，うち4人の僧の墓塔が大理に現存しているとおり，彼らが日本へ帰国することはなかった。

戦国時代には，南蛮貿易の展開のなかで，日本人が海外へ奴隷として売却されることもあった。内戦時の慣習「乱取り」で確保された戦争捕虜，詐欺や誘拐に遇った子どもや女性が，(f)東南アジアの鉛や中国の硝石の対価として，南米やヨーロッパへも流出していったのである。彼らが奴隷化される際にはキリスト教の洗礼を受ける必要があり，イエズス会が一連の過程に関与したのは間違いない。1587(天正15)年6月18日に発令された「覚」〔神宮文庫蔵『御朱印師職古格』〕には，「大唐南蛮高麗へ日本仁《〔人〕》を売り遣し候事曲事たるべし，付ては日本ニをいてハ人之売買停止之事」とあり，豊臣秀吉が，かかるイエズス会の動きを注視していたと分かる。なお，11ヶ条からなるこの「覚」は，翌日発令の5ヶ条からなる(　ク　)と，一括して呼称されることも多い。

近代になると，日本の帝国主義的拡大によって，国策としての移民が始まる。日本の近代移民の濫觴《らんしょう》は1868(明治元)年，ハワイ総領事ヴァン・リードの要請に応じた153人の農業労働者移民にあったが，人口増加や耕地不足の解消策として，20年ほどの間に官約移民へ大規模化した。(g)移民先はハワイ，カナダ，北米から中南米，南洋諸島などへも及ぶが，やはり特筆すべきは1932(昭和7)〜1945(昭和20)年の間に約27万人を送り出した，(　ケ　)であろう。移民者は当初退役軍人が中心だったが，やがて農村恐慌の影響を受け，農業従事者が多くなってゆく。彼らは新天地開拓のスローガンに希望を託して出発するが，庶民の生活より北辺防備・植民地経営に重きを置いた計画は無謀かつ性急で，次第に脱落者を生んだ。そうして帝国日本が崩壊すると，移民団22万人のうち現地死亡者46,000人，行方不明者36,000人，ソ連抑留者34,000人という悲惨な結果に至る。移民者は難民と化して帰国の機会を待ったが，帝国日本の植民地抑圧はその反動を生じ，引揚までの過程で略奪や性暴力の犠牲になる者も少なくなかった。岐阜県黒川村の開拓団では，現地住民の襲撃から自分たちを守ってもらおうと，未婚の女性たちに進駐してきたソ連兵へ性的接待をさせたという。また，命からがら釜山へ辿り着き，引揚船に乗り込みながらも，望まぬ妊娠や性病感染のために，絶望して自殺を選択する女性もあった。京城帝国大学で教鞭を執っていた文化人類学者の泉靖一は，この惨状をみて，移動医療局や在外同胞援護会救療部などを起ち上げ被害者の実態把握と治療に当たり，1946(昭和21)年には二日市保養所を設けて中絶手術実施に踏み切った。(h)1869(明治２)年以来，堕胎は法律で禁止されており，1907(明治40)年成立の現刑法第29章では，犯罪として明確に規定されていた。しかし手術の求めは少なくなく，その実施件数は，閉所までの１年半ほどの間に，400～500件にものぼったという。(i)(　ケ　)は多く〈棄民〉に過ぎず，現代に至るまで多くの人びとに苦しみをもたらしているのである。

以上，日本の歴史のなかに，戦争と難民，移民に関わる事例を探ってきた。現代日本が移民や難民に冷淡なのは，自分たちが同種の経験に乏しいからだという論調があるが，上記のとおりそれは正確とはいえない。注意すべきは，列島社会が移民，難民に関する記憶を忘却したかのように振る舞っていることであり，(j)その根底には，歴史観や歴史認識の問題が，拭いがたく横たわっているように考えられるのである。

〔参考文献〕向山寛夫「明初の訪中日本人僧侶たちの雲南への流謫」(『國學院雑誌』101－４，2000年)，ルシオ・デ・ソウザ／岡美穂子『大航海時代の日本人奴隷(増補新版)』(中央公論新社，2021年，初刊2017年)，下川正晴『忘却の引揚げ史―泉靖一と二日市保養所―』(弦書房，2017年)

問１　下線部(a)について。2021年の時点で，日本はこの二項対立構造にどのような形で関わっているか。最も適切なものを，次のうちから１つ選び，記号で答えなさい。

①　北大西洋条約機構に加盟している。

②　北大西洋条約機構と対立する軍事同盟に参加している。

③　北大西洋条約機構の，グローバル・パートナーとして協力関係にある。

④　二項対立の構図にまったく関与しない，中立の状態を貫いている。

問２　空欄(　ア　)に当てはまる語句は何か。ラ行で始まるカタカナ５文字で書きなさい。

問３　空欄(　イ　)に当てはまる語句は何か。最も適切なものを，次のうちから１つ選び，記号で答えなさい。

①　外務省　　　　②　国連難民高等弁務官事務所

③　出入国在留管理庁(入国管理局)　　④　警察庁警備局

問4　空欄(　ウ　)に当てはまる語句は何か。最も適切なものを，次のうちから1つ選び，記号で答えなさい。

①　古事記　②　日本書紀　③　風土記　④　万葉集

問5　下線部(c)について。このような新羅に対する悪印象は，なぜ醸成されたと考えられるか。その説明として最も適切なものを，次のうちから1つ選び，記号で答えなさい。

①　新羅が，5～6世紀以来，実際に幾度か干戈を交えたり，具体的な征討計画が立てられたりするなど，概ね仮想敵国であり続けたため。

②　新羅が，日本が模倣し続けた唐において，取るに足らない存在として位置づけられてきたため。

③　新羅出身の渡来人が存在せず，同国に対する親近感が皆無であったため。

④　恵美押勝により新羅征討計画が立案され，その準備が進められている段階で天然痘の流行が生じたため。

問6　空欄(　エ　)に当てはまる語句は何か。最も適切なものを，次のうちから1つ選び，記号で答えなさい。

①　階層化　②　孤立化　③　鎮静化　④　平準化

問7　空欄(　オ　)に当てはまる語句は何か。最も適切なものを，次のうちから1つ選び，記号で答えなさい。

①　伽耶　②　百済　③　高句麗　④　新羅

問8　下線部(d)について。曹達のような渡来人が，倭国の外交上重視されたのはどのような理由からか。次のうちから誤っているものを1つ選び，記号で答えなさい。

①　中華王朝の主宰する外交秩序において，それに準拠した文書形式(皇帝への上表文など)に熟達していたため。

②　中華王朝の主宰する外交秩序において，それに準拠した儀礼形式(皇帝への謁見など)に熟達していたため。

③　中華王朝の主宰する外交秩序において，基盤となる中国の文字・言語に熟達していたため。

④　中華王朝の主宰する外交秩序において，倭国王の権力を分有しうる存在として位置づけられていたため。

問９　空欄(　カ　)に当てはまる語句は何か。最も適切なものを，次のうちから１つ選び，記号で答えなさい。

①　乙巳の変　　②　遣新羅使の派遣　　③　壬申の乱　　④　白村江の戦い

問10　空欄(　キ　)に当てはまる人物の説明として，最も適切なものを，次のうちから１つ選び，記号で答えなさい。

①　後醍醐天皇を父に持ち，菊池氏の支援を受け，1361年には大宰府を占拠した。

②　父後醍醐天皇の討幕計画を助けるため天台座主から還俗，建武政権の征夷大将軍となった。

③　後村上天皇を父に持ち，足利義満の斡旋を受け容れて，南北朝の合体を実現した。

④　1403年，明の皇帝に当てた国書に「日本国王臣源」と署名し，臣従の態度を示した。

問11　下線部(e)について。中世の日明交渉においては，僧(とくに禅僧)が留学以外に重要な役割を果たしたが，それは何であったか。最も適切なものを，次のうちから１つ選び，記号で答えなさい。

①　外交使節　　②　航海士　　③　書記官　　④　武官

問12　下線部(f)について。当時の日本において，鉛や硝石の需要がなぜ大きかったのだろうか。50字程度で説明しなさい。

問13　空欄(　ク　)に当てはまる語句は何か。最も適切なものを，次のうちから１つ選び，記号で答えなさい。

①　刀狩令　　②　海賊取締令　　③　バテレン追放令　　④　人掃令

問14　下線部(g)について。日本人の移民先が北米から南米等へ移行した背景には，いかなる事情があったか。その説明として最も適切なものを，次のうちから1つ選び，記号で答えなさい。

① 日本人移民の低賃金労働がアメリカ人の雇用を妨げるとして排斥運動が高まり，1924年に排日移民法が制定，日本人移民の入国が禁止されたため。

② 満蒙開拓が本格化し，国策移民の主体が北辺の植民地経営へ転換したため。

③ 1939年，日米通商航海条約の破棄通告により，北米への移民が凍結され，国策の方向が変化したため。

④ 1941年，太平洋戦争の開戦によってアメリカが敵国となり，北米への移民が実質的に不可能となったため。

問15　下線部(h)について。1941年に閣議決定された「人口政策確立要綱」では，明治制定の刑法に基づきつつ，戦時下の避妊や堕胎が厳しく禁止された。それは，性暴力に遇って妊娠した女性たちが，自殺を選択する遠因にもなったと考えられる。なぜ戦時下での避妊や堕胎が禁止されたのか，富国強兵の観点から100字程度で説明しなさい。

問16　下線部(i)について。次の史料A・Bは，空欄(　ケ　)のうち，中国人の養子になるなどとして現地に留まり，中国・日本の国交回復後に帰国しえた人びとの口述筆記である。よく読んで参考にし，(あ)彼らが中国に残らざるをえなかった理由と，(い)帰国後に直面している問題について，各80字程度で説明しなさい。

【史料A】 Iさん(1932年長野県生，1939年満州へ渡り，1980年永住帰国)

……加信鎮におったとき，それで仕方がないもんで。一人の日本の人が来て，妹を預けた家の人と，どうやって知り合ったか知らないけども。「この人のうちは子どもがいないし，家族がいい人だからね，優しい人たちだから。あの，小さい子をやれなぁ」ってね。「そうしなきゃ，もしかしたら，死んでしまうよ」ってね。「死んでしまうよ，人にさらわれるかわからない」ってね。それで，中国の人は子どもが少ないんだよね。だから，日本の子どもをほしくてね。あの，みなはこう回って，見ている。女のきれいな人がおるんだよね。めちゃほしがるんだよね。そういう人に連れられたら困るってね。……それで，私に決めたんだよね。

ほいで，私に決めて，私も思ったけど。何で私かなぁと思ったけどもね。それでも，「そうだなぁ，私は長女だしなぁ，そのくらい，責任があるなぁ」と思ってね，……

【史料B】 Bさん(1945年浜江省生，1994年永住帰国)

……1994年に姉一家と私の一家は帰国しました。帰ってきた当初，姉たちと一緒に従兄の家に3週間くらいお世話になりました。その後市から公営住宅を割り当てられました。3ヶ月の生活保護を受け，職業安定所の斡旋で仕事を見つけたあと，生活保護が途絶えることになりました。……私たちの勤めている会社はある意味で日本社会の縮図です。この会社は日本の社会の本質を映し出しています。新人の場合，日本人の時給は780円だが，中国人の時給は750円です。わずか30円ですが，わずかの数字の裏側には大きな意味が隠されていると思います。……

○加信鎮……現黒竜江省ハルビン市の地名。　○浜江省……かつて満州国に存在した省。

〔出典：趙彦民『「満洲移民」の歴史と記憶』明石書店，2016年，303～304・339～340頁〕

問17　下線部(b)(j)について。「集合的忘却」とは社会学の用語で，社会のうちから特定の出来事を想起する契機が失われることをいう。問題文の著者は，列島社会では，移民や難民に関する記憶が「集合的忘却」の対象になっており，それは「歴史観や歴史認識の問題」だという。もしそうなら，列島社会の移民や難民への冷淡さは，いかなる歴史認識の所産と考えられるか。以下のキーワードを参考にして(文中に使用する必要はない)，150字程度で論じなさい。

【キーワード】近代，家族主義，単一民族，包摂／排除

世界史

（90分）

（注）記述式の解答は，各解答欄にていねいに記入すること。数字，ローマ字については，1マスに2字とする。

問題　次の文章を読み，以下の設問に答えなさい。

「北の十字軍」は中世における西ヨーロッパ世界の拡大運動の一つである。そのおもな舞台となるのは，ドイツ，デンマーク，ポーランド，リトアニア，ラトヴィア，エストニア，そしてロシアなど，現在，バルト海に面した国々とベラルーシやウクライナなど，東欧の北部に位置する国々が存在する広大な地域である。この地域には少なくとも6世紀以降，スラヴ人やバルト人が暮らしており，彼らは多神教による独自の宗教を有していた。キリスト教化については，デンマークは9世紀，ポーランドは10世紀にローマ＝カトリックとなり，また，キエフ・ルーシ(キエフ公国)は10世紀にギリシア正教を受け入れていた。しかし，多くの民族は，いまだ土着の宗教を奉じていた。まず，北の十字軍が始まった経緯をみてみよう。

1144年，(1)十字軍により建設された国家の一つであるエデッサ伯国が，テュルク系アタベク政権であるザンギー朝により事実上，滅ぼされた。それに危機感をもった教皇エウゲニウス3世は教令を発し，諸侯に第2回十字軍を呼びかけた。シトー会の高名な修道士であるベルナルドゥス(聖ベルナール)は，同教皇により兵士の勧誘を委嘱され，1146年12月のクリスマスの日に(2)神聖ローマ帝国の帝国議会を訪れた。彼は皇帝コンラート3世とドイツ諸侯を説得しようとしたが，この時点では，聖地イェルサレムはいまだキリスト教徒の手中にあり，特に北ドイツの諸侯たちは乗り気ではなかった。彼らの関心はもっぱら，長い間抗争を繰り返していたヴェンド人(西スラヴ人の一派)の討伐にあったからである。

そこでベルナルドゥスは機転を利かせ，説得の方針を変更する。彼は「聖地」に固執せず，「すべての異教徒たち」をキリスト教へ改宗させ，または根絶することは，イェルサレムで異教徒と戦うことと同一であり，この十字軍に参加する兵士たちにも「罪の放免」などの聖地で戦う兵士と同様の特権が付される，と約束したのである。教皇はベルナルドゥスの方針をただちに追認し，キリスト教における「神の代理人」として，お墨付きを与えた。かくしてヴェンド十字軍と呼ばれる北の十字軍の最初の遠征がおこなわれたのである。彼らが標的としたエルベ川とオーデル川に挟まれたバルト海沿岸の地域(3)は，昔から異教徒である西スラヴ人だけが住み，彼ら自身が支配していた場所であった。よって，北の十字軍は「奪われた領土の回復」や「キリスト教徒の保護」とは，異なる意図に基づくものであった。

1147年に始まったヴェンド十字軍は，異教徒による頑強な抵抗に遭い，さしたる成果も挙げられず同年中に終了した。しかし，北の十字軍はこれに終わらない。ザクセン公ハインリヒはイタリア政策に協力する見返りとして，神聖ローマ皇帝フリードリヒ１世(バルバロッサ)よりドイツ北部に関する特権を得ると，港湾都市リューベックを利用して東方政策を進めた。これにより，12世紀後半にはキリスト教世界はポーランドの中央を流れるヴィスワ川の西側まで拡大する。だが，それよりも東は依然としてカトリック・ヨーロッパとは異質の異教世界が広がっており，プロイセン人，リトアニア人，ラトヴィア人，エストニア人などが暮らしていた。これらの地域はニシン，木材，蜜蝋，毛皮などの一大産地・交易地で，すでに多くのハンザ商人が往来しており，彼らが経済的にぜひとも手に入れたい場所であった。

中世教皇権が最盛期の頃のローマ教皇(4)として知られるインノケンティウス３世は，1198年に即位するとただちに北の十字軍を認め，それを「自衛としての聖戦」とみなし，兵士たちに「罪の放免」を与えた。しかし，これまでの軍事遠征には異教徒の頑強な抵抗にくわえて，一つの大きな問題があった。ドイツ各地より北の十字軍に集まった兵士たちは誓約の期間がすぎると帰国してしまうために，征服した土地に兵力を維持することが困難であったからである。そのことを痛感していたリーガ(現ラトヴィアの首都)の司教アルベルトは，1202年に同地における恒常的な軍事力としてリヴォニア帯剣騎士団を創設する。この騎士団は他の宗教騎士団をモデルとしたものであるが，聖地の奪回・守護ではなく「異教徒の改宗」をおもな使命とし，また，リーガ司教に従属していた点で異彩を放っていた。この帯剣騎士団の活躍により，1220年代にはキリスト教勢力はエストニアまで伸長する。

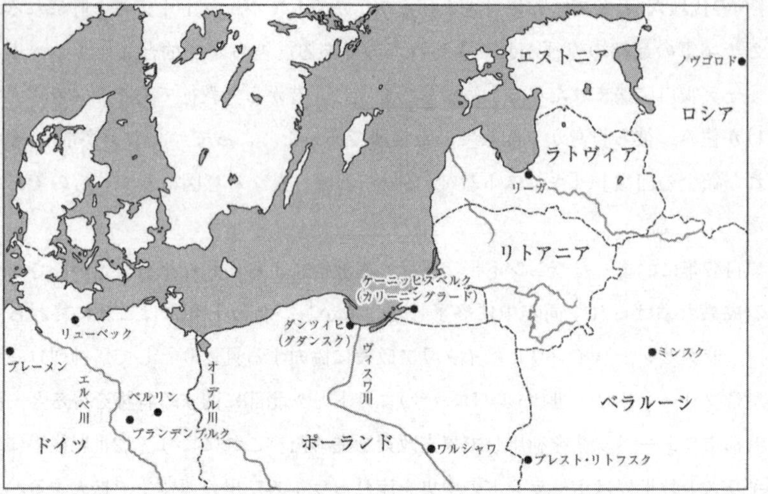

関連地図(国境は現在のもの)

こうした成功の要因は，何であったのであろうか。まず，西欧の十字軍は弩《いしゆみ》や投石機，石造りの砦など，異教徒が知らない武器を有していた。こうした武器は戦闘行為で相手を凌駕するだけではなく，それらを異教徒に与えることで，部族間での抗争が絶えない彼らを手なづけ，キリスト教への改宗に向わせるためにも役立っていた。また，西欧側には優れた組織力があり，効果的に兵士を集めることができ，さらに彼ら兵士は十字架を身につけ，ローマ教皇によりその正当性が保証されていたため精神的な強靱さもあったとされる。征服した土地にはアルベルトのような司教や修道士がただちに派遣され，現地のキリスト教化が進められた。これらの聖職者は年代記を著し，北の十字軍の活動を広く喧伝する役割も担っていた。キリスト教への改宗は，単に信仰の次元に限定されるものではなく，キリスト教の生活様式や法と文化を総体として受け入れることを意味していた。よって，自らを優れたものと自認する文明が，他の文明を同化させるための闘争という側面を，北の十字軍はもっていたのである。

さて，リヴォニア帯剣騎士団はリーガ司教からの自立的傾向を強めていったが，1237年のある戦いでの大敗北を機にドイツ騎士団の傘下に入った。ドイツ騎士団は，12世紀後半に聖地巡礼者のために設立された病院団体に由来するが，13世紀にはプロイセン地方に進出し，多くの入植者を招いて植民事業を進めていた。そして，1291年のアッコン陥落によりイェルサレム王国が滅亡すると，ドイツ騎士団は「武力による伝道」を目的とする「戦う信仰集団」へと変貌する。この騎士団は14-15世紀を通じて，多くの異教徒が住んでいたリトアニア大公国のみならず，同じキリスト教国であるノヴゴロド国やポーランド王国とも抗争を繰り広げた。

実際の戦闘は，凄惨さに満ちていた。キリスト教徒の兵士たちは公然と掠奪を働き，戦士や農民の区別なく異教徒を殺害し，あるいは奴隷とした。異教徒たちも負けてはいない。彼らは報復として司教を八つ裂きにする一方，ある種のしたたかさを有しており，偽りの改宗でキリスト教徒を騙し討ちにすることもあった。特にリトアニア大公国は強国であり，一度に雌雄を決することはできなかったため，戦争は悲惨な「消耗戦」の様相を呈していた。ドイツ騎士団は毎年の夏と冬に「軍旅」と呼ばれる軍事遠征を企画し，ドイツ国内より戦闘経験を手軽に得たいと欲する騎士や諸侯を募り，リトアニアの各地で殺戮や奴隷狩りをおこなっていた。

ドイツ騎士団がそれほど苦戦していたリトアニアであったが，大公ヤギェウォ(ヤゲウォ，ヤゲロー)が1386年にポーランド女王ヤドヴィガと結婚したことで，すんなりとキリスト教化がなされた。これにより「異教徒の改宗」というドイツ騎士団の存在理由は，ほぼ失われた。そして1410年の「タンネンベルクの戦い」でポーランド・リトアニア連合軍に大敗すると，ドイツ騎士団の威勢は急降下する。その領土は東プロイセンに限定され，1525年には世俗的なプロイセン公国(後のプロイセン王国)(5)となり，ポーランド王国に帰属することで，中世ドイツ騎士団の歴史は終焉を迎えた。それと同時に，北の十字軍も終わりを告げた。

北の十字軍にも，評価すべき歴史的意義が存在する。ドイツ騎士団の蛮行は，ロジャー＝ベーコンを始めとした知識人により批判され，「ヨーロッパで最初の大規模な国際会議」とも称されるコンスタンツ公会議で取り上げられた。そこでは，ドイツ騎士団側とポーランド側をそれぞれ代表する法学者らが，異教徒の権利と異教徒に対する戦争の正当性をめぐり，激しい論争を戦わせた。そうした議論は，自然法や戦時において国家が守るべき義務・権利に関する思想を深め，後の時代における国際法学の発展に貢献したのである。

設問1　以下の(1)から(5)に答えなさい。解答は選択肢(a)〜(d)から，もっとも適切なものを1つ選びなさい。

(1)　下線部(1)に関する次の記述のうち，誤りを含むものはどれか。

(a)　教皇ウルバヌス2世は，クレルモン宗教会議で聖地奪回を提唱した。

(b)　サラディン(サラーフ＝アッディーン)はアイユーブ朝を開き，第3回十字軍と戦った。

(c)　神聖ローマ皇帝フリードリヒ2世は，外交交渉でイェルサレムを回復した。

(d)　フィリップ4世は，アルビジョワ十字軍を始めた。

(2)　下線部(2)に関する次の記述のうち，正しいものはどれか。

(a)　コンスタンティヌス1世は皇帝の位を授けられ，神聖ローマ帝国を開いた。

(b)　神聖ローマ帝国は，ライン同盟の結成により消滅した。

(c)　ベーメン(ボヘミア)は，14世紀に神聖ローマ帝国に編入された。

(d)　シュタウフェン朝のカール4世が，金印勅書を発布した。

(3)　下線部(3)に関する次の記述のうち，正しいものはどれか。

(a)　デンマーク王女マルグレーテが主導し，カルマル同盟が結ばれた。

(b)　北方戦争により，バルト海の覇権はスウェーデンに移った。

(c)　グスタフ＝アドルフは，旧教徒側に立ち，三十年戦争に参戦した。

(d)　国際連盟はリトアニアの提訴を認め，ソ連を侵略国として除名した。

(4)　下線部(4)に関する次の記述のうち，正しいものはどれか。

(a)　グレゴリウス1世は，グレゴリウス暦の制定などをおこない「大教皇」と呼ばれた。

(b)　ガリバルディは，教皇庁と和解してラテラノ(ラテラン)条約を結んだ。

(c)　教皇インノケンティウス 4 世は，プラノ＝カルピニをモンゴル帝国に派遣した。

(d)　康熙帝は，教皇が認めたイエズス会宣教師の布教のみを許可した。

(5)　下線部(5)に関する次の記述のうち，正しいものはどれか。

(a)　フリードリヒ 2 世(大王)のもとで，農奴解放がおこなわれた。

(b)　フランクフルト国民議会により，プロイセン王がドイツ皇帝となった。

(c)　ウィーン議定書で，プロイセンはラインラントを獲得した。

(d)　七年戦争で，プロイセンはフランスと同盟を組んだ。

設問 2　下線部＝＝について，ハンザ同盟を中心とする北ヨーロッパ商業圏の特徴を，以下の指定用語をすべて用いて200字以内で説明しなさい。なお，使った用語には必ず下線を引くこと(同じ用語を複数回使う場合には，下線は初出の 1 箇所のみで構わない)。

【用語】　シャンパーニュ　　生活必需品　　フランドル　　羊毛

設問 3　以下の会話文は，大学生のAとBが「正しい戦争」について話している場面である。この会話文における議論を問題文と結びつけて，また，聖地イェルサレムへの十字軍や国土回復運動(レコンキスタ)と比較しつつ，「北の十字軍」がどのようなものかを説明しなさい(300字～350字以内)。

A　国際紛争は外交交渉などで平和的に解決すべきであり，いかなる武力行使もおこなってはならないという考え方があるね。

B　「絶対的平和主義」ともいうべき主張かな。国連憲章の第 6 章や日本国憲法の第 9 条は，そう解釈されることがある。

A　でも実際，湾岸戦争やイラク戦争では，国連での議論をへて多国籍軍が派遣された。軍事制裁を目的とした国連軍の結成も，国際法学上では可能とされている。その法的根拠は何だろうか。

B　自衛権のみならず，武力の行使を容認するためには大義名分というか，相手国の何らかの行動を違法とみなして，その武力行使が平和・安全の回復を図るためであることが必要なんじゃないかな。

A　つまり，特定の条件のもとで武力行使が認められる「正しい戦争」というものがある，ということだね。これは非常にヨーロッパ的な考え方だと思う。「近代国際法の祖」と呼ばれるグロティウスは，三十年戦争を念頭に『戦争と平和の法』で戦争の合法性を論じている。

B　でも，正戦論は実は中世のトマス＝アクィナス(以下，トマスと略記)までさかのぼるらしいよ。

A　『神学大全』の著者として有名なスコラ学者だね。彼はどのような論を主張したの？

B　トマスは「戦争は常に罪であるか」という命題を立て，既存の諸説に反論するかたちで，「正しい戦争」が成立する３つの条件を述べている。第１に，「正しい戦争」は「正統な権威」が起こすべきであり，私人による戦争は禁じられる。

A　グロティウスならば「主権国家」，現代ならば国連がそれにあたるのかな。

B　第２は，「正統な理由」。例えば攻撃される側は，それに値する罪を犯していることが必要条件とされる。

A　そこには難しい問題もあるね。例えば今日において，「人権」は世界中で認められる権利だけど，その中身は国や文化・宗教によって多様だ。例えば，ある国でおこなわれている女性への政策は，日本や欧米の先進国からは抑圧的にみえるけど，当事者は「女性の人権の保護」のためだと主張している。

B　第３は，攻撃する側が平和の実現など「正しい意図」をもっていること。そして，「正しい戦争」は，これらの条件をすべて満たしている必要がある。

A　SNSでのネットリンチなど，近年では「歪んだ正義感」の暴走が問題となっているけど，国などの「正統な権威」が掲げる正義ならば誤りはないのだろうか。さて，聞くところによると，トマスは戦争を始める正しさを厳格に規定することで，戦争の抑止に努めていた印象を受けるけど，戦争のやり方の正しさというか，戦闘中の問題はどう論じているの。

B　その点について，トマスは詳しくは語っていない。宣戦布告や戦闘員と非戦闘員の区別，捕虜の引渡し，大量破壊兵器など，いわゆる戦時国際法で扱われる問題は，「国民国家」が成立し，戦争の規模が拡大する19世紀以降に顕在化したものだからね。現代ではそこに，無人戦闘機やハイブリッド戦争の問題も含まれるだろう。

A　トマスは十字軍を，グロティウスは三十年戦争を念頭に正戦論を展開していた。これを受けて，私たちも21世紀における「正しい戦争」とは何かを考え，ひいては国際平和を実現するために行動するべきだと思う。

数学

マークによる数値解答欄についての注意

解答欄の各位の該当する数値の欄にマークせよ。その際，はじめの位の数が0のときも，必ずマークすること。

符号欄がもうけられている場合には，解答が負数の場合のみ－にマークせよ。（0または正数の場合は，符号欄にマークしない。）

分数は，既約分数で表し，分母は必ず正とする。また，整数を分数のかたちに表すときは，分母を1とする。根号の内は，正の整数であって，2以上の整数の平方でわりきれないものとする。

解答が所定欄で表すことができない場合，あるいは二つ以上の答が得られる場合には，各位の欄とも Z にマークせよ。（符号欄がもうけられている場合，－にはマークしない。）

〔解答記入例〕 $\boxed{ア}$ に7，$\boxed{イ}$ に－26をマークする場合。

	符号	10 の 位											1 の 位										
	—	0	1	2	3	4	5	6	7	8	9	Z	0	1	2	3	4	5	6	7	8	9	Z
ア	○	●	○	○	○	○	○	○	○	○	○	○	○	○	○	○	○	○	○	●	○	○	○
イ	●	○	○	●	○	○	○	○	○	○	○	○	○	○	○	○	○	○	●	○	○	○	○

〔解答表示例〕

$-\dfrac{3}{2}$ を，$\dfrac{\boxed{}}{\boxed{}}$ にあてはめる場合 $\dfrac{\boxed{-3}}{\boxed{2}}$ とする。

0を，$\dfrac{\boxed{}}{\boxed{}}$ にあてはめる場合 $\dfrac{\boxed{0}}{\boxed{1}}$ とする。

$-\dfrac{\sqrt{3}}{2}$ を，$\dfrac{\boxed{}}{\boxed{}}\sqrt{\boxed{}}$ にあてはめる場合 $\dfrac{\boxed{-1}}{\boxed{2}}\sqrt{\boxed{3}}$ とする。

$-x^2+x$ を，$\boxed{}\,x^2+\boxed{}\,x+\boxed{}$ にあてはめる場合

$\boxed{-1}\,x^2+\boxed{1}\,x+\boxed{0}$ とする。

◀数学Ⅰ・Ⅱ・A・B▶

(90 分)

1　関数

$$y = 2(\sin^3 x + \cos^3 x) + 8\sin x\cos x + 5 \qquad (0 \leqq x < 2\pi)$$

を考える。$\sin x + \cos x = t$ とおく。

(1) y を t の式で表すと

$$y = \boxed{\text{ア}}\,t^3 + \boxed{\text{イ}}\,t^2 + \boxed{\text{ウ}}\,t + \boxed{\text{エ}}$$

である。

(2) 関数 y は $t = \dfrac{\boxed{\text{オ}}}{\boxed{\text{カ}}}$ において最小値 $\dfrac{\boxed{\text{キ}}}{\boxed{\text{ク}}}$ をとる。

(3) 関数 y は $x = \dfrac{\boxed{\text{ケ}}}{\boxed{\text{コ}}}\pi$ において最大値 $\boxed{\text{サ}} + \sqrt{\boxed{\text{シ}}}$ をとる。

2　図のような一辺の長さが1の正八面体ABCDEFがある。2点P, Qはそれぞれ辺AD, BC上にあり

$$\overrightarrow{\mathrm{PQ}} \perp \overrightarrow{\mathrm{AD}} \quad \text{かつ} \quad \overrightarrow{\mathrm{PQ}} \perp \overrightarrow{\mathrm{BC}}$$

を満たすとする。

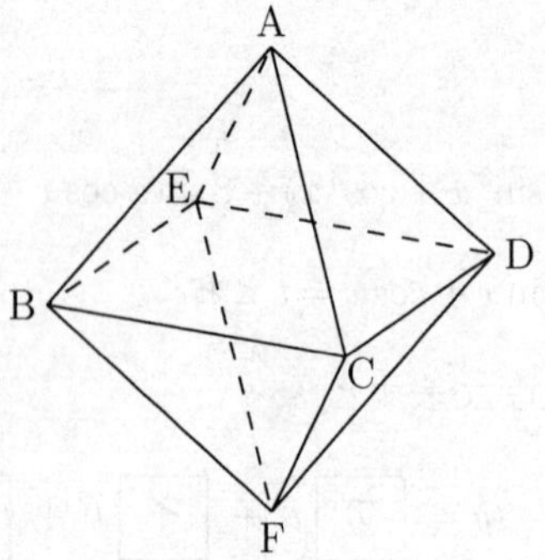

(1) $\overrightarrow{\mathrm{AD}}$と$\overrightarrow{\mathrm{BC}}$のなす角は$\dfrac{\boxed{\text{ス}}}{\boxed{\text{セ}}}\pi$である。

(2) $|\overrightarrow{\mathrm{AP}}| = \dfrac{\boxed{\text{ソ}}}{\boxed{\text{タ}}}$, $|\overrightarrow{\mathrm{BQ}}| = \dfrac{\boxed{\text{チ}}}{\boxed{\text{ツ}}}$である。

(3) $|\overrightarrow{\mathrm{PQ}}| = \dfrac{\boxed{\text{テ}}}{\boxed{\text{ト}}}\sqrt{\boxed{\text{ナ}}}$である。

(4) 平面EPQと直線BFの交点をRとすると,

$$|\overrightarrow{\mathrm{BR}}| = \frac{\boxed{\text{ニ}}}{\boxed{\text{ヌ}}}$$

である。

3 ある病原菌にはA型, B型の2つの型があり, A型とB型に同時に感染することはない。その病原菌に対して, 感染しているかどうかを調べる検査Yがある。検査結果は陽性か陰性のいずれかで, 陽性であったときに病原菌の型までは判別できないものとする。検査Yで, A型の病原菌に感染しているのに陰性と判定される確率が10%であり, B型の病原菌に感染しているのに陰性と判定される確率が20%である。また, この病原菌に感染していないのに陽性と判定される確率が10%である。

全体の1%がA型に感染しており全体の4%がB型に感染している集団から1人を選び検査Yを実施する。

(1) 検査Yで陽性と判定される確率は $\dfrac{\boxed{\text{ネ}}}{\boxed{\text{ノ}}}$ である。

(2) 検査Yで陽性だったときに, A型に感染している確率は $\dfrac{\boxed{\text{ハ}}}{\boxed{\text{ヒ}}}$ でありB型に感染している確率は $\dfrac{\boxed{\text{フ}}}{\boxed{\text{ヘ}}}$ である。

(3) 1回目の検査Yに加えて, その直後に同じ検査Yをもう一度行う。ただし, 1回目と2回目の検査結果は互いに独立であるとする。2回の検査結果が共に陽性だったときに, A型に感染している確率は $\dfrac{\boxed{\text{ホ}}}{\boxed{\text{マ}}}$ でありB型に感染している確率は $\dfrac{\boxed{\text{ミ}}}{\boxed{\text{ム}}}$ である。

4 (1) 実数 x, y に対する次の2つの条件 p, q を考える。ただし, r は正の定数である。

$$p : |x+y| \leqq 3 \quad かつ \quad |x-y| \leqq 3$$
$$q : (x-1)^2+(y-1)^2 \leqq r^2$$

(i) 命題「p ならば q」が真となるような r の最小値は

$\sqrt{\boxed{\text{メ}}}$ である。

(ii) 命題「q ならば p」が真となるような r の最大値は

$\dfrac{\boxed{\text{モ}}}{\boxed{\text{ヤ}}}\sqrt{\boxed{\text{ユ}}}$ である。

(2) 2つの集合

$$A=\{n \mid n \text{ は3で割ると2余る自然数である}\}$$
$$B=\{n \mid n \text{ は5で割ると3余る自然数である}\}$$

を考える。$A \cap B$ の要素を小さい順に並べて作った数列の第 k 項は

$$\boxed{\text{ヨ}}\, k+\boxed{\text{ラ}}$$

である。また, $A \cup B$ の要素を小さい順に並べて作った数列の第100項は $\boxed{\text{リ}}$ である。

(3) a を定数とする。座標平面上の直線 $y=2ax+\dfrac{1}{4}$ と放物線 $y=x^2$ の2つの交点を $\mathrm{P_1}$, $\mathrm{P_2}$ とする。a が $0 \leqq a \leqq 1$ の範囲を動くとき, 線分 $\mathrm{P_1P_2}$ の通過する部分の面積は $\dfrac{\boxed{\text{ル}}}{\boxed{\text{レ}}}$ である。

◀数学Ⅰ・Ⅱ・Ⅲ・A・B▶

(90 分)

1　(1) 44311 と 43873 との最大公約数は ア である。

(2) $(2\cdot 7\cdot 11\cdot 13)^{20}$ の桁数は イ である。

(3) $a_1=0,\ b_1=6$ とし,

$$a_{n+1}=\frac{a_n+b_n}{2},\qquad b_{n+1}=a_n\qquad (n\geqq 1)$$

で定まる $a_n,\ b_n$ を用いて, 平面上の点 $\mathrm{P}_n(a_n, b_n)$ $(n=1,2,3,\ldots)$ を定める。

(i) 点 P_n は常に直線 $y=$ ウ $x+$ エ 上にある。

(ii) n を限りなく大きくするとき, 点 P_n は点 (オ , カ) に限りなく近づく。

2 一辺の長さが 2 である立方体 OADB-CFGE を考える。$\overrightarrow{\mathrm{OA}}=\vec{a}$, $\overrightarrow{\mathrm{OB}}=\vec{b}$, $\overrightarrow{\mathrm{OC}}=\vec{c}$ とおく。辺 AF の中点を M, 辺 BD の中点を N とし, 3 点 O, M, N を通る平面 π で立方体を切断する。

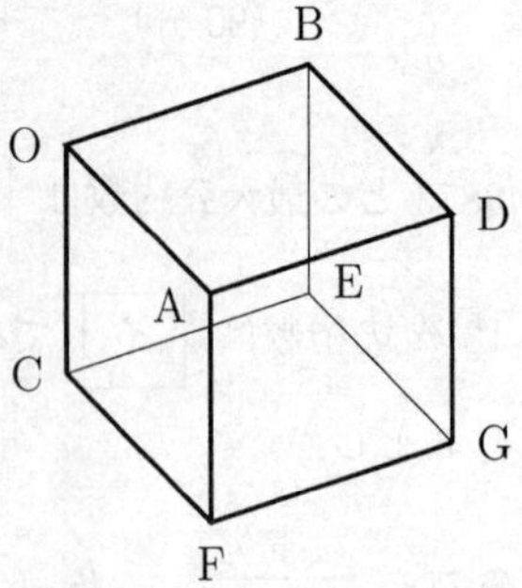

(1) 平面 π は辺 AF, BD 以外に辺 $\boxed{\text{あ}}$ とその両端以外で交わる。ただし, $\boxed{\text{あ}}$ には, 立方体の頂点の中から, 辺の両端の 2 頂点をマークして答えよ。

(2) 平面 π と辺 $\boxed{\text{あ}}$ との交点を P とする。

$$\overrightarrow{\mathrm{OP}}=\boxed{\text{い}}\,\vec{a}+\boxed{\text{う}}\,\vec{b}+\boxed{\text{え}}\,\vec{c}$$

である。

(3) 断面の面積は $\dfrac{\boxed{\text{キ}}}{\boxed{\text{ク}}}\sqrt{\boxed{\text{ケ}}}$ である。

(4) 切断されてできる立体のうち, 頂点 A を含むものの体積は $\dfrac{\boxed{\text{コ}}}{\boxed{\text{サ}}}$ である。

(5) 平面 π と線分 CD との交点を Q とする。

(i) 点 Q は線分 CD を [お] に内分する。

(ii)

$$\overrightarrow{\mathrm{OQ}} = \boxed{か}\,\vec{a} + \boxed{き}\,\vec{b} + \boxed{く}\,\vec{c}$$

である。

[い] ～ [え], [か] ～ [く] の選択肢：

(a) 0　(b) 1　(c) $\frac{1}{2}$　(d) $\frac{1}{3}$　(e) $\frac{2}{3}$

(f) $\frac{1}{4}$　(g) $\frac{3}{4}$　(h) $\frac{1}{5}$　(i) $\frac{2}{5}$　(j) $\frac{3}{5}$

(k) $\frac{4}{5}$　(ℓ) $\frac{1}{6}$　(m) $\frac{5}{6}$

[お] の選択肢：

(a) 1 : 1　(b) 2 : 1　(c) 1 : 2　(d) 3 : 1　(e) 1 : 3

(f) 4 : 1　(g) 3 : 2　(h) 2 : 3　(i) 1 : 4　(j) 5 : 1

(k) 1 : 5

3　π を円周率とする。$f(x) = x^2(x^2 - 1)$ とし，$f(x)$ の最小値を m とする。

(1) $m = \dfrac{\boxed{\text{シ}}}{\boxed{\text{ス}}}$ である。

(2) $y = f(x)$ で表される曲線を y 軸の周りに 1 回転させてできる曲面でできた器に，y 軸上方から静かに水を注ぐ。

(i) 水面が $y = a$（ただし $m \leqq a \leqq 0$）のときの水面の面積は $\boxed{\quad \alpha \quad}$ である。（あてはまる数式を解答欄に記述せよ。）

(ii) 水面が $y = 0$ になったときの水の体積は $\dfrac{\boxed{\text{セ}}}{\boxed{\text{ソ}}}\pi$ である。

(iii) 上方から注ぐ水が単位時間あたり一定量であるとする。水面が $y = 0$ に達するまでは，水面の面積は，水を注ぎ始めてからの時間の $\dfrac{\boxed{\text{タ}}}{\boxed{\text{チ}}}$ 乗に比例して大きくなる。

(iv) 水面が $y = 2$ になったときの水面の面積は $\boxed{\text{ツ}}\,\pi$ であり，水の体積は $\dfrac{\boxed{\text{テ}}}{\boxed{\text{ト}}}\pi$ である。

4 e を自然対数の底とする。$e = 2.718\cdots$ である。

(1) $0 \leqq x \leqq 1$ において不等式

$$1 + x \leqq e^x \leqq 1 + 2x$$

が成り立つことを示せ。

(2) n を自然数とするとき, $0 \leqq x \leqq 1$ において, 不等式

$$\sum_{k=0}^{n} \frac{x^k}{k!} \leqq e^x \leqq \sum_{k=0}^{n} \frac{x^k}{k!} + \frac{x^n}{n!}$$

が成り立つことを示せ。

(3) $0 \leqq x \leqq 1$ を定義域とする関数 $f(x)$ を

$$f(x) = \begin{cases} 1, & x = 0 \\ \dfrac{e^x - 1}{x}, & 0 < x \leqq 1 \end{cases}$$

と定義する。(2) の不等式を利用して, 定積分 $\displaystyle\int_0^1 f(x)dx$ の近似値を小数第 3 位まで求め, 求めた近似値と真の値との誤差が 10^{-3} 以下である理由を説明せよ。

物理

（2科目 90分）

（注）解答は，結果のみを各解答欄にていねいに記入すること。導出過程は記さない。

1 図1のように，質量 m の大きさが無視できる小球がなめらかな水平面上に置かれ，間隔 $2l$ の壁の間に自然長 l，ばね定数 $2k$ の質量を無視できる2本のばねでつながれている。小球のつりあいの位置を原点Oとし，水平方向を x 軸とする。

1. 小球を $x = x_0$ $(0 < x_0 < l)$ に固定した。時刻 $t = 0$ で小球を静かにはなすと，小球は単振動を始めた。加速度を a とし，小球に対する運動方程式を表せ。

2. この単振動の周期 T を求めよ。

図2のように，x 軸の正の側を自然長 l，ばね定数 k の質量を無視できるばねに，x 軸の負の側を自然長 l の質量を無視できるゴムひもにそれぞれ取りかえた。このゴムひもは，自然長より伸びたときにはばね定数 $3k$ のばねとみなすことができ，自然長より縮んだときには復元力が働かない。

3. 小球を $x = x_0$ $(0 < x_0 < l)$ に固定した。ばねとゴムひもにたくわえられた弾性エネルギーの和を k と x_0 を用いて表せ。

4. 時刻 $t = 0$ で小球を静かにはなすと，小球は振動を始めた。小球が $x = 0$ に初めて到達したときの速さを k，m，x_0 を用いて表せ。

5. 振動中に小球が壁に触れないための x_0 の条件を表せ。

6. 5.の条件が満たされているとき，小球が振動を始めてから $x = x_0$ に初めて戻る時刻を k と m を用いて表せ。

7. 5. の条件が満たされているとき，小球の位置 x と時刻 t の関係をグラフに実線で表せ。ただし，解答用紙には 1. の単振動での x と t の関係が点線で描かれている。

〔解答欄〕

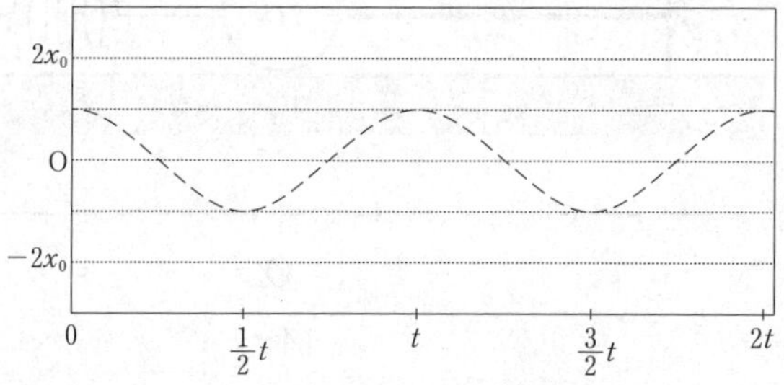

図 2 の状態に戻したあと，壁の間隔をゆっくりと l' $(l' > 0)$ だけ広げたところ，ばねとゴムひもがともに自然長から伸びた状態で小球が静止した。以下では，小球のつりあいの位置 O′ を原点とする x' 軸を用いて考える。x' 軸の正の向きは x 軸の正の向きと同じとする。

8. ばねの自然長からの伸びを求めよ。

9. 小球の座標が x' のとき，ばねとゴムひもにたくわえられた弾性エネルギーの和を k，l'，x' を用いて表せ。ただし，座標 x' はゴムひもが自然長より伸びた範囲にあるとする。

10. 小球を $x' = \dfrac{l'}{2}$ に固定した。時刻 $t = 0$ に小球を静かにはなすと，小球は運動を始めた。ゴムひもが自然長より伸びた範囲での小球の座標 x' を k，l'，m，t を用いて表せ。

11. 小球が運動を始めてからゴムひもが初めて自然長になる時刻を求めよ。

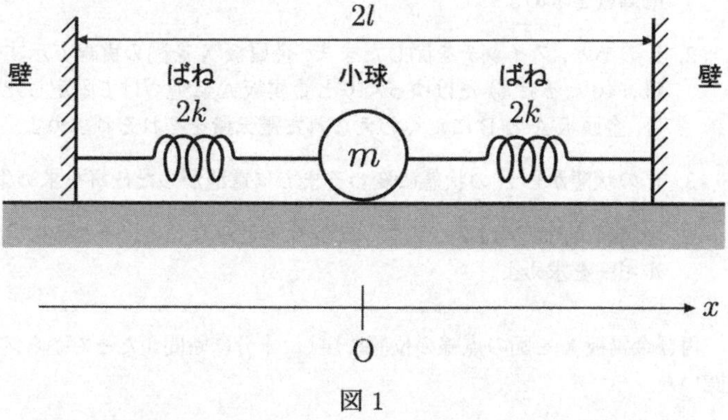

図 1

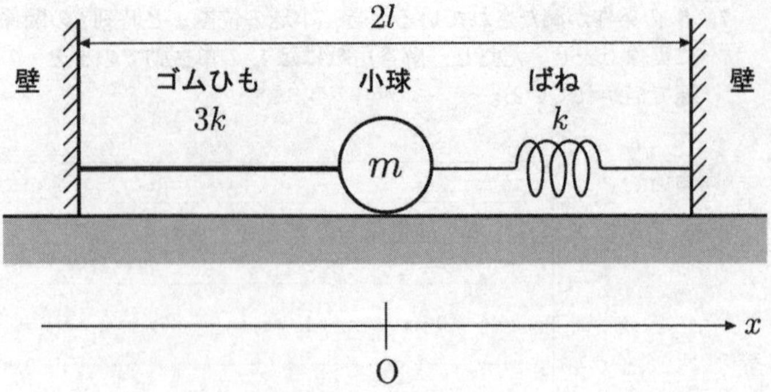

図 2

2

図のように, 厚さを無視できる面積 S, 質量 m の同一の金属板 A, B, X を用意し, 金属板 A と B を間隔 $2d$ で平行に配置して平行板コンデンサーを作った。さらに, 金属板 A と B の間にこれらと平行に金属板 X を挿入した。金属板 A と B は固定されているが, 金属板 X は金属板 A と B と平行に保ったまま, それらの間を摩擦なしで移動できるものとする。金属板 A と B をいずれも接地し, 起電力 V の電池, スイッチ, 抵抗を使って図のような回路を作った。真空の誘電率を ε_0 とする。なお, 電場は金属板 A と B の間の領域にのみ存在し, 重力は考えないものとする。

はじめに, 図の点線で示すように金属板 X を金属板 A と B から等距離 d の位置に固定したあと, スイッチを閉じた。

1. スイッチを閉じてから十分に時間がたった。金属板 A にたくわえられた電気量を求めよ。

2. 1. のあと, スイッチを閉じたまま, 金属板 X を図の実線で示すように距離 x $(0 < x < d)$ だけゆっくりと金属板 A に近づけて固定した。このとき, 金属板 A と B にたくわえられた電気量をそれぞれ求めよ。

3. 1. の状態から 2. の状態に変わるまでに電池がした仕事を求めよ。

4. 金属板 A, B, X は 2 つのコンデンサーとみなせる。それらの全静電エネルギーを求めよ。

再び金属板 X を図の点線の位置に戻し, 十分に時間がたってからスイッチを開いた。

5. スイッチを開いたまま, 金属板 X を x $(0<x<d)$ だけゆっくりと金属板 A に近づけて固定した。金属板 A と B にたくわえられた電気量をそれぞれ求めよ。

6. 金属板 X にはたらく静電気力の大きさを求めよ。また, その向きはどちらか。解答欄に書かれている 2 つの選択肢の中から正しいものを選び, ○でかこめ。

〔解答欄〕 A から X　　X から A

7. 金属板 A, B, X で作られたコンデンサーの全静電エネルギーを求めよ。

8. 以下の文章の（ ① ）と（ ② ）に適当な言葉を入れよ。

スイッチを閉じた場合（2. の状態）とスイッチを開いた状態（5. の状態）において, 金属板 A, B, X で作られたコンデンサーの全静電エネルギーは異なる。なぜなら, スイッチを閉じた場合には, （ ① ）が（ ② ）をしたからである。

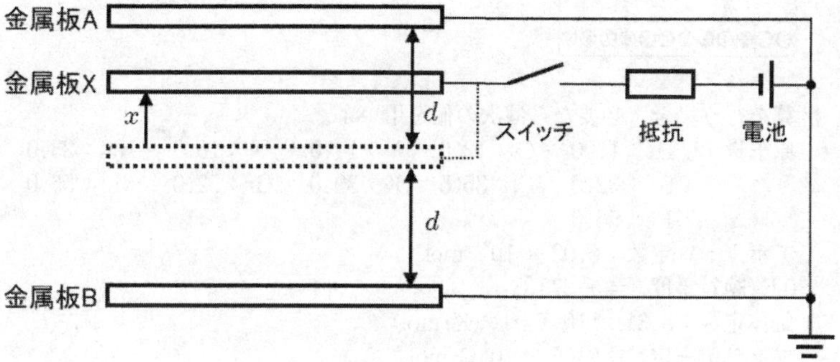

化学

（2科目 90分）

解　答　上　の　注　意

(1)　数値による解答は，各問に指示されたように記述せよ。
答えが0（ゼロ）の場合，特に問題文中に指示がないときはa欄をマークせよ。
有効数字2桁で解答する場合，位取りは，次のように小数点の位置を決め，記入例のようにマークせよ。

$0.30 \rightarrow 3.0 \times 10^{-1}$
$1.24 \rightarrow 1.2 \times 10^{0}$
$17.5 \rightarrow 1.8 \times 10^{+1}$

記入例：3.0×10^{-1}

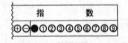

	1 の 桁	0.1 の 桁	指 数	
ⓐ	①②●④⑤⑥⑦⑧⑨	●①②③④⑤⑥⑦⑧⑨	⊕●	⓪●②③④⑤⑥⑦⑧⑨

指数が0（ゼロ）の場合は正負の符号にはマークせず，0（ゼロ）のみマークせよ。

指 数	
⊕⊖	●①②③④⑤⑥⑦⑧⑨

(2)　計算を行う場合，必要ならば次の値を用いよ。
原子量　H：1.00　C：12.0　N：14.0　O：16.0　Na：23.0
S：32.0　Cl：35.5　K：39.0　Cr：52.0　Mn：55.0
Fe：56.0
アボガドロ定数：6.02×10^{23}/mol
0 K（絶対零度）＝ －273℃
気体定数：8.31×10^{3} Pa・L/(K・mol)
ファラデー定数：9.65×10^{4} C/mol

(3)　気体は，ことわりのない限り，理想気体の状態方程式に従うものとする。

(4)　0℃，1.01×10^{5} Pa における気体1 mol の体積は，22.4 L とする。

(5)　pH は，水素イオン指数である。

(6) 構造式は，下の例にならって示せ。＊印は不斉炭素原子を表す。

例）

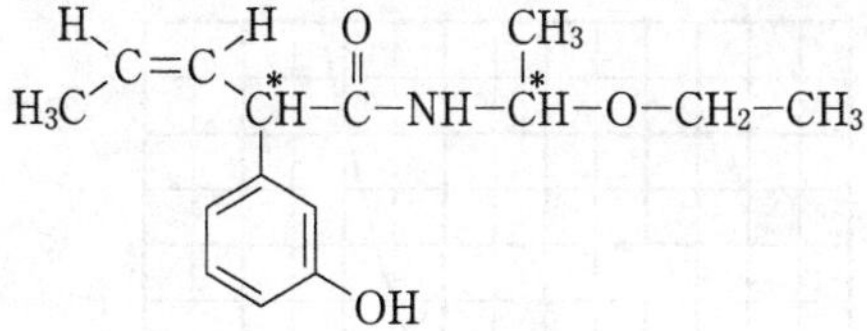

1 次の文章を読み，問 1 ～問 5 に答えよ。

物質が熱を吸収すると，物質の温度が上昇したり，状態が変化したりする。物質 1 g の温度を 1 K 上げるのに必要な熱量を，比熱(比熱容量)という。物質に与えた熱量 Q〔J〕は，物質の質量 m〔g〕，比熱 c〔J/(g·K)〕，物質の温度変化 ΔT〔K〕を用いて，式(1)で表される。

$$Q = mc\Delta T \qquad (1)$$

圧力が 1.01×10^5 Pa では，水 H_2O は 0 ℃ 以下で固体(氷)，0 ～100 ℃ で液体(水)，100 ℃ 以上では気体(水蒸気)として存在する。

液体と気体との間の状態変化において，密閉容器に液体の水を入れて一定温度に保つと，やがて気液平衡となる。このときの水蒸気の圧力(飽和蒸気圧)と温度の関係を表した曲線が，水の蒸気圧曲線(図 1)である。

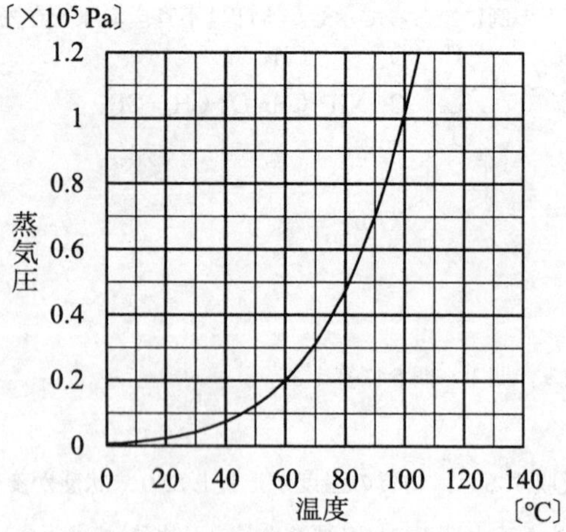

図1 水の蒸気圧曲線

容積を変えられる密閉容器を用いて，次の実験IとIIを行った。

実験I 密閉容器に水(液体)のみを入れ，容器内部の温度を80.0℃にすると，水はすべて蒸発し，水蒸気の圧力は2.00×10^4 Paになった。このときの容積をV_iとする。温度を80.0℃のまま，容積をV_fにすると，容器の内側に水滴が生じ始めた。

実験II 密閉容器の容積を8.31×10^{-2} Lで一定とし，水(液体)のみを入れ，容器内部の温度を127℃にすると，水はすべて蒸発し，水蒸気の圧力は1.00×10^5 Paになった。温度を47.0℃にすると，一部が凝縮して液体となり，水蒸気の圧力は1.00×10^4 Paになった。

問1 水1.000 molの温度を液体のまま25.00℃から100.0℃に上げるのに必要な熱量は，少なくとも何kJか。有効数字3桁で答えよ。ただし，水(液体)の比熱は4.200 J/(g·K)とし，この温度範囲では一定とする。

問2 水(気体)の比熱は何J/(g·K)か。有効数字3桁で答えよ。ただし，水

1.000 mol が 25 ℃ の液体から 25 ℃ の気体になるときは 44.00 kJ の熱量を吸収し，100 ℃ の液体から 100 ℃ の気体になるときは 40.80 kJ の熱量を吸収する。また，水(液体)および水(気体)の比熱はこの温度範囲で一定とする。

問 3　実験Ⅰにおいて，容積の比 $\dfrac{V_\mathrm{f}}{V_\mathrm{i}}$ はいくつか。最も近い値を，次の a)～h)から 1 つ選べ。

a) 0.2　b) 0.3　c) 0.4　d) 0.5　e) 1.0　f) 1.5
g) 2.0　h) 2.5

問 4　実験Ⅱにおいて，容器に入れた水(液体)は何 g か。有効数字 2 桁で答えよ。

問 5　実験Ⅱにおいて，温度を下げたときに凝縮して液体になった水は何 g か。有効数字 2 桁で答えよ。ただし，水(液体)の体積は無視できるものとする。

2　次の文章を読み，問 6～問 10 に答えよ。

鉄 Fe は，様々な結晶構造をもつ。室温で安定な鉄の結晶構造は，体心立方格子であり，これを α 鉄という。α 鉄を約 910 ℃ まで加熱すると，面心立方格子の γ 鉄に変化する。体心立方格子と面心立方格子の単位格子を図 1 に示す。

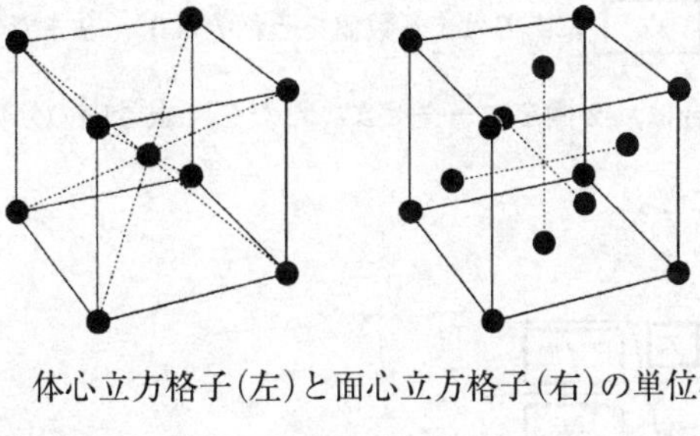

図 1　体心立方格子(左)と面心立方格子(右)の単位格子

鉄の結晶を用いて，次の実験Ⅰ～Ⅲを行った。

実験Ⅰ　鉄の結晶を希硫酸に加えたところ，<u>気体を発生しながら完全に溶解した</u>(i)。次に，この溶液を濃縮して硫酸鉄(Ⅱ)七水和物 $FeSO_4 \cdot 7H_2O$ の結晶を得た。この硫酸鉄(Ⅱ)七水和物の結晶を空気中で乾燥させると，徐々に酸化されて，<u>酸化数 +3の鉄の化合物を含む混合物X</u>となった。

実験Ⅱ　混合物X 0.480 g を希塩酸に溶解し，過酸化水素 H_2O_2 水を用いてすべての鉄を酸化数 +3の鉄に酸化した後，アンモニア NH_3 水を十分に加えて，すべての鉄を沈殿させた。この沈殿物をすべて取り出し，空気中で加熱したところ，すべて酸化鉄(Ⅲ) Fe_2O_3 となり，その質量は 0.136 g であった。

実験Ⅲ　混合物X 2.40 g を希硫酸に溶解し，全量を正確に 1.00 L とした。この溶液 20.0 mL を，硫酸酸性の 2.00×10^{-3} mol/L 過マンガン酸カリウム $KMnO_4$ 水溶液で滴定した。溶液が無色から赤紫色に変化したところを終点とすると，終点までに必要とした過マンガン酸カリウム水溶液の体積は 16.0 mL であった。

問6　α 鉄の結晶の単位格子1辺の長さは 0.286 nm(2.86×10^{-8} cm)である。α 鉄の結晶において，隣接する鉄原子間の距離のうち最も短いものは何 nm か。有効数字2桁で答えよ。ただし，$\sqrt{3} = 1.73$ とする。

問7　α 鉄と γ 鉄の密度が等しいとした場合，α 鉄の単位格子1辺の長さ a と，γ 鉄の単位格子1辺の長さ b とは，どのような関係にあるか。式(1)の $\boxed{ア}$ ～ $\boxed{ウ}$ にあてはまる数値をそれぞれ1～9までの整数で答えよ。10以上の場合は，z 欄をマークせよ。ただし，根号内の分数 $\dfrac{\boxed{イ}}{\boxed{ウ}}$ は約分されていること。

$$\frac{a}{b} = \sqrt[\boxed{ア}]{\frac{\boxed{イ}}{\boxed{ウ}}} \qquad (1)$$

問 8　下線部(i)の反応を，次の例にならって化学反応式で記せ。

例）　$Al_2O_3 + 6HCl \longrightarrow 2AlCl_3 + 3H_2O$

問 9　実験Ⅱにおいて，混合物X 0.480 g に含まれる鉄原子の物質量は何 mol か。有効数字 2 桁で答えよ。

問10　実験ⅡとⅢから，混合物Xに含まれるすべての鉄原子の物質量のうち，酸化数 +3 の鉄原子の物質量は何％か。有効数字 2 桁で答えよ。

3

次の文章を読み，問 11～問 15 に答えよ。

分子式 $C_{14}H_{19}NO_3$ で表される化合物Aを完全に加水分解したところ，化合物B，C，Dが同じ物質量ずつ得られた。

化合物Bはベンゼンの一置換体であり，無水酢酸を作用させると，アセトアニリドが生成した。化合物Bを希塩酸に溶かし，温度を 0 ～ 5 ℃ に保ちながら亜硝酸ナトリウム $NaNO_2$ 水溶液を加えると，化合物Eが生成した。化合物Eの水溶液を温度を 0 ～ 5 ℃ に保ちながらナトリウムフェノキシド C_6H_5ONa 水溶液を加えると，(i)橙赤色のアゾ化合物Fが生成した。

化合物Cとヘキサメチレンジアミン $C_6H_{16}N_2$ の混合物を加熱し，(ii)縮合重合により，ナイロン 66 を得た。化合物Cを (iii)炭酸水素ナトリウム $NaHCO_3$ 水溶液と室温で反応させると，気体が発生した。

酸素原子を 1 つもつ化合物D 46.0 mg を完全燃焼させたところ，二酸化炭素 88.0 mg，水 54.0 mg がそれぞれ得られた。

問11　下線部(i)のアゾ化合物Fの構造式を示せ。

問12　下線部(ii)について，分子量 4.52×10^4 のナイロン 66 の 1 分子中に含まれるアミド結合は何個か。有効数字 2 桁で答えよ。ただし，高分子の両末端の構造は無視できるものとする。

問13　下線部(iii)と同様の反応性を示す化合物を，次の a）～ e） からすべて選べ。該当する選択肢がない場合は，z 欄をマークせよ。

a）ジエチルエーテル　　b）サリチル酸　　c）トルエン

d）マレイン酸　　e）酢酸エチル

問14　化合物Dに関する正しい記述を，次の a）～ f） からすべて選べ。該当する選択肢がない場合は，z 欄をマークせよ。

a）水に溶かすと，その水溶液は塩基性を示す。

b）さらし粉水溶液によって呈色する。

c）1-ブタノールより水に溶けやすい。

d）ナトリウム Na と反応し，水素 H_2 を発生する。

e）グルコースを原料とし，発酵により，つくることができる。

f）硫酸酸性の二クロム酸カリウム $K_2Cr_2O_7$ 水溶液で酸化すると，アセトンを生成する。

問15　化合物Aの構造式を示せ。

■生物■

（2 科目 90 分）

(注) 記述式の解答は解答欄にていねいに記入すること。字数が指定されている場合は，漢字，かな(カナ)，アルファベット，数字，記号，句読点などは，原則としてそれぞれ一字として記入すること。

1　DNA と RNA に関する文章 1 ～文章 3 を読み，以下の問 1 ～問 7 に答えよ。

文章 1　DNA を構成するヌクレオチドは(1)，[ア] と呼ばれる糖と，リン酸，塩基から成る。DNA の特徴の 1 つが二本鎖を形成することであるが，これは 2 本のヌクレオチド鎖が [イ] 結合を介して相補的な塩基対を形成できるからである。この性質を利用して，[ウ] という酵素は 2 本のヌクレオチド鎖それぞれを鋳型にして新しいヌクレオチド鎖の合成を触媒する。この時，合成途中の DNA 鎖では，ヌクレオチドの 3' の位置の炭素に結合している [エ] と，新たに付加されるヌクレオチドの 5' の位置の炭素に結合している [オ] の間でホスホジエステル結合が生じて伸長反応が進む。

1970 年代後半には，DNA の塩基配列を読む方法がサンガーによって確立された。この方法をサンガー法という。サンガー法では，通常のヌクレオチドと，その 3' の位置の炭素に [エ] の代わりに水素(H)を導入した特殊なヌクレオチドの混合物を基質として DNA 合成反応を行う(2)。

問 1　[ア] ～ [オ] にあてはまる適切な語を記せ。

問 2　下線部(1)について，DNA を構成するヌクレオチドの化学構造を図 1 の例にならって記せ。なお，リン酸の部分を●で，塩基部分を■で表現すること。

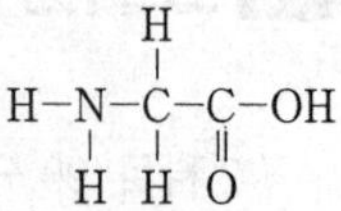

図1　化学構造の例(グリシンの化学構造)

問3　下線部(2)について，このDNA合成反応では，どのようなことが起こると考えられるか説明せよ。

文章2　遺伝子の発現では，一方の鎖を鋳型にしてDNA上の遺伝子の領域がもつ情報をもとに，RNAが合成される。この過程を，[カ]という。RNAは通常一本鎖であるが，ヌクレオチドが繰り返し結合した分子であり，塩基間で[イ]結合を介して塩基対を形成することが可能である。このため，ある遺伝子AのRNAに対して相補的な配列をもつRNAを人工的に合成して試験管内で混ぜると，遺伝子AのRNAと二本鎖を形成することができる。また，遺伝子AのDNA断片を一本鎖にした場合も，遺伝子AのRNAと相補的な配列をもつRNAと二本鎖を形成することができる。この性質を利用して，胃で食物の消化を行う酵素(ペプシン)の前駆体であるペプシノーゲンを作り出す遺伝子に関して下記の実験を行った。ペプシノーゲン遺伝子は，胃だけで発現しており，肝臓や腎臓などの他の臓器では発現していないことが知られている。

実験：マウスの胃と肝臓，腎臓のそれぞれから，細胞を破砕してDNAとRNAを別々に抽出した。一本鎖にしたDNAもしくはRNAを，ペプシノーゲン遺伝子のmRNAに対して相補的なRNA断片と混ぜて二本鎖を形成させた。

問4　[カ]にあてはまる適切な語を記せ。

問 5　実験の結果，ペプシノーゲン mRNA に相補的な RNA と二本鎖を形成できる分子を含んでいた試料はどれか。適切なものを a）～ f）のうちから全て選べ。

a）胃から抽出した DNA　　b）胃から抽出した RNA

c）肝臓から抽出した DNA　　d）肝臓から抽出した RNA

e）腎臓から抽出した DNA　　f）腎臓から抽出した RNA

文章 3　DNA から [カ] された mRNA には，リボソームが結合する。リボソームには，アミノ酸が結合した [キ] が運ばれる。[キ] には [ク] と呼ばれる 3 つの連続したヌクレオチドからなる塩基配列が含まれており，この部分で mRNA に結合することができる。こうして mRNA の情報からタンパク質が合成される。このことを [ケ] という。この時，mRNA の開始コドン近傍に短い相補的な RNA が結合して二本鎖を形成している場合には，リボソームによる [ケ] が阻害されることが知られている。このことを利用して，相補的な RNA を細胞に導入して，遺伝子の働きを調べる実験が実際に行われている。図 2 は胃で発現している遺伝子 B の mRNA の配列で，開始コドンと終止コドンが含まれている。遺伝子 B の一部の領域に相補的な RNA を用意して，胃の細胞に導入した(3)。なお，遺伝子 B の mRNA は細胞内に正常に存在していた。表 1 には遺伝暗号表を示す。

CAGAACUUCUCCCUAGCACCUUAAGCCUGAGAAGGAUC
AUGAAGUGGCUCUGGGUCCUUGGGCUUGUG(a)GCCCUCUCA
GAGUGCUUGGUCAAAAUCCCUCUGACGAAGAUUAAGUCC
AUCAGGCUGUAUUUCACCGUGUUUGAUCGGGCAAAUAAC
AGGAUUGGUCUGGCUCCUGCUGCGUGAGUGUUGAGCCUC
CUUCAGGGAAUCGCGGGGCAUCCCCCUCAA(b)CACACUGAG
UGCACACAGGGCAUAUUUCAUCCAGAGAGCUGAUCCCAG

図 2　遺伝子 B の mRNA の配列

1番目の塩基	2番目の塩基				3番目の塩基
	U	C	A	G	
U	フェニルアラニン	セリン	チロシン	システイン	U
	フェニルアラニン	セリン	チロシン	システイン	C
	ロイシン	セリン	終止	終止	A
	ロイシン	セリン	終止	トリプトファン	G
C	ロイシン	プロリン	ヒスチジン	アルギニン	U
	ロイシン	プロリン	ヒスチジン	アルギニン	C
	ロイシン	プロリン	グルタミン	アルギニン	A
	ロイシン	プロリン	グルタミン	アルギニン	G
A	イソロイシン	トレオニン	アスパラギン	セリン	U
	イソロイシン	トレオニン	アスパラギン	セリン	C
	イソロイシン	トレオニン	リシン	アルギニン	A
	メチオニン	トレオニン	リシン	アルギニン	G
G	バリン	アラニン	アスパラギン酸	グリシン	U
	バリン	アラニン	アスパラギン酸	グリシン	C
	バリン	アラニン	グルタミン酸	グリシン	A
	バリン	アラニン	グルタミン酸	グリシン	G

表1　遺伝暗号表

問6　［キ］～［ケ］にあてはまる適切な語を記せ。

問7　下線部(3)について，図2で下線を引いた2か所の配列(a)と(b)に相補的なRNAを用意して実験を行った場合，予想される結果として最も適切なものをa）～d）のうちから1つ選べ。

a）配列(a)と相補的なRNAを導入した時も，配列(b)と相補的なRNAを導入した時も，どちらもタンパク質の合成が阻害されなかった。

b）配列(a)と相補的なRNAを導入した時も，配列(b)と相補的なRNAを導入した時も，どちらもタンパク質の合成が阻害された。

c）配列(a)と相補的なRNAを導入した時のみ，タンパク質の合成が阻害された。

d）配列(b)と相補的なRNAを導入した時のみ，タンパク質の合成が阻害された。

2　植物の構造と栄養に関する文章 1 と文章 2 を読み，以下の問 8 ～問 13 に答えよ。

文章 1　種子植物の器官は，表皮系，維管束系，基本組織系の 3 つの組織系から構成されている。表皮系は 1 層の表皮細胞からなり，茎や葉では，さらにその外側がろうなどの物質からなるクチクラ層(1)でおおわれている。また，一部の表皮細胞は孔辺細胞に変化し，気孔を形成(2)している。

維管束系は道管と師管という 2 種類の管状の組織を含む。維管束系のうち，道管が集まっている領域を木部，師管が集まっている領域を師部という。道管は特殊化して死んだ細胞が連なったもので，細胞壁が厚く特徴的な紋様をもつ。一方，師管は生きた細胞が連なったもので，それらの細胞の間の細胞壁にはふるいのように孔があいている。

基本組織系は，表皮系と維管束系を除いた柔組織からなる。葉の柔組織は表側と裏側で形状や並び方が異なる葉肉細胞(3)からなる。これらの細胞は発達した葉緑体を含み，高い光合成能力をもつ。

問 8　下線部(1)のクチクラ層の役割を簡潔に述べよ。

問 9　下線部(2)について，気孔に関する記述として適切なものを a）～ e）のうちから全て選べ。ただし，適切なものがない場合は f 欄をマークせよ。

a）気孔の開口はフォトトロピンが青色光を受容することで起こる。

b）気孔の閉鎖はアブシシン酸の増加により起こる。

c）気孔の開口は孔辺細胞の気孔に面する側の細胞壁が伸びて細胞全体が湾曲することで起こる。

d）気孔の閉鎖は孔辺細胞の膨圧の低下により起こる。

e）孔辺細胞の膨圧は細胞内外でのカリウムイオンの移動によって調節される。

問10　維管束に関する記述として適切なものを a）～ e）のうちから全て選べ。

ただし，適切なものがない場合は f 欄をマークせよ。

a）道管は根から吸収した養分や水分を葉や茎などに運ぶ。

b）師管は光合成により生成した産物を種子や根などに運ぶ。

c）双子葉植物は木部と師部の間に形成層をもつ。

d）種子植物は維管束を持つが，シダ植物は持たない。

e）種子植物は維管束を持つが，コケ植物は持たない。

問11　下線部(3)について，葉の表側と裏側の柔組織における葉肉細胞を，形状と並び方の特徴がわかるように解答欄の模式図内に描け。また，それぞれの柔組織を指し線で示し，その名称を記せ。なお，模式図は葉の横断面であり，それを取り囲む表皮およびその中央に位置する維管束を示している。

〔解答欄〕

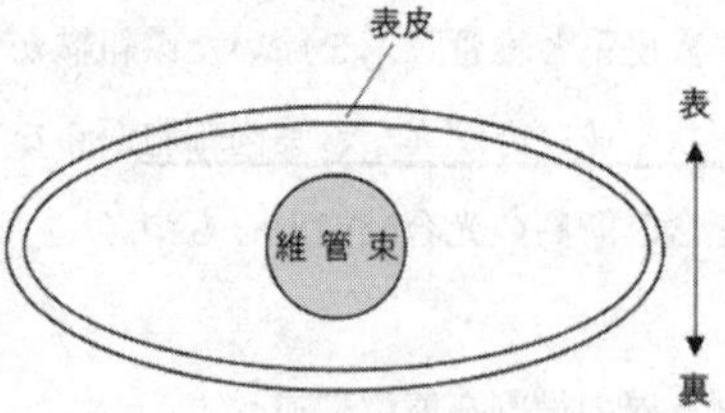

文章２　植物が根から吸収する重要な栄養分の一つに窒素がある。土壌中では，窒素固定や生物体の分解により生じた［ア］は，硝化細菌の活動により［イ］に変換される。植物は特に［イ］を根から吸収することが多い。植物体内の［イ］は［ウ］を経て［ア］に変換される。［ア］は［エ］合成酵素の働きにより［オ］と結合し，［エ］に変換される。その後，［エ］のアミノ基は［カ］に移され，［オ］が生じた後，さらに他の有機酸と結合して様々なアミノ酸の合成に使われる。

植物が吸収する窒素化合物は大気中の窒素(N_2) から窒素固定細菌のはたらきにより作られる。窒素固定細菌の一種である根粒菌は，根に侵入して根粒を作り(4)，宿主であるマメ科植物に窒素化合物を提供し，有機化合物を宿主から得ることで共生している。

問12　[ア]　～　[カ]　にあてはまる最も適切な語を以下のａ）～ｈ）のうちからそれぞれ１つずつ選べ。

ａ）アンモニウムイオン(NH_4^+)　　ｂ）亜硝酸イオン(NO_2^-)

ｃ）硝酸イオン(NO_3^-)　　ｄ）二酸化炭素(CO_2)

ｅ）グルコース　　ｆ）グルタミン

ｇ）グルタミン酸　　ｈ）α－ケトグルタル酸

問13　下線部(4)について，根粒内の根粒菌を採取する方法と，その後に染色・観察する方法を説明せよ。なお，以下の材料，器具，薬品を用いること。

材料：シロツメクサの根

器具：ガスバーナー，スライドグラス，顕微鏡

薬品：石炭酸フクシン液

3　ほ乳類の反応と行動に関する次の文章を読み，以下の問 14～問 19 に答えよ。

文章　動物は，光や音，重力，化学物質などのさまざまな刺激を受容している。受容器は刺激ごとに決まった感覚細胞をもち，特定の刺激(適刺激)だけに反応する。受容器が適刺激を受容すると，(1)その情報が感覚神経によって中枢神経系に伝えられ，(2)大脳で感覚が生じる。さらに，中枢神経系から(3)運動神経によって筋肉へと情報が伝えられ，刺激に対する反応が生じる。脊髄は，受容器や効果器を　[ア]　とつないでおり，随意運動を行うときの興奮の伝達経路となっている。この経路は，ふつう，　[イ]　で左右が交差しているが，痛覚の経路のように　[ウ]　で交差しているものもある。

生体に加えられた刺激が，特定の経路を介して，反応を無意識に引き起こす現象を反射という。　[エ]　を中枢とする反射には，屈筋反射や(4)膝蓋腱反射などがある。これらの反射は，興奮が　[オ]　に伝わる前に手や足を

動かす筋肉に伝わるので，無意識に素早くおこる。反射の中には，自律神経によるゆっくりとした反応も含まれる。例として，(5)食べ物を口に入れると唾液が分泌される現象がある。

問14　[ア]～[オ]にあてはまる最も適切な語をa）～i）のうちからそれぞれ1つ選べ。ただし，同じ選択肢を2回以上使ってよい。

a）大脳　b）視床　c）視床下部　d）脳下垂体　e）中脳
f）小脳　g）橋　h）延髄　i）脊髄

問15　下線部(1)について，感覚神経を構成する感覚ニューロンは「全か無かの法則」に従って興奮するが，感覚神経は受容器で受容した刺激の強さの違いをどのように中枢に伝えるか，簡潔に述べよ。

問16　下線部(2)について，受容器から感覚神経を経て伝えられる情報を大脳で認識する方法として適切な記述をa）～e）のうちから全て選べ。

a）光を受容した錐体細胞の種類や割合の情報は，網膜の細胞層で色の情報に変換され，それが視神経を介して大脳皮質に伝えられることで，色の違いとして認識される。

b）うずまき管の基底膜が振動する位置の違いの情報は，聴神経を介して大脳皮質に伝えられることで，音の高さの違いとして認識される。

c）5つの基本味の感覚を引き起こすもととなる味物質は，それぞれの味に対応する異なる味覚芽（味蕾）にある味細胞に受容され，味覚芽ごとに異なる味神経を介して大脳皮質に伝えられることで，味の違いとして認識される。

d）体の回転運動は，互いに直交する面に配置されている3つの半規管内のリンパ液の流れが感覚毛を持った感覚細胞によって受容され，それが感覚神経を介して大脳皮質に伝えられることで，回転運動の方向が認識される。

e）冷たさと熱さの刺激は，皮膚に分布している感覚神経の末端にある同じ受容器で刺激の強さの違いとして受容され，感覚神経を介して大脳皮質に伝えられることで，温度の違いが認識される。

問17　下線部(3)について，動物の運動は，通常，運動神経から毎秒数十回の刺激を受けて，骨格筋が持続的でなめらかな収縮をすることによって行われる。このような収縮が骨格筋におこっているとき，運動ニューロンや筋繊維の状態はどのようになっているか。その記述として適切なものをａ）～ｆ）のうちから全て選べ。

ａ）運動ニューロン終末と筋繊維の間のシナプス間隙に，アセチルコリンが高い濃度で維持されている。

ｂ）筋繊維に持続時間の長い活動電位が生じている。

ｃ）筋小胞体内から筋原繊維の周囲へのカルシウムイオンの能動輸送が維持されている。

ｄ）ミオシン頭部とアクチンフィラメントとの結合が常に維持されている。

ｅ）トロポニンとカルシウムイオンとの結合が維持されている。

ｆ）筋繊維の ATP が消費され続けている。

問18　下線部(4)について，この反射では，膝の関節を伸ばす筋肉(伸筋)が収縮するだけでなく，関節を曲げる筋肉(屈筋)が反射的にし緩している。屈筋のし緩は，屈筋に接続している運動ニューロンが抑制されることで起こる。このことをふまえて，解答欄の図に感覚ニューロンと運動ニューロンの残りの部分(破線部分から先)，および，必要な介在ニューロンを描き入れて，膝蓋腱反射の神経経路の模式図を完成させよ。なお，介在ニューロンについては図中に指し線で示し，興奮性介在ニューロン(軸索末端で興奮性シナプスを構成する介在ニューロン)か抑制性介在ニューロン(軸索末端で抑制性シナプスを構成する介在ニューロン)かを明記せよ。なお，ニューロンは解答欄の凡例に従って描くこと。

〔解答欄〕

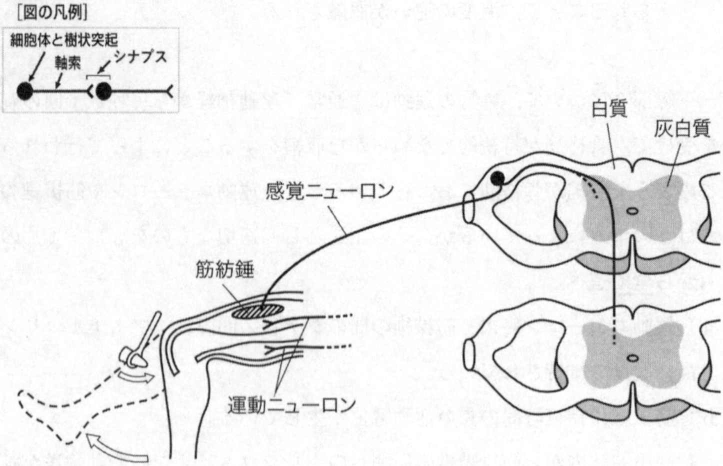

問19 下線部(5)について，この反射の記述として適切なものをａ）～ｆ）のうちから１つ選べ。

ａ）反射中枢は間脳にあり，交感神経が関係している。

ｂ）反射中枢は間脳にあり，副交感神経が関係している。

ｃ）反射中枢は中脳にあり，交感神経が関係している。

ｄ）反射中枢は中脳にあり，副交感神経が関係している。

ｅ）反射中枢は延髄にあり，交感神経が関係している。

ｆ）反射中枢は延髄にあり，副交感神経が関係している。

問七　A～Cの文章に描かれた青砥左衛門の人物像として、もっとも適切なものを次の中から一つ選べ。

a　自己の立場にふさわしい、過不足のない衣食住の環境を求めた人物であった。

b　目先の損得勘定よりも、適正に金銭が流通すべきことに意を払う人物であった。

c　失敗をした家来の責任を追及しない、思いやりに溢《あふ》れた人物であった。

d　金銭を出し惜しんで食費を極端に切り詰める、倹約家であった。

e　金銭の価値を誰よりもよく知る、経済通であった。

a　あらたに手に入れた金銭では損失の補塡《ほてん》には間に合わないから。
b　十銭ほどのお金に執着することが、余りに度が過ぎていると思われたから。
c　藤綱の損得勘定が常識では考えられないほど、おかしく思われたから。
d　わざわざ夜にたいまつを照らして探しものをしたことが無駄に思われたから。

問四　波線部7「爾」、9「爾」と同じ意味を表す語として、もっとも適切なものを次の中からそれぞれ一つ選べ。

a　汝　b　以　c　耳　d　否　e　来　f　然　g　乎　h　将

問五　傍線部8「布在民間」の意味として、もっとも適切なものを次の中から一つ選べ。

a　世の中に貨幣として流通する
b　世間の常識として通用する
c　一般社会に影響を与える
d　分布して世に存在する

問六　空欄X～Zに補充する語として、もっとも適切なものを次の中からそれぞれ一つ選べ。

X　a　奇　b　正　c　遺　d　書　e　仁
Y　a　義　b　吝　c　倹　d　孝　e　篤
Z　a　時　b　米　c　水　d　銭　e　塩

1
Ⅰ　a 治　b 知　c 致　d 値　e 智
Ⅱ　a 行　b 業　c 形　d 郷　e 教

2
Ⅰ　a 狩　b 戦　c 直　d 単　e 御
Ⅱ　a 袍　b 垂　c 低　d 衣　e 足

3
Ⅰ　a 抒　b 如　c 除　d 叙　e 助
Ⅱ　a 爵　b 錫　c 籍　d 借　e 責

問二　傍線部4「過差なる事」、5「公方の事」の意味として、もっとも適切なものを次の中から一つ選べ。

4
a　誤ったこと
b　おごったこと
c　前例にないこと
d　分相応であること

5
a　将軍をもり立てること
b　朝廷に敬意を払うこと
c　地位を堅持すること
d　政治を執り行うこと

問三　傍線部6「或笑」とあるが、その理由としてもっとも適切なものを次の中から一つ選べ。

得不償失。藤綱曰《ハク》、不爾[7]。雇銭五十、[8]布在民間。没《スル》レ水《ニ》十銭、永《ク》失《フ》二世宝《ヲ》一。是当患爾[9]。

（服部南郭『大東世語』）

C　藤綱為《リ》二北條氏治地《ノ》産一。愛《シ》レ民《ヲ》施《シ》レ貧《ニ》、事多 X 蹟。其《ノ》家不二甚《ダシクハ》乏《シカラ》一、而奉《ズルコト》レ躬《ヲ》甚《ダ》 Y 。衣《ニハ》無《ク》二縑帛一、下飯《ニハ》唯用 Z 少許而已。

（同前・注記）

〈注〉○細布…織りの粗い麻布。　○布の大口…麻や葛を用いた、裾口の広い、大口袴《おおくちばかま》。　○木鞘巻…木地のままで漆塗りをしていない小太刀。「木太刀」も同じく木地のままの太刀。　○弦袋…予備の弓弦を巻いておく道具。弦巻。
○炬照…たいまつで照らす。　○躬…「身」に同じ。　○縑帛…絹織物。

問一　波線部1～3のカタカナは漢字二語からなる熟語である。上の漢字にもっとも適切なものを語群Ⅰから、下の漢字にもっとも適切なものを語群Ⅱからそれぞれ一つ選び、熟語を完成させよ。

三　A～Cの青砥左衛門（名は藤綱）について記した文章を読んで、後の問に答えよ。なお、設問の関係上、返り点・送り仮名を省いたところがある。

A　青砥《あをと》左衛門と云《い》ふ者あり。数十箇所の所領を[1]チギョウして、財宝豊《ゆたか》なりけれども、衣裳には細布《さいみ》の[2]ヒタタレ、布の大口《おほくち》、飯《いひ》の菜には焼きたる塩、干したる魚一つより外はせざりけり。出仕の時は木鞘巻《きざやまき》の刀を差し、木太刀《きだち》を持たせけるが、[3]ジョシャク後は、此の太刀に弦袋《つるぶくろ》をぞ付けたりける。かやうに我が身のためには、聊《いささ》かも[4]過差なる事をせずして、[5]公方の事には千金万玉をも惜しまず。

（『太平記』）

B　青砥藤綱、夜渉ルレ水ヲ。従者誤リ失シテ墜《おと》シ二銭十文ヲ一、以テ告グ二藤綱ニ一。藤綱乃チ命ジテ別ニ出シ二銭五十文ヲ一雇ヒレ夫ヲ、炬照シ二水底ヲ一、而捜索ス焉。訖《つひ》ニ得テ而帰ル。[6]或笑其

問八　二重傍線部X「思ひ立つ…」とY「富士の嶺は…」の贈答歌の説明として、もっとも適切なものを次の中から一つ選べ。

a　旅立ちを決意した訳を問われ、富士山の煙を見たいという思いからであると答えた。
b　遊女になろうと思い立った理由を問われ、許されない恋に落ちたからだと答えた。
c　どのような理由や心境で出家を決意したのかを問われ、恋が原因であると答えた。
d　琵琶を弾こうとしたのはなぜかと問われ、恋の苦しみを紛らわすためだと答えた。

問九　C・D・Eの関係を説明したものとして適切なものを次の中から二つ選べ。

a　Cの「友もなき心地」は、Dの「友とする人」から発想された表現である。
b　Eの「三河」の「み」には、Dの「三河」と同様に「身」が掛けられている。
c　Dの「水ゆく川」は、Cの表現を借りたものである。
d　Dは旅のわびしさを主題としているが、CとEは恋の物思いを表したものである。
e　Cの「我はなほ…」の和歌は、Dの「から衣…」の和歌と同様に、折句の技法が用いられている。
f　CとEの「蜘蛛手」は、さまざまに思い乱れる心情の比喩となっている。
g　Dの「男」とCの作者は同一人物である。
h　Dの成立の時に「八橋」は存在していたが、CとEが成立した時には失われていた。

問五　傍線部5「行く人の…」の和歌の表現技法の説明として、もっとも適切なものを次の中から一つ選べ。

a　「とむる」と「関」が縁語である。
b　「行く人の心をとむる」は「桜」を導く序詞である。
c　「守」と「森」が掛詞である。
d　「桜」は「行く人」の見立てである。

問六　傍線部6「身のたぐひにおぼえて」とは、ここではどういう意味か。もっとも適切なものを次の中から一つ選べ。

a　とても辛い身の上だと思われて
b　同郷の人のように思われて
c　まれな身の上の人だと思われて
d　自分と同じ境遇のように思われて

問七　傍線部7「いと思はずに」とは、ここではどういう意味か。もっとも適切なものを次の中から一つ選べ。

a　よくよく考えずに
b　全く思いがけないことで
c　ずっと耐え忍んでいたので
d　特に意図したわけではないが

問二　傍線部2「我ながら心弱くおぼえつつ」とあるが、この時の心情の説明として、もっとも適切なものを次の中から一つ選べ。

a　捨て果てた家に二度と戻るつもりはないが、旅の宿を照らす月に涙がこぼれ、故郷が懐かしく思い出される。
b　再び都へ戻ってくることはないかもしれないと思うと、月さえも泣いているようで、悲しみが抑えられない。
c　自分の意志で出家したのだが、もう世俗に戻ることはできないと思うと、月までもが恨めしく思われる。
d　特段の理由もなく家を捨てたことを後悔しはじめて、月が雨雲に隠れるように心も暗くなっていく。

問三　傍線部3「やすらはるるに」とは、ここではどういう意味か。もっとも適切なものを次の中から一つ選べ。

a　がっかりしてしまうが
b　ゆっくり気を休められるが
c　足も止まってしまうが
d　安心して身をまかせられるが

問四　傍線部4「同じ心にや」とは、どういうことか。もっとも適切なものを次の中から一つ選べ。

a　四、五人の田舎人が、互いに心を合わせて桜の木を眺めているのではないか、ということ。
b　桜の木を眺めている四、五人の田舎人の心境は、自分と同じではないか、ということ。
c　自分の心が桜に通じて、桜もこの世のはかなさを嘆いているのではないか、ということ。
d　田舎人も他の旅人と同じように、旅のわびしさを嘆いているのではないか、ということ。

D

むかし、男ありけり。その男、身をえうなきものに思ひなして、京にはあらじ、あづまの方にすむべき国もとめにとてゆきけり。もとより友とする人、ひとりふたりしていきけり。道しれる人もなくて、まどひいきけり。三河の国八橋といふ所にいたりぬ。そこを八橋といひけるは、水ゆく川の蜘蛛手なれば、橋を八つにわたせるによりてなむ、八橋といひける。その沢のほとりの木のかげにおりゐて、かれいひ食ひけり。その沢にかきつばたいとおもしろく咲きたり。それを見て、ある人のいはく、「かきつばた、といふ五文字を句のかみにすゑて、旅の心をよめ」といひければ、よめる。

　から衣きつつなれにしつましあればはるばるきぬるたびをしぞ思ふ

とよめりければ、みな人、かれいひの上に涙おとしてほとびにけり。

（『伊勢物語』）

E

　恋せんとなれる三河の八橋の蜘蛛手に物を思ふ頃かな

（『古今和歌六帖』）

〈注〉○九献…酒のこと。　○小折敷…食器などを載せるのに用いる小さな角盆。

問一　傍線部1「二十日余りの月」とは、どのような月か。もっとも適切なものを次の中から一つ選べ。

a　宵に出る下弦の月
b　暁に出る上弦の月
c　昼に出る上弦の月
d　夜更けに出る下弦の月

5 行く人の心をとむる桜かな花や関守逢坂の山

など思ひつづけて、鏡の宿といふ所にも着きぬ。

B

やうやう日数経るほどに、美濃国赤坂の宿といふ所に着きぬ。ならはぬ旅の日数もさすが重なれば、苦しくもわびしければ、これに今日は留まりぬるに、宿の主に若き遊女姉妹《おととい》あり。琴、琵琶など弾きて情けあるさまなれば、昔思ひ出でらるる心地して、九献《くこん》など取らせて、遊ばするに、二人ある遊女の姉とおぼしきが、いみじく物思ふさまにて、琵琶の撥《ばち》にて紛らかせども、涙がちなるも、6 身のたぐひにおぼえて目留まるに、これもまた墨染の色にはあらぬ袖の涙をあやしく思ひけるにや、盃《さかづき》据ゑたる小折敷《こをしき》に書きてさしおこせたる。

X 思ひ立つ心は何の色ぞとも富士の煙の末ぞゆかしき

7 いと思はずに、情けある心地して、

Y 富士の嶺《ね》は恋を駿河の山なれば思ひありとぞ煙立つらむ

馴れぬるなごりは、これまでも引き捨てがたき心地しながら、さのみあるべきならねば、また立ち出でぬ。

C

八橋といふ所に着きたれども、水ゆく川もなし。橋も見えぬさへ、友もなき心地して、

我はなほ蜘蛛《くも》手《で》に物を思へどもその八橋は跡だにもなし

（『とはずがたり』）

a　ひとは日常的判断にのっとりながら行動しても多くの場合に不都合は生じないが、そのような判断を重ねていくとトラブルのもとになるふるまいが生み出される。

b　デカルトによれば、ひとと神は知性の程度において異なる存在であり、その違いの分だけひとは意志の拡張を図り、神への接近を試みなければならない。

c　モンテーニュの考えにしたがえば、愛する相手が現実よりも美しく見えるという事象は、感覚が精神を欺くことを示している。

d　想像は現実に存在していない物体を思い描くことであり、物事を認識するにあたってすすんで想像を用いるべきであるとデカルトは考えている。

二

次の A ～ C は『とはずがたり』の文章で、D と E は C に関連する作品である。これを読んで後の問に答えよ。

A

[1]如月の二十日余りの月とともに都を出ではべれば、何となく捨て果てにし住みかながらも、またと思ふべき世のならひかはと思ふより、袖の涙も今さら、「宿る月さへ濡るるがほにや」とまでおぼゆるに、[2]我ながら心弱くおぼえつつ、逢坂の関と聞けば、「宮も藁屋《わらや》も果てしなく」とながめ過ぐしけむ蝉丸の住みかも跡だにもなく、関の清水に宿るわが面影は、出で立つ足元よりうち始め、ならはぬ旅の装ひいとあはれにて、[3]やすらはるるに、いと盛りと見ゆる桜のただ一木あるも、これさへ見捨てがたきに、田舎人と見ゆるが馬の上四、五人、きたなげならぬが、またこの花のもとにやすらふも、[4]同じ心にやとおぼえて、

b　想像は脳のなかに幻覚を生み出すことを通じて、現実よりも夢の世界を重視する判断を呼び込むから。
c　想像は現実に存在しない物体をひとびとの脳のなかに浮かびあがらせることで推論を妨げるから。
d　想像は情念によって引き起こされ、そして情念は身体に由来するものであるから。

問八　デカルトは傍線部7の「情念」についてどのように考えているか。もっとも適切なものを次の中から一つ選べ。
a　ひとが情念に身を委ねるのは、情念を抑制しようとする意志の薄弱さに起因している。
b　ある判断に反している情念に抵抗できればできるほど、その心はより強いと言うことができる。
c　情念によって動かされれば動かされるほど、そのひとは情念をよく理解していると言える。
d　情念を抑える意志の強弱にしたがって、推論よりも想像に頼ろうとする度合いが決まる。

問九　傍線部8の「知識」に関するデカルトの考えとしてもっとも適切なものを次の中から一つ選べ。
a　情念に関する知識を持てば持つほど、情念によっていっそう激しく想像は惹き起こされていく。
b　情念についての知識が増えていくにしたがって、ひとはより強固な意志を手にすることができるようになる。
c　ひとはより強い心を持つことができるようになるにつれて、いっそう情念を抑えるための知識を手にするようになる。
d　情念によって欺かれることを回避するためには、情念についての知識を十分に持っていなければならない。

問十　本文の内容にもっとも適するものを次の中から一つ選べ。

d　神は人間を自身の姿と同じように作ったので、人間の知性と意志は限界を有していない。

問五　デカルトは傍線部4の「想像」についてどのように考えているか。もっとも適切なものを次の中から一つ選べ。

a　想像は実在していない物体のイメージを睡眠状態において生み出すことであり、それによって夢に似た体験を作り出す。

b　想像は記憶している事物を組み合わせるという操作を指し、想像に身を委ねることは誤謬を犯すことにつながる。

c　想像は脳のなかで幻覚を生み出すことによって、覚醒の状態から夢のなかに没入していくことを指す。

d　想像は実在していない物体のイメージを浮かび上がらせることを通じて、いっそう真理に近づく道筋を指し示してくれる。

問六　傍線部5の「恣意的」はどのような意味か。もっとも適切なものを次の中から一つ選べ。

a　自分の好きなようにするさま。

b　動物のように本能だけで行動するさま。

c　勘などを働かせて物事を感覚的にとらえるさま。

d　理性よりも感情を重んじながら物事に対するさま。

問七　筆者が傍線部6のように述べるのはなぜか。その理由としてもっとも適切なものを次の中から一つ選べ。

a　想像は思考の一部分をなしており、しかしこの想像こそがひとを誤謬に陥らせる要因を形作っているから。

d　日常的判断はときに錯覚を招き寄せるが、ほとんどの場合にこれにもとづいて行動しても問題は起こらない。

問二　A　B　には同じ言葉が入る。これに該当する言葉としてもっとも適切なものを次の中から一つ選べ。

a　卓見　b　臆見　c　私見　d　創見

問三　傍線部2の「感覚」に関する説明としてもっとも適切なものを次の中から一つ選べ。

a　ひとは一なる神のもとに回帰し、自然を最大限に享受するために、日々の実践において感覚に身を委ねなければならない。

b　知性は神の意志を解読するために人間に与えられた課題としてあり、そして感覚を磨いて神に近づくことが知識人たちの目指すべきことである。

c　ひとが外界から受けとる感覚に曖昧さが残ることが、神の知性にひとが近づくことを妨げ、ひとを誤謬に陥らせる原因になる。

d　われわれが実践において日々の欲望に従うという誤りに対して危険を知らせるものとして、感覚は存在する。

問四　傍線部3の「人間知性」に関するデカルトの考えとしてもっとも適切なものを次の中から一つ選べ。

a　意志は悟性よりも狭い範囲にしか広がらないため、ひとは真を判断する十分な力を欠いている。

b　ひとは神から真を判断する能力を得ているので、その能力は神と同等の無限なものとして存在する。

c　真を判断する人間の力は限定されている一方で、意志は神と同じく無限なものとして与えられている。

だれしも神と同等である。判断を変えない意志もあれば、その場の情念に基づくちぐはぐな判断に従う意志もある。デカルトは、推論するのも思考であれば、想像するのも思考であり、想像を選ぶか推論を選ぶかは、——アリストテレスのいう「アクラシア（無抑制）」のように性格上の問題ですらなく——、意志の「自由」によってであると考えるのである。

　とすれば、心の強さや弱さを与えるものは、何であろうか。デカルトは最終的には、——ストア派的ともいえようが——、誤謬の原因を感覚にでも、想像にでも、その想像を惹《ひ》き起こす情念にでもなく、もちろん意志の弱さにでもなく、知識の欠如に帰している。つまり、情念によって欺かれるといわれるような場合には、実は判断が誤っているのであり、それはその情念についてよく知っておらず、その意味で知識が不足し、［B］を抱いているからにほかならない。もっと思考して8知識を獲得し、情念に惑わされない強い心へとみずからを導かなければならないのである。

〈注〉○デカルト…フランスの哲学者。　○パウロ…キリスト教の伝道者。　○モンテーニュ…フランスの思想家。
○悟性…一般的に知的な思考能力をいう。　○新プラトン主義…古代ギリシア哲学の一派。　○パスカル…フランスの哲学者。　○アリストテレス…古代ギリシアの哲学者。　○ストア派…古代ギリシア哲学の一派。

問一　傍線部1の「日常的判断」に関する説明としてもっとも適切なものを次の中から一つ選べ。

a　日常的判断は明晰な感覚に裏づけられたものであり、そのためこの判断に基づいて行動しても深刻な事態は生じない。

b　日常的判断は想像という働きに支えられており、同時にひとの直感的判定を回避する役割を担っている。

c　日常的判断は対象が実存するという判断を含有しているため、幻覚が脳内に起こることを妨げる効果を持っている。

人生はなかば夢であるとして、「想像は誤謬の原理である」と断言したパスカルも、それには同意見であろう。ところが、夢と現実を区別しようとするデカルトにあっては、これは奇妙な議論なのである。デカルトは、思考とは、「疑い、肯定ないし否定し、意志し、想像し、感覚することである」（『省察』第二）と述べている。想像を思考の一部としておきながら、誤謬をもたらすものとして説明している。6いっそ想像を引き起こすのは思考する精神ではなく、悪霊であるとか肉体であるとした方が分かりやすいのではないか。

これについては、モンテーニュは、感覚が精神を欺くのとおなじように、精神が感覚を欺くことがあると説明している。その例として、かれは、憤りによって見たものが事実とは異なること、愛する相手を事実よりも美しく見ること、何かにこころを奪われているときには眼のまえのものが見えないことなどを挙げている（『エセー』二の十二）。

しかしデカルトは、そうは捉えない。想像を引き起こす7情念は、もとより相互にちぐはぐなものであり、それらを調整して状況を判断し、正しい行動に導くかどうかが重要なのだからである。いいかえると、感覚が欺かないかどうかは、情念に対して心（精神）が強いか弱いかということによって説明されるべきなのである。

> 「（一旦なした判断に対して）大なり小なり心がその判断に従うことができ、その判断に反している現在の情念に抵抗することができる比率に応じて、心がより強いか、より弱いかと考えることができる。」（『情念論』第一部第四十九節）

思考することは「わたしの存在」とは切り離されないが、〈わたし〉は思考するだけでなく、情念をもつ。デカルトは、情念（パッション）を「心の受動」として、身体に由来するものと捉えながらも、「情念によって動かされるひとびとは、情念を最もよく認識するひとびとではない」（同箇所）と述べる。

情念が勝り、あたかも夢のなかにいるかのようにあまり思考しないひとびと、その結果、推論よりも想像に頼るひとびとがいる。そのようなひとは、通例いわれるように、情念を抑えるべき意志が弱いのではない。デカルトによると、意志の強さは

なぜか。物体は神が創造した自然の、創造の意志を推量し得る素材でもある。とすれば、人間は感覚によって「欺かれる」というよりは、感覚はむしろそこから神の意志を解読すべく与えられた「課題」でもある。感覚に振りまわされ、日々の欲望に身を任せるのではなく、――新プラトン主義的にいえば――、感覚を超えて一なる神のもとに回帰すること、そのうえで神が人間に与えるべく創造した自然を最大限に享受する、そうした課題なのである。

とすれば、「感覚が欺く」のは、――神は善良なのであるから――、われわれが実践において欲望に身を任せるという間違いを訂正するための警鐘であるとも理解できる。デカルトによると、われわれが誤るのは、モンテーニュのいうように感覚の曖昧さのせいであるというよりは、思考の実践の曖昧さにおいてなのである。

それでは、どのような思考の実践が誤りなのであろうか。デカルトは、蜜蠟《みつろう》の比喩において、蜜蠟を認識するために想像を用いるべきではないとして、つぎのように述べている。

「私は目覚めていて若干の真理をすでに見ているが、まだ十分明証的には見ていないので、それを夢がもっと本当らしく明証的に私に示してくれるように、努力して眠りに入ろうと言うに劣らず、バカげたことと思われる。」（『省察』第二　山田弘明訳）

ここでデカルトが問題にしているのは「[4]想像」である。想像も思考の一部であるとされていたが、しかし想像に身を委ねることは真理から遠ざかることである。

想像とは、像（イメージ）を思い描くことである。ペガサスなど想像上の動物が「キマイラ」と呼ばれるが、想像とは記憶の断片を[5]恣意的に合成することであって、それは夢のなかに入っていくようなものだとされている。かれは、夢の経験を脳が引き起こす幻覚、実存しない物体の表象を身体が精神に与えることとしていたが、想像とは覚醒しているときに、身体が物体のイメージを、対象が実存していないところで与えること――いわば自発的な夢なのである。

ば、それは人間を欺くことによって人間を罰しているのであろうか。

そうではない。デカルトは、感覚が誤謬の原因となるのは、ひとが有限な知性のもち得る知識の範囲を超えて判断しようとするからであると考える。すなわち、モンテーニュのいうように感覚それ自体に問題があるのではなくて、認識としては成立し得ない感覚を知性が判断の根拠として取りあげるからである。

「私が誤るという事態は、神から得ているところの、真を判断する能力が私においては無限でないことに起因するのだということを、私は確かに理解するのである。……それでは、私の誤謬はいったいどこから生じるのであろうか。この一つのことから、すなわち、意志は悟性よりも広い範囲に広がるものであるゆえ、私が意志を、悟性と同じ限界内にとどめおかずに、私の理解していない事がらにまでおよぼす、ということの一つのことから生じるのである。」（『省察』第四　山田弘明訳）

したがって、――これが主知主義というものだが――、誤謬を退けるためには、理性によって知識をなお一層増やしていくべきだとされるのである。人間の不完全な知性に真に知識が獲得できるのか、獲得できるにしてもある程度まででしかないのではないか、という疑問は残るにしてもである。

デカルトによると、人間のなす誤謬の根本的原因は、[3]人間知性の不完全性にある。神は人間を自分たちの姿に似せて創造したが、そのとき神は、意志は神と同様に無限なものとして人間に与えたのに対し、知性は有限なものとしてしか与えなかった。その理由は、おそらくは、創造する神が全知であって任意に創造し得るのに対し、創造されたものとしての人間はそれを受けいれるほかはないという点で、限定されたものでしかないからなのであろう。

そこから逆に、人間は、神の知性に近づいていくべきであるということが、デカルトのみならず当時の多くの西欧知識人にとって、神によって授けられた使命であるとされた（ラブジョイ『存在の大いなる連鎖』）。人間は完全性、すなわち神の全知をめざして知性の階段を一歩一歩昇っていくべく宿命づけられた存在者なのである。

国語

（六〇分）

一

次の文章は船木亨『いかにして思考するべきか？』の一節である。これを読んで後の問に答えよ。

デカルトによると、[1]日常的判断は誤った原理に出発し、想像によって紛らわされた［A］である。それは、夢のなかのようにして妄想が入り込んだ真偽の直感的判定である。「直観」ではなくあえて直感と表記するが、前者が「明晰《めいせき》に与えられるもの」という意味であるのに対し、ここでは「サンチマン」の訳語として、「理由なき判断」という意味である。ひとが何かを知覚するとき、そこには一般に直感として、対象が現実存在（実存）するという判断が含まれる。ひとは、しばしばそれが幻覚や錯覚であったことを、あとになって知る。それゆえ、それぞれの瞬間に知覚しているものを「存在する」とただちに判断するべきではないのだが、大多数の場合、知覚されたものの存在をそのまま前提して行動しても問題が生じないために、――「素朴実在論」と呼ばれるが――、ひとびとはそうした不確実な判断に頼るのである。

しかし、不確実な判断にのっとって推論を重ねていくと、そのうち「あり得ない」ことがらについて「あり得る」と判断してしまう。狂人の妄想はその極端な例であるが、一般にも、事故やトラブルを引き起こしかねない行動をとってしまうであろう。

デカルトは、ひとがこうした誤謬《ごびゅう》に陥る原因として、まずは[2]感覚を挙げた。だが、「感覚によって欺かれる」とは、どのような意味であろうか。感覚は身体（肉体）の機能である。もし肉体がパウロの述べたように原罪を意味しているのであるなら

解答編

日本史

解答　問1．③　問2．ロヒンギャ　問3．③　問4．②　問5．①
問6．①　問7．③　問8．④　問9．④　問10．①　問11．①

問12．戦国時代には鉄砲の国産化が実現し，鉄砲玉の原料となる鉛や，火薬の原料となる硝石は重要な品とされた。(50字程度)

問13．③　問14．①

問15．富国強兵の基盤となるのは労働力の確保であり，日中戦争の長期化で兵力や労働力不足が顕著になると，兵力や軍需品生産のための人口の確保は国家の重要事項となった。そのため，これに反する避妊や堕胎が禁止された。(100字程度)

問16．(あ)ソ連軍侵攻と関東軍撤退によって，満州開拓民の引揚げは誘拐や命の危険性を伴い，困難を極めた。そういった危険を避けて命を守るため，多くの子どもが中国人に預けられた。(80字程度)

(い)中国残留孤児は，就職した途端に生活保護が短期間で打ち切られ，定職に就けても日本人よりも安い賃金で雇用されるなど，差別を受けることもあり，社会への適応に困難があった。(80字程度)

問17．近代日本の国家形成の中で，天皇を中心として国民には一つの家族としての意識が植えつけられ，日本人が単一民族であることを重視し，アイヌ・沖縄や植民地に対する同化政策を推し進め，他国の移住者などを排斥するという精神を生み出した。これらの認識が移民や難民を受け入れるべきではないという考えにつながっている。(150字程度)

◀解　説▶

≪日本人の移民・難民に対する意識の醸成≫

問1．③が正しい。北大西洋条約機構（NATO）は，1949年に結成されたアメリカと西欧諸国による協同防衛組織。日本は，アメリカと日米安全保障条約（1951年）や，その後にも日米相互協力及び安全保障条約（1960

年）を結び，現在も有効となっているので，③が正文，④は誤文と判断できる。
①誤文。日本はNATOには加盟していない。
②誤文。「対立する軍事同盟」とは，ソ連と東欧諸国によるワルシャワ条約機構（1955 年結成，1991 年解体）を指す。
問 2．難問。ロヒンギャとは，ロヒンギャ語を話すミャンマーのイスラム系少数民族。第二次世界大戦後，仏教徒が圧倒的多数を占めるミャンマーでは，イスラム教徒の増加に対する警戒心は強く，1982 年，ロヒンギャの市民権を剝奪し，2012 年には仏教徒とロヒンギャが衝突し，ロヒンギャに多くの死傷者を出した。以降，劣悪な生活環境から逃れるために，ロヒンギャは出国し，ロヒンギャ難民が国際問題となった。
問 3．やや難。③が正しい。出入国在留管理庁（入国管理局）は，難民の認定などを行う法務省の機関。
問 4．②『日本書紀』が正しい。③の『風土記』は地理誌，④の『万葉集』は和歌集であるため，正答ではないと判断できる。①の『古事記』と②の『日本書紀』はともに歴史書であるが，空欄直後の「612（推古天皇20）年……記事がある」から，編年体である『日本書紀』が該当すると判断できる（『古事記』は紀伝体で著された）。
問 5．①正文。日本が唐・新羅の連合軍に敗れた白村江の戦い（663 年）や，遣唐使が 8 世紀以降は新羅との関係悪化によって朝鮮半島沿いの北路ではなく，危険な南路をとったことなどを想起すれば，正文と判断できよう。
②・③誤文。「取るに足らない存在」や「親近感が皆無」であったことは，「悪病は新羅からもたらされる」という悪印象に直接つながらないため誤り。
④誤文。天然痘の流行は藤原 4 兄弟が政権を担っている時期にあたるため，「恵美押勝により……その準備が進められている段階で天然痘の流行が生じたため」では時期が合わない。
問 7．③が正しい。「北朝鮮で発掘された」から，中国東北部から朝鮮半島北部にかけて勢力を伸ばした高句麗が該当すると判断できる。
問 8．④誤文。「中華王朝の主宰する外交秩序」は，朝貢国の王に対してその国の王としての支配を公認する代わりに朝貢を義務づける冊封のかた

解答編

ちで成り立っているため，朝貢者でない渡来人は「倭国王の権力を分有しうる存在」とはならない。

問 10.　空欄キには，懐良親王が該当する。よって①が適切。

②不適。「天台座主から還俗，建武政権の征夷大将軍となった」のは護良親王。

③不適。「後村上天皇を父に持ち……南北朝の合体を実現した」のは後亀山天皇。

④不適。「『日本国王臣源』と署名し，臣従の態度を示した」のは足利義満。

問 11.　①が正しい。明との貿易を開始する際，足利義満が正使祖阿を明に派遣していたことを想起できれば，僧が「外交使節」を担っていたと判断できる。

問 12.　本問は，戦国時代の日本において，鉛や硝石が必要とされた理由を問う問題。戦国時代に鉄砲が国産化されて大量に生産されたことを想起すれば，解答を導くことができよう。

問 14.　やや難。①正文。日本人の北米（アメリカ）への移民は，1924 年の排日移民法で禁止された。

②・③・④誤文。②「満蒙開拓が本格化」（1932 年以降）や，③「日米通商航海条約の破棄通告」（1939 年），④「太平洋戦争の開戦」（1941 年）は，日本人の移民先が北米から南米等へ移行した背景とはならない。

問 15.　本問では 1941 年の「人口政策確立要綱」で戦時下の避妊や堕胎が厳しく禁止された理由について，「富国強兵の観点から」説明することが要求されている。この 1941 年がどのような時期であったかを想起して答案を作成したい。1937 年 7 月から始まった日中戦争が長期化し兵力が不足していたこと，男性が兵隊として徴用され国内労働力が不足していたことなどが挙げられる。また，1938 年には国家総動員法，1939 年には国民徴用令が制定されるなど，戦争や軍需産業に一般の国民が動員されるようになった。国の戦争遂行のため，兵力や労働力がより要求され，そのための人口確保が重要であったことを考慮した答案を作成したい。

問 16.　空欄ケには，満蒙開拓団（満州移民）が入る。このうち，中国残留孤児に関して，(あ)中国に残らざるをえなかった理由と，(い)帰国後に直面している問題についての説明が要求されている。設問の条件から，知識のみに頼らず，【史料Ａ・Ｂ】から得られた情報を吟味して答案を作成する必要がある。

(あ)ソ連軍の侵攻を背景に，【史料A】「死んでしまうよ，人にさらわれるかわからない」から，命の危険から守るために，子どもを欲しがっている中国人の養子になったことを読み取れる。

(い)【史料B】から，安い時給であることや，この会社が「日本社会の縮図」と述べる点から，社会で日本人として扱われない差別の問題があることを読み取りたい。

問 17．本問では，移民や難民にまつわる記憶の「集合的忘却」が歴史観・歴史認識の問題であるという前提のもと，列島社会の移民や難民への冷淡さの原因となった歴史認識について論じることが要求されている。キーワードの「近代，家族主義，単一民族，包摂／排除」（文中に使用する必要はない）を参考に，近代国家形成の中で天皇を中心とする家族主義にもとづいて「単一民族」としての日本人が強調され，沖縄・アイヌ・植民地などの人々に対して日本人への同化政策を進めることで，同族として受け入れ（「包摂」），他国の移住者を「排除」する精神が醸成され，これが現代の移民や難民への冷淡さにつながったことを述べればよい。

❖講　評

長文のリード文を通して読解力や歴史的思考力を問う形式が続いている。2023 年度は，正文誤文等選択形式の問題が 5 問と，2022 年度の 8 問に比べてやや減少した。また，論述問題の字数は，2022 年度の 100 字 2 問，150 字 1 問に対して，50 字 1 問，80 字 2 問，100 字 1 問，150 字 1 問と増加し，うち 2 問は史料読解を要する問題であったため，時間配分が合否の重要なカギとなっただろう。2022 年度同様，基礎的な知識をもとに，リード文に即して考察する問題が多く，時事問題に対しても歴史的視点からみる学習姿勢が求められた。

問 1．教科書レベルの基礎知識である。

問 2・問 3．上智大学では，時事的なテーマが取り上げられることが多いので，新聞などの活用が求められるが，本問はその例である。

問 4．①『古事記』と②『日本書紀』の違いを理解できていれば，正解は導ける。

問 5．設問の「新羅に対する悪印象は，なぜ醸成されたと考えられるか」と選択肢とを吟味する必要があった。歴史的事実に関する知識も求められているが，本問のように因果が成立しないため誤りであるという判断を求められる現代文のような設問も出題される。

問 6．正答となった①「階層化」の意味を把握しておく必要があった。

問 7．空欄前の「北朝鮮」を見逃さなければ，解答は容易であった。

問 8．「中華王朝の主宰する外交秩序」について理解しておく必要があった。消去法を用いても正答は導けた。

問 9．基礎的な問題であるので，正解したい。

問 10．リード文中の空欄キの人物に関する部分をよく読めば，正答は導ける。

問 11．明へ派遣された正使祖阿の存在が想起できれば正答を導けた。

問 12．戦国時代に鉄砲の国産化に成功したこと，鉄砲玉と火薬の原料が想起できれば答案を作成するのは容易であった。

問 13．基礎的な問題であるので，正解したい。

問 14．「排日移民法」はやや難だが，他の選択肢は移民先が北米から南米等に移行した背景とならない点に注目して，正解を導きたい。

問 15．1941 年がどのような時期に該当するかを想起できれば，解答は導けるが，「富国強兵の観点から」説明するのにやや苦戦したと思われる。

問 16．(あ)・(い)とも，【史料Ａ・Ｂ】からどれだけ情報を読み取れるかが重要である。

問 17．提示されたキーワードを吟味できたかどうかが重要であった。

世界史

解答　設問１．(1)―(d)　(2)―(b)　(3)―(a)　(4)―(c)　(5)―(c)

設問２．北ヨーロッパ商業圏では，ハンブルク・リューベック・ブレーメンなどの北ドイツ諸都市を中心に海産物・木材・穀物などの生活必需品の取引が行われた。また，ガン・ブリュージュなどのフランドル地方ではロンドンから輸出される羊毛を原料にして毛織物業が発達した。この商業圏は，大規模な定期市が開催されたフランスのシャンパーニュ地方や南ドイツのアウクスブルクなどの内陸都市を通じて地中海商業圏と結ばれていた。(200 字以内)

設問３．「北の十字軍」は，奪われた領土・聖地の回復やキリスト教徒の保護が大義とされたイェルサレムへの十字軍や国土回復運動（レコンキスタ）とは異なり，異教徒のキリスト教への改宗が大義とされた。しかし，実際は公然と掠奪を行い，異教徒の殺害・奴隷化が行われるなど凄惨なもので，経済的欲求も絡んだ征服活動であり，ロジャー＝ベーコンらによって批判された。トマス＝アクィナスは「正しい戦争」が成立する条件を「正統な権威」「正統な理由」「正しい意図」とした。この「正しい戦争」の定義はヨーロッパ的な考え方であり，多種多様な文化が尊重される現代では立場により「正しさ」の解釈も異なり，「正しい戦争」の定義も定まっているとはいえないが，その現代においても「北の十字軍」の行為は「正しい戦争」とはいえない。(300 ～ 350 字)

◀解　説▶

≪「北の十字軍」による中世西ヨーロッパ世界の拡大≫

設問１．(1)　(d)誤文。アルビジョワ十字軍（1209 ～ 29 年）を始めたのはフランス王フィリップ２世（位 1180 ～ 1223 年）。フィリップ４世はアナーニ事件（1303 年）や教皇庁のアヴィニョン移転（1309 年）で知られる国王なので時期も異なる。

(2)　(b)正文。

(a)誤文。神聖ローマ帝国（962 ～ 1806 年）はザクセン朝のオットー１世の戴冠により開かれた帝国。

(c)誤文。ベーメン（ボヘミア）が神聖ローマ帝国に編入されたのは11世紀。

(d)誤文。神聖ローマ帝国ではシュタウフェン朝断絶後に大空位時代（1256～73年）となった。金印勅書を発布（1356年）したカール4世は，シュタウフェン朝ではなくルクセンブルク朝の皇帝。

(3)　(a)正文。

(b)誤文。北方戦争（1700～21年）でバルト海の覇権はスウェーデンからロシアに移った。

(c)誤文。スウェーデン王グスタフ＝アドルフは，新教徒側で三十年戦争に介入した。

(d)誤文。ソ連の国際連盟除名（1939年）はフィンランドの提訴によるもの。

(4)　(c)正文。

(a)誤文。グレゴリウス暦を制定（1582年）したのは教皇グレゴリウス13世で，グレゴリウス1世（位590～604年）とは時代も大きく異なり無関係。

(b)誤文。ラテラノ（ラテラン）条約（1929年）を結んで教皇庁と和解したのはムッソリーニ。

(d)誤文。康熙帝はイエズス会宣教師による布教のみを認めているが，ローマ教皇はイエズス会の中国での布教方法を認めていない。

(5)　(c)正文。

(a)誤文。農奴解放を実施したのはシュタインやハルデンベルクらで，プロイセン改革（19世紀初頭）の一環。

(b)誤文。プロイセン王はフランクフルト国民議会（1848～49年）が申し出たドイツ皇帝の地位を拒否している。プロイセン王がドイツ皇帝を兼ねたのはヴィルヘルム1世が最初（ドイツ帝国成立の1871年）。

(d)誤文。プロイセンが七年戦争（1756～63年）で同盟したのはイギリス。

設問2．4つの指定用語が大きなヒントとなるため，指定用語どうしの関連性を考えながら，それぞれの用語に関連する他の用語を書き出し，全体として200字以内にまとめればよい。

北ヨーロッパ商業圏は，北海・バルト海を中心に成立した広範な商業圏であり，これに直接関係する指定用語は「生活必需品」「フランドル」「羊毛」である。「生活必需品」からは海産物・木材・穀物などの具体的産品が導け，こうした産品を取引したのはハンブルク・リューベック・ブレーメンなどの北ドイツ諸都市である。また，「フランドル」地方はガン・ブリュージュなどを中心に毛織物業で繁栄しており，その原料である「羊毛」をフランドル地方に輸出した拠点にロンドンがある。指定用語の「シャンパーニュ」は，北ヨーロッパ商業圏と地中海商業圏を結びつける存在であったことを指摘したい。

設問３．難問。設問が求めているのは「北の十字軍」がどのようなものかを説明することである。まずは問題文（リード文）から「北の十字軍」を象徴する表現をチェックしていきたい。また，同時に条件として「聖地イェルサレムへの十字軍や国土回復運動（レコンキスタ）と比較しつつ」とあるので，これらに関連する表現をリード文から抽出して比較する考察が欠かせない。さらに条件として「会話文における議論を問題文と結びつけて」とあるので，具体的には「北の十字軍」を「正しい戦争」と比較する必要があるが，会話文の内容から「正しさ」への解釈についても触れておきたい。

まず，「北の十字軍」に関しては，リード文の第３段落文末に「北の十字軍は『奪われた領土の回復』や『キリスト教徒の保護』とは，異なる意図に基づくものであった」とあり，聖地イェルサレムへの十字軍や国土回復運動の意図との比較が読み取れる。また，同段落中に「『すべての異教徒たち』をキリスト教へ改宗させ」，第５段落中にも「『異教徒の改宗』をおもな使命とし」とあることから，それらが「北の十字軍」の主な意図だとわかる。そして，第８段落冒頭に「実際の戦闘は……奴隷とした」とあり，これが大義名分とは異なる実情を表しており，第４段落文末の「経済的にぜひとも手に入れたい場所」という表現も含めて，後世の批判の根拠となっている点としてまとめたい。

次に，会話文の議論として特に重要なのが，トマス＝アクィナスが述べた「正しい戦争」が成立するための「正統な権威」「正統な理由」「正しい意図」という３つの条件であり，今日の定義からすれば「北の十字軍」は「正しい戦争」とは解釈できないという結論を解答に含める必要がある。同時に，会話文では「正しさ」とは何かについても議論されているので，異なる文化・宗教によって成り立つ国際社会では，立場により「正しさ」への解釈が異なり，「正しい戦争」の定義も完全には定まっていないことにも触れておくべきだろう。

❖講　評

中世における西ヨーロッパ世界の拡大運動の一環である「北の十字軍」をテーマに，主に中世～近代ヨーロッパの政治・外交および経済を問う内容である。小問の選択肢には一部で宗教史の内容も含まれており，ソ連に関して現代史からも出題されている。なお，リード文には地図も使用されているが，解答には直接影響しないものであった。

出題形式に変化はなく，従来と同じ選択法および論述法で構成されている。選択法については，2022 年度は語句選択 2 問，誤文選択 3 問であったが，2023 年度は誤文選択 1 問，正文選択 4 問となり，やや負担が増加した。論述法については，設問 2 は 2022 年度同様に 4 つの指定用語が解答を導く大きなヒントとなっており，関連する用語を想起しながらまとめていけば解答しやすい。設問 3 は，リード文および設問に付随する会話文の内容から 300 ～ 350 字にまとめる必要があり，読解力と論述力が試されている。リード文および会話文から問題の意図に関連する記述や用語を拾いつつ，「北の十字軍」に関する説明文にまとめる必要がある。2023 年度も 2022 年度と同様，問題に示された文章の読解により解答可能で，2021 年度とは異なり世界史的知識がそれほど必要ない内容となっている。

数学

◀数学Ⅰ・Ⅱ・A・B▶

1 **解答** (1)ア．-1　イ．4　ウ．3　エ．1
(2)オ．-1　カ．3　キ．13　ク．27
(3)ケ．1　コ．4　サ．9　シ．2

◀解　説▶

≪三角関数，3 次関数の最大・最小≫

(1)　$\sin x+\cos x=t$ とおくと

$$t^2=\sin^2 x+2\sin x\cos x+\cos^2 x$$

$$\therefore \quad \sin x\cos x=\frac{1}{2}(t^2-1)$$

$$\begin{aligned}\sin^3 x+\cos^3 x&=(\sin x+\cos x)(\sin^2 x-\sin x\cos x+\cos^2 x)\\&=t\cdot\left(1-\frac{t^2-1}{2}\right)\\&=-\frac{1}{2}t^3+\frac{3}{2}t\end{aligned}$$

ゆえに

$$\begin{aligned}y&=2(\sin^3 x+\cos^3 x)+8\sin x\cos x+5\\&=2\left(-\frac{1}{2}t^3+\frac{3}{2}t\right)+8\cdot\frac{1}{2}(t^2-1)+5\\&=-t^3+4t^2+3t+1\quad(\toア～エ)\end{aligned}$$

(2)　$t=\sqrt{2}\sin\left(x+\frac{\pi}{4}\right)$ より，$0\leqq x<2\pi$ のとき　$-\sqrt{2}\leqq t\leqq\sqrt{2}$

$$\begin{aligned}y'&=-3t^2+8t+3\\&=-(3t+1)(t-3)\end{aligned}$$

よって，増減表は右のようになる。

t	$-\sqrt{2}$	$\cdots$	$-\frac{1}{3}$	$\cdots$	$\sqrt{2}$
y'		$-$	0	$+$	
y	$9-\sqrt{2}$	↘	$\frac{13}{27}$	↗	$9+\sqrt{2}$

ゆえに増減表より，y は $t=-\dfrac{1}{3}$ において最小値 $\dfrac{13}{27}$ をとる。

（→オ～ク）

(3)　(2)で求めた増減表より，$t=\sqrt{2}$ のとき y は最大値 $9+\sqrt{2}$ をとる。

（→サ，シ）

このとき，$t=\sqrt{2}\sin\left(x+\dfrac{\pi}{4}\right)=\sqrt{2}$ より

$$x+\frac{\pi}{4}=\frac{\pi}{2} \qquad \therefore \quad x=\frac{\pi}{4} \quad (\to ケ，コ)$$

2　**解答**　(1)ス．1　セ．3
(2)ソ．1　タ．3　チ．2　ツ．3
(3)テ．1　ト．3　ナ．6
(4)ニ．4　ヌ．9

◀解　説▶

≪空間ベクトル（正八面体）≫

(1)　△ABC，△ACD はともに一辺の長さが１の正三角形なので

$$\overrightarrow{AB}\cdot\overrightarrow{AC}=\overrightarrow{AC}\cdot\overrightarrow{AD}=1\cdot1\cdot\cos\frac{\pi}{3}=\frac{1}{2}$$

AB＝AD＝1，BD＝$\sqrt{2}$ であるから，△ABD は $\angle BAD=\dfrac{\pi}{2}$ の直角二等辺三角形であるので

$$\overrightarrow{AB}\cdot\overrightarrow{AD}=0$$

よって

$$\begin{aligned}\overrightarrow{AD}\cdot\overrightarrow{BC}&=\overrightarrow{AD}\cdot(\overrightarrow{AC}-\overrightarrow{AB})\\&=\overrightarrow{AD}\cdot\overrightarrow{AC}-\overrightarrow{AD}\cdot\overrightarrow{AB}\\&=\frac{1}{2}\end{aligned}$$

$\overrightarrow{AD}$ と $\overrightarrow{BC}$ のなす角を θ $(0\leqq\theta\leqq\pi)$ とすると

$$\cos\theta=\frac{\overrightarrow{AD}\cdot\overrightarrow{BC}}{|\overrightarrow{AD}||\overrightarrow{BC}|}=\frac{\frac{1}{2}}{1\cdot1}=\frac{1}{2}$$

$$\therefore \quad \theta=\frac{1}{3}\pi \quad (\to ス，セ)$$

(2)　$\overrightarrow{AP}=s\overrightarrow{AD}$, $\overrightarrow{BQ}=t\overrightarrow{BC}$（$s$, t は実数）と表せる。

よって，$\overrightarrow{AQ}=(1-t)\overrightarrow{AB}+t\overrightarrow{AC}$ より

$$\overrightarrow{PQ}=\overrightarrow{AQ}-\overrightarrow{AP}=(1-t)\overrightarrow{AB}+t\overrightarrow{AC}-s\overrightarrow{AD}$$

$\overrightarrow{PQ}\perp\overrightarrow{AD}$ より　　$\overrightarrow{PQ}\cdot\overrightarrow{AD}=0$

$$\left\{(1-t)\overrightarrow{AB}+t\overrightarrow{AC}-s\overrightarrow{AD}\right\}\cdot\overrightarrow{AD}=0$$

$$(1-t)\overrightarrow{AB}\cdot\overrightarrow{AD}+t\overrightarrow{AC}\cdot\overrightarrow{AD}-s\left|\overrightarrow{AD}\right|^2=0$$

$$0+\frac{1}{2}t-s=0$$

$\therefore$　$t=2s$　……①

$\overrightarrow{PQ}\perp\overrightarrow{BC}$ より　　$\overrightarrow{PQ}\cdot\overrightarrow{BC}=0$

$$\left\{(1-t)\overrightarrow{AB}+t\overrightarrow{AC}-s\overrightarrow{AD}\right\}\cdot\left(\overrightarrow{AC}-\overrightarrow{AB}\right)=0$$

$$-(1-t)\left|\overrightarrow{AB}\right|^2+t\left|\overrightarrow{AC}\right|^2+(1-2t)\overrightarrow{AB}\cdot\overrightarrow{AC}-s\overrightarrow{AC}\cdot\overrightarrow{AD}+s\overrightarrow{AD}\cdot\overrightarrow{AB}=0$$

$$(t-1)+t+(1-2t)\cdot\frac{1}{2}-\frac{1}{2}s+0=0$$

$\therefore$　$s=2t-1$　……②

①, ②より　　$s=\dfrac{1}{3}$, $t=\dfrac{2}{3}$

よって

$$\overrightarrow{AP}=\frac{1}{3}\overrightarrow{AD}\qquad\therefore\quad\left|\overrightarrow{AP}\right|=\frac{1}{3}\left|\overrightarrow{AD}\right|=\frac{1}{3}$$　（→ソ，タ）

$$\overrightarrow{BQ}=\frac{2}{3}\overrightarrow{BC}\qquad\therefore\quad\left|\overrightarrow{BQ}\right|=\frac{2}{3}\left|\overrightarrow{BC}\right|=\frac{2}{3}$$　（→チ，ツ）

(3)　(2)より　　$\overrightarrow{PQ}=\dfrac{1}{3}\overrightarrow{AB}+\dfrac{2}{3}\overrightarrow{AC}-\dfrac{1}{3}\overrightarrow{AD}$

よって

$$\begin{aligned}\left|\overrightarrow{PQ}\right|^2&=\frac{1}{9}\left|\overrightarrow{AB}+2\overrightarrow{AC}-\overrightarrow{AD}\right|^2\\&=\frac{1}{9}\left\{\left|\overrightarrow{AB}\right|^2+4\left|\overrightarrow{AC}\right|^2+\left|\overrightarrow{AD}\right|^2+4\overrightarrow{AB}\cdot\overrightarrow{AC}\right.\\&\qquad\left.-4\overrightarrow{AC}\cdot\overrightarrow{AD}-2\overrightarrow{AD}\cdot\overrightarrow{AB}\right\}\\&=\frac{1}{9}\left(1+4+1+4\cdot\frac{1}{2}-4\cdot\frac{1}{2}-0\right)\\&=\frac{6}{9}\end{aligned}$$

$\therefore\quad \left|\overrightarrow{PQ}\right|=\dfrac{1}{3}\sqrt{6}$　(→テ～ナ)

(4)　$\overrightarrow{CE}=\overrightarrow{CB}+\overrightarrow{CD}$ より

$$\overrightarrow{AE}-\overrightarrow{AC}=\left(\overrightarrow{AB}-\overrightarrow{AC}\right)+\left(\overrightarrow{AD}-\overrightarrow{AC}\right)$$

$$\therefore\quad \overrightarrow{AE}=\overrightarrow{AB}-\overrightarrow{AC}+\overrightarrow{AD}$$

$\overrightarrow{BQ}=\dfrac{2}{3}\overrightarrow{BC}$ より

$$\overrightarrow{AQ}=\frac{\overrightarrow{AB}+2\overrightarrow{AC}}{3}$$

点 R は平面 EPQ 上の点なので

$$\overrightarrow{PR}=x\overrightarrow{PE}+y\overrightarrow{PQ}\quad (x,\ y は実数)$$

と表せる。よって

$$\begin{aligned}\overrightarrow{AR}&=(1-x-y)\overrightarrow{AP}+x\overrightarrow{AE}+y\overrightarrow{AQ}\\&=(1-x-y)\cdot\frac{1}{3}\overrightarrow{AD}+x\left(\overrightarrow{AB}-\overrightarrow{AC}+\overrightarrow{AD}\right)+y\frac{\overrightarrow{AB}+2\overrightarrow{AC}}{3}\\&=\left(x+\frac{y}{3}\right)\overrightarrow{AB}+\left(-x+\frac{2}{3}y\right)\overrightarrow{AC}+\left(\frac{1}{3}+\frac{2}{3}x-\frac{y}{3}\right)\overrightarrow{AD}\quad \cdots\cdots ③\end{aligned}$$

また，点 R は直線 BF 上の点なので

$$\overrightarrow{BR}=k\overrightarrow{BF}\quad (k は実数)$$

と表せる。よって

$$\overrightarrow{AR}=\overrightarrow{AB}+k\overrightarrow{AD}\quad (\because\ \overrightarrow{BF}=\overrightarrow{AD})\quad \cdots\cdots ④$$

$\overrightarrow{AB}$，$\overrightarrow{AC}$，$\overrightarrow{AD}$ は同一平面上にないので，③，④の係数を比較して

$$\begin{cases}x+\dfrac{y}{3}=1\\-x+\dfrac{2}{3}y=0\\\dfrac{1}{3}+\dfrac{2}{3}x-\dfrac{y}{3}=k\end{cases}\qquad\therefore\quad\begin{cases}x=\dfrac{2}{3}\\y=1\\k=\dfrac{4}{9}\end{cases}$$

よって　$\overrightarrow{BR}=\dfrac{4}{9}\overrightarrow{BF}$

$\therefore\quad \left|\overrightarrow{BR}\right|=\dfrac{4}{9}\left|\overrightarrow{BF}\right|=\dfrac{4}{9}$　(→ニ，ヌ)

3 **解答**　(1)ネ．17　ノ．125

(2)ハ．9　ヒ．136　フ．4　ヘ．17

(3)※ホ．3　マ．16　ミ．16　ム．27

※(3)ホ～ムについては，それぞれ各位Zも正答である旨が大学より公表されている。

◀解　説▶

≪病原菌感染の陽性・陰性の判定の確率，条件付き確率≫

(1)

	A 型に感染	B 型に感染	非感染
陽性	$\frac{1}{100}\times\frac{90}{100}$	$\frac{4}{100}\times\frac{80}{100}$	$\frac{95}{100}\times\frac{10}{100}$
陰性	$\frac{1}{100}\times\frac{10}{100}$	$\frac{4}{100}\times\frac{20}{100}$	$\frac{95}{100}\times\frac{90}{100}$

上の表より，検査Yで陽性と判定される確率は

$$\frac{1}{100}\times\frac{90}{100}+\frac{4}{100}\times\frac{80}{100}+\frac{95}{100}\times\frac{10}{100}=\frac{136}{1000}=\frac{17}{125}\quad(\to ネ,\ ノ)$$

(2)　(1)の表より，検査Yで陽性だったときに，A型に感染している条件付き確率は

$$\frac{\frac{1}{100}\times\frac{90}{100}}{\frac{136}{1000}}=\frac{9}{136}\quad(\to ハ,\ ヒ)$$

検査Yで陽性だったときに，B型に感染している条件付き確率は

$$\frac{\frac{4}{100}\times\frac{80}{100}}{\frac{136}{1000}}=\frac{32}{136}=\frac{4}{17}\quad(\to フ,\ ヘ)$$

(3)　検査Yを2回行ったとき，2回とも陽性となる確率は

A型：$\frac{1}{100}\times\frac{90}{100}\times\frac{90}{100}=\frac{81}{10000}$

B型：$\frac{4}{100}\times\frac{80}{100}\times\frac{80}{100}=\frac{256}{10000}$

非感染：$\frac{95}{100}\times\frac{10}{100}\times\frac{10}{100}=\frac{95}{10000}$ より

$$\frac{81}{10000}+\frac{256}{10000}+\frac{95}{10000}=\frac{432}{10000}$$

よって，2回の検査結果が共に陽性だったときに，A型に感染している条件付き確率は

$$\frac{\frac{81}{10000}}{\frac{432}{10000}}=\frac{81}{432}=\frac{3}{16}\quad(\to ホ,\ マ)$$

2回の検査結果が共に陽性だったときに，B型に感染している条件付き確率は

$$\frac{\frac{256}{10000}}{\frac{432}{10000}}=\frac{256}{432}=\frac{16}{27}\quad(\to ミ,\ ム)$$

4

解答　(1)(i)メ．17　(ii)モ．1　ヤ．2　ユ．2

(2)ヨ．15　ラ．−7　リ．213

(3)ル．11　レ．6

◀解　説▶

≪小問3問≫

(1)　$p:|x+y|\leqq 3$ かつ $|x-y|\leqq 3$

$\therefore\quad -x-3\leqq y\leqq -x+3$ かつ $x-3\leqq y\leqq x+3$

よって，条件 p を満たす点 $(x,\ y)$ は，$(3,\ 0)$，$(0,\ 3)$，$(-3,\ 0)$，$(0,\ -3)$ を頂点とする正方形の周および内部。　……①

$$q:(x-1)^2+(y-1)^2\leqq r^2\quad(r>0)$$

よって，条件 q を満たす点 $(x,\ y)$ は，点 $(1,\ 1)$ を中心とする半径 r の円の周および内部。　……②

(i)「p ならば q」が真であるとき，①が②に含まれる。

①で点 $(1,\ 1)$ から最も遠い点は点 $(-3,\ 0)$ または点 $(0,\ -3)$ であり，点 $(1,\ 1)$ と点 $(-3,\ 0)$ または点 $(0,\ -3)$ の距離は

$$\sqrt{(-3-1)^2+(0-1)^2}=\sqrt{17}$$

よって，$r\geqq\sqrt{17}$ となるので，最小値は　$\sqrt{17}$　(→メ)

(ii)「q ならば p」が真であるとき，②が①に含まれる。

直線 $x+y-3=0$ と点 $(1,\ 1)$ の距離は

$$\frac{|1+1-3|}{\sqrt{1^2+1^2}}=\frac{1}{\sqrt{2}}$$

よって，$r\leqq\dfrac{\sqrt{2}}{2}$ となるので，最大値は　　$\dfrac{1}{2}\sqrt{2}$　（→モ～ユ）

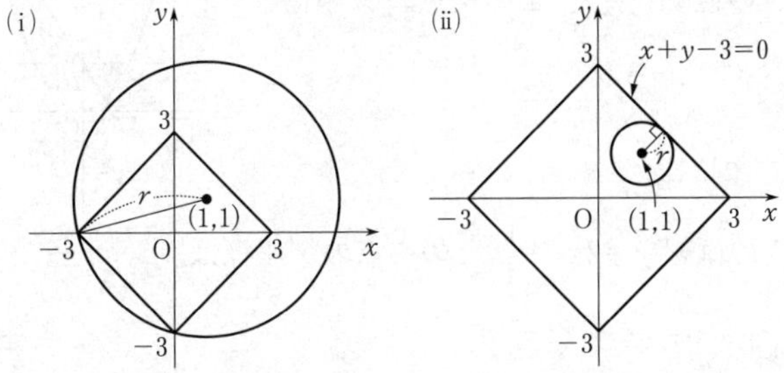

(2)　　$A=\{2,\ 5,\ 8,\ 11,\ 14,\ \cdots\}$

$B=\{3,\ 8,\ 13,\ 18,\ \cdots\}$

$A\cap B$ の最小の要素は 8 で，A の要素は公差 3 の等差数列，B の要素は公差 5 の等差数列であるから，$A\cap B$ の要素の公差は 2 つの公差 3 と 5 の最小公倍数 15 となる。

よって　　$8+15(k-1)=15k-7$　（→ヨ，ラ）

集合 A の要素を a_n とすると $a_n=2+3(n-1)=3n-1$，集合 B の要素を b_n とすると $b_n=3+5(n-1)=5n-2$，集合 $A\cap B$ の要素を c_n とすると $c_n=15n-7$ と表せる。c_k は $A\cup B$ の要素を小さい順に並べて作った数列の第 $4+(k-1)7=7k-3$ 項である。

$7k-3\leqq100$ を満たす最大の自然数は

$k=14$

$c_{14}=a_{68}=b_{41}=203$ なので，$68+41-14=95$ より，$A\cup B$ の第 95 項。

$c_{15}=218$ で

$a_{69}=206,\ a_{70}=209,\ a_{71}=212,\ a_{72}=215,\ a_{73}=218$

$b_{42}=208,\ b_{43}=213,\ b_{44}=218$

よって，$A\cup B$ の第 100 項は　　$b_{43}=213$　（→リ）

(3)　$0 \leqq a \leqq 1$ の範囲を動くとき，線分 P_1P_2 の通過する部分は右図の網かけ部分である。

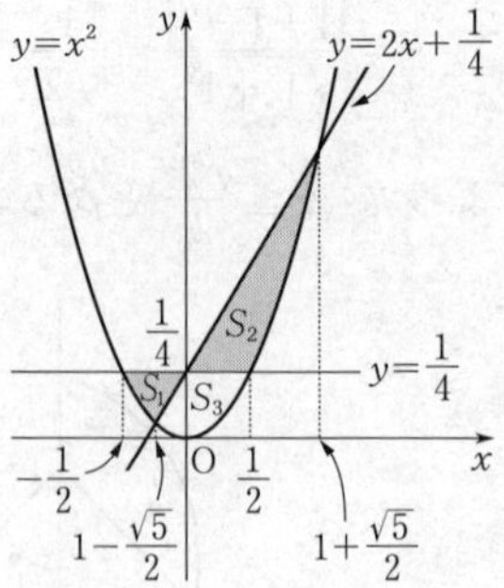

放物線 $y=x^2$ と

$a=0$ のときの直線 $y=\dfrac{1}{4}$ との交点の x 座標は

$$x=\pm\frac{1}{2}$$

$a=1$ のときの直線 $y=2x+\dfrac{1}{4}$ との交点の x 座標は

$$x=1\pm\frac{\sqrt{5}}{2}$$

上図のように S_1，S_2，S_3 とすると

$$S_1+S_3=\int_{-\frac{1}{2}}^{\frac{1}{2}}\left(\frac{1}{4}-x^2\right)dx=\int_{-\frac{1}{2}}^{\frac{1}{2}}-\left(x+\frac{1}{2}\right)\left(x-\frac{1}{2}\right)dx$$

$$=\frac{1}{6}\left(\frac{1}{2}+\frac{1}{2}\right)^3=\frac{1}{6}$$

$$S_2+S_3=\int_{1-\frac{\sqrt{5}}{2}}^{1+\frac{\sqrt{5}}{2}}\left\{\left(2x+\frac{1}{4}\right)-x^2\right\}dx$$

$$=\int_{1-\frac{\sqrt{5}}{2}}^{1+\frac{\sqrt{5}}{2}}-\left\{x-\left(1-\frac{\sqrt{5}}{2}\right)\right\}\left\{x-\left(1+\frac{\sqrt{5}}{2}\right)\right\}dx$$

$$=\frac{1}{6}\left\{\left(1+\frac{\sqrt{5}}{2}\right)-\left(1-\frac{\sqrt{5}}{2}\right)\right\}^3=\frac{5\sqrt{5}}{6}$$

$$S_3=\int_{1-\frac{\sqrt{5}}{2}}^{0}\left\{\left(2x+\frac{1}{4}\right)-x^2\right\}dx+\frac{1}{2}\cdot\frac{1}{4}-\int_0^{\frac{1}{2}}x^2dx$$

$$=\int_{1-\frac{\sqrt{5}}{2}}^{0}\left\{-(x-1)^2+\frac{5}{4}\right\}dx+\frac{1}{8}-\left[\frac{x^3}{3}\right]_0^{\frac{1}{2}}$$

$$=\left[-\frac{1}{3}(x-1)^3+\frac{5}{4}x\right]_{1-\frac{\sqrt{5}}{2}}^{0}+\frac{1}{8}-\frac{1}{3}\cdot\frac{1}{8}$$

$$=\frac{1}{3}-\frac{1}{3}\cdot\frac{5\sqrt{5}}{8}-\frac{5}{4}\left(1-\frac{\sqrt{5}}{2}\right)+\frac{1}{12}$$

$$=\frac{5\sqrt{5}}{12}-\frac{5}{6}$$

よって，求める部分の面積は

$$S_1+S_2=(S_1+S_3)+(S_2+S_3)-2S_3$$

$$=\frac{1}{6}+\frac{5\sqrt{5}}{6}-2\left(\frac{5\sqrt{5}}{12}-\frac{5}{6}\right)$$

$$=\frac{11}{6}\quad (\to ル，レ)$$

参考　S_3 を三角形と「直線と放物線に挟まれた図形」に分割して（右図），面積公式を用いて次のように求めてもよい。

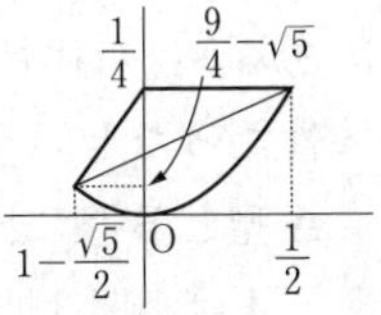

$$S_3=\frac{1}{2}\times\frac{1}{2}\times\left\{\frac{1}{4}-\left(\frac{9}{4}-\sqrt{5}\right)\right\}$$

$$+\int_{1-\frac{\sqrt{5}}{2}}^{\frac{1}{2}}\left[-\left(x-\frac{1}{2}\right)\left\{x-\left(1-\frac{\sqrt{5}}{2}\right)\right\}\right]dx$$

$$=\left(\frac{\sqrt{5}}{4}-\frac{1}{2}\right)+\frac{1}{6}\left\{\frac{1}{2}-\left(1-\frac{\sqrt{5}}{2}\right)\right\}^3$$

$$=\left(\frac{\sqrt{5}}{4}-\frac{1}{2}\right)+\left(\frac{\sqrt{5}}{6}-\frac{1}{3}\right)$$

$$=\frac{5\sqrt{5}}{12}-\frac{5}{6}$$

❖講　評

大問 4 題の出題で，全問マーク式である。

1 は 3 次関数の問題である。(1)は，$\sin x$，$\cos x$ で表された関数を t の 3 次式で表す。(2)・(3)は，t で表された 3 次関数の最大・最小を求める問題である。$t=\sqrt{2}\sin\left(x+\frac{\pi}{4}\right)$ $(0\leqq x<2\pi)$ より t の範囲が $-\sqrt{2}\leqq t\leqq\sqrt{2}$ となることに注意が必要である。

2 は空間ベクトルの問題である。四角形 BCDE は正方形なので，$\overrightarrow{DE}=\overrightarrow{CB}$ より $\overrightarrow{AE}=\overrightarrow{AB}-\overrightarrow{AC}+\overrightarrow{AD}$ と表されることから，$\overrightarrow{AB}$，$\overrightarrow{AC}$，$\overrightarrow{AD}$ で表していくとよい。(1)は，△ABC，△ACD は正三角形，△ABD は直角二等辺三角形であることから，内積 $\overrightarrow{AB}\cdot\overrightarrow{AC}$，$\overrightarrow{AC}\cdot\overrightarrow{AD}$，$\overrightarrow{AD}\cdot\overrightarrow{AB}$ の値を求めて計算する。(2)は，$\overrightarrow{PQ}\perp\overrightarrow{AD}$，$\overrightarrow{PQ}\perp\overrightarrow{BC}$ の条件から $\overrightarrow{PQ}\cdot\overrightarrow{AD}=0$，$\overrightarrow{PQ}\cdot\overrightarrow{BC}=0$ を利用して，$\overrightarrow{AP}$ を $\overrightarrow{AD}$ で，$\overrightarrow{BQ}$ を $\overrightarrow{BC}$ で

表す。(3)は，(2)で $\overrightarrow{\mathrm{PQ}}$ を $\overrightarrow{\mathrm{AB}}$，$\overrightarrow{\mathrm{AC}}$，$\overrightarrow{\mathrm{AD}}$ で表せているので，これから $\left|\overrightarrow{\mathrm{PQ}}\right|$ を求める。(4)は，点 R が平面 EPQ 上の点かつ直線 BF 上の点であることから求める。正八面体の性質から $\overrightarrow{\mathrm{BF}}=\overrightarrow{\mathrm{AD}}$ であることも利用する。

3 は感染の陽性，陰性の判定の確率である。(1)は，陽性，陰性，感染，非感染を組合せて，それぞれ確率を求める。(2)・(3)は，条件付き確率である。(2)は陽性であるという条件のもとで，(3)は2回の検査結果とも陽性だったという条件のもとで，というところに気をつけよう。病原菌A型とB型に同時に感染することはない点にも注意が必要である。

4 は小問3問からなる。(1)は，命題を満たす領域の問題である。どちらの領域がどちらの領域に含まれるかを確認して，図から求めるとよい。(2)は，集合 A と B に共通する要素の数列を求める。具体的に要素を考えると，一番小さい値はみつかる。A と B はともに等差数列であることから，共通の要素の数列は，それぞれの等差数列の公差の最小公倍数となるので，$A\cap B$ の要素の数列の一般項を求める。$A\cup B$ の要素の第100項はだいたいのところに見当をつけて求める。(3)は，直線 $y=2ax+\dfrac{1}{4}$ に着目し，$0\leqq a\leqq 1$ の範囲で動かすと，線分が通過する部分は図から求めることができるので，定積分を利用して面積を求める。

◀数学Ⅰ・Ⅱ・Ⅲ・A・B▶

1 解答

(1)ア．73　(2)イ．67

(3)(i)ウ．-2　エ．6　(ii)オ．2　カ．2

◀解　説▶

≪小問 3 問≫

(1)　$44311=43873\times 1+438$

$43873=438\times 100+73$

$438=73\times 6$

よって，ユークリッドの互除法より，44331 と 43873 の最大公約数は 73 である。(→ア)

(2)　$(2\cdot 7\cdot 11\cdot 13)^{20}=2^{20}\times 1001^{20}$　……①

ここで

$$\begin{aligned}1001^{20}&=(1000+1)^{20}\\&={}_{20}C_0\cdot 1000^{20}+{}_{20}C_1\cdot 1000^{19}+{}_{20}C_2\cdot 1000^{18}+\cdots+{}_{20}C_{19}\cdot 1000^1\\&\qquad\qquad+{}_{20}C_{20}\cdot 1\\&=10^{60}+20\times 10^{57}+190\times 10^{54}+\cdots+20\times 10^3+1\\&=10^{60}+2\times 10^{58}+1.9\times 10^{56}+\cdots+2\times 10^4+1\quad\cdots\cdots②\end{aligned}$$

$2^{20}=1024^2=1048576=1.048576\times 10^6$

$\therefore\ 1\times 10^6<2^{20}<2\times 10^6$

よって　$10^6\times 1001^{20}<2^{20}\times 1001^{20}<2\times 10^6\times 1001^{20}$

ゆえに，①，②より

$$\begin{aligned}10^{66}+2\times 10^{64}+1.9\times 10^{62}+\cdots+2\times 10^{10}+1\times 10^6&<(2\cdot 7\cdot 11\cdot 13)^{20}\\&<2\times 10^{66}+4\times 10^{64}+3.8\times 10^{62}+\cdots+4\times 10^{10}+2\times 10^6\end{aligned}$$

したがって，$(2\cdot 7\cdot 11\cdot 13)^{20}$ の桁数は 67 である。(→イ)

(3)
$$\begin{cases}a_1=0,\ b_1=6\\ a_{n+1}=\dfrac{a_n+b_n}{2}\quad\cdots\cdots①\quad\left(a_2=\dfrac{a_1+b_1}{2}=3\right)\\ b_{n+1}=a_n\quad\cdots\cdots②\end{cases}$$

(i)　①より　$a_{n+2}=\dfrac{a_{n+1}+b_{n+1}}{2}$　……①′

①′に②を代入して　$a_{n+2}=\dfrac{a_{n+1}+a_n}{2}$

この式を変形すると

$$\begin{cases} a_{n+2}-a_{n+1}=-\dfrac{1}{2}(a_{n+1}-a_n) & \cdots\cdots③ \\ a_{n+2}+\dfrac{1}{2}a_{n+1}=a_{n+1}+\dfrac{1}{2}a_n & \cdots\cdots④ \end{cases}$$

③より，数列 $\{a_{n+1}-a_n\}$ は，初項 $a_2-a_1=3$，公比 $-\dfrac{1}{2}$ の等比数列である。

よって　$a_{n+1}-a_n=3\left(-\dfrac{1}{2}\right)^{n-1}$　……③′

④より，数列 $\left\{a_{n+1}+\dfrac{1}{2}a_n\right\}$ は，初項 $a_2+\dfrac{1}{2}a_1=3$，公比1の定数数列である。

よって　$a_{n+1}+\dfrac{1}{2}a_n=3$　……④′

④′−③′より　$\dfrac{3}{2}a_n=3-3\left(-\dfrac{1}{2}\right)^{n-1}$

$\therefore\ a_n=2\left\{1-\left(-\dfrac{1}{2}\right)^{n-1}\right\}$　$(n=1,\ 2,\ 3,\ \cdots)$

②より　$b_{n+1}=2\left\{1-\left(-\dfrac{1}{2}\right)^{n-1}\right\}$　$(n=1,\ 2,\ 3,\ \cdots)$

$\therefore\ b_n=2\left\{1-\left(-\dfrac{1}{2}\right)^{n-2}\right\}$　$(n=2,\ 3,\ 4,\ \cdots)$

この式に $n=1$ を代入すると $b_1=2\{1-(-2)\}=6$ となり，成り立つ。

よって　$b_n=2\left\{1-\left(-\dfrac{1}{2}\right)^{n-2}\right\}$　$(n=1,\ 2,\ 3,\ \cdots)$

$\mathrm{P}_n(x,\ y)$ とおくと

$$\begin{cases} x=2\left\{1-\left(-\dfrac{1}{2}\right)^{n-1}\right\} \\ y=2\left\{1-\left(-\dfrac{1}{2}\right)^{n-2}\right\} \end{cases}$$

$$\therefore \begin{cases} x=2+\left(-\dfrac{1}{2}\right)^{n-2} & \cdots\cdots⑤ \\ y=2-2\left(-\dfrac{1}{2}\right)^{n-2} & \cdots\cdots⑥ \end{cases}$$

⑤より　$\left(-\dfrac{1}{2}\right)^{n-2}=x-2$　……⑤′

⑤′ を⑥に代入して　$y=2-2(x-2)$

したがって，点 P_n は常に直線 $y=-2x+6$ 上にある。（→ウ，エ）

(ii)　$\displaystyle\lim_{n\to\infty}a_n=\lim_{n\to\infty}2\left\{1-\left(-\frac{1}{2}\right)^{n-1}\right\}=2,\ \lim_{n\to\infty}b_n=\lim_{n\to\infty}2\left\{1-\left(-\frac{1}{2}\right)^{n-2}\right\}=2$

より，点 P_n は点（2，2）に限りなく近づく。（→オ，カ）

別解　(3)（i）①と④′ から

$$\frac{a_n+b_n}{2}=3-\frac{1}{2}a_n \iff b_n=-2a_n+6$$

これは，点 P_n（a_n，b_n）が常に直線 $y=-2x+6$ 上にあることを示している。

また　$b_n=-2\left\{2-2\left(-\dfrac{1}{2}\right)^{n-1}\right\}+6=2+4\left(-\dfrac{1}{2}\right)^{n-1}$

(ii)　$\displaystyle\lim_{n\to\infty}a_n=\lim_{n\to\infty}\left\{2-2\left(-\frac{1}{2}\right)^{n-1}\right\}=2$

$$\lim_{n\to\infty}b_n=\lim_{n\to\infty}\left\{2+4\left(-\frac{1}{2}\right)^{n-1}\right\}=2$$

よって，点 P_n は点（2，2）に限りなく近づく。

2　解答

(1)あ．D，G

(2)い―(b)　う―(b)　え―(f)

(3)キ．3　ク．4　ケ．21

(4)コ．7　サ．6

(5)(i)お―(f)　(ii)か―(k)　き―(k)　く―(h)

◀解　説▶

≪立方体を平面で切ったときの切り口の面積，体積≫

(1)　直線 ON と直線 AD の交点を K とすると直線 KM は平面 π 上にあるので，直線 KM と辺 DG の交点 P が平面 π と辺 DG の交点である。（→あ）

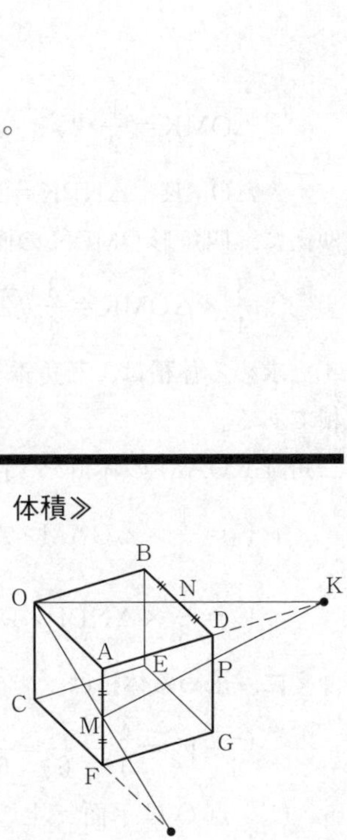

(2)　△OAK∽△NDK なので

$$OA:ND=AK:DK$$

$\therefore$　AK : DK＝2 : 1　……①

また，$\triangle$AKM$\backsim\triangle$DKP なので

AM : DP＝AK : DK

よって，①より　　AM : DP＝2 : 1

ゆえに　　$\overrightarrow{\mathrm{OP}}=\overrightarrow{\mathrm{OA}}+\overrightarrow{\mathrm{AD}}+\overrightarrow{\mathrm{DP}}=\vec{a}+\vec{b}+\dfrac{1}{4}\vec{c}$　(→い～え)

(3)　断面は右図の四角形 OMPN である。

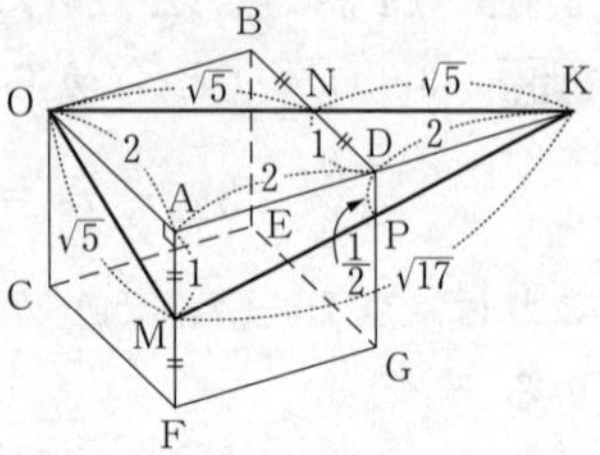

$\triangle$OKM に余弦定理を用いると

$\cos\angle\mathrm{KOM}$

$=\dfrac{(2\sqrt{5})^2+(\sqrt{5})^2-(\sqrt{17})^2}{2\cdot2\sqrt{5}\cdot\sqrt{5}}$

$=\dfrac{8}{4\cdot5}=\dfrac{2}{5}$

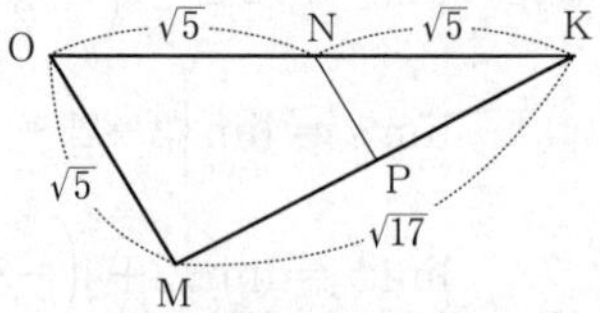

よって　　$\sin\angle\mathrm{KOM}=\sqrt{1-\left(\dfrac{2}{5}\right)^2}$

$=\dfrac{\sqrt{21}}{5}$

$\triangle\mathrm{OMK}=\dfrac{1}{2}\cdot2\sqrt{5}\cdot\sqrt{5}\cdot\dfrac{\sqrt{21}}{5}=\sqrt{21}$

$\triangle\mathrm{OMK} : \triangle\mathrm{NPK}=2^2 : 1^2=4 : 1$

ゆえに，四角形 OMPN の面積は

$\dfrac{3}{4}\times\triangle\mathrm{OMK}=\dfrac{3}{4}\sqrt{21}$　(→キ～ケ)

(4)　求める体積は，三角錐 KOAM から三角錐 KNDP を除いたものの体積である。

三角錐 KOAM の体積を V_1，三角錐 KNDP の体積を V_2 とすると

$V_1=\dfrac{1}{3}\times\triangle\mathrm{OAM}\times\mathrm{AK}=\dfrac{1}{3}\left(\dfrac{1}{2}\cdot2\cdot1\right)\cdot4=\dfrac{4}{3}$

$V_2=\dfrac{1}{3}\times\triangle\mathrm{NDP}\times\mathrm{DK}=\dfrac{1}{3}\left(\dfrac{1}{2}\cdot1\cdot\dfrac{1}{2}\right)\cdot2=\dfrac{1}{6}$

ゆえに，求める体積は

$V_1-V_2=\dfrac{4}{3}-\dfrac{1}{6}=\dfrac{7}{6}$　(→コ，サ)

(5)　(i)　点 Q は平面 π 上の点なので，$\overrightarrow{\mathrm{OQ}}=s\overrightarrow{\mathrm{OM}}+t\overrightarrow{\mathrm{ON}}$（$s$，$t$ は実数）

と表せる。よって

$$\overrightarrow{OQ}=s\left(\vec{a}+\frac{1}{2}\vec{c}\right)+t\left(\vec{b}+\frac{1}{2}\vec{a}\right)$$
$$=\left(s+\frac{t}{2}\right)\vec{a}+t\vec{b}+\frac{s}{2}\vec{c}\quad\cdots\cdots②$$

また，点 Q は線分 CD 上の点なので，$\overrightarrow{CQ}=k\overrightarrow{CD}$（$0\leqq k\leqq 1$）と表せる。よって

$$\overrightarrow{OQ}=(1-k)\overrightarrow{OC}+k\overrightarrow{OD}$$
$$=(1-k)\vec{c}+k(\vec{a}+\vec{b})$$
$$=k\vec{a}+k\vec{b}+(1-k)\vec{c}\quad\cdots\cdots③$$

$\vec{a}$，$\vec{b}$，$\vec{c}$ は同一平面上にないので，②，③の係数を比較して

$$\begin{cases} s+\dfrac{t}{2}=k \\ t=k \\ \dfrac{s}{2}=1-k \end{cases}\qquad\therefore\quad\begin{cases} s=\dfrac{2}{5} \\ t=\dfrac{4}{5} \\ k=\dfrac{4}{5} \end{cases}$$

よって　　$\overrightarrow{CQ}=\dfrac{4}{5}\overrightarrow{CD}$

ゆえに，点 Q は線分 CD を 4：1 に内分する。（→お）

(ii)　(i)より　　$\overrightarrow{OQ}=\dfrac{4}{5}\vec{a}+\dfrac{4}{5}\vec{b}+\dfrac{1}{5}\vec{c}$　（→か～く）

3　**解答**　(1)シ．-1　ス．4

(2)(i)α．$\sqrt{4a+1}\,\pi$　(ii)セ．1　ソ．6

(iii)タ．1　チ．3　(iv)ツ．2　テ．10　ト．3

◀解　説▶

≪容器に注水するときの水面の面積，体積≫

(1)　　$f(x)=x^2(x^2-1)=x^4-x^2$

$$f'(x)=4x^3-2x=4x\left(x^2-\frac{1}{2}\right)$$

x	$\cdots$	$-\frac{1}{\sqrt{2}}$	$\cdots$	0	$\cdots$	$\frac{1}{\sqrt{2}}$	$\cdots$
$f'(x)$	$-$	0	$+$	0	$-$	0	$+$
$f(x)$	↘	$-\frac{1}{4}$	↗	0	↘	$-\frac{1}{4}$	↗

上の増減表より，最小値は　　$m=-\dfrac{1}{4}$　（→シ，ス）

(2)　(i)　$y=a\ \left(-\dfrac{1}{4}\leqq a\leqq 0\right)$ と $y=f(x)$

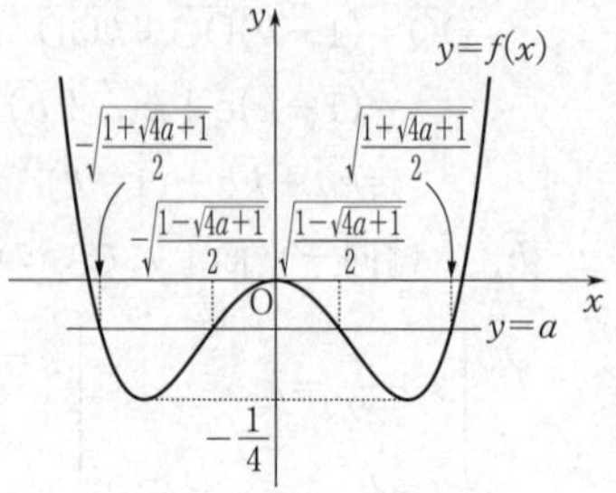

の共有点の x 座標は

$x^4-x^2-a=0$ より

$$x^2=\frac{1\pm\sqrt{1+4a}}{2}$$

$$\therefore\quad x=\pm\sqrt{\frac{1\pm\sqrt{4a+1}}{2}}$$

よって，求める水面の面積は

$$\pi\left(\sqrt{\frac{1+\sqrt{4a+1}}{2}}\right)^2-\pi\left(\sqrt{\frac{1-\sqrt{4a+1}}{2}}\right)^2=\sqrt{4a+1}\,\pi\quad(\to\alpha)$$

(ii)　水面が $y=0$ になったときの水の体積は，(i)より

$$\int_{-\frac{1}{4}}^{0}\pi\sqrt{4a+1}\,da=\pi\left[\frac{2}{3}(4a+1)^{\frac{3}{2}}\cdot\frac{1}{4}\right]_{-\frac{1}{4}}^{0}=\frac{1}{6}\pi\quad(\to セ，ソ)$$

(iii)　単位時間あたりに注ぐ水の量を k とする。

時刻 t のとき $y=a\ \left(-\dfrac{1}{4}\leqq a\leqq 0\right)$ とし，このときの水の体積を V，水面の面積を S とすると

$$S=\pi\sqrt{4a+1}$$

$$V=\int_{-\frac{1}{4}}^{a}\pi\sqrt{4y+1}\,dy=\pi\left[\frac{1}{6}(4y+1)^{\frac{3}{2}}\right]_{-\frac{1}{4}}^{a}=\frac{\pi}{6}(4a+1)^{\frac{3}{2}}$$

よって　　$kt=\dfrac{\pi}{6}(4a+1)^{\frac{3}{2}}$

$$(4a+1)^{\frac{1}{2}}=\left(\frac{6k}{\pi}t\right)^{\frac{1}{3}}$$

$$\therefore\quad \pi\sqrt{4a+1}=(6k)^{\frac{1}{3}}\cdot\pi^{\frac{2}{3}}\cdot t^{\frac{1}{3}}$$

したがって　　$S=(6k\pi^2)^{\frac{1}{3}}\cdot t^{\frac{1}{3}}$

ゆえに，水面が $y=0$ に達するまでは，水面の面積は，水を注ぎ始めてからの時間の $\dfrac{1}{3}$ 乗に比例して大きくなる。（→タ，チ）

(iv)　$f(x)=a$（$a\geqq 0$）を満たす x は

$$x^4-x^2-a=0$$

$$x^2=\frac{1\pm\sqrt{4a+1}}{2}$$

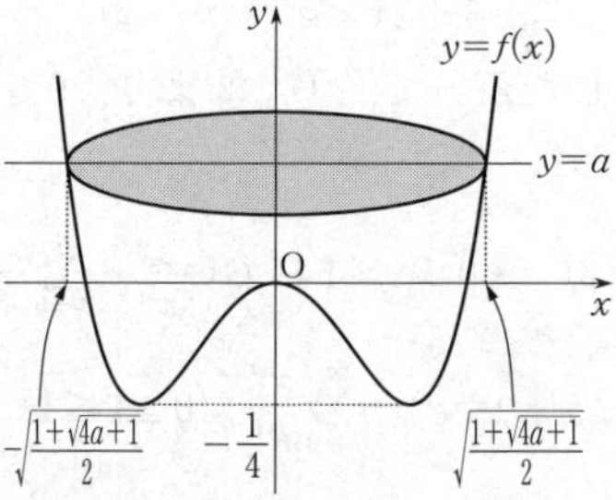

$a\geqq 0$ より，$\dfrac{1-\sqrt{4a+1}}{2}$ は負となるため不適であり

$$x^2=\frac{1+\sqrt{4a+1}}{2}$$

$$\therefore\quad x=\pm\sqrt{\frac{1+\sqrt{4a+1}}{2}}$$

よって，水面が $y=a$（$a\geqq 0$）になったときの水面の面積は

$$\pi\left(\sqrt{\frac{1+\sqrt{4a+1}}{2}}\right)^2=\frac{1+\sqrt{4a+1}}{2}\pi$$

$a=2$ のとき　　$\dfrac{1+\sqrt{8+1}}{2}\pi=2\pi$　（→ツ）

水面が $y=2$ になったときの水の体積は

$$\begin{aligned}\frac{\pi}{6}+\pi\int_0^2\frac{1+\sqrt{4a+1}}{2}da&=\frac{\pi}{6}+\frac{\pi}{2}\left[a+\frac{1}{6}(4a+1)^{\frac{3}{2}}\right]_0^2\\&=\frac{\pi}{6}+\frac{\pi}{2}\left(2+\frac{1}{6}\cdot 3^3-\frac{1}{6}\right)\\&=\frac{10}{3}\pi\end{aligned}$$
（→テ，ト）

4　解答

(1)　$g(x)=e^x-(x+1)$，$h(x)=(1+2x)-e^x$　$(0\leqq x\leqq 1)$ とおく。

$$g'(x)=e^x-1$$

$0\leqq x\leqq 1$ のとき，$g'(x)\geqq g'(0)=0$ より $g(x)$ は単調増加。

よって　　$g(x)\geqq g(0)=0$

$\therefore\quad e^x \geqq x+1$　……①

$h'(x)=2-e^x$

右の増減表より，$0\leqq x\leqq 1$ のとき $3-e>0$ なので，最小値は

x	0	…	$\log 2$	…	1
$h'(x)$		+	0	−	
$h(x)$	0	↗		↘	$3-e$

$h(0)=0$

よって　　$h(x)\geqq 0$

$\therefore\quad 1+2x\geqq e^x$　……②

したがって，①，②より，$0\leqq x\leqq 1$ において $1+x\leqq e^x\leqq 1+2x$ が成り立つ。　（証明終）

(2)　• $0\leqq x\leqq 1$ において，$\displaystyle\sum_{k=0}^{n}\frac{x^k}{k!}\leqq e^x$　……(＊) を数学的帰納法で示す。

$F_n(x)=e^x-\displaystyle\sum_{k=0}^{n}\frac{x^k}{k!}$ $(0\leqq x\leqq 1)$ とおく。

$$F_n(x)=e^x-\left(1+x+\frac{x^2}{2!}+\cdots+\frac{x^n}{n!}\right)$$

[Ⅰ] $n=1$ のとき

$$F_1(x)=e^x-(1+x)\geqq 0\quad (\because\ ①より)$$

よって，(＊) は成り立つ。

[Ⅱ] $n=l$ $(l\geqq 1)$ のとき，(＊) が成り立つと仮定すると

$$F_l(x)=e^x-\left(1+x+\frac{x^2}{2!}+\cdots+\frac{x^l}{l!}\right)\geqq 0\quad ……③$$

このとき

$$F_{l+1}(x)=e^x-\left(1+x+\frac{x^2}{2!}+\cdots+\frac{x^l}{l!}+\frac{x^{l+1}}{(l+1)!}\right)$$

$$F_{l+1}{}'(x)=e^x-\left(1+x+\frac{x^2}{2!}+\cdots+\frac{x^l}{l!}\right)\geqq 0\quad (\because\ ③より)$$

よって，$0\leqq x\leqq 1$ において $F_{l+1}(x)$ は単調増加。

また，$F_{l+1}(0)=0$ であり，$0\leqq x\leqq 1$ のとき

$$F_{l+1}(x)\geqq F_{l+1}(0)=0$$

したがって，$n=l+1$ のとき，(＊) は成り立つ。

よって，[Ⅰ]，[Ⅱ] より，すべての自然数 n について (＊) は成り立つ。

• 次に，$0\leqq x\leqq 1$ において，$e^x\leqq\displaystyle\sum_{k=0}^{n}\frac{x^k}{k!}+\frac{x^n}{n!}$　……(＊＊) を数学的帰納

法で示す。

$G_n(x)=\sum_{k=0}^{n}\frac{x^k}{k!}+\frac{x^n}{n!}-e^x$ $(0\leqq x\leqq 1)$ とおく。

$$G_n(x)=\left(1+x+\frac{x^2}{2!}+\cdots+\frac{x^n}{n!}\right)+\frac{x^n}{n!}-e^x$$

［Ⅰ］$n=1$ のとき

$$G_1(x)=1+x+x-e^x=(1+2x)-e^x\geqq 0 \quad (\because \ ②より)$$

よって，（$**$）は成り立つ。

［Ⅱ］$n=l$ $(l\geqq 1)$ のとき，（$**$）が成り立つと仮定すると

$$G_l(x)=\left(1+x+\frac{x^2}{2!}+\cdots+\frac{x^l}{l!}\right)+\frac{x^l}{l!}-e^x\geqq 0 \quad \cdots\cdots ④$$

このとき

$$G_{l+1}(x)=\left(1+x+\frac{x^2}{2!}+\cdots+\frac{x^l}{l!}+\frac{x^{l+1}}{(l+1)!}\right)+\frac{x^{l+1}}{(l+1)!}-e^x$$

$$G_{l+1}'(x)=\left(1+x+\frac{x^2}{2!}+\cdots+\frac{x^l}{l!}\right)+\frac{x^l}{l!}-e^x\geqq 0 \quad (\because \ ④より)$$

よって，$0\leqq x\leqq 1$ において $G_{l+1}(x)$ は単調増加。

ゆえに，$0\leqq x\leqq 1$ のとき　　$G_{l+1}(x)\geqq G_{l+1}(0)=0$

したがって，$n=l+1$ のとき（$**$）は成り立つ。

よって，［Ⅰ］，［Ⅱ］より，すべての自然数 n について（$**$）は成り立つ。

以上より，$0\leqq x\leqq 1$ において $\sum_{k=0}^{n}\frac{x^k}{k!}\leqq e^x\leqq\sum_{k=0}^{n}\frac{x^k}{k!}+\frac{x^n}{n!}$ が成り立つ。

（証明終）

(3)　(2)より，$0\leqq x\leqq 1$ のとき

$$\sum_{k=0}^{n}\frac{x^k}{k!}\leqq e^x\leqq\sum_{k=0}^{n}\frac{x^k}{k!}+\frac{x^n}{n!}$$

よって，$0<x\leqq 1$ のとき

$$\sum_{k=1}^{n}\frac{x^{k-1}}{k!}\leqq\frac{e^x-1}{x}\leqq\sum_{k=1}^{n}\frac{x^{k-1}}{k!}+\frac{x^{n-1}}{n!}$$

ゆえに

$$\int_0^1\sum_{k=1}^{n}\frac{x^{k-1}}{k!}dx\leqq\int_0^1 f(x)dx\leqq\int_0^1\left(\sum_{k=1}^{n}\frac{x^{k-1}}{k!}+\frac{x^{n-1}}{n!}\right)dx \quad \cdots\cdots ⑤$$

ここで

$$\int_0^1 \sum_{k=1}^{n} \frac{x^{k-1}}{k!}dx = \left[\sum_{k=1}^{n} \frac{1}{k} \cdot \frac{x^k}{k!}\right]_0^1 = \sum_{k=1}^{n} \frac{1}{k \cdot k!}$$

$$\int_0^1 \left(\sum_{k=1}^{n} \frac{x^{k-1}}{k!} + \frac{x^{n-1}}{n!}\right)dx = \left[\sum_{k=1}^{n} \frac{1}{k} \cdot \frac{x^k}{k!} + \frac{1}{n} \cdot \frac{x^n}{n!}\right]_0^1$$

$$= \sum_{k=1}^{n} \frac{1}{k \cdot k!} + \frac{1}{n \cdot n!}$$

よって，⑤は

$$\sum_{k=1}^{n} \frac{1}{k \cdot k!} \leqq \int_0^1 f(x)dx \leqq \sum_{k=1}^{n} \frac{1}{k \cdot k!} + \frac{1}{n \cdot n!} \quad \cdots\cdots ⑤'$$

$\dfrac{1}{5 \cdot 5!} = \dfrac{1}{5 \cdot 120} > \dfrac{1}{1000} = 10^{-3}$，$\dfrac{1}{6 \cdot 6!} = \dfrac{1}{6 \cdot 720} < \dfrac{1}{1000} = 10^{-3}$ なので，⑤′ に $n=6$ を代入すると

$$\sum_{k=1}^{6} \frac{1}{k} \cdot \frac{1}{k!} = \frac{1}{1} \cdot \frac{1}{1!} + \frac{1}{2} \cdot \frac{1}{2!} + \frac{1}{3} \cdot \frac{1}{3!} + \frac{1}{4} \cdot \frac{1}{4!} + \frac{1}{5} \cdot \frac{1}{5!} + \frac{1}{6} \cdot \frac{1}{6!}$$

$$= 1 + 0.25$$

$$+ \frac{(4 \cdot 5 \cdot 6)^2 + (3 \cdot 5 \cdot 6) \cdot (5 \cdot 6) + (3 \cdot 4 \cdot 6) \cdot 6 + (3 \cdot 4 \cdot 5) \cdot 1}{(3 \cdot 4 \cdot 5 \cdot 6) \cdot 6!}$$

$$= 1.25 + \frac{120^2 + 90 \times 30 + 72 \times 6 + 60}{360 \times 720}$$

$$= 1.25 + \frac{17592}{360 \times 720} > 1.25 + \frac{17500}{360 \times 720} = 1.3175\cdots$$

$$(= 1.25 + 0.06787\cdots = 1.31787\cdots)$$

$$\sum_{k=1}^{6} \frac{1}{k} \cdot \frac{1}{k!} + \frac{1}{6 \cdot 6!} = 1.25 + \frac{17592 + 60}{360 \times 720} (= 1.31810\cdots)$$

$$< 1.25 + \frac{17700}{360 \times 720} = 1.3182\cdots$$

よって，$1.3175 < \int_0^1 f(x)dx < 1.3183$ となるので，$\int_0^1 f(x)dx$ の近似値は 1.318 で，誤差は 10^{-3} 以下である。

◀解　説▶

≪不等式の証明，近似値≫

(1)　不等式の証明である。$0 \leqq x \leqq 1$ において $e^x - (1+x) \geqq 0$，$(1+2x) - e^x \geqq 0$ を証明する。これらの不等式の左辺の関数の増減を調べて，最小値を求める。

(2)　不等式の証明である。$e^x \leqq \sum_{k=0}^{n} \frac{x^k}{k!} + \frac{x^n}{n!}$ と $\sum_{k=0}^{n} \frac{x^k}{k!} \leqq e^x$ を数学的帰納法

で証明する。n が大きくなると左辺が大きくなるので，単純には証明できないが，$n=l$ のとき成り立つと仮定した式が，$n=l+1$ のときの式を微分した式になることを利用して証明する。

(3)　(2)で示した不等式を利用するが，$0 \leqq x \leqq 1$ の範囲で積分したときの式（〔解答〕の⑤′の式）から，第 1 辺と第 3 辺は $\dfrac{1}{n \cdot n!}$ ちがうだけなので，この値が 10^{-3} 以下となる n をみつけて近似値を求めていく。

❖講　評

3のうちの 1 問と4だけが記述式で，他はマーク式となっている。

1は小問 3 問である。(1)は最大公約数を求める問題である。ユークリッドの互除法で求める。ユークリッドの互除法はきちんと確認しておこう。(2)は桁数の問題である。常用対数の値は与えられておらず，対数を使って求められないので，二項定理を利用する。$2 \times 7 \times 11 \times 13 = 2002$ なので $2002 = 2 \times 1001$ として利用するとよい。二項定理も使えるように確認しておこう。(3)は，数列の極限の問題である。連立漸化式を解いて，数列 $\{a_n\}$，$\{b_n\}$ の一般項を求める。

2は空間図形の問題である。(1)は平面と立方体の辺との交点の問題である。平面 AFGD を平面 π で切ったときの切り口は，図を描くと考えやすい。(2)は三角形の相似を利用すると，図から DP：PG が求まる。(3)の断面の面積も，(2)と同様に相似を利用して求めればよい。(4)も相似を利用するとよい。(5)は図形的には求めにくいので，点 Q が平面 π と線分 CD の交点であり，それぞれの図形上にあることから係数を比較して求める。

3は容器に注水していくときの水面の面積と体積の問題である。(1)は $f(x)$ の増減表を作り，最小値を求める。(2)(i)の水面はドーナツ型になるので，外側と内側の円の半径を求める。(ii)は(i)の水面の面積を積分して体積を求める。(iii)は条件から水面の面積を時刻 t で表す。(iv)は $0 \leqq y \leqq 2$ のときの水面の面積は円になるので，(ii)で求めた体積に $0 \leqq y \leqq 2$ の体積を加えるとよい。

4は不等式の証明，近似値の問題である。(1)は $0 \leqq x \leqq 1$ において $e^x-(1+x)$，$(1+2x)-e^x$ の最小値が 0 以上であることを示せばよい。

(2)は数学的帰納法で証明する。有名な不等式なので，みたことがある受験生も多いと思う。数学的帰納法の証明としては通常とは少し異なる示し方になるので，〔解答〕をみて確認しておこう。(3)は(2)で求めた不等式を利用することになるが，積分して作った不等式について

(第３辺)＝(第１辺)$+\dfrac{1}{n\cdot n!}$ となり $\dfrac{1}{n\cdot n!}<10^{-3}$ を満たす最小の自然数が $n=6$ なので，不等式に $n=6$ を代入して近似値を求める。

物理

1

解答　1．$ma=-4kx$　2．$\pi\sqrt{\dfrac{m}{k}}$　3．$2kx_0{}^2$

4．$2x_0\sqrt{\dfrac{k}{m}}$　5．$x_0<\dfrac{l}{2}$　6．$\dfrac{3}{2}\pi\sqrt{\dfrac{m}{k}}$

7．

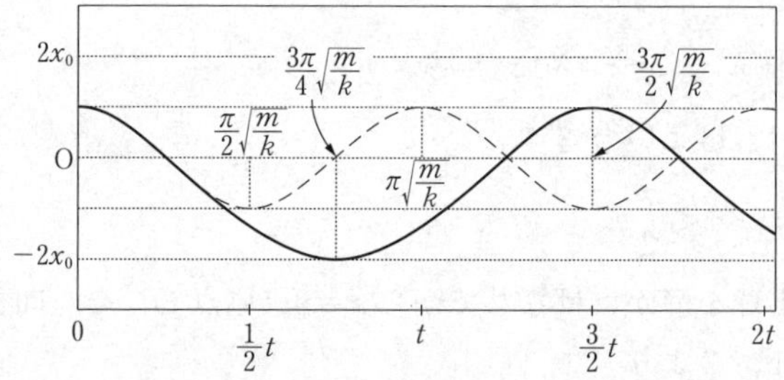

8．$\dfrac{3}{4}l'$　9．$k\left(\dfrac{3}{8}l'^2+2x'^2\right)$　10．$x'=\dfrac{l'}{2}\cos\left(2\sqrt{\dfrac{k}{m}}t\right)$　11．$\dfrac{\pi}{3}\sqrt{\dfrac{m}{k}}$

◀解　説▶

≪ばねおよびゴムひもに取り付けられた小球の単振動，エネルギー保存則≫

1．小球が位置 x にあるときにはたらく力は，右図のようになるので，加速度や力の向きについて右向きを正とすると，小球の運動方程式は

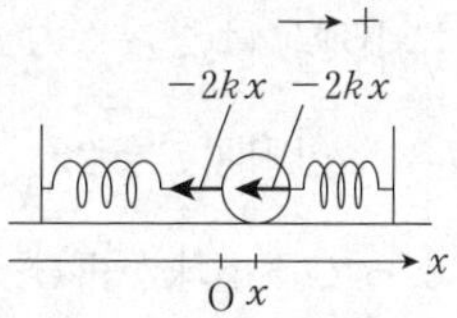

$$ma=-4kx$$

2．1より　　$a=-\dfrac{4k}{m}x$

単振動では，角振動数を ω とすると $a=-\omega^2x$ であるから

$$\omega=\sqrt{\frac{4k}{m}}$$

周期 T は　　$T=\dfrac{2\pi}{\omega}=2\pi\sqrt{\dfrac{m}{4k}}=\pi\sqrt{\dfrac{m}{k}}$

3．弾性エネルギーの和を E とすると

$$E=\frac{1}{2}\cdot 3k\cdot x_0{}^2+\frac{1}{2}\cdot k\cdot x_0{}^2=2kx_0{}^2$$

4．$x=0$（ばねとゴムひもの自然長の位置）の点では，3の弾性エネルギーの和はすべて運動エネルギーに変わるので，求める速さを v_0 とおくと

$$2kx_0{}^2=\frac{1}{2}mv_0{}^2 \qquad \therefore \quad v_0=2x_0\sqrt{\frac{k}{m}}$$

5．$x=0$（原点O）を左向きに通過した後は，ゴムひもがたるみ，右側のばねによる弾性力のみがはたらくので，ばねが最も伸びたときの伸びを x_{max} とおくと，力学的エネルギー保存則より

$$2kx_0{}^2=\frac{1}{2}kx_{\mathrm{max}}{}^2 \qquad \therefore \quad x_{\mathrm{max}}=2x_0$$

これが壁に触れなければよいので

$$2x_0<l \qquad \therefore \quad x_0<\frac{l}{2}$$

6．(i)　$x=x_0$ で小球を静かにはなしてから $x=0$（原点O）を左向きに通過するまでは，1，2より

$$周期\ T=2\pi\sqrt{\frac{m}{4k}}=\pi\sqrt{\frac{m}{k}}$$

(ii)　$x=0$（原点O）を左向きに通過してからばねが最も伸びた後再び原点Oに戻ってくるまでは，ゴムひもがたるみ，任意の位置 x にあるときに小球にはたらく力 F は $F=-kx$ となるので

$$周期\ T'=2\pi\sqrt{\frac{m}{k}}$$

よって，小球が再び $x=x_0$ に戻る時刻 t は

$$t=\frac{T}{4}+\frac{T'}{2}+\frac{T}{4}=\frac{3}{2}\pi\sqrt{\frac{m}{k}}$$

7．6(i)のとき，周期 $T=\pi\sqrt{\frac{m}{k}}$ で振幅 x_0 の単振動であり，6(ii)のとき，周期 $T'=2\pi\sqrt{\frac{m}{k}}$ で振幅 $2x_0$（5より）の単振動となる。以降はこのパターンを繰り返すので，〔解答〕のグラフのような形になる。

8．ばねの自然長からの伸びを x_2，ゴムひもの自然長からの伸びを x_3 とする。

小球にはたらく力のつりあいより　　$kx_2=3kx_3$

また，$x_2+x_3=l'$ なので　　$x_2=\dfrac{3}{4}l'$

9．$x'\geqq 0$ のとき，弾性エネルギーの和 E は

$$E=\frac{1}{2}\cdot 3k\left(\frac{l'}{4}+x'\right)^2+\frac{1}{2}k\left(\frac{3}{4}l'-x'\right)^2$$

$x'<0$ のとき，弾性エネルギーの和 E は

$$E=\frac{1}{2}\cdot 3k\left(\frac{l'}{4}-x'\right)^2+\frac{1}{2}k\left(\frac{3}{4}l'+x'\right)^2$$

いずれの場合も　　$E=k\left(\dfrac{3}{8}l'^2+2x'^2\right)$

10．小球およびばね，ゴムひもの自然長の位置関係は右図のようになっているので，任意の位置 x' においで小球にはたらく力 F' は

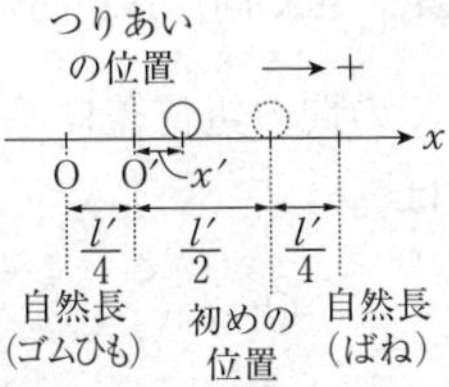

$$F'=k\left(\frac{l'}{4}+\frac{l'}{2}-x'\right)-3k\left(\frac{l'}{4}+x'\right)=-4kx'$$

よって　　周期 $T=2\pi\sqrt{\dfrac{m}{4k}}=\pi\sqrt{\dfrac{m}{k}}$

ゆえに　　角振動数 $\omega=\dfrac{2\pi}{T}=2\sqrt{\dfrac{k}{m}}$

また，振幅は $\dfrac{l'}{2}$ で，$t=0$ で $x'=\dfrac{l'}{2}$ の位置から小球を静かにはなしたので，振動中心は力のつりあいの位置で $x'=0$ であるから，これらをあわせて考えると

$$x'=\frac{l'}{2}\cos\left(2\sqrt{\frac{k}{m}}\,t\right)$$

11．ゴムひもの自然長の位置は 10 の図より，$x'=-\dfrac{l'}{4}$ なので

$$-\frac{l'}{4}=\frac{l'}{2}\cos\left(2\sqrt{\frac{k}{m}}\,t\right)\qquad \therefore\ \ t=\frac{\pi}{3}\sqrt{\frac{m}{k}}$$

2　解答

1．$\varepsilon_0\dfrac{S}{d}V$　2．A：$\varepsilon_0\dfrac{S}{d-x}V$　B：$\varepsilon_0\dfrac{S}{d+x}V$

3．$\dfrac{2\varepsilon_0SV^2x^2}{d(d-x)(d+x)}$　4．$\dfrac{\varepsilon_0SV^2d}{(d-x)(d+x)}$

5．A：$\varepsilon_0\dfrac{S(d+x)}{d^2}V$　B：$\varepsilon_0\dfrac{S(d-x)}{d^2}V$

6．大きさ：$\varepsilon_0\dfrac{2Sx}{d^3}V^2$　向き：X から A

7．$\varepsilon_0\dfrac{S(d+x)(d-x)}{d^3}V^2$　8．①電池　②仕事

◀解　説▶

≪コンデンサーの極板移動にともなう電気量および静電エネルギーの変化≫

1．AX 間，BX 間の電気容量はともに $\varepsilon_0\dfrac{S}{d}$ であり，金属板 A と金属板 X の間の電位差は V で，図アのようになっているので，求める電気量 Q は

$$Q=\varepsilon_0\frac{S}{d}V$$

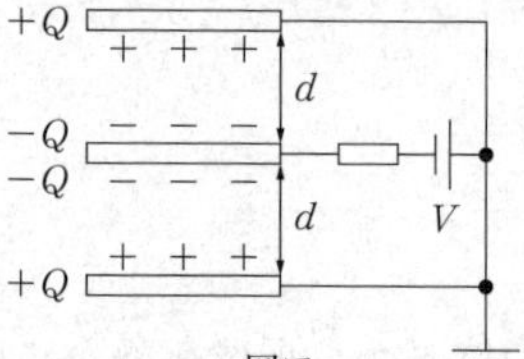

図ア

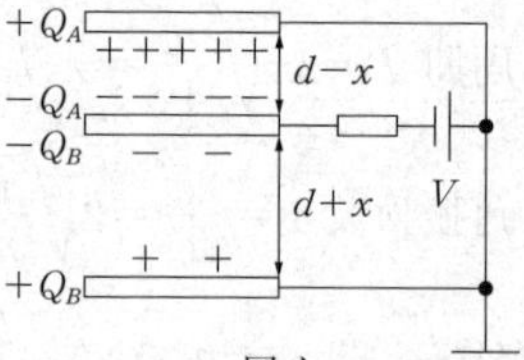

図イ

2．電荷分布は図イのように変化し，金属板 A と金属板 X および，金属板 B と金属板 X の間の電位差は V で変わらないので，A に蓄えられた電気量を Q_{A}，B に蓄えられた電気量を Q_{B} とすると

$$Q_{\mathrm{A}}=\varepsilon_0\frac{S}{d-x}V,\quad Q_{\mathrm{B}}=\varepsilon_0\frac{S}{d+x}V$$

3．電池のした仕事の大きさを $W_{電}$ とおくと，金属板 X に負電荷が流れ込んだときに $W_{電}>0$ となることから，金属板 X に蓄えられた電気量の大きさの変化に注目して

$$W_{電}=\{(Q_{\mathrm{A}}+Q_{\mathrm{B}})-2Q\}\cdot V=\varepsilon_0 SV^2\left(\frac{1}{d-x}+\frac{1}{d+x}-\frac{2}{d}\right)$$

$$=\frac{2\varepsilon_0 SV^2x^2}{d(d-x)(d+x)}$$

4．金属板 A と金属板 X 部分および，金属板 B と金属板 X 部分のコンデンサーの電気容量をそれぞれ C_{A}，C_{B} とおくと，全静電エネルギーの和

を U として

$$U=\frac{Q_{\mathrm{A}}{}^2}{2C_{\mathrm{A}}}+\frac{Q_{\mathrm{B}}{}^2}{2C_{\mathrm{B}}}=\frac{\left(\varepsilon_0\dfrac{S}{d-x}V\right)^2}{2\varepsilon_0\dfrac{S}{d-x}}+\frac{\left(\varepsilon_0\dfrac{S}{d+x}V\right)^2}{2\varepsilon_0\dfrac{S}{d+x}}$$

$$=\frac{\varepsilon_0SV^2}{2}\left(\frac{1}{d-x}+\frac{1}{d+x}\right)=\frac{\varepsilon_0SV^2d}{(d-x)(d+x)}$$

5．スイッチを開いているので，金属板 X を移動する前後で，X に蓄えられている電気量の和は変化しない。X の電荷分布は，図ア→図ウのように変化するので，金属板 A，B に蓄えられた電気量をそれぞれ Q_{A}'，Q_{B}' とすると，電荷保存則より

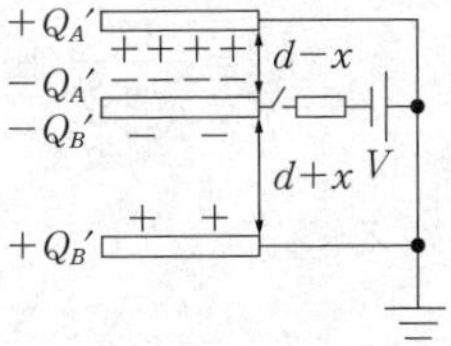

図ウ

$$-Q_{\mathrm{A}}'-Q_{\mathrm{B}}'=-2Q \quad \cdots\cdots ①$$

また，金属板 A と B は同電位なので，AX 間の電位差と BX 間の電位差は等しい。ゆえに，AX 間，BX 間の電場の大きさをそれぞれ E_{A}，E_{B} とおくと

$$(d-x)E_{\mathrm{A}}=(d+x)E_{\mathrm{B}}$$

ここで，$E_{\mathrm{A}}=\dfrac{Q_{\mathrm{A}}'}{\varepsilon_0S}$，$E_{\mathrm{B}}=\dfrac{Q_{\mathrm{B}}'}{\varepsilon_0S}$ であるから，上式より

$$(d-x)Q_{\mathrm{A}}'=(d+x)Q_{\mathrm{B}}' \quad \cdots\cdots ②$$

①，②より

$$Q_{\mathrm{A}}'=\frac{d+x}{d}Q=\varepsilon_0\frac{S(d+x)}{d^2}V,\quad Q_{\mathrm{B}}'=\frac{d-x}{d}Q=\varepsilon_0\frac{S(d-x)}{d^2}V$$

6．コンデンサーの極板間引力 F は，蓄えられた電荷を Q，極板間の電場を E として，$F=\dfrac{1}{2}QE$ で与えられるので，金属板 X にはたらく合力は，上向きを正として

$$\frac{1}{2}Q_{\mathrm{A}}'E_{\mathrm{A}}-\frac{1}{2}Q_{\mathrm{B}}'E_{\mathrm{B}}=\frac{1}{2\varepsilon_0S}(Q_{\mathrm{A}}'^2-Q_{\mathrm{B}}'^2)=\varepsilon_0\frac{2Sx}{d^3}V^2$$

向きは，金属板 X から金属板 A に向かう向きである。

7．全静電エネルギーの和を U' として

$$U' = \frac{Q_A'^2}{2C_A} + \frac{Q_B'^2}{2C_B} = \frac{\left(\frac{\varepsilon_0 SV}{d^2}\right)^2 (d+x)^2}{2\varepsilon_0 \frac{S}{d-x}} + \frac{\left(\frac{\varepsilon_0 SV}{d^2}\right)^2 (d-x)^2}{2\varepsilon_0 \frac{S}{d+x}}$$

$$= \varepsilon_0 \frac{S(d+x)(d-x)}{d^3} V^2$$

8．1の状態での静電エネルギーの和 U_0 は

$$U_0 = \frac{Q^2}{2\varepsilon_0 \frac{S}{d}} + \frac{Q^2}{2\varepsilon_0 \frac{S}{d}} = \frac{\varepsilon_0 SV^2}{d}$$

ゆえに

$$U' - U_0 = \frac{\varepsilon_0 SV^2}{d^3}(d+x)(d-x) - \frac{\varepsilon_0 SV^2}{d} = -\frac{\varepsilon_0 SV^2 x^2}{d^3} < 0$$

$$U - U_0 = \frac{\varepsilon_0 SV^2 d}{(d-x)(d+x)} - \frac{\varepsilon_0 SV^2}{d} = \frac{\varepsilon_0 SV^2 x^2}{d(d-x)(d+x)} > 0$$

すなわち，金属板Xを動かした後の静電エネルギーの和は，スイッチを開いた状態では減少しているのに対し，スイッチを閉じた状態では増加しており，大きく異なることがわかる。一方，金属板Xをゆっくり動かすのに加える外力の向きは静電気力と反対の向きであり，スイッチを開いた場合，6より，Xにはたらく静電気力はX→Aの向きであるため，外力のした仕事は負になる（スイッチを閉じている場合でも同様)。
これは，スイッチを開いている場合は，(外力の仕事)＝(静電エネルギーの変化量）であるため静電エネルギーは減少するが，スイッチを閉じた場合は，(外力の仕事)＋(電池の仕事)＝(静電エネルギーの変化量）であり，3より電池が正の仕事をするので，結果的に静電エネルギーは増加するためである。

❖講　評

2023 年度も例年通り，大問 2 題の出題であった。設問数は 2022 年度とほぼ同じであり，描図問題も出題された。

1　単振動に関する問題が出題された。1 と 2 は，ばねのみの振動なので特に問題はなかったと思われる。3 ～ 7 は，片方のゴムひもが自然長より縮んだときに，振動の状態（周期など）が変わることに気をつける必要がある。グラフの描図問題では，その点に注意して解きたい。8 ～11 では，初めのつりあいの状態でゴムひも，ばね共に自然長ではないため，小球の位置関係に慎重な考察を要する。丁寧に図を描いて調べたい。

2　コンデンサーに関する問題が出題された。1 ～ 4 でスイッチを閉じて極板を動かしたときの変化を，5 ～ 8 でスイッチを開けて極板を動かしたときの変化をそれぞれ考察させている。それぞれの場合で不変な物理量を見抜いて（前半は AX 間および BX 間の電位差一定，後半は金属板 X の電気量一定），そこを糸口に解いていくことが求められる。コンデンサーに関わる公式をきちんと把握した上で，条件に応じて適切に使用できるようにしておきたい。

いずれの問題も例年同様，基礎的な知識をもとにして物理的な思考力や処理能力を見るのに適した良問であった。

化学

1 解答

問1．5.67×10^{0}　問2．1.83×10^{0}　問3．c）
問4．4.5×10^{-2}　問5．3.9×10^{-2}

◀解　説▶

≪水の蒸気圧曲線，吸収する熱量，水蒸気の比熱≫

問1．水1.000 mol（質量18.0 g）の温度を液体のまま25.00℃から100.0℃まで上げるのに必要な熱量 Q〔kJ〕は

$$Q=18.0\times4.200\times(100.0-25.00)\times10^{-3}=5.67\ \text{〔kJ〕}$$

問2．水1.000 molが25℃の液体から25℃の気体になるときに44.00 kJの熱量を吸収するので，熱化学方程式は次のように表す。

$$H_2O(\text{液})_{25}=H_2O(\text{気})_{25}-44.00\ \text{kJ}\quad\cdots\cdots①$$

また，水1.000 molが100℃の液体から100℃の気体になるときに40.80 kJの熱量を吸収するので，熱化学方程式は次のように表す。

$$H_2O(\text{液})_{100}=H_2O(\text{気})_{100}-40.80\ \text{kJ}\quad\cdots\cdots②$$

液体の水1.000 molが25℃から100℃になるときに吸収する熱量は，問1より5.67 kJであるから，熱化学方程式は次のように表す。

$$H_2O(\text{液})_{25}=H_2O(\text{液})_{100}-5.67\ \text{kJ}\quad\cdots\cdots③$$

水蒸気1.000 molが25℃から100℃になるときに吸収する熱量を Q'〔kJ〕とすると，熱化学方程式は次のように表す。

$$H_2O(\text{気})_{25}=H_2O(\text{気})_{100}-Q'\ \text{kJ}\quad\cdots\cdots④$$

①＋④－②－③より　　$Q'=2.47$〔kJ〕$=2470$〔J〕

水（気体）の比熱を x〔J/(g·K)〕とすると

$$2470=18.0\times x\times(100.0-25.00)$$

$$\therefore\quad x=1.829\fallingdotseq1.83\ \text{〔J/(g·K)〕}$$

問3．容積 V_i の容器内部の温度を80.0℃にすると，すべて水蒸気となり圧力は 2.00×10^{4} Paとなった。同温で，容積を V_f にすると，容器内に水滴が生じ始めたので，このときの水蒸気の圧力は80.0℃での飽和蒸気圧に等しい。グラフより圧力は 4.75×10^{4} Paであるから，ボイルの法則より，次の式が成り立つ。

$$2.00\times10^4\times V_i=4.75\times10^4\times V_f$$

ゆえに

$$\frac{V_f}{V_i}=\frac{2.00\times10^4}{4.75\times10^4}=0.421\fallingdotseq0.4$$

問 4．容器に入れた水（液体）を x〔g〕とする。127℃で水はすべて水蒸気になったので，気体の状態方程式より，次の式が成り立つ。

$$1.00\times10^5\times8.31\times10^{-2}=\frac{x}{18.0}\times8.31\times10^3\times400$$

$$\therefore\quad x=4.5\times10^{-2}\text{〔g〕}$$

問 5．47.0℃において一部が凝縮して液体の水が生成したとき，飽和蒸気圧 1.00×10^4 Pa の水蒸気の質量を y〔g〕とすると，気体の状態方程式より，次の式が成り立つ。

$$1.00\times10^4\times8.31\times10^{-2}=\frac{y}{18.0}\times8.31\times10^3\times320$$

$$\therefore\quad y=5.625\times10^{-3}\fallingdotseq5.63\times10^{-3}\text{〔g〕}$$

ゆえに，凝縮して液体になった水の質量は

$$4.5\times10^{-2}-5.63\times10^{-3}=3.937\times10^{-2}\fallingdotseq3.9\times10^{-2}\text{〔g〕}$$

2　解答

問 6．2.5×10^{-1}　問 7．ア．3　イ．1　ウ．2

問 8．$Fe+H_2SO_4 \longrightarrow FeSO_4+H_2$

問 9．1.7×10^{-3}　問 10．5.9×10^0

◀解　説▶

≪鉄の単位格子と密度，Fe^{2+} と $KMnO_4$ の酸化還元滴定≫

問 6．α 鉄の単位格子は体心立方格子である。体心立方格子の一辺の長さを a，原子半径を r とすると，$\sqrt{3}\,a$ の長さで 3 つの原子が接しており，$\sqrt{3}\,a=4r$ となる。隣接する鉄原子間の距離で最短のものは $2r$ となるので

$$2r=\frac{\sqrt{3}}{2}a=\frac{1.73}{2}\times0.286=0.247\fallingdotseq0.25\text{〔nm〕}$$

問 7．体心立方格子の α 鉄の密度を d_α とする。アボガドロ定数を N_A，原子量を M とすると，体心立方格子中には鉄原子が 2 個分含まれるので

$$d_\alpha=\frac{\frac{M}{N_A}\times2}{a^3}=\frac{2M}{a^3N_A}$$

一方，面心立方格子の γ 鉄の密度を d_γ とする。アボガドロ定数を N_A，原子量を M とすると，面心立方格子中には鉄原子が 4 個分含まれるので

$$d_\gamma=\frac{\dfrac{M}{N_A}\times 4}{b^3}=\frac{4M}{b^3N_A}$$

$d_\alpha=d_\gamma$ より

$$\frac{2M}{a^3N_A}=\frac{4M}{b^3N_A}$$

変形して　$\dfrac{a^3}{b^3}=\dfrac{1}{2}$　　$\therefore$　$\dfrac{a}{b}=\sqrt[3]{\dfrac{1}{2}}$

問 8．鉄は水素よりもイオン化傾向が大きいので，酸化力のない希硫酸に溶けて水素を発生する。

$$Fe+H_2SO_4 \longrightarrow FeSO_4+H_2$$

問 9．実験Ⅱより，0.480 g の混合物 **X** 中のすべての Fe を酸化して Fe^{3+} とし，アンモニア水を加えると水酸化鉄(Ⅲ)が生成した。

$$Fe^{3+}+3OH^- \longrightarrow Fe(OH)_3$$

この沈殿物を加熱すると，式量 160 の酸化鉄(Ⅲ)が 0.136 g 生成した。

$$2Fe(OH)_3 \longrightarrow Fe_2O_3+3H_2O$$

ゆえに，生成した酸化鉄(Ⅲ)の物質量は $\dfrac{0.136}{160}=8.5\times10^{-4}$〔mol〕であるから，混合物 **X** に含まれる Fe の物質量は

$$8.5\times10^{-4}\times2=1.7\times10^{-3}\ \text{〔mol〕}$$

問 10．実験Ⅲについて，酸化剤の硫酸酸性の過マンガン酸カリウムと還元剤の Fe^{2+} の e^- を用いたイオン反応式は次のようになる。

$$MnO_4^-+5e^-+8H^+ \longrightarrow Mn^{2+}+4H_2O \quad \cdots\cdots①$$
$$Fe^{2+} \longrightarrow Fe^{3+}+e^- \quad \cdots\cdots②$$

①＋②×5 より

$$MnO_4^-+5Fe^{2+}+8H^+ \longrightarrow Mn^{2+}+5Fe^{3+}+4H_2O$$

ゆえに，2.40 g の混合物 **X** を希硫酸に溶かして全量を 1.00 L とした溶液中に含まれる Fe^{2+} の物質量は

$$2.00\times10^{-3}\times\frac{16.0}{1000}\times5\times\frac{1000}{20.0}=8.0\times10^{-3}\ \text{〔mol〕}$$

また，問 9 より，2.40 g の混合物 **X** に含まれるすべての Fe の物質量は

$$1.7\times10^{-3}\times\frac{2.40}{0.480}=8.5\times10^{-3}\,[\text{mol}]$$

よって，Fe^{3+} の物質量は $8.5\times10^{-3}-8.0\times10^{-3}=5.0\times10^{-4}$〔mol〕となり，割合は

$$\frac{5.0\times10^{-4}}{8.5\times10^{-3}}\times100=5.88\fallingdotseq5.9\,[\%]$$

3　解答

問 11. 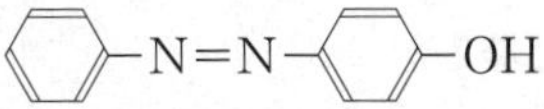

問 12. $4.0\times10^{+2}$　問 13. b)・d)

問 14. c)・d)・e)

問 15. 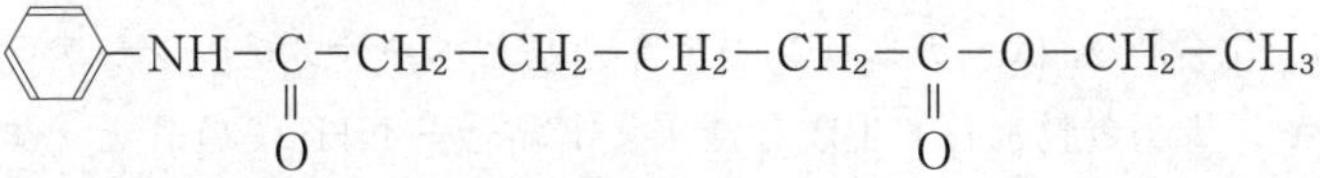

◀解　説▶

≪ $C_{14}H_{19}NO_3$ の化合物の構造決定と加水分解≫

問 11. 化合物 **B** はベンゼンの一置換体で無水酢酸と反応してアセトアニリドが生成するので，**B** はアニリン $C_6H_5NH_2$ である。**B** を希塩酸に溶かし，亜硝酸ナトリウムとジアゾ化させると，化合物 **E** の塩化ベンゼンジアゾニウムが生成する。**E** をナトリウムフェノキシドとカップリング反応を行わせると，アゾ化合物 **F** の *p*-ヒドロキシアゾベンゼン（*p*-フェニルアゾフェノール）が生成する。

問 12. ナイロン 66 の分子式を次のように表すと，分子量は $226n$ となる。

$$\left[\text{CO}-(\text{CH}_2)_4-\text{CO}-\text{NH}-(\text{CH}_2)_6-\text{NH}\right]_n$$

ナイロン 66 の分子量は 4.52×10^4 より

$$4.52\times10^4=226n\qquad\therefore\quad n=2.0\times10^2$$

繰り返し構造の中に，アミド結合 $-CO-NH-$ は 2 個含まれているので，ナイロン 66 の 1 分子中に含まれるアミド結合は 4.0×10^2 個となる。

問 13. 二酸化炭素よりも強い酸に炭酸水素ナトリウム水溶液を加えると二酸化炭素が発生する。選択肢の中では，炭酸よりも酸性の強いカルボン酸である b)サリチル酸と d)マレイン酸があてはまる。

問 14. 化合物 **C** はヘキサメチレンジアミンと縮合重合してナイロン 66 を

生じるので，**C** はアジピン酸 $HOOC-(CH_2)_4-COOH$ となる。化合物 **A**，**B**，**C** の分子式から，**A** を加水分解すると，**B**，**C**，**D** が 1 mol ずつ得られたと考えられる。

$$C_{14}H_{19}NO_3+2H_2O \longrightarrow C_6H_7N+C_6H_{10}O_4+\mathbf{D}$$

これより，化合物 **D** の分子式は C_2H_6O となり，エタノール C_2H_5OH となる。

エタノールは水に非常によく溶け，ナトリウムと反応して水素を発生し，ナトリウムエトキシドとなる。

$$2C_2H_5OH+2Na \longrightarrow 2C_2H_5ONa+H_2$$

エタノールはグルコースからアルコール発酵によりつくることができる。

$$C_6H_{12}O_6 \longrightarrow 2C_2H_5OH+2CO_2$$

問15.　化合物 **A** は，アニリンのアミノ基とヘキサメチレンジアミンのカルボキシ基から脱水して生成したアミド結合 $-NH-CO-$ と，エタノールのヒドロキシ基とヘキサメチレンジアミンのカルボキシ基から脱水して生成したエステル結合 $-CO-O-$ の両方をもつ化合物である。

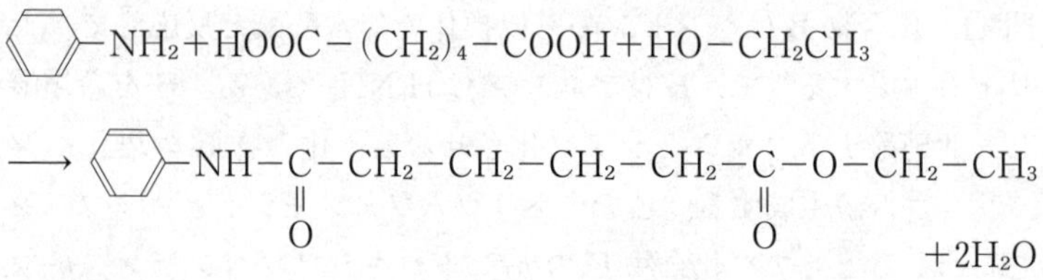

❖講　評

[1]は，「水の蒸気圧曲線，吸収する熱量，水蒸気の比熱」に関する問題であった。液体の水の温度上昇のために加えた熱量の計算は標準的であった。ただし，蒸発熱では通常 100℃における値を使うが 25℃における蒸発熱は教科書での取り扱いがあまりないので新鮮で少し戸惑ったかもしれない。水の蒸気圧曲線では，過剰の水を入れた際の気液平衡における飽和蒸気圧の計算は，問題集で復習をしていれば確実に解答できる。

[2]は，「鉄の単位格子と密度，Fe^{2+} と $KMnO_4$ の酸化還元滴定」に関する問題であった。問7は，Fe の結晶構造で，体心立方格子の α 鉄を高温にすると面心立方格子の γ 鉄に相転移することによって，同じ密度のときの単位格子一辺の長さの比を求める問題であった。文字式の変

形ができれば解答しやすかった。Fe^{2+} の酸化によって Fe^{3+} が生成し，その割合を酸化還元滴定で求める問 10 も，酸化剤と還元剤の量的関係を理解していれば難しくはなかっただろう。

③は，「$C_{14}H_{19}NO_3$ の化合物の構造決定と加水分解」に関する問題であった。3 種類の化合物 **B**～**D** の縮合反応により得られる化合物 **A** の構造決定である。炭素数が多いので難しそうであるが，与えられた反応条件を確実に追っていけば，**B** はアニリン，**C** はナイロン 66 の原料のアジピン酸とわかり，**D** は消去法でエタノールと判定できる。未知の化合物の構造決定問題を意識して解いていれば解答できる。

生物

1 解答

問1．ア．デオキシリボース　イ．水素
ウ．DNAポリメラーゼ　エ．ヒドロキシ基
オ．リン酸基

問2．

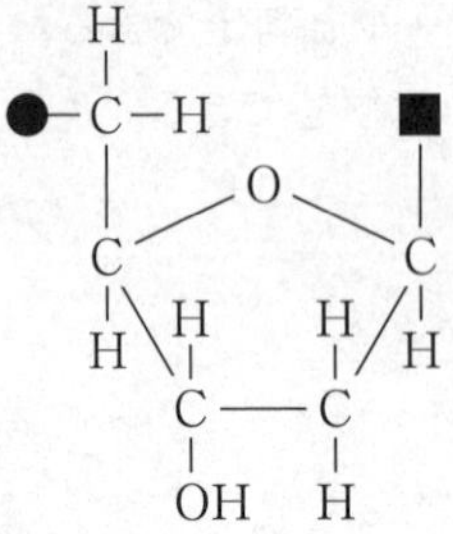

問3．通常のヌクレオチドを取り込んだ場合はヌクレオチド鎖が伸長するが，特殊なヌクレオチドが結合するとヌクレオチド鎖の伸長が停止する。そのため，さまざまな長さのヌクレオチド鎖が生じる。

問4．転写

問5．a)・b)・c)・e)

問6．キ．tRNA　ク．アンチコドン　ケ．翻訳

問7．c)（a)も可）

◀解　説▶

≪核酸の構造，サンガー法，遺伝子の発現≫

問1．エ・オ．ホスホジエステル結合は，ヌクレオチドの3′の位置の炭素に結合しているヒドロキシ基（エ）と，新たに付加されるヌクレオチドの5′の位置の炭素に結合しているリン酸基（オ）との間で形成される。

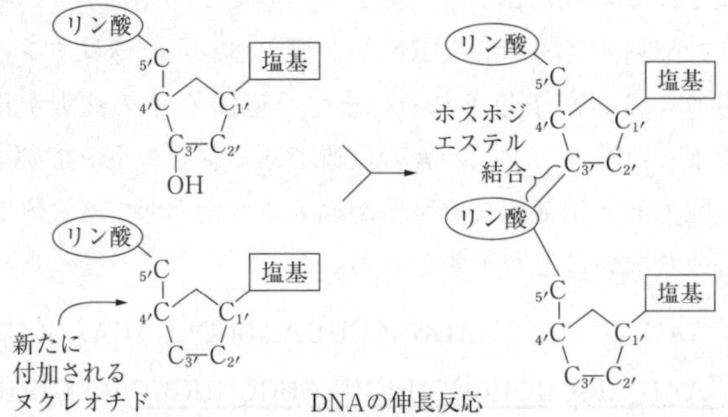

DNAの伸長反応

問 3．サンガー法（ジデオキシ法）は，ヌクレオチドの 3′ の位置の炭素に結合しているヒドロキシ基の代わりに水素 H を導入した特殊なヌクレオチド（ジデオキシヌクレオチド）と通常のヌクレオチドとを混合して DNA の伸長反応を進めることで，DNA の塩基配列を決定させる方法である。解析したい DNA の複製の過程で特殊なヌクレオチドが結合すると，ヌクレオチド鎖の伸長が停止し，これによってさまざまな長さのヌクレオチド鎖が生じる。生じた二本鎖を解離して一本鎖にし，電気泳動法によって長さの順に並べることで，塩基配列を決定していく。本問では，この DNA 合成反応で「どのようなことが起こる」かについて問われているため，「特殊なヌクレオチドが結合してヌクレオチド鎖の伸長が停止する」「その結果，さまざまな長さのヌクレオチド鎖が生じる」の 2 点を盛り込みたい。

問 5．胃や肝臓，腎臓を構成する分化した細胞であっても全ての遺伝子（DNA）が含まれており，細胞ごとに発現する遺伝子の組合せが異なることに注意する。そして，文章 2 に「遺伝子 A の DNA 断片を一本鎖にした場合も，遺伝子 A の RNA と相補的な配列をもつ RNA と二本鎖を形成することができる」「ペプシノーゲン遺伝子は，胃だけで発現しており，肝臓や腎臓などの他の臓器では発現していない」と記載されていることから，ペプシノーゲン mRNA に相補的な RNA と二本鎖を形成できる分子は，胃，肝臓，腎臓から抽出した DNA（a）・c）・e））と，胃から抽出した RNA（b））であることがわかる。

問 7．文章 3 に「mRNA の開始コドン近傍に短い相補的な RNA が結合して二本鎖を形成している場合には，リボソームによる翻訳が阻害される」と記載されていることから，図 2 において，開始コドン（下図の※の位置）を含む配列(a)と相補的な RNA が導入されたときにタンパク質の合成が阻害されることが予想される。また，遺伝子 B の翻訳が正常に開始コドンで始まった場合，下図の★の位置である終止コドンで翻訳が終わることから，配列(b)と相補的な RNA が導入されたとしても，タンパク質の合成は阻害されないことが予想される。

CAGAACUUCUCCCUAGCACCUUAAGCCUGAGAAGGGAUC
開始コドン
AUGAAGUGGCUCUGGGUCCUUGGGCUUGUGGCCCUCUCA
(a) ※
GAGUGCUUGGUCAAAAUCCCUCUGACGAAGAUUAAGUCC
AUCAGGCUGUAUUUCACCGUGUUUGAUCGGGCAAAUAAC
終止コドン
AGGAUUGGUCUGGCUCCUGCUGCGUGAGUGUUGAGCCUC
★
CUUCAGGGAAUCGCGGGGCAUCCCCCUCAACACACUGAG
(b)
UGCACACAGGGCAUAUUUCAUCCAGAGAGCUGAUCCCAG

また，配列(a)と相補的な RNA が導入された際に，図 2 の mRNA が二本鎖を形成しない可能性も考慮して，a）も正解とした。

2 解答

問 8．水分の蒸発を防いだり，植物体の内部を保護したりする役割を担っている。

問 9．a）・b）・d）・e）　問 10．a）・b）・c）・e）

問 11．

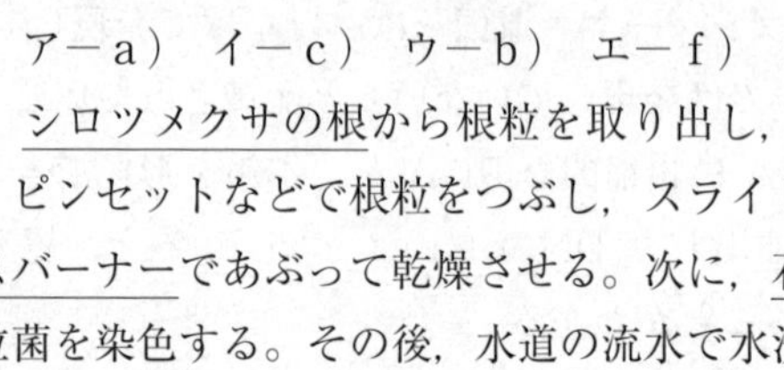

問 12．ア―a）　イ―c）　ウ―b）　エ―f）　オ―g）　カ―h）

問 13．シロツメクサの根から根粒を取り出し，スライドグラスの上にのせる。ピンセットなどで根粒をつぶし，スライドグラスの一端をもちながらガスバーナーであぶって乾燥させる。次に，石炭酸フクシン液を滴下して根粒菌を染色する。その後，水道の流水で水洗して，根粒菌をカバーグラスで封入しプレパラートを作製する。乾燥させたプレパラートを，顕微鏡を使って観察する。

◀解　説▶

≪植物の組織，気孔の開閉，窒素代謝≫

問 8．本問では「水分の蒸発を防ぐ」「植物体の内部を保護する」の 2 点を盛り込みたい。

問 9．c)誤文。気孔の開口は，孔辺細胞の気孔に面する側ではなく，その反対側の細胞壁が伸びることで起こる。

問 10．a)正文。道管は根から吸収した無機塩類や水分を葉や茎へ運ぶ通路であるが，文中の「養分」を「無機養分」と解釈すれば正しい記述と言えるだろう。

d)誤文。シダ植物も種子植物同様，維管束をもつ。

問 11．柵状組織は，縦に長い葉肉細胞が規則的に葉の表側に並んで分布するように描図する。また海綿状組織は，不規則な形の葉肉細胞が，細胞間隙（空気）の占める割合を大きくした状態で葉の裏側に分布するように描図する。

問 13．ほとんどの教科書や資料集（図説）に記載されていない内容であり，本問の内容を知識として備えていなかった受験生も多かっただろうが，与えられた「石炭酸フクシン液」「ガスバーナー」の用途に注目して論述していくとよい。石炭酸フクシン液は本問で唯一与えられた薬品であり，根粒菌の染色液であることが予想できる。またガスバーナーは，石炭酸フクシン液で根粒菌を染色する前に乾燥させるための器具であることも予想できる。これらに基づいて，本問では「シロツメクサの根から根粒を取り出す」「根粒をスライドグラスの上にのせる」「根粒をつぶす」「つぶした根粒がのっているスライドグラスをガスバーナーであぶる」「石炭酸フクシン液で根粒菌を染色する」「顕微鏡で根粒菌を観察する」の 6 点を盛り込みたい。

3　**解答**　問 14．アーa)　イーh)　ウーi)　エーi)　オーa)

問 15．個々の感覚ニューロンは刺激が強くなると興奮の頻度が増加する。また，個々の感覚ニューロンの閾値が異なるので，刺激が強くなるほど興奮する感覚ニューロンの数が増える。

問 16．b)・d)　問 17．e)・f)

問 18.

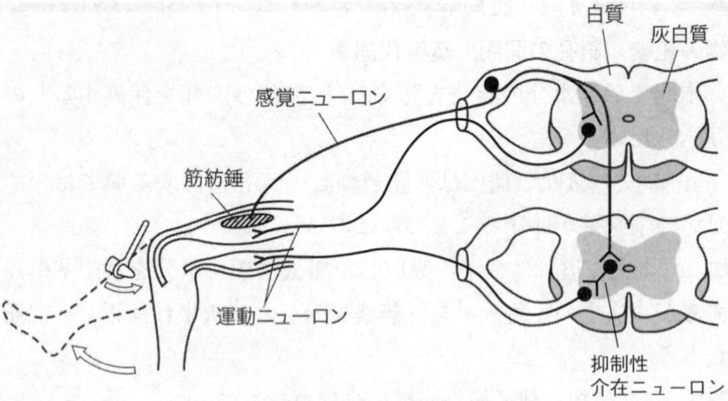

問 19.　f）

◀解　説▶

≪興奮伝導の経路と反射，刺激の受容と反応，筋収縮≫

問 14.　ア～ウ．脊髄は，受容器と大脳（ア）を感覚神経で，また，効果器と大脳を運動神経でつないでおり，随意運動を行うときの興奮の伝達経路となっている。運動神経につながる神経と感覚神経につながるほとんどの神経は延髄（イ）で交差しているが，痛覚を伝える感覚神経につながる神経は脊髄（ウ）で交差している。

問 15.　本問では「刺激の強弱が興奮の頻度に置き換わって伝わること」と「刺激が強くなると興奮する感覚ニューロンの数が増えること」の 2 点を盛り込みたい。

問 16.　a）誤文。光を受容した錐体細胞の種類や割合の情報は，網膜の細胞層で色の情報に変換されるわけではなく，視神経を介して大脳皮質に伝えられたあとで，色の情報に変換・認識される。

c）誤文。1 つの味覚芽（味蕾）は，5 つの基本味の感覚を引き起こす全ての味物質を受容することができる。味覚芽ごとに対応する味が異なるわけではない。また，味覚情報は味覚芽ごとに異なる味神経を介するのではなく，味細胞ごとに異なる味神経を介する。

e）誤文。冷たさの刺激を受容する冷点と熱さの刺激を受容する温点は，同じ受容器ではなく，別の受容器である。

問 17.　a）誤文。シナプス間隙に放出されたアセチルコリンは，コリンエステラーゼの作用ですみやかに分解される。

b)誤文。骨格筋において，1本の運動神経は数個から数百個の筋繊維を支配しており，運動神経からの刺激によって筋繊維1本1本が独立して活動電位を発生させる。骨格筋全体だと，これら1つ1つの活動電位が複合的に生じており，持続時間の長い活動電位が生じているようにみえるが，筋繊維1本に生じている活動電位の持続時間が長いわけではない。ちなみに，心筋では持続時間の長い活動電位が生じている。

c)誤文。筋小胞体内から筋原繊維の周囲へのカルシウムイオン放出は，濃度勾配にしたがった受動輸送である。

d)誤文。筋収縮は，ミオシン頭部とアクチンフィラメントとが結合したり離れたりすることによって生じる。両者が常に結合しているわけではない。

問 18. 解答欄の図において，筋紡錘を含む上部の筋肉が伸筋，下部の筋肉が屈筋であることに注目する。これと，問題文に「屈筋のし緩は，屈筋に接続している運動ニューロンが抑制されることで起こる」と記載されていることから，下部の脊髄内に抑制性介在ニューロンが含まれており，これが上部の感覚ニューロンとつながっていることが予想できる。本問では「上部の脊髄内の感覚ニューロンが二又に分かれていること」「上部の脊髄から伸筋へ運動ニューロンがつながっていること」「下部の脊髄に抑制性介在ニューロンが含まれており，これが上部の感覚ニューロンとつながっていること」「下部の脊髄から屈筋へ運動ニューロンがつながっていること」の4点がきちんと描図できていればよいだろう。

問 19. 唾液分泌を調節する反射中枢は延髄にある。また，食べ物が口に入ると，副交感神経の働きにより唾液腺の血管が拡張することで血管内の水分量が増し，結果的に唾液の分泌量が増える。

❖講　評

例年どおり，2023 年度も大問 3 題の出題であった。小問数は 19 問，うち描図問題は 2 問，論述問題は 4 問であった。また，[2]問 13 では，近年ではみられない長文の論述問題も出題された。

[1]　核酸の構造，サンガー法，遺伝子の発現に関する出題であった。問 2 ではヌクレオチドの化学構造を書かせる問題が，問 3 ではサンガー法に関する論述問題が出題された。また問 5 では，選択遺伝子発現に基づく思考問題が出題された。さらに問 7 では，開始コドンと終止コドンの位置を正確に読み取る必要があった。

[2]　植物の組織，気孔の開閉，窒素代謝に関する出題であった。問 8 はクチクラ層に関する論述問題，問 11 は柵状組織と海綿状組織に関する描図問題であったが，教科書内容を把握していた受験生であれば難なく正答できたであろう。また，問 13 は根粒菌の採取および観察方法について問われる論述問題であったが，ほとんどの教科書や資料集（図説）に記載されていない内容であり，完答できた受験生は少なかったであろう。

[3]　興奮伝導の経路と反射，刺激の受容と反応，筋収縮に関する出題であった。問 14 では興奮伝導における延髄交叉と脊髄交叉の違いに関する知識問題，問 18 では膝蓋腱反射における屈筋の収縮の抑制に関する描図問題が出題された。いずれも教科書や資料集に記載されている図の詳細な内容を明確に覚えていないと正答できない問題であり，多くの受験生を苦しめた問題であっただろう。

いずれの大問も従来からの頻出分野であった。特に「遺伝情報」「植物の反応」「動物の反応」の分野は，十分に学習しておくことが望ましい。[1]の問 3 や[2]の問 13，[3]の問 14・問 18 での出題を考慮すると，教科書や資料集の発展内容まで把握しておきたい。

❖講　評

一の現代文はデカルトの考えを踏まえて「日常的判断」の問題点を明らかにしていく文章。論旨は明快だが、キーワードとなる概念の整理をきちんと行う必要がある。設問はキーワードに関する本文の記述を確認させるための内容説明が主であり、読解力の確認を意図したものと推定される。設問のレベルは標準的。

二の古文は『とはずがたり』を中心に、関連する文章を並べての出題。問一は月に関する知識の問題。問四は文脈の把握と和歌の解釈が求められる。問五は和歌修辞の問題。縁語・序詞・掛詞・見立てなどの和歌の修辞技法への習熟が求められる。問八は和歌の贈答に関する問題。二つの和歌の詠み手を特定することも含めて、状況の把握も求められた。問九は示された二つの文章と和歌の関係を問う問題。『伊勢物語』と『とはずがたり』の成立時期を知らないとやや苦労する。総じて、古文に関する深い知識を要求する大問であった。

三は古文（『太平記』）と『太平記』に取材した日本漢文に関連する問題。『大東世語』は江戸中期の儒者である服部南郭が書いた伝記。問一は漢字書き取りの問題。3の「叙爵」がやや難しかったかもしれない。問二は「過差」「公方」の知識が求められた。問三は本文で白文で示された箇所を根拠として考えなくてはならない。漢文の文構造への習熟が求められる。問四は「爾」字の用法を問う問題。文脈に応じた解釈が求められる。問五は選択肢をヒントとしながら「布」字の意味を把握できれば正解を得られる。問六は空所補充の問題。文章全体の把握と人物像の把握とが求められた。問七も同様に、主人公の青砥左衛門の人物像を三つの文章を読みながら検討する必要がある。全体的に紛らわしい選択肢が多く、消去法に頼らざるを得なかったかもしれない。

Ｙ、空欄直前の「奉躬」は〝自分自身を養う〟の意。空欄Ｙの前に「其家不甚乏」とあり、青砥左衛門が贅沢をしなかったこと、また、空欄以下にも質素な生活をしていたことが記されている。したがって正解はｃの「倹」。ｂの「吝」は〝けち〟という意味であり不適。

Ｚ、空欄前の「下飯」は〝飯のおかず〟の意。「飯」とあるので、食事に関することと考えてよい。Ａに「飯の菜には焼きたる塩」とあることから、ｅの「塩」が入ると判断できる。

問七　選択肢にＡ～Ｃに共通して適切なものがないため、この問いも消去法で解答を導くのがよいだろう。

ａ、「過不足のない衣食住の環境を求めた」が誤り。Ａ・Ｃで青砥左衛門は、質素倹約に努める人物として描かれている。

ｂ、Ｂの内容に合致する。ここでの「適正に金銭が流通」とは、青砥左衛門が金銭を、民の生活を潤すために使ったことを指していると考えてよい。

ｃ、青砥左衛門の「思いやり」は失敗した家臣を責めないことではなく、民全体に及ぶ思いやりである。

ｄ、「倹約家」であることは正しいが、「金銭を出し惜しんで」が不適。Ｂの文章の行いに合わない。

ｅ、「経済通であった」が不適。「経済通」とは理財に明るいことをいう。青砥左衛門が讃えられるのは、その金銭を民のために（社会全体のために）用いたからである。この点からもｂの「目先の損得勘定よりも」が正しい。

5、「公方《くぼう》」の原義は〝公的なこと・公務〟の意。また、〝朝廷・天皇、（鎌倉時代以降は）幕府〟の敬称。ここでの「公方の事」は朝廷や幕府などの役所の公務を指す。dの「政治を執り行うこと」が正解。aの「将軍をもり立てること」も紛らわしいが、「公方の事」の言い回しは公務と解釈するのがよいだろう。

問三　「或」（＝ある人）の笑った内容を確認すると「得不償失」とある。「得」は主語であり、名詞として〝手に入れたもの〟の意。「不償失」は「失を償《つぐな》はず」と訓読し〝損失を埋め合わせない〟の意。「ある人」は、青砥左衛門の、十文を探すのに五十文を費やした行いが損得勘定に合わないことを笑ったのである。選択肢が紛らわしく消去法が有効。aは「あらたに手に入れた金銭」が誤り。手に入れたのは青砥左衛門の従者が落とした十文であり、新たに手に入れたものではない。bは「十銭ほどのお金に執着する」が誤り。「ある人」は損得勘定の観点から青砥左衛門を笑っている。dは「わざわざ夜にたいまつを照らして……」が不適。たいまつ代を費やしたことを笑ったわけではない。

問四　「爾」字は「なんぢ」（＝君・あなた）、「しかり」（＝そのとおりである）、「のみ」（＝〜だけだ・〜だ）の用法がある。波線部7は青砥左衛門が「ある人」の言葉に反論する場面。この「爾」字は「然」と同じ用法で「不爾」で「爾《しか》らず」（＝そうではない）と訓読する。したがって正解はfの「然」。波線部9は「爾」を含む一文の意味を考える。「是当患爾」とあり、「当」字を再読文字と考えると「是れ当に患ふべきのみ」（＝このことが憂えなくてはならないことなのだ）となる。この「爾」は「耳」「而已」「而已矣」などと同じく限定や強調を表す助字である。

問五　「布」字は動詞として「しく」と読み〝広く行き渡る〟の意。「流布」「散布」などの熟語を連想するとよい。「在民間」は「民間に在り」と訓読し直訳すれば〝民の中にある〟となる。正解はa。b・cは傍線部の主語が「雇銭五十」であることと合わない。dは「分布して」が「布」字の意味として不適。

問六　X、空欄直後の「蹟」字は〝功業・功績〟の意。bの「正」はやや迷うが、青砥左衛門の「愛民施貧」の行いはeの「仁」にあたる。「仁」のここでの意味は〝思いやり・慈しみ〟と考えてよい。

じて（落とした十文とは）別に五十文を出し人夫を雇い、川底をたいまつで照らして、（落とした十文を）探した。とうとう（十文を）手に入れて帰った。ある者がその手に入れたもの（＝十文）は失ったもの（＝五十文）を埋め合わせないと笑った。藤綱は言った、「そうではない。（人夫を）雇った五十文は、広く行き渡って民の手に入る。（しかし）川に落ちた十文は、永久に世の宝を失うことになる。このことが憂えなくてはならないことなのだ」と。

C　藤綱は北條氏の領地の生まれである。民を愛し貧者に施しをし、事績は仁の心のある行いが多かった。その（＝藤綱の）家はひどくは貧しくはなく、自身の生活はとても慎ましやかであった。衣服には絹織物はなく、飯のおかずにはただ塩を少しばかり用いるだけであった。

読み

B　青砥藤綱、夜水を渉《わた》る。従者誤り失《しつ》して銭十文を墜《おと》し、以て藤綱に告ぐ。藤綱乃ち命じて別に銭五十文を出し夫を雇ひ、水底を炬照し、捜索す。訖《つひ》に得て帰る。或《あ》るひと其の得ること失《しつ》を償はざるを笑ふ。藤綱曰はく、爾《しか》らず。雇銭五十、布《し》きて民間に在り。水に没する十銭、永く世宝を失ふ。是れ当に患《うれ》ふべきのみと。

C　藤綱北條氏治地の産たり。民を愛し貧に施し、事仁蹟《じんせき》多し。其の家甚だしくは乏しからず、躬《み》を奉ずること甚だ倹なり。衣には縑帛《けんぱく》無く、下飯《かはん》には唯だ塩少し許《ばかり》を用ゐるのみ。

▲解　説▼

問一　1、「所領をチギョウして」とある。「所領」は〝領地〟のこと。「知行」は〝土地を支配する〟の意である。

2、「衣裳には細布のヒタタレ」とあり、衣装のこととわかる。「直垂」は鎌倉時代以降、武士の平服となった衣服の名。

3、「ジョシャク」は漢字をあてると「叙爵」。〝爵位を授けられること〟の意。特に官人が初めて従五位下に叙せられることをいう。

問二　4、「過差」は〝度を過ぎた華美・贅沢〟の意。bが正解。

れている。
h、Eの成立のときに「八橋」が失われていたかは、和歌表現からは不明。Dの文章では「八橋」という地名の来歴が記されているだけとも読めるが、存在していたと考えても問題はない。

三

出典　A、『太平記』〈巻第三十五〉
B・C、服部南郭『大東世語』〈政事篇〉〈注記〉

解答

問一　1、Ⅰ—b　Ⅱ—a　2、Ⅰ—c　Ⅱ—b　3、Ⅰ—d　Ⅱ—a
問二　4—b　5—d
問三　c
問四　7—f　9—c
問五　a
問六　X—e　Y—c　Z—e
問七　b

◆全　訳◆

A　青砥左衛門という者がいた。数十か所の所領を治めていて、財産や宝は豊かであったが、衣装には織りの粗い麻布の直垂を着て、麻や葛を用いた、裾口の広い大口袴をはき、飯のおかずには焼いた塩、干した魚一匹のほかにはつけなかった。出仕のときは木地のままで漆塗りをしていない小太刀を差し、（下人には）木地のままの太刀を持たせていたが、叙爵後（＝従五位下に昇進した後）は、この太刀に弦袋（＝弦巻）を付けていた。このように自分自身のためには、少しも身分不相応な贅沢をせずに、幕府の公務のためには大金（を出すこと）をも惜しまなかった。

B　青砥藤綱は、夜川を渡っていた。従者が誤って銭十文を（川に）落とし、そのことを藤綱に告げた。藤綱はそこで命

Ｙの歌は作者が詠んだ歌。「思ひあり」の「思ひ」は上の「恋を駿河の」を受けて〝恋慕の情〟のこと。「恋をする」と「駿河《するが》」が掛詞で、さらにＸと同様に「思ひ」の「ひ」に「火」を掛けている。Ｘの歌の問いかけに対して作者はＹの歌で恋慕の情によって「煙立つらむ」とする。したがって正解はｃである。ａは「富士山の煙を見たい」が不適。ｂは「遊女になろうと思い立った理由」が不適。Ｘの歌を詠んだのは遊女である。ｄは「琵琶を弾こうとしたのはなぜか」が不適。Ｘは遊女が詠んだ歌であり、琵琶を弾いていたのも遊女である。

問九　ａ、ＣはＤの『伊勢物語』を踏まえた文章である。『伊勢物語』の主人公と同じく八橋を訪れ「蜘蛛手に（＝あれこれと）物を思」う、という発想。Ｄの主人公は友を一人二人連れていたが、Ｃの作者は友とする人もいない（寂しい）気持ちがすると述べている。正解。

ｂ、Ｅの「三河」は「身」を掛けているが（「三河《みかは》」と「身かは」）、Ｄの「三河」は地名のみを表す語であり「身」の意味は含まれていないので不適。

ｃ、Ｄの『伊勢物語』は平安時代初期に成立した歌物語。Ｃの『とはずがたり』は鎌倉時代後期の日記文学である。したがってＤの文章がＣの表現を借りることはない。

ｄ、やや紛らわしい。Ｄに関する記述は正しいが、Ｃを「恋の物思いを表した」とは限定しがたい。和歌の直前に「友もなき心地して」と孤独を憂い、この箇所がＤの旅のわびしさ、望郷の念を踏まえているので、「恋の物思い」を不適としてよい。

ｅ、折句は題のことばの一文字ずつを、各句の最初に詠みこむ技法。Ｄの「から衣…」の歌がその代表例。Ｃの「我はなほ…」の歌には折句の技法は用いられていない。

ｆ、「蜘蛛手」は、蜘蛛の手があちこちに伸び広がっているようにあれこれと思い悩むさまを述べる表現。ＣおよびＥの「蜘蛛手に物を思ふ」は〝あれこれと物思いをする〟の意で用いられているので正解。

ｇ、Ｃの作者は後深草院に仕えた後深草院二条である。Ｄの「男」は『伊勢物語』の主人公である在原業平と考えら

b、序詞は、ある語を導き出すための前置きの語句のこと。七音以上からなり、歌の主題を効果的に表現する役割をもっている。「行く人の心をとむる」は、和歌の解釈に直接関係するので、序詞ではない。

c、掛詞は、共通の音声であること（同音異義）を利用して、一つの言葉に二つ以上の意味をもたせる技法のこと。「花や関守」の箇所は「花が関守なのか」と訳し「森」の意味を訳出することはできないので、掛詞ではない。

d、見立ては、あるものを他のものになぞらえる技法。「桜」を「行く人」（＝旅人）になぞらえたものではないので不適。

問六「身のたぐひ」の「たぐひ」には〝仲間・同類・匹敵するもの〟などの意味がある。「身のたぐひ」で〝自分と同じ境遇（の者）〟と訳すとよい。作者は遊女が「物思ふさま」で「涙がち」である様子に対してこのように感じている。作者も旅を重ね「苦しくもわびしければ」（＝つらくも寂しくもあるので）という心情であり、つらく、寂しい境遇にあるという点で、遊女を自分と同類とみなしているのである。dが正解。aは「たぐひ」の意味が出ていないので不適。bは「同郷」と場所のみに限定しているので不適。cは「まれな」が傍線部の語義に合わない。

問七「いと」は〝まったく〟の意。「思はずに」は形容動詞「思はず（なり）」の連用形。〝思いがけなく・意外だ・心外だ〟などの意。傍線部に続く「情けある心地して」の「情け」は、ここでは〝風流や情趣を解する心〟の意。遊女が巧みな和歌（「思ひ」「立つ」が「煙」の縁語。「思ひ」の「ひ」に「火」を掛ける）を詠んだことへの意外な心情を表す。bが正解。aは「思はず」を〝考えず〟としているが、文脈に合わない。c・dも同様に文脈に合わないので不適。

問八 Xの歌を詠んだのは遊女。「墨染」は黒色もしくは鼠色に染めた衣服のこと。出家した人の衣、あるいは喪に服している人の衣服をいう。「思ひ立つ」は〝決心する〟の意。「心の色」は〝心の様子〟の意。「ゆかし」は〝知りたい・聞きたい〟などの意をもつ。出家して俗世への執着を捨てたはずの者（＝作者）が涙を流しているのを不審に思った遊女が、（出家を）思い立った心を知りたい、と詠みかけている。

が下にある（弧を描く側が上＝太陽のほうが後から沈む＝太陽のほうが後から昇る＝月は夜更けに出る＝夜が明けたときに月は空にある＝有明の月）のが下弦（満月より後）である。

問二　傍線部の直訳は〝我ながら気が弱く思われて〟である。「心弱し」は〝気が弱い・情にもろい〟の意。作者は都を出発するにあたり、「またと思ふべき世のならひかは」と思い涙を流している。「また」は〝再び〟の意。「また」の後に「都に戻ってくる」などを補って考える。この「かは」は反語。作者は、「世のならひ」（＝無常の世のならわし）から考えても、人の命ははかなく、また都に戻ることはないかもしれないと涙を流しているのである。したがって正解はｂ。ａは「旅の宿を照らす月」が誤り。引歌の「宿る月さへ濡るるがほにや」は袖の涙に「宿る」（＝映る）月の光のこと。ｃは「もう世俗に戻ることはできないと思うと」が誤り。世俗に戻れないことを嘆いているのではない。ｄは「月が雨雲に隠れるように」が「宿る月」の描写に合わないので不適。

問三　「やすらふ」は〝①足を止めてじっとしている・たたずむ、②休む・留まっている、③ためらう〟の意。「るる」は自発の用法。都を立ち去りがたい作者の心情が述べられている。傍線部の後に「いと盛りと見ゆる桜のただ一木あるも、これさへ見捨てがたきに」とあるのもヒントとなる。したがってｃが正解。

問四　「田舎人と見ゆる」者たちが自分と同様に桜の木の下で「やすらふ」（＝足を止めている）のを見ての作者の感慨。傍線部の直訳は〝同じ心であろうか〟である。桜の木を見て旅立ちの寂しさを感じている作者と「田舎人」とが「同じ心」であろうか、と作者は見ている。したがって正解はｂ。ａ・ｃ・ｄはそれぞれ「同じ心」の内容が、ａは「田舎人が、互いに心を合わせて」、ｃは「自分の心が桜に通じて」、ｄは「田舎人も他の旅人と同じように」となっており、それぞれ不適。

問五　ａ、縁語は、ある言葉と密接な関係がある語を意識的に使って、連想による表現効果を出す技法のこと。傍線部５の和歌の中に出てくる「とむ」の連体形「とむる」は〝止（留）める、とどめる〟の意味で「関守」（＝関所の番人・進行を妨げる者）の縁語として用いられている。よって、これが正解。

い。

D　昔、男がいた。その男は、自分のことを世に必要のない者と思いこんで、京にはいるまい、東国の方に住むによい国を探そうということで旅に出た。古くから友とする人を、一人二人連れて旅に出た。道を知っている人もいなくて、迷いながら行った。三河の国の八橋という所に着いた。そこを八橋といったのは、水が流れる川が蜘蛛手（＝蜘蛛の手のように分かれている）であるので、橋を八つに渡していることによって、八橋といった。その沢のほとりの木陰に馬から下りて座って、乾飯《かれいい》（＝旅の携行食）を食べた。その沢にかきつばたがとてもきれいに咲いている。それを見て、（一行の）一人が言うことには、「かきつばた、という五文字を各句の頭に置いて、旅の思いを詠め」と言ったので、（男が）詠んだ（歌）。

　唐衣をいつも着て着ならしているように、ずっと親しんでいる妻が（都に）いるので、はるばると遠くまでやって来た旅を悲しく思うことだ。

と詠んだので、皆は、乾飯の上に涙を落として（乾飯が）ふやけてしまった。

E　恋をしようということで生まれた自分ではないのに、三河の国の八橋の蜘蛛手のように、あれこれと物思いをするこの頃であるよ。（「三河《みかは》」に「身かは」を掛ける。「なれる（なる）」は〝生まれる〟の意）

▲解　説▼

問一　「二十日余りの月」は二十日以降の月で下弦の月のこと。一日が新月、三日が三日月、十五日が満月であるから、二十日余りの月は次第に欠けていく月である。新月は太陽と同じ方向にあるので日が昇る頃に出て日が沈む頃に入る。三日月は太陽を追いかけるように昇って沈む（日没後に西の空にある）。満月は太陽の反対側にあるので日が沈む頃に出て日が昇る頃に入る。このように、月の出は毎日少しずつ遅くなり約二十八〜三〇日で元の時間に戻るので、「二十日余りの月」が出るのはdの「夜更け」が正解。また、上弦・下弦は、月が入るときの形を弓に見立てて、弦が上にある（太陽の光を受けて弧を描いている側が下＝太陽のほうが先に沈んでいる）のが上弦（満月より前）、弦

あるのも、この桜までも見捨てにくいときに、田舎の人と見える者で馬上に四、五人、こぎれいな人々が、やはりこの花の下で立ち去りがたい様子であるのも、（私と）同じ心なのであろうかと思われて、

　行く人の心をとめる桜であるよ。花が関守なのだろうか、逢坂の山は。

などと思い続けて、鏡の宿という所に着いた。

B　次第に日数が経つうちに、美濃国赤坂の宿という所に着いた。慣れない旅の日数もなんといってもやはり重なるので、つらくも寂しくもあるので、この地に今日は泊まったところ、宿の主に若い遊女の姉妹がいる。琴、琵琶などを弾いて風情ある様子なので、昔（宮中で演奏したことなど）が思い出される気がして、酒などを与えて、遊芸をさせると、二人いる遊女の姉と思われる者が、とても物思いをする様子で、琵琶の撥《ばち》で紛らわせるが、涙をこぼしがちであるのも、私と同じ境遇の者と思われて気をつけて見ていると、遊女もまた（私の）墨染の色（＝僧衣）には不釣り合いな袖の涙を妙なことと思ったのであろうか、盃を置いた小折敷に書いてこちらによこした（歌）。

　（あなたが出家を）思い立った心は何の色か（＝どのような心持ちであったのか）と、富士に火が立ち煙が立ちのぼるようなあなたの心の来歴を知りたいものです。

（遊女がこのような和歌を詠んだことが）たいそう意外で、情趣ある気がして、

　富士の嶺は、（その名も）恋をするという駿河《するが》の国の山ですので、物思いの火があるということで煙が立っているのでしょう。

　慣れ親しんだ名残は、この遊女たちまでも捨ててしまいがたい気はするが、そうばかりしてもいられないので、再び出発した。

C　八橋という所に着いたが、（『伊勢物語』に書かれているような）「水行く川」（＝水が流れている川）もない。（『伊勢物語』に書かれている）橋も見えないことまでも、（『伊勢物語』の逸話とは異なり）友もいないような気持ちがして、

　私は依然として蜘蛛手に（＝あれこれと）物を思っているが、その（『伊勢物語』に書かれた）八橋は跡形さえもな

二

出典　A～C後深草院二条『とはずがたり』〈巻四〉
D『伊勢物語』〈第九段〉
E『古今和歌六帖』

解答

問一　d
問二　b
問三　c
問四　b
問五　a
問六　d
問七　b
問八　c
問九　a・f

◆全　訳◆

A　二月の二十日過ぎの月とともに都を出ましたので、これということもなくすっかり捨ててしまった住みかではあるが、再び（都へ戻ってくる）と思うことのできる世のならわしであろうか（いや、はかない世の中のならわしとして、生きて戻ってくることはないかもしれない）と思うと、袖に流れる涙も今改めて、「宿る月さへ濡るる顔にや」（＝濡れた袖に映る月までが涙に濡れたような感じだ）とまで思われるにつけ、我ながら気が弱く思われて、（ここが）逢坂の関と聞くと、「宮も藁屋も果てしなく」（＝飾り立てた宮殿も粗末な藁屋も、上には上があり下には下があり際限がない）と物思いに沈みながら過ごしたという蝉丸の住みかも痕跡さえもなく、関の清水に映る私の姿は、旅に出る足元（の様子）から始まって、慣れない旅の装束はたいそう感慨を催されて、立ち去りがたく思われるときに、たいそう盛りと見える桜がただ一本

問七　傍線部6の直前に「想像を思考の一部としておきながら、誤謬をもたらすものとして説明している」とある。傍線部6は、こうした想像と思考・誤謬の関係の説明が矛盾していると指摘するために「いっそ……」と皮肉な言い回しをしている。よってａが適切。ｂは「夢の世界を重視」、ｃは「推論を妨げる」が誤り。ｄは「情念」について述べているため不適。

問八　傍線部7の直後の文「感覚が欺かないかどうかは、情念に対して心（精神）が強いか弱いかということによって説明されるべき」およびその後の引用文の「判断に反している現在の情念に抵抗することができる比率に応じて、心がより強いか、より弱いかと考えることができる」という記述を踏まえて選択肢を選ぶ。

問九　傍線部8の前の「誤謬の原因……知識の欠如」「情念についてよく知っておらず、その意味で知識が不足し」および傍線部8を含む文の「もっと思考して知識を獲得し、情念に惑わされない強い心へとみずからを導かなければならない」という記述を踏まえて選択肢を選ぶ。

問十　ａ、第一段落および第二段落の記述に合致する。

ｂ、第七段落に「人間は、神の知性に近づいていくべき」「神の全知をめざして知性の階段を……昇っていく」とあるので「意志の拡張」が誤り。

ｃ、第十四段落に「精神が感覚を欺く」例として「愛する相手」の話が挙げられている。「感覚が精神を欺く」が誤り。

ｄ、第十三段落でデカルトは「想像」を「誤謬をもたらすもの」と説明しており、誤謬を防ぐためには「もっと思考して知識を獲得し、情念に惑わされない強い心」を得ることが重要だと考えていたと最終段落で述べられている。「すすんで想像を用いるべき」が誤り。

を感覚にではなく情念に求め、情念に対する知識の獲得を通して強い心、つまり意志の自由を手に入れ、情念が生み出す想像の力から身を離すべきだ、と考えた。

◀解　説▶

問一　傍線部1と同じ段落に「ひとは、しばしばそれ（＝対象が現実存在（実存）するという判断）が幻覚や錯覚であったことを、あとになって知る」「大多数の場合、知覚されたものの存在をそのまま前提して行動しても問題が生じない」とあるので、これらを踏まえて選択肢を選ぶ。

問二　空欄Aの直前にある「誤った原理」「想像によって紛らわされた」、後にある「妄想」、および空欄Bの前にある「判断が誤っている」「よく知っておらず」より、〈よく知っていないのに誤ってなされた判断〉という意味に近いものを選ぶ。「臆見」とは〝確かな根拠に基づかず、勝手な推測に基づく意見〟という意味。

問三　傍線部2の直後の「感覚によって欺かれる」という表現を手がかりにして後部を見ると、第九段落に「『感覚が欺く』のは……われわれが実践において欲望に身を任せるという間違いを訂正するための警鐘である」とあるので、この記述を踏まえて選択肢を選ぶ。

問四　「知性」に関する記述を直後の文で確認すると「神は、意志は神と同様に無限なものとして人間に与えたのに対し、知性は有限なものとしてしか与えなかった」とある。また、この〈知性の有限さ〉に関して、第四段落で「有限な知性」とあり、それが同段落の引用文で「真を判断する能力が……無限でない」と置き換えられていることを確認し、これらの内容にあてはまる選択肢を選ぶ。

問五　まず傍線部4の直後の文に「想像に身を委ねることは真理から遠ざかることである」とあることを確認する。次に傍線部の一段落後に「想像とは記憶の断片を恣意的に合成すること」とあることを確認し、これらの記述を踏まえて選択肢を選ぶ。

問六　「恣意的」とは〝自分の好みやその時の思い付きで気ままに行動すること〟という意味。

国語

一

出典　船木亨『いかにして思考するべきか？──言葉と確率の思想史』（勁草書房）

解答

問一　d

問二　b

問三　d

問四　c

問五　b

問六　a

問七　a

問八　b

問九　d

問十　a

◆要　旨◆

日常的判断は不確実な判断であり、その原因は身体機能である感覚が有限な知性の持ちうる知識の範囲を超えて判断しようとすることにある。言いかえれば人間知性は不完全であり、「感覚が欺く」のは人間が実践において日々の欲望に身を任せるという間違いを訂正するための神からの警鐘であるとも理解できる。しかしデカルトは思考の実践の誤りの原因

2022年度

問題と解答

■一般選抜：TEAP スコア利用型

問題編

▶試験科目・配点

学部・学科	試験区分	試験教科・科目		配 点
神[※2]・ 文（史・国文・英文・ドイツ文・フランス文・新聞）	英語外部検定試験	英語	TEAP／TEAP CBT　※1	150 点
	大学独自試験	国語	国語総合（古文・漢文含む）	100 点
		地理歴史	日本史B，世界史Bのうちから１科目選択	100 点
文（哲）・ 総合人間科（教育・心理[※2]・社会・社会福祉）・ 法・ 外国語・ 総合グローバル	英語外部検定試験	英語	TEAP／TEAP CBT　※1	150 点
	大学独自試験	国語	国語総合（古文・漢文含む）	100 点
		地理歴史または数学	日本史B，世界史B，数学（Ⅰ・Ⅱ・A・B*）のうちから１科目選択	100 点
総合人間科（看護[※2]）・経済（経済〈文系〉）	英語外部検定試験	英語	TEAP／TEAP CBT　※1	150 点
	大学独自試験	国語	国語総合（古文・漢文含む）	100 点
		数学	数学（Ⅰ・Ⅱ・A・B*）	100 点
経済（経営）	英語外部検定試験	英語	TEAP／TEAP CBT　※1	200 点
	大学独自試験	国語	国語総合（古文・漢文含む）	100 点
		地理歴史または数学	日本史B，世界史B，数学（Ⅰ・Ⅱ・A・B*）のうちから１科目選択	150 点
経済（経済〈理系〉）	英語外部検定試験	英語	TEAP／TEAP CBT　※1	100 点
	大学独自試験	数学	数学（Ⅰ・Ⅱ・Ⅲ・A・B*）	100 点

学部・学科	試験区分	試験教科・科目		配　点
理工	英語外部検定試験	英語	TEAP／TEAP CBT　※1	100点
	大学独自試験	数学	数学（Ⅰ・Ⅱ・Ⅲ・A・B*）	150点
		理科	物理（物理基礎･物理），化学（化学基礎･化学），生物（生物基礎･生物）のうちから２科目選択	150点（各75点）

▶備　考

※１　大学独自の英語試験の代替として，事前に受験したTEAPまたはTEAP CBTの検定試験結果を利用。入試当日の英語試験は行われない。

※２　神学部神学科，総合人間科学部心理学科・看護学科では，面接試験を実施する。２段階での選抜とし，第１次試験合格者のみ第２次試験として面接を行い，最終合否判定を行う。

＊「数学B」は「数列・ベクトル」から出題する。

日本史

（90 分）

（注）記述式の解答は，各解答欄にていねいに記入すること。数字，ローマ字については，１マスに２字とする。

次の問題文をよく読んで，関連する以下の問いに答えなさい。

【問題文】

2019～2020年にかけて急激に拡大した新型コロナウィルス（SARS-CoV-２）の感染情況は，わたしたちの世界に極めて大きなインパクトを与えた。なかでも，経済的・社会的に立場の弱い人びと――例えば，貧困者，障がい者，病者，外国人，性的少数者，女性など――には，(a)そのインパクトが生存を危うくする抑圧となって襲いかかった。うち女性に対しては，あまりにも日常化して不可視化されていた抑圧が，ウィルスの拡大を一種のＸ線として浮かび上がってきた点が注意される。例えば，社会にさまざまな分断を生じた“Stay Home”の動きは，夫や子供の在宅時間を増加させ，逃げ場のない主婦の負担を過重にしていった。また，社会正義を実現しようとした種々の運動やメディアの現場でも，構造的な性暴力の振るわれていたことが明らかになった。ただしそれらと並行して，被害女性による告発と連帯を叫ぶ（　ア　）運動が盛んになったのは，一筋の光であったかもしれない。

ところでそうしたなか，異例なほどに注目を集めた，ジェンダー関連の博物館展示があった。2020年秋に開催された，国立歴史民俗博物館の企画展「性差《ジェンダー》の日本史」である。著名な画家や彫刻家の作品を網羅した芸術関連の展示ならともかく，館の共同研究に基づくテーマ展示が，一般の話題にのぼることは珍しい。しかし「性差の日本史」の評判は，SNSを通じて瞬く間に若年層へも広がり，ニコニコ生放送で展示解説がなされ，女性誌に担当研究者のインタビューや座談会が載るなど，異例の盛り上がりをみせた。それは展示の内容が，ジェンダー平等を求める社会の機運に合致したからにほかなるまい。かかる期待のとおり，同展示では，①列島社会において男女の区分がどのように成立したか，区分の目的や区分に伴う意識がどう変遷したかを明らかにすること，②各時代のジェンダー構造に着目し，その抑圧のなかで生きていた女性たちの声を聴き，その経験を深く理解することが目指された。

実際の展示の序盤では，列島に女／男のカテゴリーが初めて成り立つ古代が描かれた。(b)中国の史書『三国志』魏書／烏丸鮮卑東夷伝／倭人条には，魏へ遣使してきた邪馬台国で女王・卑弥呼が立てられ，うち続く戦乱に終止符の打たれたことが記されている。近年の考古学研究は，古墳時代前期の首長層のうち，３割ほどを女性が占めたものと推定している。日本列島の土壌は酸性のため，人骨などは長い年月の間に消失してしまう場合が多く，確たる資料に乏しい。しかし，この時期の女性首長の埋葬には，武器・武具の副葬において男性と異なる特徴がみられ，被葬者の性別をある程度判別できるという。具体的には，鏃《やじり》や甲冑は副葬されない，刀剣はすべて棺外に置かれる，などである。『古事記』や『日本書紀』には，甲冑を身に着けたアマテラスや，半島へ軍事行動に及ぶ神功皇后の姿が描かれるが，古墳時代には，女性が軍事に関与することは一般的ではなかったのかもしれない。いずれにしろ，卑弥呼を共立した連合政体の首長たちには，男性もいれば女性もいたのだろう。ところが，古墳時代の中期以降には，女性首長は急激にその数を減らしてゆく。その背景には，［　あ　］ことがあった，と想定されている。

一方，一般庶民に及ぶ女／男のジェンダー区分を確立したのは，律令体制における(　イ　)の編製であったと考えられる。大化前代においては，氏族制を基盤にした「部」を単位に集団的な貢納が行われていたが，律令制においては，性別と年齢に基づく税負担が個人単位に賦課された。現存する最古の(　イ　)のうち，702(大宝２)年の美濃国のものは，１戸ごとの戸口を男性／女性の順に別々に列挙し，後者の名前にはすべて「売《め》」という接尾語を付して，女性である点を明示している。大王の系譜も，７世紀までは「娶《みあ》ひして生みませる御子」の定型句とともに同母集団ごとに掲げられ，男女とも「○○王」と書かれて性による区別はみられない。それが７世紀末以降になると，男性は「○○皇子」，女性は「○○皇女」と別々の表記になり，役割・待遇も異なってくる。これらのジェンダー区分は，持統朝の(　ウ　)に基づくものとみられ，(　イ　)も690(持統天皇４)年に全国規模で編製された,「(　エ　)」を画期とすると想定されている。それまでは，女／男のジェンダー役割は未分離であり，一般社会においては，両性が共同で種々の労働を行う状態が普通であったらしい。

かかる環境は，奈良時代の宮中でも，ある程度は持続していた。例えば『続日本紀』には，女／男の官僚たちが同じ祭儀の場に参集していたことが記録されているし，女性官司「後宮十二司」には対応する男性官司があり，天皇に共同で奉仕していたことが分かってきたのである。これは，儒教に基づいて女／男が政治空間を共有しないという，日本が範とした唐の律令制にはない仕組みだった。しかし9世紀後半～10世紀以降，家父長制的なイエが社会の基本単位になってゆくと，女性たちの活躍もイエの内部へ押し込められ，経済的にも男性家長に依存する情況が強くなってしまう。

中世，近世の展示では，やはり，「性の売買と社会」というテーマに力が入れられていた。確かに，この時期のジェンダー史で遊女を重視するのは，いささかステレオタイプの感を否めない。しかし，(c)各時代のジェンダーにまつわる暴力や抑圧が，性の売買という事象に集約されて現れることは確かなのだろう。展示によると，中世の遊女たちは売春に限らず，今様や朗詠といった芸能や宿泊業など，種々の業務を営んでいたという。それらは興味深いことに，女系的なイエを主体に母から娘へと世襲されていた。また，播磨国福泊の雑掌らによる非法行為を糾弾した，1332(正慶元)年「東大寺八幡宮神人解案」によれば，訴えた神人のうちに遊女もおり，彼女らが地域住民とともに理不尽な暴力と闘った様子がうかがえる。遊女集団も，地域社会の重要な一員だったのである。しかしながら，15世紀後半にはかかる情況は崩壊に向かい，遊女屋の経営者は男性に変わり，一般女性が(　オ　)や誘拐によって遊女となる事例が増加する。そこでは，遊女たちは自律的・主体的な行動を奪われ，家具や調度品に等しい経営者の動産として，奴隷的な待遇を強いられてゆくのである。

そうして近世においては，このような経営形態が公権力によって制度化され，城下町の公式の遊廓，宿場や湊町の岡場所として実体化することとなった。その背景には，家父長制の浸透によってイエ内の女性や年少者の(　オ　)が容易になったことや，(d)何より女／男の比率が1：2にまで偏った江戸をはじめ，単身あるいは独身男性の集中する近世都市のあり方が，「性的欲望管理」の仕組みを必要としたのではないかと考えられている。また，遊女の身代金や相次ぐ火災への対応から，各遊女屋は寺社名目金貸付という金融を用いた。例えば新吉原では京都の仏光寺のそれを利用，例外なく同業者を保証人に頼み，自身の抱える遊女を担保としたという。返済が叶わなかった場合，女性たちは，まさに遊廓間の共有の動産のように授受されたのである。

なお前掲のとおり，この展示においては，(e)遊女たち自身の声を反映する工夫が図られていたが，とくに1849(嘉永２)年，京町一丁目梅本屋の遊女たち16人が，抱え主の不当な暴力を告発するため，２年以上合議を重ね店に放火した事件の記録は目を引く。調書に合綴《がってつ》された当事者である遊女たちの日記は，僅かな漢字の混じるひらがなの素朴な文章で書かれ，新吉原での生活の実態と事件に至る思いを強く伝えている。1872(明治５)年，明治政府により芸娼妓解放令が出された翌月，新吉原の遊女かしくが下男との結婚を東京府に求めた嘆願書に，「かしく儀は，どのよニ相成候共，遊女いやだ申候」とあるのも心に響く。

こののちの近代の展示では，女性が政治の場から排除され，富国強兵の基礎をなす良妻賢母として家庭に縛り付けられるとともに，ジェンダー化された労働，「職業婦人」に組み込まれる長い道のりが示される。1898(明治31)年施行の明治民法は，(f)妻に夫の氏を名乗ることを規定したうえ，労働においても女性を構造的な不平等のうちに置いた。帝国大学をはじめとする高等教育機関は女性に開かれず，試験制度によるキャリア獲得競争も，女性の参入を許さなかった。民主的な特徴で知られた民間憲法「五日市憲法」も，女性参政権を否定しており，それが近代初期の基調であった点は否めない。また，女性と近代労働というと工女・女工，とくに紡績工場での苛酷な労務形態が取り上げられるが，ここでは，雇用者が月経帯(当時の生理用品)を大量受注し，彼女らへ廉価で販売していたことに注目していて興味深い。「これを工場側の提供した福利厚生の一環とみなすのか，はたまた(g)身体管理の強化とみなすのかについては，両面の価値がありうるだろう」という，担当者の指摘には考えさせられる。

1800年余りを通覧する長大な展示は，戦後における女性官僚の誕生，コンピューター・オペレーター，キーパンチャーなど，新たなジェンダー役割の発生を紹介し，(h)村木厚子さんのインタビューを結びに閉じられた。心身ともにくたくたになって出口を潜ったが，同時に，未だ〈先進国〉中最低レベルのジェンダー・ギャップ指数を誇るこの国に，心底から怒りがこみ上げてくるのを感じた。この展示によって明らかにされた女性たちの苦難，それを生じる情況は，現在に至るまで本質的には改善されていないのではないか。家父長制は，冒頭に掲げたとおり，未だに女性たちへ向けて，“Stay Home”と叫んでいるのである。

〔出所〕国立歴史民俗博物館編『企画展示 性差の日本史』図録（一般財団法人歴史民俗博物館振興会，2020年）

問1　下線部(a)について。パンデミック下では，社会的・経済的に弱い立場にある人びとに，日常より強い抑圧が生じる。その具体例として，誤っているものはどれか。次のうちから1つ選び，記号で答えなさい。

① 仕事を失い路上生活する人びとのうちには，感染・重症化したものの，気づかれずに亡くなるケースがあった。

② 感染経路を追跡・公開するアプリケーションによって，性的マイノリティーの人びとのプライバシーが脅かされた。

③ 緊急事態宣言下でも外出して働かねばならないエッセンシャル・ワーカーへ，誤解に基づく誹謗中傷が浴びせられた。

④ 〈コロナ禍〉により大手旅行会社の株価が下落して，個人投資家にも影響が及んだ。

問2　空欄（　ア　）に当てはまる語句は何か。最も適切なものを，次のうちから1つ選び，記号で答えなさい。

①　BLM運動　　②　雨傘運動　　③　#MeToo運動　　④　安保反対運動

問3　下線部(b)について。卑弥呼はこれまで，呪術を駆使するシャーマン的な女王との解釈が一般的で，政治は男弟に任せ，あたかも祭祀のみ担っていたかのように考えられていた。しかし，近年では男性首長と変わらぬ政治執行者であったとの見解が強い。下記の史料1から，ⓐ卑弥呼を祭祀のみの担当者とする解釈が根拠とする部分を15字以内で抜き出し，かつ，ⓑその解釈が不充分である理由を，史料1と問題文を参考に100字程度で論述しなさい。

【史料1】『三国志』魏書／烏丸鮮卑東夷伝／倭人条（部分）

……其の国，本亦《もとまた》男子を以て王と為す。住《とど》まること七，八十年。倭国乱れ，相攻伐して年を歴《へ》たり。乃ち共に一女子を立てて王と為す。名を卑弥呼と曰ふ。鬼道を事とし，能く衆を惑はす。年已に長大なるも，夫壻《ふぜい》無し。男弟有り，佐《たす》けて国を治む。王と為りてより以来，見ること有る者少なし。婢千人を以て自ら侍る。唯男子一人有り，飲食を給ひ，辞を伝へて出入す。居処は宮室楼観にして，城柵厳に設け，常に人有りて兵を持し守衛す。……

○夫壻……夫。

問4 空欄[あ]には，古墳時代中期に女性の地位が低下する理由が入る。当時の時代情況や，女性首長／男性首長の副葬品の特徴からすると，どのようなことが類推できるか。最も適切と考えられるものを，次のうちから１つ選び，記号で答えなさい。

① 『晋書』にみえるように，卑弥呼のあとを継承した臺与の統治をもって，女王の権力が限界に達した

② 「稲荷山古墳出土鉄剣銘」にもみえるように，父系直系継承を軸とするヤマト王権の権力が全国に及んだ

③ 高句麗「好太王碑文」にもみえるように，倭が朝鮮半島に侵出，対外的な緊張が高まり，軍事指揮権を握る男性首長の発言力が増した

④ ヤマト王権が朝鮮半島南部で鉄資源を獲得，鉄製の武器や武具を威信財として下付するなか，シャーマンとしての女性の役割が低下した

問5 空欄(イ)～(エ)について，以下の問いに答えなさい。

(1) 空欄(イ)に当てはまる最も適切な語句を，漢字２字で答えなさい。

(2) 空欄(ウ)に当てはまる最も適切な語句を，次のうちから１つ選び，記号で答えなさい。

① 改新の詔　② 八色の姓　③ 飛鳥浄御原令　④ 皇太子制

(3) 空欄(エ)に当てはまる語句の説明として最も適切なものを，次のうちから１つ選び，記号で答えなさい。

① 最初の完備された全国的戸籍で，氏姓を正す根本台帳として永久保存とされた。

② 天皇と関係の深いものを上位に置き，豪族を天皇中心の新しい身分秩序に編

成したもの。

③　官人に様々な規格の冠を着用させることで，朝廷における位階の上下を示した制度。

④　人民支配の根本台帳で，以後，六年一造の体制が確立した。

問6　下線部(c)のような事態となるのはなぜか。その理由として最も適切なものを，次のうちから1つ選び，記号で答えなさい。

①　当事者の力関係が，一般社会における男性／女性の力関係の縮図として現れ，売買が一方的になったり，容易に性暴力の場へ転化するため。

②　一般的に男性の身体的能力は女性よりも高く，性の売買が一方的な性暴力へ転化してしまうことが多いため。

③　前近代の列島社会は性交渉のあり方に寛容であり，性暴力が振るわれるのは，非合法な性の売買の現場に限られていたから。

④　性の売買は人身の売買を基盤にしており，女性は常に，動産として扱われることを余儀なくされたため。

問7　空欄(　オ　)に当てはまる語句は何か。その事例を記した下記の史料を参考に，漢字4字で答えなさい。

【史料2】『安土日記』(『信長公記』)1579(天正7)年9月28日条

去程ニ下京場ニ《〔之カ〕》町門役仕候者ノ女房アマタノ女ヲカトハカシ和泉ノ堺ニテ日《ひ》比《ごろ》売申候。今度聞へ候テ，村井春長軒ヨリ召捕糾明候へハ，女ノ身トシテ今マテ八十人程ウリタル由，則成敗也。

○門役……門番。　○村井春長軒……当時京都所司代であった村井貞勝で，春長軒は出家後の法名。　○成敗……処罰。

問8　下線部(d)について。近世都市江戸が，このように単身・独身男性過多の状態となるのはなぜか。その理由として誤っているものを，次のうちから1つ選び，記号で答えなさい。

①　参勤交代の制度により，所属の藩から武士たちが出府して来ていた。

②　地方や郊外から，武家の奉公人として，家を形成しない男性が集まって来ていた。

③　地方や郊外から，商家の奉公人として，家を形成しない男性が集まって来ていた。

④　江戸市中の女性の多くが大奥へ囲い込まれたため，家を形成できない男性が相対的に増加した。

問9　下線部(e)について。この企画展では，なぜこのような配慮がなされたのだろうか。最も適切なものを，次のうちから1つ選び，記号で答えなさい。

①　遊女が自分自身を語る史料が豊富に残っているため。

②　遊女自身が語る史料は珍しく，希少価値が高いため。

③　遊女には教養の豊かなものも多く，その記録に芸術的な価値が高いため。

④　他者による評価や代弁ではなく，遊女自身の心情を理解するため。

問10　下線部(f)について。近年，夫婦別姓を求める議論が活発化するなかで，夫婦同姓を「日本の伝統」と捉え，別姓に反対する向きも多い。それでは，この民法より前には，どちらの形式が一般的だったのだろうか。次のうちから正しい方を選び，記号で答えなさい(なお前近代においては，この「姓」は氏を指すものとする)。

①　夫婦別姓が一般的であった。

②　夫婦同姓が一般的であった。

問11　下線部(g)について。「身体管理の強化」は，具体的にどのような事柄を想定していると考えられるか。最も適切なものを，次のうちから1つ選び，記号で答えなさい。

①　雇用者の責任として，月経帯を購入できない被雇用者を救済すること。

②　月経帯を雇用者のみから購入するようにし，経済的損失を抑えること。

③　月経に伴う労働能率の低下を軽減し，一定の成果を維持すること。

④　被雇用者に健康維持の意識を高め，労働効率を増進すること。

問12　下線部(h)について。村木厚子氏は2009(平成21)年，かつて厚生労働省社会・援護局障害保健福祉部企画課長の職にあった際に，障害者郵便制度の悪用に関わったとして虚偽公文書作成・同行使の容疑で逮捕されたが，のち，主任検事の証拠偽造などが明らかになり，無罪判決が確定した。復職後は事務次官にまで昇り(同省において女性では２人目)，現在は伊藤忠商事社外取締役，津田塾大学客員教授などを務めている。このような人物のインタビューを結びに置いた意図は何か，またそこに問題点はあるだろうか。150字程度でまとめなさい。

問13　問題文で扱った企画展「性差の日本史」には，名称にそぐわない大きな問題がある。ジェンダーという概念，問題文中に記されたこの展示の目的(６ページの波線部)を参考に考察し，100字程度にまとめなさい。

世界史

（90分）

(注) 記述式の解答は，各解答欄にていねいに記入すること。数字，ローマ字については，1マスに2字とする。

問題　次の文章を読み，以下の設問に答えなさい。

2020年，アメリカ合衆国において黒人男性が白人警察官による過剰な拘束行為を受けて死亡する事件が起きると，これをきっかけにブラック・ライブズ・マターと呼ばれる反人種差別運動のうねりが巻き起こった。この運動は，こんにちも消えることのない黒人に対する人種差別への抗議にくわえ，過去の奴隷制にゆかりのある人物の彫像を引き倒す，または撤去を求めるというあらたな展開も徐々に見せていった。そして，こうした動きはアメリカ合衆国の国内にとどまらずヨーロッパなどにも波及し，(1)攻撃の矛先は植民地主義者やその他の人種差別的な人物にも向けられ，そうした歴史的行為の責任をあらためて問うかたちとなったのである。

黒人差別への抗議運動が，奴隷貿易や植民地支配をも標的とすることはけっして便乗などではない。どちらも黒人差別とは切っても切れない関係にあったからである。300年以上にもわたる(2)大西洋世界の奴隷貿易と奴隷制は，おびただしい数の黒人をまるでモノのように売り買いし使役することで，ヨーロッパ諸国の繁栄を支える富を生み出し続けた。これを正当化するかたちで，ヨーロッパでは黒人は「野蛮」であり，自分たちと同じ人間にはあらずといったイメージが流布され，黒人に対する差別意識が定着していったのであった。

18世紀後半になると，そうしたヨーロッパでも，人道主義的な観点から黒人奴隷も人格を持った人間であると考え，奴隷貿易・奴隷制の残虐性を非難する人びとが現れてくる。この奴隷貿易・奴隷制の廃止運動が実を結び，19世紀に入ると順次，大西洋世界の奴隷貿易・奴隷制度は廃止へと向かう。だが，ヨーロッパがアフリカのほぼ全域にもたらした次なる局面は植民地支配にほかならなかった。反奴隷貿易・奴隷制運動家たちのなかには，黒人奴隷貿易の元凶をアフリカ社会が「野蛮」で「未開」であることにみいだす人びともいた。そうした状態からアフリカの人びとを救い出す手段こそ，ヨーロッパによる植民地支配なのだとする考え方は，したがって，彼らにとっては人道主義とけっして矛盾しなかった。しかしながら，ヨーロッパによる植民地支配が現地住民に恩恵をもたらすという理屈は，アフリカの人びとが実際に経験した植民地支配の実態からかけ離れており，支配者側にとって都合のよい建前であるか，せいぜいのところ理想論でしかなかった。それればかりか，その建前もしくは理想論それ自体さえも，黒人に対する差別意識を内包するものであったといわざるをえない。

その後，20世紀の時の流れのなかで，民族自決の考えが支配的となって植民地主義は批判されるようになり，アフリカを覆い尽くしていた植民地支配も徐々に姿を消していった。しかし，それとともに黒人に対する差別が消滅したわけではない。奴隷制や植民地支配から脱したのち，20世紀後半に入ってからもなお黒人に対する人種差別の法制度を維持し続けた南アフリカやアメリカ合衆国のような国すらあった。こうした国ぐにでは，もはや奴隷でも植民地住民でもない黒人たちへの扱いは，差別ではなく単なる分離であるという名目で正当化されたが，実際には白人との待遇の差はあきらかであった。

南アフリカの場合，イギリスの植民地から1910年に自治領に移行すると，住民の少数にあたる白人が支配権を握り，圧倒的多数を占める黒人をはじめとする非白人を隔離・差別する諸法が制定されていった。1940年代末以降，(3)人種隔離は国の体制の根幹となるべく体系化が進められ，1961年の完全独立後もしばらく維持されたのであった。表向きには，異なる人種同士は文化，言語等の違いゆえ，それぞれ独自に発展していくべきだと謳われたが，白人と有色人種とでは享受できる権利の差は歴然としていた。

一方，(4)アフリカの黒人を奴隷として受け入れた南北アメリカ地域でも，奴隷制が廃止されたからといって社会に根付いた黒人に対する差別意識が消滅することはなかった。アメリカ合衆国では，それにくわえて人種差別的法制度さえ20世紀後半に至るまで存続した。

このような南アフリカやアメリカ合衆国における法制度も20世紀末までには撤

廃されたが，それでも人種差別の慣行そのものは21世紀に入ってからも，世界からけっして消え去ってはいない。こうした認識をもとに，2001年には国連反人種主義世界会議(ダーバン会議)が開催され，過去の奴隷貿易や植民地支配は人種主義の源泉かつ表現であったとしてその罪をあらためて認識し，その再発防止と現代への影響の根絶の必要性が宣言された。しかし，その直後に［　　　　］が発生すると，イスラームの人びとやアラブ系の人びとに対する差別的意識・行為が世界のいたるところで見られた。

国連はまた，アフリカ地域外の国ぐにおいて，多くの場合マイノリティとして，いまなお人種差別の主要な被害者であり続けるアフリカにルーツを持つ人びとに着目し，2015年からの10年間を「アフリカ系の人々のための国際の10年(International Decade for People of African Descent)」と定めて，これらの人びとに対する「承認，公正，開発」の必要性を訴えた。

こうした国連の活動にもかかわらず，世界における人種差別が根絶へと向かう気配は一向に見られない。2019年以降の新型コロナウイルス感染症(COVID-19)の拡大に際しても，世界各地でアジア系の人びとに対する人種差別的行為の発生が報告されている。前述の国連反人種主義世界会議が，その宣言のなかで示した次のような懸念がまさに現実のものであることを，われわれはまのあたりにしているのである。「人種主義，人種差別，外国人排斥，そしてそれらに関連する不寛容は，継続して暴力的なかたちで起こっており，特定の人種や文化が他に優越するという植民地時代に喧伝および実践された理論が，こんにちでさえ様々にかたちを変えて提起され続けている」。

人種差別はけっして過去のもの，もしくはその単なる残滓《ざんし》などではなく，ふとしたきっかけによりいつでも顕在化しうるものと認識し，それを阻止するための不断の努力がわれわれ人類には求められているのだと肝に銘じておかねばならない。

設問1　以下の(1)から(5)に答えなさい。

(1)　下線部(1)に該当する人物に関する次の記述のうち，誤りを含むものを1つ選びなさい。

(a)　コロンブスは，ヨーロッパによる南北アメリカ地域植民地化の端緒を開いた。

(b)　セシル＝ローズは，イギリスによるスーダンの植民地化において大きな功績をあげた。

(c)　リーは，アメリカ合衆国の南北戦争において，奴隷制存続を主張した南部の将軍を務めた。

(d)　レオポルド２世は，ベルギー国王としてコンゴの植民地化を推し進めた。

(2)　下線部(2)に関する次の記述のうち，誤りを含むものを１つ選びなさい。

(a)　大西洋世界の奴隷貿易は，産業革命でヨーロッパの工業化が進展したことにより始まった。

(b)　大西洋世界の奴隷貿易の影響があまり及ばなかったインド洋側では，ムスリム商人による奴隷貿易がさかんにおこなわれた。

(c)　大西洋世界の奴隷貿易は，1,000万人以上のアフリカの人びとを奴隷として南北アメリカ地域に運んだと推定される。

(d)　奴隷商人は，ヨーロッパからの武器と引き換えに黒人奴隷を手に入れた。

(3)　下線部(3)について，南アフリカにおいて体系化された人種隔離の制度は何と呼ばれたか。次のなかから１つ選びなさい。

(a)　アパルトヘイト

(b)　エンコミエンダ制

(c)　カースト制

(d)　ジム＝クロウ法

(4)　下線部(4)に関する次の記述のうち，誤りを含むものを１つ選びなさい。

(a)　スペインの支配した地域では，奴隷にできる先住民の数が比較的多かったため，アフリカからの黒人の導入はわずかにとどまった。

(b)　南北アメリカ地域にもたらされた黒人奴隷は，サトウキビ，綿花，タバコ等を栽培するプランテーションや鉱山などで奴隷として使役された。

(c)　フランス領植民地サン＝ドマングでは，蜂起した奴隷たちにより奴隷制廃止と独立が実現され，独立国ハイチが誕生した。

(d)　ラテンアメリカの多くの国ぐにでは，植民地生まれの白人であるクリオーリョが独立運動の中心だったこともあり，独立達成後もしばらくは奴隷制が維持された。

(5) 問題文中の空欄 □ にあてはまるものとして，もっとも適当なものを次のなかから1つ選びなさい。

(a) アラブの春

(b) 世界同時不況

(c) 同時多発テロ事件(9.11事件)

(d) 湾岸戦争

設問2　下線部＿＿＿に関し，19世紀から20世紀にかけて，アメリカ合衆国の黒人が経験してきた人種差別的法制度の存続・制定・廃止といった変遷について，節目となった時期(たとえば，「2020年代」のように10年刻み程度でよい)を明示しつつ，以下の用語をすべて用いて(順序は問わない)200字以内で説明しなさい。なお，使った用語には必ず下線を引くこと(同じ用語を複数回使う場合には，下線は初出の1箇所のみで構わない)。

【用語】　奴隷制　南部諸州　南北戦争　キング牧師

設問3　以下の引用文は，ポルトガルの植民地であったモザンビークの独立運動指導者E・モンドラーネが，独立の数年前に刊行した自著のなかで展開した植民地支配批判の一部である。これも参考にした上で，あらためて問題文中の下線部〰〰〰について考えたとき，植民地支配の理屈と実態とは，それぞれ具体的にどのようなものであったといえるか。また，理屈が建前だと判断される根拠は，引用文で紹介されているモザンビークの《同化民》をめぐる状況のどのような点にみいだすことができるだろうか。これらの問いのどちらについても，黒人に対する差別意識との関わりに言及しながら300字程度で論じなさい。

エネシュ*のアプローチは明快で実際的であった。植民地はポルトガルに利益と威信を与えるべく利用されなければならない。これは，征服が完了され，征服地の支配を確保するために行政組織がつくられ，つぎには経済収奪が精力的に遂行されなければならないことを意味した。もっとも優先的に考えられるべきことは，ポルトガルにとっての効用であった。使命などという概念は理論家と擁護者にまかせておけばよかった。

（中略）

1921年の《原住民援助》法は，ポルトガル語を話すことができ，あらゆる部族慣習を捨てた正規の有給雇用者を文明化されたアフリカ人として定義づけた。該当者は完全なポルトガル市民と見なされることになったが，他方，この定義に該当しないすべてのアフリカ人は，《行政官》の支配下におかれた。これが《同化民》制度の基本であり，これによってアフリカ人住民は，本質的にポルトガル的な生活様式をとりいれたと想定されるきわめて少数の《同化民》と，アフリカ人住民の圧倒的多数を構成する《原住民》とに分割された。

（中略）

《原住民》は市民権をもたず，身分証明書（原住民カード）を携行しなければならず，《原住民制度》のあらゆる規定にしたがわされた。《原住民制度》は《原住民》に労働の義務を課し，日没後は町の一定地域から締めだし，特別検閲ずみの映画を見せる映画館をふくむ２，３の娯楽場に制限した。白人および《同化民》は，理論上は，ポルトガル市民権に付随するあらゆる特権をもった。

（中略）

《同化民》は白人と真に同等の地位に達することができると提起されているが，それを完全に無意味にしてしまっている１つの事実がある。すなわち，《同化民》は彼のいかなる権利もそれを享受するためには，つねに身分証明書を持ち歩かねばならないのである。白人は尋問されることはない。白人はその容姿により特権的地位を保有するのである。

《同化民》が夜間外出禁止時刻後，外に出れば，きまって警察の尋問をうける。もし身分証明書をしめすことができなければ，彼は逮捕されるだろう。多くの特権は身分証明書をもっていてさえ主張できない。たとえば，同化アフリカ人は白人の映画館に入れない。白人用トイレットをしばしば使うことはできない。

（中略）

ヨーロッパ人やアメリカ人のあいだでは，人間の思考すべてを西洋の精神に由来するものと考えるのが通例となってきた。とくにアフリカは人類の発展になんの貢献もしなかったと考えられ，ヨーロッパの侵入の結果，はじめて発展の主流に引き入れられた，閉鎖的で完全に後進的な世界と見なされた。しかし，近年の学問は，これが西洋思想の内向性と自民族中心主義の産物であることを明らかにした。

(E・モンドラーネ『アフリカ革命＝モザンビクの闘争』野間寛二郎・中川忍訳，理論社，1971年，43～71頁　※一部改変)

＊　19世紀末のモザンビークにおけるポルトガル植民地政策の責任者。

数学

マークによる数値解答欄についての注意

解答欄の各位の該当する数値の欄にマークせよ。その際，はじめの位の数が0のときも，必ずマークすること。

符号欄がもうけられている場合には，解答が負数の場合のみ − にマークせよ。(0または正数の場合は，符号欄にマークしない。)

分数は，既約分数で表し，分母は必ず正とする。また，整数を分数のかたちに表すときは，分母を1とする。根号の内は，正の整数であって，2以上の整数の平方でわりきれないものとする。

解答が所定欄で表すことができない場合，あるいは二つ以上の答が得られる場合には，各位の欄とも Z にマークせよ。(符号欄がもうけられている場合，− にはマークしない。)

〔解答記入例〕 $\boxed{ア}$ に7，$\boxed{イ}$ に −26 をマークする場合。

	符号	10 の 位											1 の 位										
ア	—	0	1	2	3	4	5	6	7	8	9	Z	0	1	2	3	4	5	6	7	8	9	Z
	○	●	○	○	○	○	○	○	○	○	○	○	○	○	○	○	○	○	○	●	○	○	○
イ	—	0	1	2	3	4	5	6	7	8	9	Z	0	1	2	3	4	5	6	7	8	9	Z
	●	○	○	●	○	○	○	○	○	○	○	○	○	○	○	○	○	○	●	○	○	○	○

〔解答表示例〕

$-\dfrac{3}{2}$ を，$\dfrac{\boxed{}}{\boxed{}}$ にあてはめる場合 $\dfrac{\boxed{-3}}{\boxed{2}}$ とする。

0を，$\dfrac{\boxed{}}{\boxed{}}$ にあてはめる場合 $\dfrac{\boxed{0}}{\boxed{1}}$ とする。

$-\dfrac{\sqrt{3}}{2}$ を，$\dfrac{\boxed{}}{\boxed{}}\sqrt{\boxed{}}$ にあてはめる場合 $\dfrac{\boxed{-1}}{\boxed{2}}\sqrt{\boxed{3}}$ とする。

$-x^2+x$ を，$\boxed{}\,x^2+\boxed{}\,x+\boxed{}$ にあてはめる場合

$\boxed{-1}\,x^2+\boxed{1}\,x+\boxed{0}$ とする。

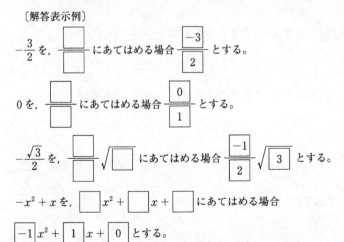

◀数学Ⅰ・Ⅱ・A・B▶

(90 分)

1 1個のさいころを投げる試行を2回くり返し, 1回目に出た目を a, 2回目に出た目を b とする。xy 平面上で直線

$$\ell \,:\, \frac{x}{a}+\frac{y}{b}=1$$

を考える。ℓ と x 軸の交点を P, ℓ と y 軸の交点を Q, 原点を O とし, 三角形 OPQ の周および内部を D, 三角形 OPQ の面積を S とする。

(1) S が整数になる確率は $\dfrac{\boxed{\text{ア}}}{\boxed{\text{イ}}}$,

S が3の整数倍になる確率は $\dfrac{\boxed{\text{ウ}}}{\boxed{\text{エ}}}$,

S が4の整数倍になる確率は $\dfrac{\boxed{\text{オ}}}{\boxed{\text{カ}}}$ である。

(2) 点 $(2,4)$ が D に含まれる確率は $\dfrac{\boxed{\text{キ}}}{\boxed{\text{ク}}}$,

点 $(2,3)$ が D に含まれる確率は $\dfrac{\boxed{\text{ケ}}}{\boxed{\text{コ}}}$ である。

(3) 円 $(x-3)^2+(y-3)^2=5$ と ℓ が共有点を持たない確率は $\dfrac{\boxed{\text{サ}}}{\boxed{\text{シ}}}$

である。

2 空間内に立方体 ABCD-EFGH がある。

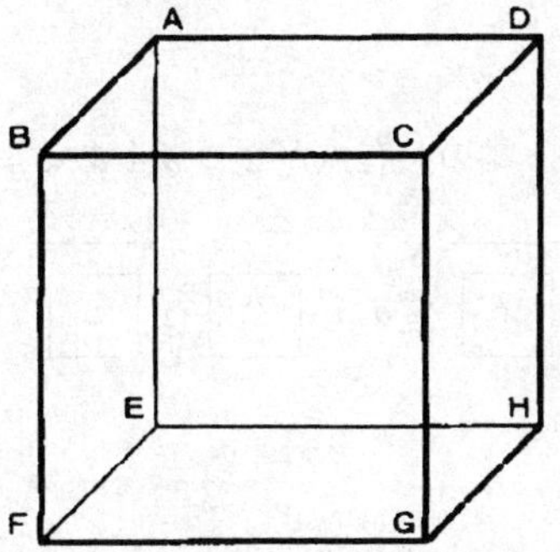

辺 AB を 2 : 1 に内分する点を P, 線分 CP の中点を Q とする。

(1)

$$\overrightarrow{AQ}=\frac{\boxed{ス}}{\boxed{セ}}\overrightarrow{AB}+\frac{\boxed{ソ}}{\boxed{タ}}\overrightarrow{AD}$$

である。

(2) 線分 AG 上の点 R を $\overrightarrow{QR}\perp\overrightarrow{AG}$ となるようにとると

$$\overrightarrow{AR}=\frac{\boxed{チ}}{\boxed{ツ}}\overrightarrow{AG}$$

である。

(3) 直線 QR が平面 EFGH と交わる点を S とすると

$$\overrightarrow{AS}=\frac{\boxed{テ}}{\boxed{ト}}\overrightarrow{AB}+\frac{\boxed{ナ}}{\boxed{ニ}}\overrightarrow{AD}+\boxed{ヌ}\,\overrightarrow{AE}$$

である。

3 aを実数の定数として3次関数

$$f(x)=9x^3-9x+a$$

を考える。

(1) $y=f(x)$のグラフとx軸の共有点が2つ以上あるようなaの範囲は

$$\boxed{\text{ネ}}\sqrt{\boxed{\text{ノ}}}\leqq a\leqq\boxed{\text{ハ}}\sqrt{\boxed{\text{ヒ}}}$$

である。

(2) $a=\boxed{\text{ハ}}\sqrt{\boxed{\text{ヒ}}}$のとき，方程式$f(x)=0$の最も小さい解は

$$\frac{\boxed{\text{フ}}}{\boxed{\text{ヘ}}}\sqrt{\boxed{\text{ホ}}}$$

であり，$y=f(x)$のグラフとx軸の囲む図形の面積は$\dfrac{\boxed{\text{マ}}}{\boxed{\text{ミ}}}$

である。

4 (1) 実数の数列 $\{a_n\}$ に関する以下の条件 (P) を考える。

(P)「$n \geqq N$ ならば $a_n \leqq 4$」が成り立つ自然数 N が存在する

(i) 以下の選択肢から, (P) であるための必要十分条件をすべて選べ。
正しい選択肢がない場合は, z をマークせよ。

(ii) 以下の選択肢から, (P) であるための必要条件ではあるが十分条件ではないものをすべて選べ。
正しい選択肢がない場合は, z をマークせよ。

(iii) 以下の選択肢から, (P) の否定であるものをすべて選べ。
正しい選択肢がない場合は, z をマークせよ。

選択肢

(a)「$n > N$ ならば $a_n \leqq 4$」が成り立つ自然数 N が存在する
(b)「$n < N$ ならば $a_n \leqq 4$」が成り立つ自然数 N が存在する
(c)「$n \geqq N$ ならば $a_n > 4$」が成り立つ自然数 N が存在する
(d) $a_n > 4$ を満たす自然数 n が無限個存在する
(e) $a_n \leqq 4$ を満たす自然数 n が無限個存在する
(f) $a_n > 4$ を満たす自然数 n は存在しても有限個である
(g) $a_n \leqq 4$ を満たす自然数 n は存在しても有限個である

(2) $t > 0$ とし, xy 平面上の直線

$$\ell : y = -x + t$$

と領域

$$B : x^2 + (y-2)^2 \leqq \frac{1}{4}t^2$$

を考える。 B と ℓ が 2 点以上で交わるとき, 交わりとして得られる線分の長さは $t =$ [ム] のときに最大値 [メ] $\sqrt{[\ モ\ ]}$ をとる。

(3) 正の数の組 (x, y) が

$$\begin{cases} x \geqq 1 \\ y \geqq 1 \\ x^5y^4 \geqq 100 \\ x^2y^9 \geqq 100 \end{cases}$$

を満たすとき $z = xy$ は $(x, y) = (a, b)$ で最小値をとる。ここで

$$\log_{10} a = \frac{\boxed{\text{ヤ}}}{\boxed{\text{ユ}}},\ \log_{10} b = \frac{\boxed{\text{ヨ}}}{\boxed{\text{ワ}}}$$

である。

◀数学Ⅰ・Ⅱ・Ⅲ・A・B▶

(90 分)

1　(1) $\cos 61^\circ$ の近似値を求めたい。$y = \cos x$ の 1 次の近似式を用いて計算し, 小数第 3 位を四捨五入すると, $\cos 61^\circ \fallingdotseq 0.$ ア を得る。ただし, $\pi = 3.14$, $\sqrt{3} = 1.73$ として用いてよい。

(2) あるクラスの生徒は 12 人で, A, B, C の 3 つのグループに分かれている。A グループは 3 人, B グループは 4 人, C グループは 5 人の生徒からなる。このクラスでテストを行なった。各人の点数は 0 以上 10 以下の整数である。

(i) A グループの生徒 3 人の点数の分散は 6 であり, そのうち 2 人の点数はそれぞれ 2 と 5 である。このとき, 残りの 1 人の点数は イ である。

(ii) さらに, B グループの生徒 4 人の点数の平均値は 2 であり, 分散は 3 である。C グループの生徒 5 人の点数の平均値は 5 であり, 分散は 6 である。このとき, クラスの生徒 12 人の点数の平均値は ウ であり, 分散は エ である。

(3) a を正の実数とする。実数からなる集合 X, Y を次で定める。

$$X = \left\{ x \,\middle|\, 0 < x < a \right\}, \qquad Y = \left\{ y \,\middle|\, 3 < y < 5 \right\}$$

次のそれぞれの命題が成り立つための必要十分条件を, 選択肢から 1 つずつ選べ。

(i) すべての $x \in X$ とすべての $y \in Y$ に対して $x < y$ となる

(ii) 「すべての $x \in X$ に対して $x < y$」となる $y \in Y$ が存在する

(iii) すべての $x \in X$ に対して「$x < y$ となる $y \in Y$ が存在する」

$\boxed{\text{(i)}}$ ～ $\boxed{\text{(iii)}}$ の選択肢：

(a) $a<3$	(b) $a\leqq 3$	(c) $a>3$	(d) $a\geqq 3$
(e) $a=3$	(f) $a\neq 3$	(g) $a<5$	(h) $a\leqq 5$
(i) $a>5$	(j) $a\geqq 5$	(k) $a=5$	(ℓ) $a\neq 5$
(m) $3<a<5$	(n) $3\leqq a<5$	(o) $3<a\leqq 5$	(p) $3\leqq a\leqq 5$

2 一辺の長さが 1 である立方体 OADB-CFGE を考える。$\overrightarrow{\mathrm{OA}}=\vec{a}$, $\overrightarrow{\mathrm{OB}}=\vec{b}$, $\overrightarrow{\mathrm{OC}}=\vec{c}$ とおき，実数 s, t に対し，点 P, Q を

$$\overrightarrow{\mathrm{OP}}=(1-s)\vec{a}+s\vec{b}+s\vec{c}\ ,\quad \overrightarrow{\mathrm{OQ}}=\vec{a}+t\vec{b}+(1-t)\vec{c}$$

を満たす点とする。

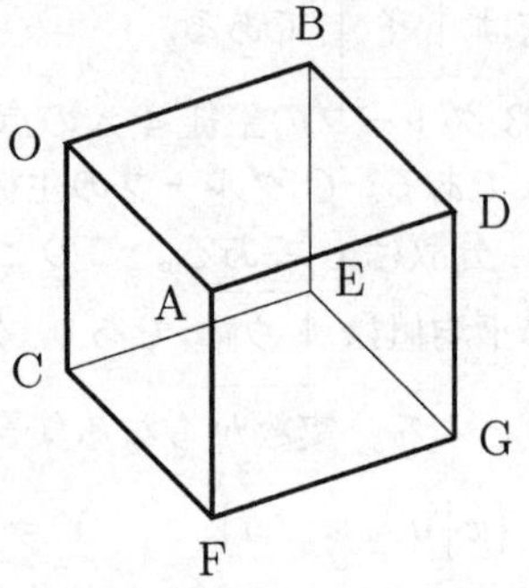

(1) 点 P は直線 $\boxed{\text{あ}}$ 上にあり，点 Q は直線 $\boxed{\text{い}}$ 上にある。ただし，$\boxed{\text{あ}}$ ，$\boxed{\text{い}}$ には，立方体の頂点の中から，直線が通る 2 頂点をマークして答えよ。

(2) 直線 $\boxed{\text{あ}}$ と直線 $\boxed{\text{い}}$ とは $\boxed{\text{う}}$ 。

$\boxed{\text{う}}$ の選択肢：

(a) 一致する
(b) 平行である
(c) 直交する
(d) 交わるが直交しない
(e) ねじれの位置にあって垂直である
(f) ねじれの位置にあって垂直でない

(3) 線分 PQ の長さは, $s=\boxed{\text{え}}$, $t=\boxed{\text{お}}$ のとき最小値をとり, このとき, $\mathrm{PQ}^2=\boxed{\text{か}}$ である。

$\boxed{\text{え}}$, $\boxed{\text{お}}$, $\boxed{\text{か}}$ の選択肢：

(a) 0　(b) $\dfrac{1}{6}$　(c) $\dfrac{1}{4}$　(d) $\dfrac{1}{3}$　(e) $\dfrac{1}{2}$　(f) $\dfrac{2}{3}$
(g) $\dfrac{3}{4}$　(h) 1　(i) $\dfrac{4}{3}$　(j) $\dfrac{3}{2}$　(k) 2　(ℓ) 3

(4) s, t が $0 \leqq s \leqq 1$, $0 \leqq t \leqq 1$ の範囲を動くとき, 線分 PQ の中点 M の動く領域は $\boxed{\text{き}}$ であり, その面積は $\dfrac{\sqrt{\boxed{\text{オ}}}}{\boxed{\text{カ}}}$ である。

き の選択肢：

(a) 正三角形　(b) 直角二等辺三角形
(c) 直角二等辺三角形でない直角三角形
(d) 直角三角形でも正三角形でもない三角形
(e) 正方形　(f) 正方形でない長方形
(g) 長方形でない平行四辺形　(h) 平行四辺形でない四角形
(i) 五角形　(j) 六角形

(5) s, t が $0 \leqq s \leqq 1$, $0 \leqq t \leqq 1$ の範囲を動くとき，線分 PQ が通過する領域の体積は $\dfrac{\boxed{キ}}{\boxed{ク}}$ である。

3 各頂点に 1 から 4 までの数が 1 つずつ書いてあり，振るとそれらの一つが等しい確率で得られる正四面体の形のさいころ T がある。これを用いて，2 人のプレイヤ A, B が以下のようなゲームをする。それぞれの枠内に記したルールに従い，各プレイヤが T を 1 回以上振って，最後に出た数をそのプレイヤの得点とし，得点の多い方を勝ちとする。ここで，同点のときには常に B の勝ちとする。また，振り直すかどうかは，両プレイヤとも自分が勝つ確率を最大にするように選択するとする。このとき，A が勝つ確率 p について答えよ。ただし，以下のそれぞれの場合について，p は 0 以上の整数 k, n を用いて，$p = \dfrac{2k+1}{2^n}$ と表せるので，この k, n を答えよ。

(1) A, B がそれぞれ 1 回ずつ T を振る。

このとき p を表す k, n は，$k = \boxed{ケ}$, $n = \boxed{コ}$ である。

(2) 先に A が 1 回振る。次に B が 2 回まで振って良い（A の得点を知っている状況で，1 回振り直して良い）。

このとき p を表す k, n は，$k = \boxed{サ}$, $n = \boxed{シ}$ である。

(3)

先に A が 2 回まで振って良い（B の得点がまだ分からない状況で, 1 回振り直して良い）。次に B が 1 回振る。

このとき p を表す k, n は, $k=$ ス , $n=$ セ である。

(4)

先に A が 2 回まで振って良い（B の得点がまだ分からない状況で, 1 回振り直して良い）。次に B が 2 回まで振って良い（A の得点を知っている状況で, 1 回振り直して良い）。

このとき p を表す k, n は, $k=$ ソ , $n=$ タ である。

(5)

先に A が 3 回まで振って良い（B の得点がまだ分からない状況で, 2 回まで振り直して良い）。次に B が 2 回まで振って良い（A の得点を知っている状況で, 1 回振り直して良い）。

このとき p を表す k, n は, $k=$ チ , $n=$ ツ である。

4 座標平面において, 原点を極とし, x 軸の正の部分を始線とする極座標を考える。平面上を運動する点 P の極座標 (r, θ) が, 時刻 $t \geqq 0$ の関数として,

$$r = 1 + t, \qquad \theta = \log(1+t)$$

で与えられるとする。時刻 $t=0$ に P が出発してから初めて y 軸上に到着するまでに P が描く軌跡を C とする。

(1) $t>0$ において, P が初めて y 軸上に到着するときの t の値を求めよ。

(2) C 上の点の x 座標の最大値を求めよ。

(3) C の長さを求めよ。

(4) C を座標平面上に図示せよ。

(5) C と x 軸と y 軸で囲まれた部分の面積を求めよ。

物理

（2科目 90分）

（注）解答は，結果のみを各解答欄にていねいに記入すること。導出過程は記さない。

1 質量 M の質点Aを床からの高さ L の位置Pから静かに落とし，質点Aが床と最初に弾性衝突した瞬間に質量 M の質点Bを位置Pから静かに落とした。すると，質点Bは質点Aと空中で弾性衝突をして鉛直上方に跳ね上がった。この衝突の瞬間に質量 m の質点Cを位置Pから静かに落とした。すると，質点Cは質点Bと空中で弾性衝突をした。高さは床から測るものとし，重力加速度を g，鉛直上向きを正とする。

1. 質点Aが床にはじめて衝突した後の質点Aの高さを，床との衝突からの時間 t で表せ。ただし，質点Bとの衝突はまだ起こっていないものとする。
2. 質点Aと質点Bがはじめて衝突した高さを求めよ。
3. この衝突の直後の質点Aと質点Bの速度をそれぞれ求めよ。
4. この衝突からの時間を t' とし，この衝突後の質点Bの高さを t' で表せ。ただし，質点Bと質点Cの衝突はまだ起こっていないものとする。
5. 質点Bと質点Cがはじめて衝突した高さを求めよ。
6. この衝突の直前の質点Bと質点Cの速度をそれぞれ求めよ。
7. この衝突の後，質点Cは鉛直上方に跳ね上がった。このとき $m < 3M$ である。この衝突の直後の質点Cの速度を求めよ。
8. この衝突の前後における質点Cの力学的エネルギーの変化を求めよ。
9. この衝突後，質点Cがはじめて達する最高点の高さ h を求めよ。また，横軸を m として h のグラフを描け。

2

図 1 のように，起電力 E，内部抵抗 r の電池に抵抗値 R の抵抗器と電気容量 C のコンデンサーを接続した。はじめの状態ではコンデンサーには電荷は蓄えられていなかった。

1. 次の場合に電池の内部抵抗と抵抗器に流れる電流の大きさをそれぞれ求めよ。

    (a) はじめの状態からスイッチを閉じた直後。

    (b) 1.(a) の後，十分時間が経過したとき。

    (c) 1.(b) の後，再びスイッチを開いた直後。

2. 1.(c) の後，再びスイッチを閉じて十分時間が経過した。

    (a) コンデンサーに蓄えられた電気量と静電エネルギーをそれぞれ求めよ。

    (b) 抵抗器での消費電力を求めよ。

    (c) 抵抗値 R を変化させたとき，抵抗器での消費電力を最大にする抵抗値と，そのときの消費電力を求めよ。

図 2 のように，起電力 E，内部抵抗 r の電池に抵抗値 R の抵抗器と自己インダクタンス L のコイルを接続した。はじめの状態ではコイルには電流は流れていなかった。

3. 次の場合に電池の内部抵抗と抵抗器に流れる電流の大きさをそれぞれ求めよ。

    (a) はじめの状態からスイッチを閉じた直後。

    (b) 3.(a) の後，十分時間が経過したとき。

    (c) 3.(b) の後，再びスイッチを開いた直後。

4. 3.(a) において，コイルに流れる電流 I の変化の割合の大きさ $\left|\frac{\Delta I}{\Delta t}\right|$ を求めよ。ここで，ΔI は微小時間 Δt の間の電流 I の変化量である。

5. 3.(b) において，コイルに蓄えられたエネルギーを求めよ。

6. 3.(c) において，コイルに流れる電流 I の変化の割合の大きさ $\left|\frac{\Delta I}{\Delta t}\right|$ を求めよ。

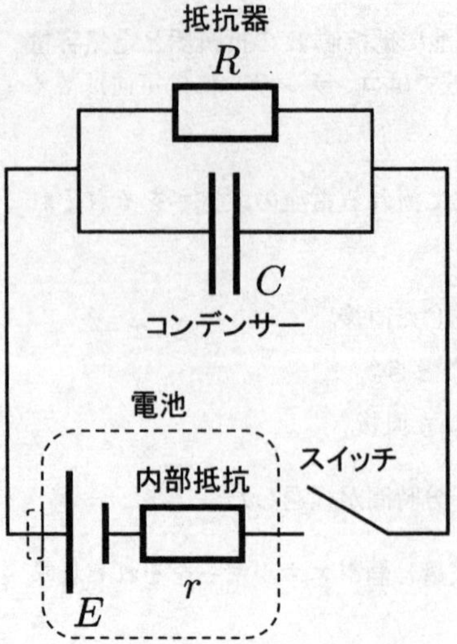

図1

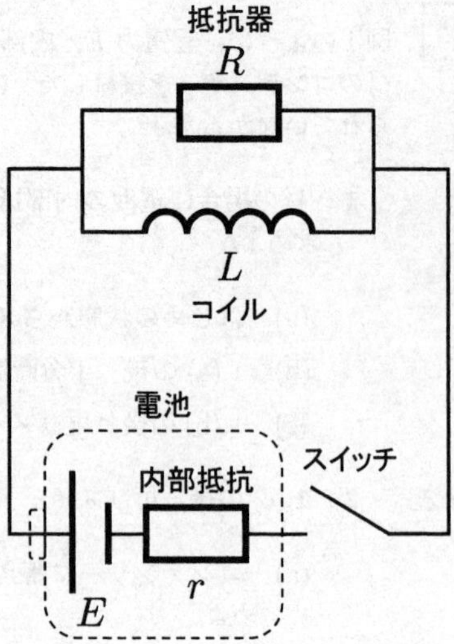

図2

化学

（2科目 90分）

解 答 上 の 注 意

(1)　数値による解答は，各問に指示されたように記述せよ。
答えが0（ゼロ）の場合，特に問題文中に指示がないときはa欄をマークせよ。
有効数字2桁で解答する場合，位取りは，次のように小数点の位置を決め，記入例のようにマークせよ。

$0.30 \rightarrow 3.0 \times 10^{-1}$

$1.24 \rightarrow 1.2 \times 10^{0}$

$17.5 \rightarrow 1.8 \times 10^{+1}$

記入例：3.0×10^{-1}

1　の　桁	0.1　の　桁	指	数
ⓐ①②●④⑤⑥⑦⑧⑨	●①②③④⑤⑥⑦⑧⑨	⊕●	⓪●②③④⑤⑥⑦⑧⑨

指数が0（ゼロ）の場合は正負の符号にはマークせず，0（ゼロ）のみマークせよ。

指	数
⊕⊖	●①②③④⑤⑥⑦⑧⑨

(2)　計算を行う場合，必要ならば次の値を用いよ。

原子量　H：1.00　C：12.0　N：14.0　O：16.0　Na：23.0
　　　　S：32.0　Cl：35.5　K：39.0　Ar：40.0　Cr：52.0
　　　　Fe：56.0　Ag：108　I：127　Pt：195

アボガドロ定数：6.02×10^{23}/mol

0 K（絶対零度）＝ −273 ℃

気体定数：8.31×10^{3} Pa·L/(K·mol) ＝ 8.31 J/(K·mol)

ファラデー定数：9.65×10^{4} C/mol

(3)　気体は，ことわりのない限り，理想気体の状態方程式に従うものとする。

(4)　0 ℃，1.01×10^{5} Pa における気体1 mol の体積は，22.4 L とする。

(5)　pH は，水素イオン指数である。

(6)　構造式は，下の例にならって示せ。

例）

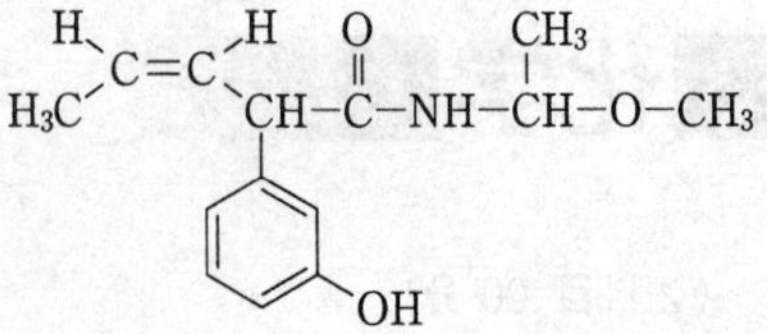

1　次の文章を読み，問1～問5に答えよ。

化合物Xは0℃，1.01×10^5 Paで気体であり，室温付近の温度で放置しておくと，式(1)のようにPとQに分解する。

$$X \longrightarrow P + Q \qquad (1)$$

この分解速度 v は，反応速度定数 k と化合物Xの平均のモル濃度 $[\overline{X}]$ 〔mol/L〕を用いて，式(2)で表される。

$$v = k[\overline{X}] \qquad (2)$$

また，式(2)から，化合物Xのある時間 t のモル濃度 $[X]_t$ と，時間が Δt だけ経過したときのモル濃度 $[X]_{t+\Delta t}$ との間には，式(3)の関係が成り立つ。

$$\log_e \frac{[X]_{t+\Delta t}}{[X]_t} = -k\Delta t \qquad (3)$$

反応速度定数 k は，活性化エネルギー E，気体定数 R，絶対温度 T，定数 A を用いて式(4)で表され，両辺の自然対数をとると式(5)で表される。

$$k = Ae^{-\frac{E}{RT}} \qquad (4)$$

$$\log_e k = -\frac{E}{RT} + \log_e A \qquad (5)$$

そこで，式(1)の反応の活性化エネルギーを求めるために，設定した温度で一定に保つことができる密閉容器（図1）を用いて，次の実験Ⅰ～Ⅲを行った。

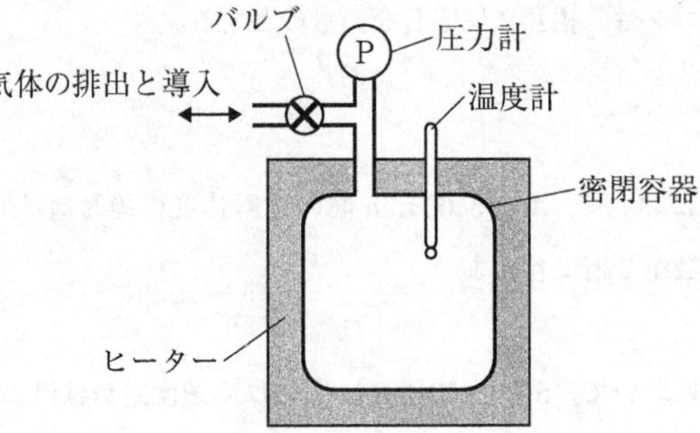

図 1　反応装置

実験Ⅰ　密閉容器のバルブを開けて容器内の気体をすべて除いてから，化合物 X を少量含むアルゴン Ar を入れ，バルブを閉めた。気体の温度が 300 K になったとき，容器内の圧力は 1.01×10^5 Pa であり，化合物 X のモル濃度は 1.00×10^{-4} mol/L であった。経過時間ごとの化合物 X のモル濃度［X］を測定した結果は，表 1 のようになった。

表 1　化合物 X のモル濃度の時間変化(300 K)

時間 t〔min〕	0	5.00	10.0
モル濃度［X］〔mol/L〕	1.00×10^{-4}	9.00×10^{-5}	8.10×10^{-5}

実験Ⅱ　温度を変えながら，実験Ⅰと同じ操作を行った。温度が 10.0 K 上がるごとに，0 ～5.00 min 間の分解速度が 2.00 倍になることがわかった。

実験Ⅲ　気体の温度 330 K で，実験Ⅰと同じ操作を行った。時間 $t = 0$ min のときの容器内の圧力は 1.01×10^5 Pa であり，化合物 X のモル濃度は 1.00×10^{-4} mol/L であった。$t = 5.00$ min での化合物 X のモル濃度は ［　ア　］ mol/L になった。

ただし，密閉容器内部の気体の温度や化合物 X の濃度は均一であり，化合物 X の分解による温度や圧力の変化は無視できるものとする。また，化合物 X，P，

Qおよびアルゴンは，相互に反応しないものとする。

問1　実験Ⅰにおいて，0～5.00 min 間の分解速度の絶対値は何 mol/(L·min) か。有効数字2桁で答えよ。

問2　実験Ⅰにおいて，5.00～10.0 min 間の反応速度定数は何 /min か。有効数字2桁で答えよ。

問3　実験Ⅰにおいて，式(3)の$[\mathrm{X}]_{t+\Delta t}$が$[\mathrm{X}]_t$の半分（$\dfrac{[\mathrm{X}]_{t+\Delta t}}{[\mathrm{X}]_t}=\dfrac{1}{2}$）となるまでの時間$\Delta t$は何 min か。有効数字2桁で答えよ。ただし，$\log_e 2 = 0.693$とする。

問4　実験Ⅱの結果をふまえると，実験Ⅲにおける$t = 5.00$ min での化合物Xのモル濃度［ア］は何 mol/L か。有効数字2桁で答えよ。

※問4については，実験Ⅱの設定が適切でなかったため，化学を選択した受験生については，当該問題の解答を正解とみなし，一律加点とする措置をとったことが大学から公表されている。

問5　式(1)の反応の活性化エネルギーは何 kJ/mol か。有効数字2桁で答えよ。ただし，$\log_e \dfrac{k_{330}}{k_{300}} = 2.50$とする。なお，$k_{300}$と$k_{330}$は，それぞれ 300 K と 330 K の反応速度定数である。

2 次の文章を読み，問 6 ～問 11 に答えよ。

アミノ酸は，食品の添加物や調味料に用いられている。アミノ酸水溶液の pH を変化させると，式(1)のように各イオンの割合が変化する。

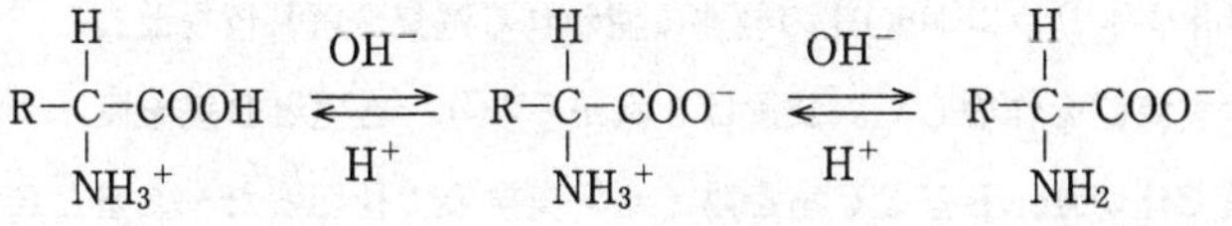
(1)

陽イオン(H_2A^+)　双性イオン$(HA^\pm)$　陰イオン(A^-)

中性アミノ酸では，式(2)および式(3)で表される 2 つの平衡が成り立つ。

$$H_2A^+ \underset{}{\overset{K_1}{\rightleftarrows}} HA^\pm + H^+ \qquad K_1 = \frac{[HA^\pm][H^+]}{[H_2A^+]} \tag{2}$$

$$HA^\pm \underset{}{\overset{K_2}{\rightleftarrows}} A^- + H^+ \qquad K_2 = \frac{[A^-][H^+]}{[HA^\pm]} \tag{3}$$

ここで K_1，K_2 は，それぞれの平衡の電離定数を表す。$[H^+]$，$[H_2A^+]$，$[HA^\pm]$，$[A^-]$は，それぞれ H^+，H_2A^+，$HA^\pm$，A^- のモル濃度を表す。水溶液中に存在する双性イオン$(HA^\pm)$の割合を f とすると，f は式(4)で表される。

$$f = \frac{[HA^\pm]}{[H_2A^+] + [HA^\pm] + [A^-]} \tag{4}$$

式(2)～(4)から，f は電離定数 K_1，K_2 および$[H^+]$を用いて，式(5)で表される。

$$f = \frac{1}{\boxed{\text{ア}}} \tag{5}$$

中性アミノ酸の等電点は，中性アミノ酸がおもに双性イオン$(HA^\pm)$として存在し，陽イオン(H_2A^+)と陰イオン(A^-)の濃度が等しくなる pH であり，K_1，K_2 を用いて式(6)で表される。

$$pH = -\log_{10} \boxed{\text{イ}} \tag{6}$$

旨みのある中性アミノ酸Yと食塩を含む混合水溶液は，調味料として利用できる。この混合水溶液を減塩するために，以下の実験Iを行った。ただし，中性アミノ酸Yの25℃での電離定数は，$K_1 = 5.0 \times 10^{-3}$ mol/L，$K_2 = 2.0 \times 10^{-10}$ mol/Lとする。

実験I　水酸化ナトリウム NaOH の製造に使われる電気分解装置を改良し，図1に示す装置を作製した。装置は3室からなり，A室とB室を陰イオン交換膜で仕切り，B室とC室を陽イオン交換膜で仕切った。A室とC室には，0.200 mol/L 塩化ナトリウム NaCl 水溶液，中央のB室には0.100 mol/L 中性アミノ酸Yと0.200 mol/L 塩化ナトリウムを含む混合水溶液を加えた。3室の溶液の体積は，すべて0.500 Lとした。B室のpHを中性アミノ酸Yの等電点に調整し，25℃で電気分解を行った。

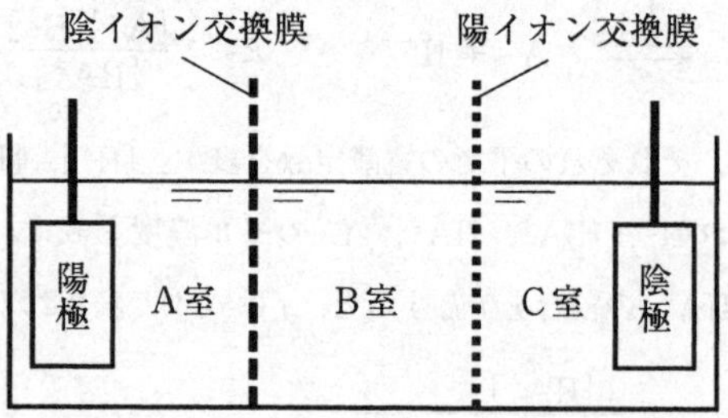

図1　改良した電気分解装置(陽極：黒鉛C，陰極：鉄Fe)

問6　式(5)の［　ア　］にあてはまる式を記せ。

問7　中性アミノ酸Yについて，双性イオンの存在割合である f と pH の関係として最もふさわしい図を，次のa)～d)から1つ選べ。

a)

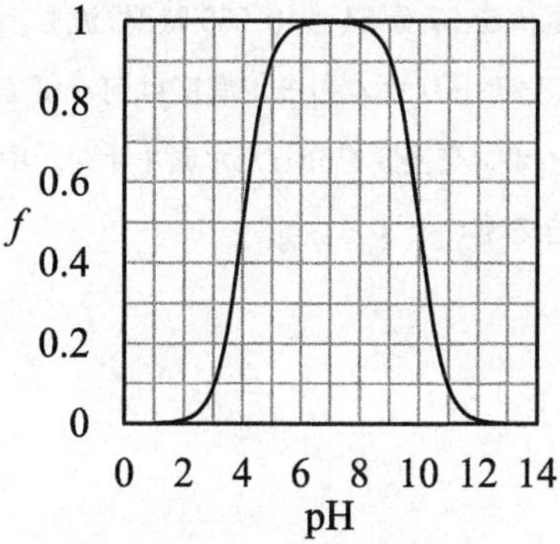

b)

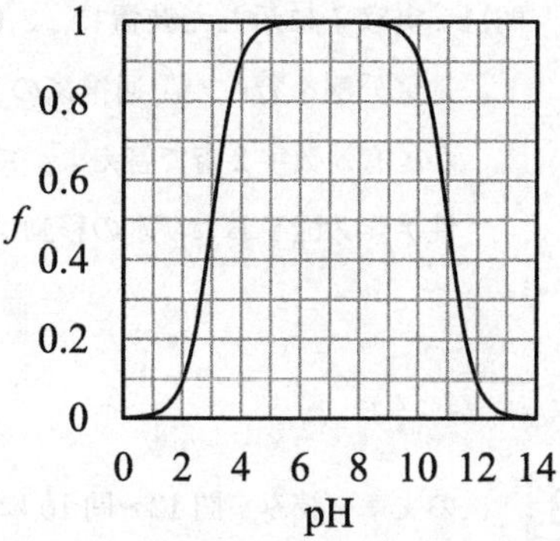

c)

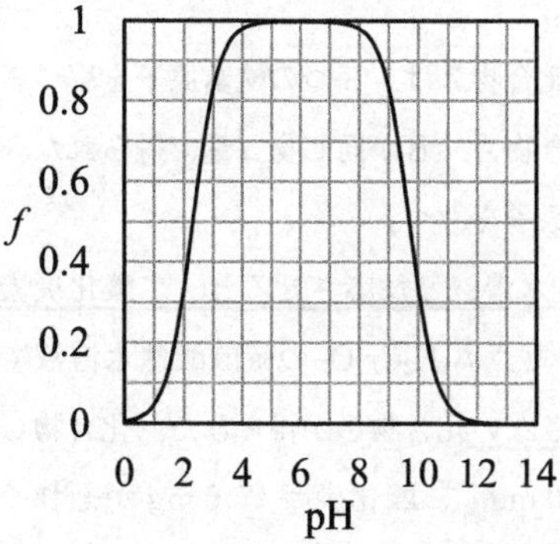

d)

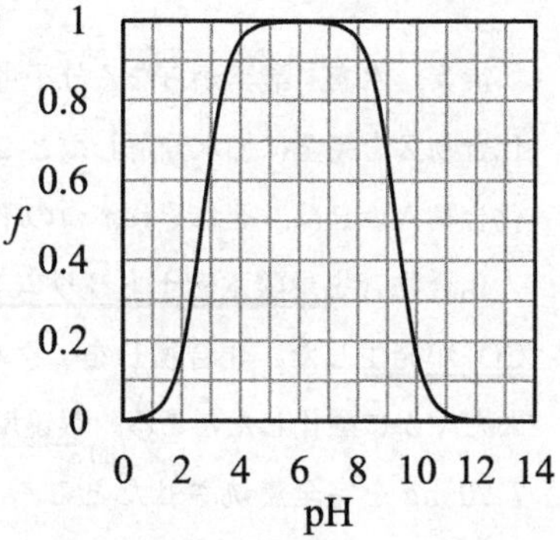

問8　中性アミノ酸Yの陽イオン(H_2A^+)と陰イオン(A^-)の濃度比 ($\frac{[H_2A^+]}{[A^-]}$) が，1.00×10^6 となる pH はいくらか。有効数字 2 桁で答えよ。

問9　等電点を表す式(6)の［　イ　］にあてはまる式を，次の a）～h）から 1 つ選べ。該当する選択肢がない場合は，z 欄をマークせよ。

a）$\frac{K_2}{K_1}$　　b）$\sqrt{\frac{K_2}{K_1}}$　　c）$\frac{K_1}{K_2}$　　d）$\sqrt{\frac{K_1}{K_2}}$

e）K_1K_2　　f）$\sqrt{K_1K_2}$　　g）$\frac{1}{K_1K_2}$　　h）$\frac{1}{\sqrt{K_1K_2}}$

問10　実験Ⅰにおいて，陰極で起こる酸化還元反応を，下の例にならって記せ。

例）　$Ag^+ + e^- \longrightarrow Ag$

問11　実験Ⅰに示した装置に，2.00 A の電流を 57 分 54 秒(0.965 時間)流し，電気分解を行った。通電後のB室の塩化ナトリウムのモル濃度は何 mol/L か。有効数字 2 桁で答えよ。ただし，イオン交換膜を介した水素イオン，中性アミノ酸Yおよび水の移動は無視できるものとする。

3　次の文章を読み，問 12～問 16 に答えよ。

炭素，水素，酸素からなる分子量 146 の化合物Zは，3つの酸素原子をもつ。化合物Zを完全に加水分解したところ，化合物A，Bが同じ物質量で得られた。化合物A，Bは，それぞれ1つの不斉炭素原子をもつ。

化合物Aを(i)炭酸水素ナトリウム $NaHCO_3$ 水溶液と反応させると，二酸化炭素 CO_2 が発生した。化合物Bを二クロム酸カリウム $K_2Cr_2O_7$ の硫酸酸性水溶液でおだやかに酸化したところ，(ii)銀鏡反応を示さない化合物Cが得られた。化合物C 7.20 mg を完全燃焼させたところ，水 7.20 mg，二酸化炭素 17.6 mg がそれぞれ生成した。

問12　下線部(i)と同様の反応性を示す化合物を，次の a)～e) からすべて選べ。該当する選択肢がない場合は，z 欄をマークせよ。

a) ベンズアルデヒド　　b) フタル酸　　c) 酢酸エチル
d) フマル酸　　e) エチレングリコール

問13　下線部(ii)と同様の性質を示す化合物を，次の a)～e) からすべて選べ。該当する選択肢がない場合は，z 欄をマークせよ。

a) ホルムアルデヒド　　b) アセトン　　c) 2-プロパノール
d) プロピレン　　e) アセトアルデヒド

問14　化合物Cの分子式 $C_aH_bO_c$ の a，b，c を，それぞれ 0～9 までの整数で答えよ。10 以上の場合は，z 欄をマークせよ。

問15　化合物Bの性質としてあてはまるものを，次の a)～e）からすべて選べ。該当する選択肢がない場合は，z 欄をマークせよ。

a）濃硫酸に加えて加熱すると，脱水反応が起こる。

b）希塩酸を加えて加熱すると，加水分解が起こる。

c）ナトリウム Na を加えて反応させると，水素 H_2 が発生する。

d）白金 Pt を触媒として水素 H_2 と反応させると，付加反応が起こる。

e）ヨウ素 I_2 と水酸化ナトリウム NaOH 水溶液を加えて反応させると，ヨードホルム CHI_3 が生成する。

問16　化合物Zの構造式を示せ。

生物

（2科目 90分）

(注) 記述式の解答は解答欄にていねいに記入すること。字数が指定されている場合は，漢字，かな(カナ)，アルファベット，数字，記号，句読点などは，原則としてそれぞれ一字として記入すること。

1　両生類の発生に関する文章1と文章2を読み，以下の問1～問7に答えよ。

文章1　下の図1～3は1つの両生類胚の発生過程を同じ向きから描いたものである。細胞に無害な色素を用いて原腸胚初期の表面を図2の灰色の丸で示すように染色した。この卵の発生が進むと，染色された部分が広がって細胞の動きを追跡することができ，原腸胚後期になると，染色領域は図3のようになった。この実験から，原腸胚期には動物極側の細胞の動きは速く，植物極側の細胞の動きは遅いことが分かった。

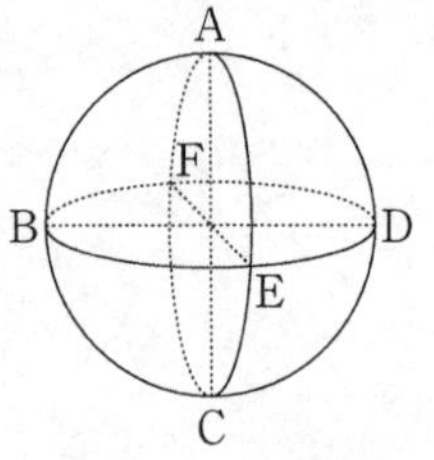

図1　受精卵

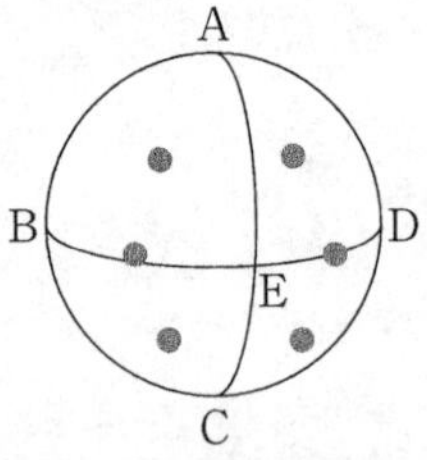

図2　原腸胚初期

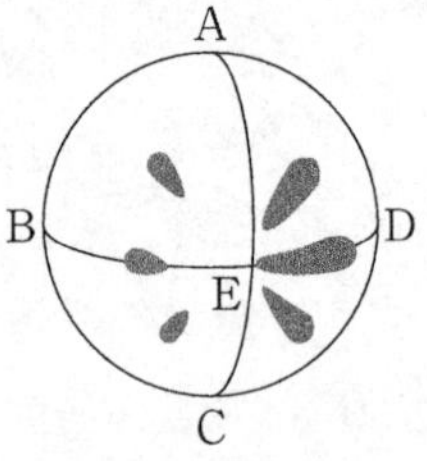

図3　原腸胚後期

問1　精子侵入点，動物極，植物極として最も適切な部位を図1のA～Fのうちからそれぞれ1つずつ選べ。

精子侵入点：［　ア　］

動物極：[イ]

植物極：[ウ]

問2　図1において，第一卵割と第二卵割はどの面で生じると考えられるか。最も適切なものをそれぞれ a）～c）のうちから1つ選べ。

第一卵割：[エ]

第二卵割：[オ]

a）A，B，C，Dを含む面

b）A，C，E，Fを含む面

c）B，D，E，Fを含む面

問3　神経胚初期まで発生が進むと，神経板が形成される。その後，神経板は神経管に変化する。この神経管形成の過程で細胞接着に関わるタンパク質の名称を記せ。

問4　尾芽胚期まで発生が進んだ時，頭部と尾部を結ぶ軸を前後軸と呼び，それとは垂直に体の左右方向に走る軸を左右軸という。図1において尾芽胚期まで発生が進んだ時に左右軸として最も適切なものを a）～c）のうちから1つ選べ。

a）AとCを結ぶ線

b）BとDを結ぶ線

c）EとFを結ぶ線

文章2　クシイモリとスジイモリの2種類の両生類を用いて，その原腸胚初期に以下の独立した移植実験を行ったのち，それぞれを尾芽胚期まで成長させて観察した。

実験1：クシイモリの胚のある部位を，スジイモリの胚の対応する部位に移植した。

実験２：クシイモリの胚のある部位を，スジイモリの胚の対応する部位とは背腹軸をはさんで反対側の部位に移植した。

問５　実験１について，移植片が外胚葉領域であった場合，移植先で分化してできる可能性のあるものとして適切なものをａ）～ｆ）のうちから全て選べ。

ａ）筋肉　ｂ）血管　ｃ）神経　ｄ）脊索　ｅ）体節　ｆ）表皮

問６　実験２について，スジイモリの尾芽胚で二次胚が形成された場合，どの部位を移植したと考えられるか。適切な部位の名称を記せ。

問７　正常な発生を示した尾芽胚の断面の模式図を図４に示す。図４を参考にして，実験２で二次胚が形成された場合の尾芽胚の断面を解答欄に図示せよ。また，図には神経管，脊索，体節，側板が全てわかるように，それらの名称を指し線とともに記入せよ。

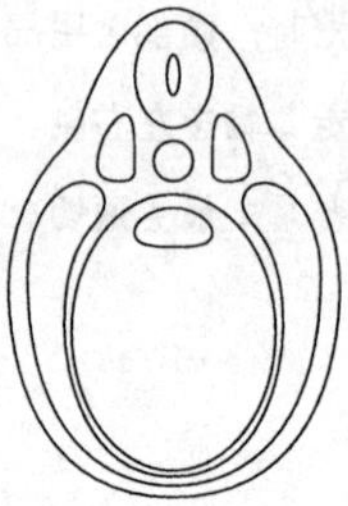

図４

2　ホルモンに関する文章1～文章3を読み，以下の問8～問12に答えよ。

文章1　ほ乳類では，ホルモンは内分泌腺や内分泌細胞から血液中に放出され，血液の循環により全身に行き渡り，特定の器官つまり標的器官に作用する。標的器官の細胞は特定のホルモンだけが強く結合できる受容体を持つ。受容体の種類や反応が異なることにより，1つのホルモンが細胞や組織によって異なる作用を起こすことがある。アドレナリンは [ア] から分泌されるホルモンで，心臓に作用して心拍数を [イ] させ，肝臓ではグリコーゲンの [ウ] を促進する。また，血管に作用すると，血流量は筋肉では [エ] し，皮膚では [オ] する。

問8　文章1の [ア] ～ [オ] にあてはまる適切な語を記せ。

問9　血糖値が低い時に分泌量が増えるホルモンとして適切なものをａ）～ｅ）のうちから全て選べ。適切なものがない場合はｆ欄をマークせよ。

ａ）グルカゴン

ｂ）インスリン

ｃ）アドレナリン

ｄ）バソプレシン

ｅ）副腎皮質刺激ホルモン

問10　アドレナリンが肝臓の細胞の受容体に結合した後にその反応が現れるまでの情報伝達のしくみを，以下の用語を全て用いて簡潔に説明せよ。ただし，同じ語を2回以上使ってもよい。

【用語】

ATP　　グルコース　　酵素　　受容体

文章2　あるホルモンの受容体Xを持つ細胞の割合をマウスの組織ＡとＢで測定したところ，図1のようになった。また，受容体Xを持つ細胞について，細胞1つあたりの受容体Xの量の平均値は組織間で違いがなかった。2つの組織の細胞をばらばらにして，それぞれ同数の細胞を培養皿に入れて培養した。その培養液に異なる量のホルモンを加えてホルモンの濃度とホルモンに反応する細胞数の関係を調べたところ，組織Bの結果は図2の破線のようになった。

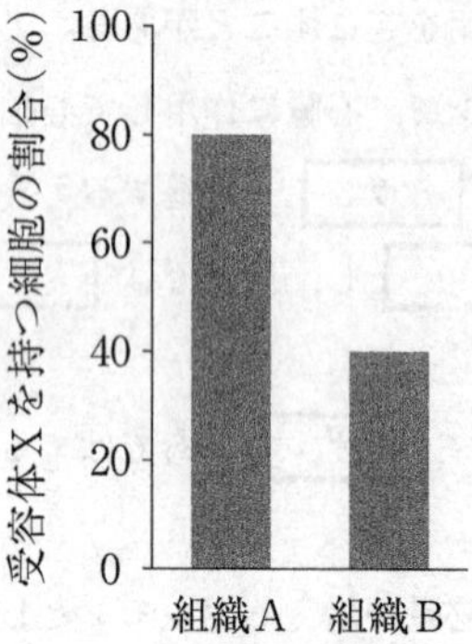

図1

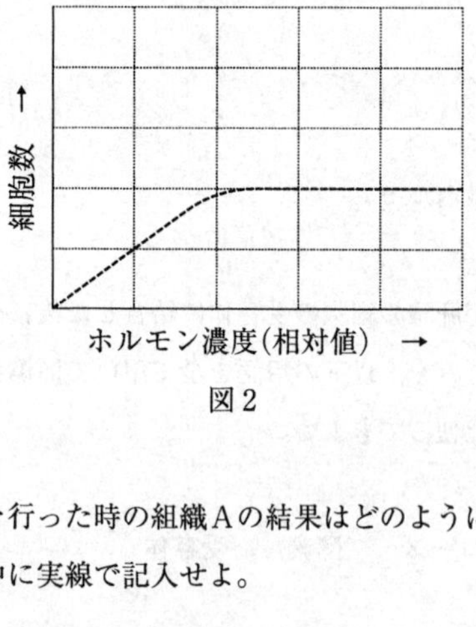

図2

問11　文章2の実験を行った時の組織Aの結果はどのようになったと考えられるか。解答欄の図中に実線で記入せよ。

文章3　さらに別の組織Cを調べたところ，組織Cには受容体Xの代わりにこのホルモンに対する別の受容体Yが存在することがわかった。組織Cにおいて受容体Yを持つ細胞の割合は約 40 % であった。受容体Yを持つ細胞の１つあたりの受容体Yの量の平均値は，組織Bにおいて受容体Xを持つ細胞の１つあたりの受容体Xの量の平均値と同程度だった。また，受容体Yへのホルモンの結合力を調べたところ，受容体Xへの結合力よりも約２倍強いことがわかった。

問12　組織Cについて，文章２と同様の実験を行うと，その結果はどのようになると考えられるか。解答欄の図中に実線で記入せよ。

〔問11・問12の解答欄〕

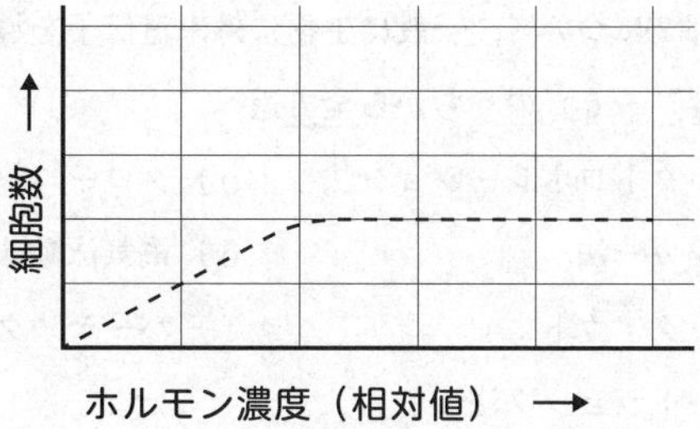

3　バイオテクノロジーに関する文章１と文章２を読み，以下の問 13〜問 19 に答えよ。

文章１　生物の遺伝子や細胞を人為的に操作する技術を一般にバイオテクノロジーとよぶ。トランスジェニック植物は個体の全ての細胞が外来の遺伝子を持つように作製された植物である。トランスジェニック植物の作製では，［　ア　］と呼ばれる土壌細菌の一種が主に用いられる。導入したい遺伝子を［　ア　］が持つ(1)プラスミドに組み込み，その菌株を植物細胞に感染させると，(2)目的の遺伝子が細胞の核内に運ばれる。このようにして作製された植物は，農作物や基礎研究の材料として用いられる。トランスジェニック植物が食品として利用される場合，それらは［　イ　］食品とよばれる。

問13　[ア] と [イ] にあてはまる適切な語をそれぞれ記せ。

問14　下線部(1)について，プラスミドの記述として適切なものをａ）～ｄ）のうちから全て選べ。ただし，適切なものがない場合はｅ欄をマークせよ。

ａ）ウイルスにも存在する。

ｂ）環状の DNA である。

ｃ）細菌類の細胞内で複製される。

ｄ）染色体 DNA の一部である。

問15　下線部(2)について，一般に生物に外来遺伝子を導入する方法として適切なものをａ）～ｇ）のうちから全て選べ。

ａ）エレクトロポレーション法　　ｂ）クローニング

ｃ）サンガー法　　ｄ）電気泳動法

ｅ）ノックアウト　　ｆ）パーティクルガン法

ｇ）ヒートショック法

文章２　[ウ] は，植物の成長や環境応答に重要な植物ホルモンの１つとして知られる。いま，(3)植物細胞で働くプロモーターの下流に [ウ] を合成する酵素の遺伝子を連結したプラスミドを作製し，文章１で記した方法によってそれを導入したトランスジェニックトマトを作出した。通常の生育条件で栽培すると，そのトマトは(4)葉の老化の遅延を示した。

問16　[ウ] にあてはまる最も適切な語を記せ。

問17　下線部(3)について，目的の遺伝子が働く際には土壌細菌とは異なる植物細胞の遺伝子発現のしくみが利用される。一般的な植物細胞の遺伝子発現の特徴として適切なものをａ）～ｆ）のうちから全て選べ。

ａ）クロマチン繊維が凝縮することにより，ゲノム DNA の転写が活性化する。

b）クロマチン繊維が緩むことにより，ゲノム DNA の転写が活性化する。

c）転写領域の上流のプロモーターに基本転写因子が結合し，転写が開始される。

d）転写領域の上流のオペレーターに調節タンパク質が結合し，転写が調節される。

e）転写されてできた産物は，さらに加工され mRNA となる。

f）転写されてできた産物は，そのまま mRNA として機能する。

問18　下線部(4)について，葉の老化にともない細胞の内部ではどのようなことが起きるか。分子レベルの現象を 2 つ記せ。

問19　文章 1 で記した方法で作出したトマトの細胞に目的の DNA が実際に導入されたことを知るためには，具体的にどのような方法で調べればよいか。アイデアを述べよ。

a X＝春　Y＝夏
b X＝旦　Y＝暮
c X＝今　Y＝昔
d X＝先　Y＝後

問八 A〜Cの文章について述べたものとして、適切なものを次の中から二つ選べ。

a 鄭弘は親孝行な人物の典型として知られている。
b Bの文章には対句が巧みに用いられている。
c Cの文章と同じジャンルに属する文学作品に『堤中納言物語』がある。
d Bの文章中の袁司徒は世をすねた人物として描かれる。
e Aの文章中の鶴は仙人が使っている鳥である。
f 鄭弘の名は不思議な風を起こした神仙の比喩に用いられる。
g Bの文章はCの影響を受けて書かれたものである。
h Aの文章の翻案がB、翻訳がCである。

b　この一文は優れたものとして知識人に口ずさまれた。
c　日本の漢詩文が中国の作に劣らぬことを示している。
d　漢文が和歌と変わらぬ調べを持っていることがわかる。

問五　Bの傍線部4「被人知」と同じ内容をあらわす文として、もっとも適切なものを次の中から一つ選べ。
a　為人所知
b　莫如人知
c　令人不知
d　人何為知

問六　Cの傍線部5「そらにしられぬ」の意味として、もっとも適切なものを次の中から一つ選べ。
a　暗記するほど胸にきざみこんでいた
b　他人に知られるようになった
c　宙で書けるほど周知のことであった
d　天の知るところとなった

問七　A・Bの文中の空欄X・Yにはそれぞれ同じ語が入る。その補充すべき語の組み合わせとして、もっとも適切なものを次の中から一つ選べ。

c　いづくにほつせらるるかをとふ
d　なにをかほつするところととふ

問二　Aの傍線部1「問何所欲」は誰の誰に対するものであるか、もっとも適切なものを次の中から一つ選べ。
a　鄭弘の白鶴に対するもの
b　鄭弘の仙人に対するもの
c　仙人の鄭弘に対するもの
d　仙人の神人に対するもの

問三　Bの傍線部2「明時之朝市」の意味として、もっとも適切なものを次の中から一つ選べ。
a　太平で治まった世
b　明るい朝廷と政治
c　朝日の当たる市場
d　公明正大な社会

問四　Bの傍線部3「春過〜応路達」の一文は『和漢朗詠集』にも収録されている。このことから考えられる事項として、もっとも適切なものを次の中から一つ選べ。
a　袁司徒はいにしえの貴族にとって憧れの人物であった。

C

今は昔、親に孝ずるものありけり。朝夕に木をこりて、親を養ふ。孝養の心、そらにしられぬ。梶《かぢ》もなき舟に乗りて、向ひの嶋に行くに、朝には南の風吹きて北の嶋に吹きつけつ。夕には、また舟に木をこり入れてゐたれば、北の風吹きて家に吹きつけつ。かくのごとくする程に、年比《としごろ》になりて、おほやけにきこしめして、大臣になして召しつかはる。その名を鄭太尉とぞいひける。

（『宇治拾遺物語』）

〈注〉○鄭弘…後漢、会稽の人。射的山、若邪渓は会稽附近にあった山と渓谷の名。　○闌…真っ盛りになる。　○袁司徒…後漢の袁安。大雪の時に救いを求める大勢の人の邪魔になることを嫌って外出せず、雪に閉じ込められたまま家にいたという故事が知られる。

問一　Aの傍線部1「問何所欲」の書き下し文として、もっとも適切なものを次の中から一つ選べ。

a　なんすれぞほつせんやととふ

b　いづれのところにかほつせんやととふ

三　A・B・Cの文章を読んで、後の問に答えよ。なお、設問の関係上、返り点・送り仮名を省いたところがある。

A　射的山《ノ》南《ニ》有《リ》二白鶴山一、此鶴為二仙人一取レ箭《や》。漢《ノ》太《たい》尉《い》鄭《てい》弘《こう》嘗《かつテ》采《とリ》レ薪《ヲ》、得《タリ》二一遺箭《ヲ》一。頃《しばらクシテ》有《リ》二人《ノ》覓《もとムル》一、弘還《ス》レ之《ヲ》。[1]問何所欲。弘識《しル》二其《ノ》神人《タルヲ》一也。曰《ク》、常《ニ》患《わづらフ》二若《じやく》邪《や》渓《けいニ》載《スルコト》レ薪《ヲ》為《スヲ》レ難《シト》。願 [X] 南風、[Y] 北風。後果《シテ》然《リ》。故《ニ》若邪渓《ノ》風至《ルマデ》レ今《ニ》猶《ホ》然《リ》。呼《ビテ》為《ス》二鄭公風《ト》一也。

（『後漢書』鄭弘伝注）

B　聖代之丘園《ニハ》、昔猶《ホ》多《シ》二遺徳一。[2]明時之朝市、今必《ズ》有《ラン》二隠才一。[3]春過《ギ》夏闌《たけヌ》。袁《えん》司《し》徒《と》之家《ノ》雪、応《ニ》《ベシ》二路達《ス》一。[X] 南 [Y] 北、鄭太尉之谿《たにノ》風、[4]被人知。

（菅原文時「為一條左大臣辞右大臣第三表」）

問十　傍線部10「第一の難」とは、何について言っているのか。もっとも適切なものを次の中から一つ選べ。

a　源氏物語が法華経を引かないこと。

b　源氏物語が世のすべてを網羅していること。

c　源氏物語には書き漏らした一点があるということ。

d　源氏物語は法華経に依拠せざるを得ないということ。

問十一　傍線部11「いみじく道心あり」とあるが、その根拠として、本文中に述べられていることは何か。もっとも適切なものを次の中から一つ選べ。

a　毎日他人に善行を施していたこと。

b　俗世間に関心を持っていなかったこと。

c　法華経を携えていたこと。

d　極楽往生を信じていたこと。

問十二　傍線部12「それより後の物語」として適切なものを次の中から二つ選べ。

a　狭衣物語　　b　夜の寝覚　　c　伊勢物語　　d　大和物語　　e　落窪物語

問七　傍線部7「何事かおろかなる」とは、ここではどういう意味か。もっとも適切なものを次の中から一つ選べ。

a　どれもこれもいい加減なものはない。
b　並一通りでないものは何もない。
c　粗略なものもないことはない。
d　どういうことが未熟なのか。

問八　傍線部8「させ給ふ」という敬語が用いられる理由は何か。もっとも適切なものを次の中から一つ選べ。

a　絵物語の作者に対する敬意をあらわすため。
b　法華経に対する敬意をあらわすため。
c　阿弥陀仏に対する敬意をあらわすため。
d　紫式部に対する敬意をあらわすため。

問九　傍線部9「あさましくめでたけれ」とは、ここではどういう意味か。もっとも適切なものを次の中から一つ選べ。

a　情けないことだが見事である。
b　意外にも立派なものである。
c　死ぬほど喜ばしい。
d　あきれるほどすばらしい。

d　現世で最上の仏は阿弥陀仏であるということ。

問四　形容詞「いみじ」について、破線部Aと破線部Bの意味として適切なものを次の中からそれぞれ一つ選べ。

a　心が強くひかれてならない。
b　とんでもない。
c　困ったことだ。
d　恐ろしくてたまらない。
e　大変立派なことだ。

問五　傍線部5「恥づかしく」とは、ここではどういう意味か。もっとも適切なものを次の中から一つ選べ。

a　気詰まりで　b　立派で　c　きまりが悪く　d　控えめで

問六　傍線部6「いかばかり要事にてかはべるらむ」とあるが、何が大事だと言っているのか。もっとも適切なものを次の中から一つ選べ。

a　かつての恋人が誰と恋愛しても気にしないこと。
b　あいさつ代わりに世間話をすること。
c　冷や汗を流すようなことはしないこと。
d　南無阿弥陀仏と念仏を唱えること。

氏』にまさりたらむことを作り出だす人もありなむ。わづかに『宇津保』『竹取』『住吉』などばかりを物語とて見けむ心地に、さばかりに作り出でけん、凡夫のしわざとも覚えぬことなり」

（『無名草子』）

問一　形容詞「めでたし」は、傍線部1では肯定的に用いられているが、傍線部2では否定的な例として挙げられている。その理由は何か。もっとも適切なものを次の中から一つ選べ。

a 「めでたし」は程度が甚だしいことを表す語なので、善い意味にも悪い意味にも用いられるから。

b 前者は賞賛の意に用いられるが、後者は「おめでたい人」の例に見るように愚直の意であるから。

c 両者とも対象に心が引かれる様を表すが、後者は心の乱れを生じさせる例として挙げられているから。

d 前者は阿弥陀仏を崇《あが》め尊ぶ意であるが、後者は食べ物の美味の例であり食欲という欲望を生じさせるから。

問二　傍線部3「人の上にも」とは、ここではどういう意味か。もっとも適切なものを次の中から一つ選べ。

a 人である以上　　b 高貴な人についても　　c 他の人の場合でも　　d 自分にとっても

問三　傍線部4「さ思ふならむ」の「さ」は何を指すか。もっとも適切なものを次の中から一つ選べ。

a 南無阿弥陀仏とさえ唱えれば平穏な気持になるということ。

b 他人はどう思おうとも自分は慰められるということ。

c 南無阿弥陀仏と唱える姿はすばらしく思われるということ。

あはれにAいみじくこそ侍れ。『左衛門督公光《さゑもんのかみきんみつ》と聞こえし人、もと見なれたる宮仕へ人の、異心《ことごころ》などつかひけると聞きて後、たまたま行き逢《あ》ひて、今はその筋のことなどつゆもかけず、おほかた世の物語・内裏《うち》わたりのことばかり、言少なにて、南無阿弥陀仏、南無阿弥陀仏と言はれて侍りけるこそ、来しかた行く先のこと言はむよりも5恥づかしく、汗も流れてBいみじかりしか』と語る人侍りしが、まして後の世のため、6いかばかり要事にてかはべるらむ」と言へば、また、

「功徳の中に、7何事かおろかなると申す中に、思へど思へどめでたく8覚えさせ給ふは、法華経こそおはしませ。いかに面白くめでたき絵物語と言へど、二三遍も見つれば、うるさきものなるを、これは千部を千部ながら聞くたびにめづらしく、文字ごとにはじめて聞きつけたらむことのやうに覚ゆるこそ、9あさましくめでたけれ。『無二亦無三』と仰せられたるのみならず、『法華最第一』とあめれば、こと新しくかやうに申すべきにはあらねど、さこそは昔より言ひ伝へたることも、必ずさしも覚えぬことも侍るを、これは、たまたま生れ合ひたる思ひ出《いで》に、ただ逢ひ奉りたるばかり、とこそ思ふに、など、『源氏』とてさばかりめでたきものに、此の経の文字の一偈《いちげ》一句おはせざるらむ。何事か作り残し、書き漏らしたること、一言も侍る。これのみなむ10第一の難と覚ゆる」と言ふなれば、あるが中に若き声にて、

「紫式部が法華経を読み奉らざりけるにや」と言ふなれば、「いさや。それにつけても、いと口惜しくこそあれ。あやしのわれらだに、後の世のためはさるものにて、人のうち聞かむもなさけおくれて覚えぬべきわざなれば、あながちにしても読みたてまつらまほしくこそあるに、さばかりなりけむ人、いかでかさることあらむ」など言へば、また、「さるは、11いみじく道心あり、後の世の恐れを思ひて、朝夕おこなひをのみしつつ、なべて世には心もとまらぬさまなりける人にや、とこそ見えためれ」など言ひ始めて、

「さても、此の『源氏』作り出でたることこそ、思へど思へど、此の世一つならずめづらかに思ほゆれ。誠に、仏に申し請ひたりける験《しるし》にや、とこそ覚ゆれ。12それより後の物語は、思へばいとやすかりぬべきものなり。かれを才覚にて作らむに、『源

問九　本文の趣旨にもっともよく合致する文章を次の中から一つ選べ。

a　『文学論』は文学的内容の形式を認識と情緒の結合したものと捉えており、この見立ては人間の意識の考察を行わないかぎり有効とならないが、『文学論』においてはそれは不徹底なものとなっている。

b　『文学論』は（F＋f）を文学的内容として捉えるが、実際には、この両者を考えるよりも、人間の精神（心理）を考えることの方が文学研究にとって重要な作業となる。

c　『文学論』は認識と情緒の結合を文学的内容の定義として提案するが、それは文学を一般化して考える場合の分析方法であって、人間の意識に注目すれば、反対に個々の人間の具体的な精神活動を考える必要が出てくる。

d　『文学論』は文学的内容の形式を（F＋f）と定義するが、このFとfの内実を考え、文学とは何かを明らかにするには、意識とは何かということへの理解が要求される。

二

次の文章を読んで、後の問に答えよ。

「こと新しく申すべきにはあらねど、此の世にとりて第一にめでたく覚ゆることは、阿弥陀仏こそおはしませ。念仏の功徳の要などはじめて、申すべきならず。『南無阿弥陀仏』と申すは、[1]返す返すめでたく覚え侍るなり。人の恨めしきにも、世の業のわびしきにも、ものの羨《うらや》ましきにも、[2]めでたきにも、ただ如何なる方につけても、強ひて心にしみて物の覚ゆる慰めにも、『南無阿弥陀仏』とだに申しつれば、如何なることもこそ、とく消え失せて慰む心地することにて侍れ。人はいかが思さるらむ。身にとりてはかく覚え侍れば、[3]人の上にもただ『南無阿弥陀仏』と申す人は、[4]さ思ふならむと、心にくく、奥ゆかしく、

a　名づけるという行為は、対象を分類するという行為を伴いながら行われる。

b　対象のどこまでをその名前で呼ぶかについては、学説間にも通説は存在しない。

c　一人一人の人間の中に生じる精神の変化に応じて、対象を認識し、その共通部分にレッテルを貼ったのが名づけという行為である。

d　分類するにあたり客観性の保てない対象には、本来は、名づけを行えない。

e　対象の本質に対して私たちは名づけを行っているが、その正しい本質を見いだす能力には個人差があるため、分類に個人差が出る。

問八　傍線部7のように筆者が述べるのはなぜか。その理由としてもっとも適切なものを次の中から一つ選べ。

a　感情の定義について研究者間の合意を得ることはむずかしく、今後研究が進んでも、『文学論』における文学の定義は、たえず読み替えられることになるから。

b　人間の精神には、いまだ未解明の部分があり、今後さらに各分野で人間の精神に関する理解が深まれば、意識の考察が前提条件となっている『文学論』にも、新たな読み方が生まれる可能性があるから。

c　『文学論』の読み方を改めることを通して、人間の心理に関する研究から成果を得るだけでなく、それらの研究に対して貢献する部分も存在すると考えられるから。

d　心理学や認知科学、神経科学などの人間心理の包括的な研究が進展するに従い、『文学論』における文学の定義は、変更せざるをえなくなるから。

らない。

b　「焦点的」という言葉を改めて説明するためには、「意識」という概念を具体的な単語に置き換えて考えなければならない。

c　「焦点的」という言葉をより詳しく説明する前に、「意識」という語の内実から出発しなければならない。

d　「焦点的」という言葉をより詳しく説明する前に、「意識」という語からいったん離れなければならない。

B　漱石が傍線部5のように述べたことを、筆者はどのように考えているか。もっとも適切なものを次の中から一つ選べ。

a　文学作品を成り立たせる認識と情緒を考えるためには、焦点的印象または観念の検討に先んじて、人間の意識から考察すべきである。

b　文学作品は、認識と情緒という二つの要素から出来ているため、両者が作品中でどのように意識されているかについては、当然検討せざるをえない。

c　文学作品を成立させる認識と情緒が人間の意識の中で別々に発生し、統合される様子に注目しながら、文学作品を検討しはじめなければならない。

d　文学作品は、焦点となる認識と焦点となる情緒の両者によって成立するので、ただ文学作品を読むのではなく、表現された一語一語からこの両者を読み取らなければならない。

問七　傍線部6における「名づけと分類」を、筆者はどのような性質の行為と捉えていると考えられるか。適切なものを次の中から二つ選べ。

べ。

a　文学作品の定義は、具体的認識やそれに伴う情緒の多様性から、作品ごとに変わりうるものである。

b　文学作品のすべてに通用する定義は存在するが、そこで描かれる具体的認識やそこから生じる情緒は様々である。

c　文学作品を構成する認識や情緒は多種多様で、文学作品の一般的定義を行うことには、困難が伴う。

d　文学作品は、互いに独立した認識と情緒によって構成され、両者の相互作用によって全体の意義が定まる。

問四　[I]に入る語としてもっとも適切なものを次の中から一つ選べ。

a　自明　b　有意　c　同質　d　等値　e　無効

問五　傍線部4のように筆者が述べるのはなぜか。その理由としてもっとも適切なものを次の中から一つ選べ。

a　情緒の生じる対象が示されなければ、それが何に伴った情緒なのか総体として理解することが困難だから。

b　観念の有無を問わず、そもそも他者の情緒を読み手が理解することはむずかしいと考えられるから。

c　観念を伴わない情緒は、それを読み取ったところで文学的価値の低い些末《さまつ》な表現にとどまるから。

d　情緒のみを表現した文章は、それを読む機会があまり多くないため、理解するのに時間がかかるから。

問六　傍線部5について、次のA・Bに答えよ。

A　傍線部5はどのような意味か。もっとも適切なものを次の中から一つ選べ。

a　「焦点的」という言葉を改めて説明するためには、「意識」という概念に焦点を合わせて、語源の考察に至らなければな

〈注〉○先に見た『英文学形式論』…筆者は、『文学論』を読み解く作業に先立ち漱石の『英文学形式論』の内容を論じている。

問一　傍線部1はどのような場合を言うか。もっとも適切なものを次の中から一つ選べ。

a　三角形のような抽象的な概念でなく、花や星のような具体物から情緒が生じている場合。

b　花、星などの焦点的観念に文化的約束として特定の情緒が付随している場合。

c　三角形のような科学的な観念でなく、花、星などのような文学的観念に情緒が付随している場合。

d　花、星などの焦点的観念を認識する際に何らかの情緒が生じている場合。

問二　傍線部2のような評価に対して、筆者はどのような立場を取っているか。適切なものを次の中から二つ選べ。

a　文学とは何かという、きわめて一般的な問いに対して、定義を提示することは困難である。

b　文学の定義を数式めいた表現にまで抽象化すると分かりにくいが、それは具体的な作品やこれまでの研究を踏まえたもので、傾聴に値する。

c　具体的な作品の本質を（F＋f）というような数式めいた表現で記述するのは、本来は避けるべきである。

d　具体的な作品に触れることなく、論の冒頭で文学の定義を行えば、読者が戸惑うのは当然である。

e　文学作品はどのような言語で書かれているかにより、本質的に異なる性格を持つものであり、あらゆる文学作品に共通する定義を求めるには、無理がある。

問三　傍線部3から文学作品の性質を漱石がどのように捉えていると考えられるか。もっとも適切なものを次の中から一つ選る。そのためには「意識」から話を始めなければならない。

> **さきに余はFを焦点的印象もしくは観念なりと説きしが、ここに焦点的なる語につき更に数言を重ぬるの必要あるを認む。5而《しか》してこの説明は遡《さかのぼ》りて意識なる語より出立《しゅったつ》せざるべからず。**

前節で述べられたF＋fのうち、まだ説明が少なく理解しがたいのはFのほうかもしれない。「焦点が当たっている印象または観念」という場合の「焦点」とはなにか。漱石は、これを説明するために、人間の意識について検討しておこうと提案している。文学の内容について考えるのに、なぜ人間の意識が出てくるのか。文学について考えたいなら、文学作品を読めばよいのであって、それ以外のことは関係ないのではないか。そう考える人もいると思う。

しかし、およそ文学作品と呼ばれるものは、認識と情緒という二つの要素からできている、つまり人間の意識状態が材料であると見る漱石としては、文学の材料となる意識そのものについて検討する必要がある。

ここでもう一つ問題を提起しておこう。私たちは「認識」「思考」「情緒」「感情」といった言葉で精神の働きを説明するのに慣れている。これは一人の人間のなかで生じるさまざまな変化を分類して名づけたものだ。6この名づけと分類はどこまで妥当か。

普段私たちは、ごく常識的に「感情」という言葉の意味を実感している。悲しかったり、嬉《うれ》しかったりするとき、それを感情の一種と捉えている。だが例えば、感情研究を見てみると、依然研究者たちのあいだで「感情とはこういうものだ」と合意があるわけではなく、いくつもの分類が試みられている。つまり、人間の心理は今もなお解明の途上にある。

当たり前だと思い込んでいる事柄でも、一皮むいてみると、その下には謎が横たわっている。文学を研究する上で、人間の精神（心理）の働きから考えるということは、私たちが人間や精神をどこまでどのように解明・理解しているかとおおいに関係している。7『文学論』はこのような意味で、心理学や認知科学、神経科学の進展に伴って読み替え、更新される書物でもあるのだ。

ている。ここでアルファベットのＦやｆが使われているのはどうしてだろう。漱石がいろいろな機会に書き残したメモを見てみると、やはりＦという記号を使っているのが見られる（ただし、そうしたメモでは、Ｆに充てられる意味は必ずしも一通りではない）。単純に考えれば、繰り返し扱う重要な概念なので、記すのにも簡便な一文字で代表してしまうという発想もあるだろう。

しかしそれだけではないと思われる。[3]このＦやｆは、数学で用いられる「変数」と似た役割も果たす。「変数（variable）」とは、中身がいろいろ変化しうるもの。数学ならｘ＝3とかｘ＝8という具合に、必要に応じて変数ｘになにがしかの数字を代入できる。漱石が『文学論』で使うＦとｆも、それぞれいろいろな具体物が入りうる、一種の変数として機能する。つまり、Ｆにはさまざまな認識が、ｆには多種多様な情緒がありうる。そうした個別具体的な認識や情緒をひっくるめてＦ、ｆという文字で代表しているわけである。

また、Ｆ＋ｆというふうに両者が＋で結合されているのはどういう意味か。少なくとも代数の式ではない。というのも3と2を足すようにＦとｆを足すことはできないからだ。Ｆとｆは［Ⅰ］ではない。例えば、重さと長さを足すことに意味がないように。これは、Ｆとｆが組み合わさった状態を示す記号と読むとよい。Ｆだけがあってｆがない場合、Ｆがなくてｆだけがある場合、Ｆとｆが揃っている場合がある。

Ｆだけがある文章とは、例えば科学の文章だ。科学論文では通常書き手の感情を直《じか》に表現することはない。ｆだけがある文章とは、誰かの感情の状態だけが書かれている文章だ。そうした文章を考えてみることもできるし、書いてみることもできるが、あまり多く見かけるものではない。[4]端的に訳が分からないからだ。文学作品では、Ｆとｆが両方揃っている。これが漱石の見立てである。

さきほどＦは焦点が当たっている印象または観念のことだと述べた。「焦点」という言葉についてはさらに説明が必要であ吾人が日常経験する印象及び観念はこれを大別して三種となすべし。

(一)Fありてfなき場合即ち知的要素を存し情的要素を欠くもの、例へば吾人が有する三角形の観念の如く、それに伴ふ情緒さらにあることなきもの。

1 (二)Fに伴うてfを生ずる場合、例へば花、星等の観念におけるが如きもの。

(三)fのみ存在して、それに相応すべきFを認め得ざる場合、所謂《いはゆる》"fear of everything and fear of nothing"《何もかもが怖いとか何も怖くないとかいう感情》の如きもの。〔…〕

以上三種のうち、文学的内容たり得べきは(二)にして、即ち(F+f)の形式を具《そな》ふるものとす。

2 悪名高い書き出しである。のっけから「F+f」だなんて数式めいたものが登場する。これはまさに『文学論』全体を一言で要約した核心だ。つまり、漱石は最も重要なことを最初に述べている。受講者や読者の立場からすると、なぜそのような結論になるのか、戸惑ったとしても無理はない(なにしろ冒頭だもの!)。この結論を提示する漱石自身は、たくさんの文学作品やそれに限らないさまざまな分野の学術書を読んでゆくなかで、この見方に至っている。探究の果てにつかみ取った果実を惜しげもなく提示していると受け取りたい。

ここで注意したいのは、漱石が「あらゆる文学作品」についてまとめて述べてしまおうとしているところだ。特定の時代の特定の文化の文学作品ではなく、古今東西の文学作品一般に妥当すると考えられることが主張されている。大前提として、この『文学論』講義が、先に見た『英文学形式論』(文学の一般概念)に続くものだという点を意識する必要がある。つまり、『英文学形式論』では、文学を形式の面から検討した。『文学論』では、それを受けて、文学を内容の面から検討する。

さて、どんな文学作品も「認識すること(F)」とその「認識に伴って生じる情緒(f)」とを内容としている。漱石はそう主張し

国語

（六〇分）

一

次の文章は、山本貴光『文学問題（F＋f）＋』からの抜粋である。筆者による夏目漱石『文学論』の現代語訳と原文の引用（太字）、および内容の解説をよく読んで、後の問に答えよ。

あらゆる文学作品は、人間が「認識すること（F）」と「認識に伴って生じる情緒（f）」という二つの要素からできている。これを要約して（F＋f）と記そう。「認識すること」とは人の注意が向いて焦点が当たっている印象や観念のことだ。

凡《およ》そ文学的内容の形式は（F＋f）なることを要す。Fは焦点的印象または観念を意味し、fはこれに附着する情緒を意味す。されば上述の公式は印象または観念の二方面即《すなは》ち認識的要素（F）と情緒的要素（f）との結合を示したるものといひ得べし。

人が日常経験する印象と観念には大きく三種類がある。

①Fだけがあってfがない。（例）三角形の観念

②Fに伴ってfが生じる。（例）花、星などの観念

③fだけがあってFがない。（例）なにもかもが怖いという情緒

このうち文学の内容になるのは②である。つまりFとfが揃《そろ》っているものだ。

解答編

日本史

解答　問１．④　問２．③

問３．ⓐ鬼道を事とし，能く衆を惑はす

ⓑ古墳時代にも女性首長は３割程度いたと推定されており，卑弥呼も政治的役割を有する首長の１人であった可能性はある。史料でも，弟は卑弥呼の政治の補佐役であり，卑弥呼が政治の執行者であることを否定してはいない。(100 字程度)

問４．③

問５．⑴戸籍　⑵―③　⑶―④

問６．①

問７．人身売買

問８．④

問９．④

問10．①

問11．③

問12．苦難を乗り越え，女性官僚として事務次官にまで昇りつめた成功例をあげ，歴史は変えられるというメッセージをおくりたいという意図があったと思うが，優秀な１人の女性のみに着目することは，そのような女性でなければ男性優位の社会において成功できないという認識を暗に植えつけてしまうおそれがあるという問題がある。(150 字程度)

問13．ジェンダーとは社会的・文化的につくられた性差であるが，本企画展では男性・女性の性差のみに絞られ，とくに女性の比重が大きい。また,「性差の日本史」と銘打っているのに，性的マイノリティーに言及がないのは問題である。(100 字程度)

◀解　説▶

≪性差の日本史≫

問1．④誤文。個人投資家は,「社会的・経済的に弱い立場にある人びと」ではない。

問2．#MeTooは，性暴力・セクハラなどの被害を受けていた人が体験を告白するときに使用されるSNS用語。被害を受けた人たちが集団的に声をあげ，性暴力・セクハラを告発する#MeToo運動として広まった。

問3．ⓑ問題文の「古墳時代前期の首長層のうち，3割ほどを女性が占めたものと推定している」,「卑弥呼を共立した連合政体の首長たちには，男性もいれば女性もいたのだろう」などから，政治的役割を有する首長には男性だけでなく，女性も含まれていたことが推察できる。卑弥呼もそのような政治的手腕を発揮する立場である首長の1人であったと考えられるのではないか。また，史料1にある「男弟有り，佐けて国を治む」とは，“弟が（卑弥呼の）政治を補佐している”ということであり，卑弥呼が政治の執行者であることを否定するものではない。

問4．③正文。古墳時代中期にヤマト政権は鉄資源の確保のために朝鮮半島に進出しており，このことは好太王碑の碑文からもわかる。また，本文によると，女性首長は男性首長と異なり武具である鏃や甲冑は副葬されておらず，女性首長は軍事に関与することはあまりなかったと考えられるという。これらをふまえると，対外的な緊張が高まることで軍事指揮権を有する男性の影響力が大きくなったため，女性（首長）の地位が下がったと推察できる。

①誤文。臺与の統治は3世紀中頃のことと考えられており，古墳時代中期に該当しない。

②誤文。日本における父系直系継承のはじまりは，律令制導入にともない中国の影響を受けてからであり，それ以前の日本は，母系制と父系制の双方をもつ双系制社会であったと考えられている。ヤマト王権の時代を父系直系継承の時代とすることはできない。

④誤文。ヤマト政権が鉄製の武具等を下付したこととシャーマンとしての女性の地位低下は直結しない。確かに，古墳時代前期の首長はシャーマン（司祭者）的性格を有しており，中期には武人的性格に変化したとされるが，武具等を下付されてもただちにシャーマンとしての（女性の）役割が

不要になるわけではない。

問５．⑴戸籍と計帳で迷うかもしれないが，「690…年に全国規模で編製された」とあるので戸籍と判断できる。

⑵「持統朝」から選択肢を検討して飛鳥浄御原令を選ぶ。皇太子制は飛鳥浄御原令で成立されたとされているが，皇太子は君主の地位を継承する第１順位の者をいうから，「皇子」「皇女」のジェンダー区分にはつながらない。

⑶④正文。「690…年に全国規模で編製された」のは庚寅年籍で，飛鳥浄御原令に基づいて編製されている。

①誤文。「氏姓を正す根本台帳として永久保存とされた」のは庚午年籍。

②誤文。「天皇と関係の深いものを上位に置き，豪族を天皇中心の新しい身分秩序に編成した」のは八色の姓である。

③誤文。冠の着用で朝廷における位階の上下を示したものには，冠位十二階制がある。

問６．①正文。家父長的な社会が浸透するにつれて，男性が社会的・経済的に女性より優位に立ち，そのような背景のもとでは個別の性売買においても男性が女性を意のままに“買う”ことができると考えると，性売買が一方的になり容易に性暴力の場へ転化するといえる。

②誤文。男性の身体的能力が一般的に女性より高いことは，性売買における性暴力とは直結しない。

③誤文。「前近代の列島社会は性交渉のあり方に寛容」であったという記述は問題文にない。また，たとえ「性交渉のあり方に寛容」であったとしても，そのことから非合法な性の売買においてのみ性暴力が振るわれるといえるわけではない。

④誤文。女性は常に動産として扱われていたわけでない。

問７．史料２に「女ノ身トシテ今マテ八十人程ウリタル」とあることなどから，「人身売買」を導く。

問８．④誤文。大奥は江戸城の奥向きのことで，将軍の妻妾や子女が居住する場である。大奥につとめる女中は数百人程度であった。

問９．④正文。そもそも展示の目指すものとして，「抑圧のなかで生きていた女性たちの声を聴き，その経験を深く理解すること」があった。「遊女いやだ申候」という遊女の嘆願書は，遊女自身の心情をよく伝えている。

①誤文。遊女が自分自身を語る史料が豊富に残されているかどうかは，問題文からはわからない。
②誤文。遊女自身が語る史料の希少価値については，問題文では論じられてない。
③誤文。新吉原の遊女たちの日記は，「僅かな漢字の混じるひらがなの素朴な文章」で書かれており，教養の豊かな遊女が多かったとはいえない。
問10. ①が正答。江戸時代に名字をもっていた武家の女性は，結婚後も実家の名字を使用していた。1898年の明治民法以前の1876年の太政官指令でも，妻は結婚後も「所生（生家）の氏」を称すると定められていた。
問11. ③正文。「福利厚生」と対にして使用されている「身体管理の強化」は，労働生産性を上げる意味で用いられているので，生理用品の廉価提供は「月経に伴う労働能率の低下を軽減」させるためと考えられる。
①誤文。「被雇用者を救済」することが目的とは考えられない。
②誤文。「月経帯を雇用者のみから購入する」という内容は問題文にない。
④誤文。「被雇用者に健康維持の意識を高め」るのは「福利厚生」の方に関わるが，「身体管理の強化」にはつながらない。
問12. インタビューの内容は記されてないので，設問にある村木氏の経歴を参考にして考えることになる。それによると，村木氏は女性官僚であり，不当逮捕を乗り越え，官僚としてのトップである事務次官に昇りつめたという。その人のインタビューを結びにおいた主催者の意図は，男性社会のイメージの強い官僚社会のなかで成功した女性の例をあげることで歴史は変えられることを示し，このような女性のさらなる出現を期待したのであろう。これに対して，厚労省の事務次官にまで昇りつめる優秀な1人の女性のみに着目することで，そのような女性でないと男女の構造的な性差には立ち向かえないことを暗に示しているという問題点が考えられる。
問13.「ジェンダー」とは，一般的に，生物学的な性別を表すセックスに対して，性別に基づいて社会的・文化的に要求・形成される男女の性差（男性らしさ・女性らしさなど）をいう。〔解答〕では，本企画展はその目的からして男女の性差のみに着目しており，男女という二項対立的なカテゴリーにより抑圧される性的マイノリティーの人びとの声を聴く姿勢に欠けている点に着目した。また，本企画展は「性差（ジェンダー）」に着目しているはずなのに，女性のみに重点を置いている点も指摘しうるだろう。

❖講　評

長文の問題文を通して読解力や歴史的思考力を問う形式が続いている。2022 年度は，選択形式の空欄補充問題が多くを占めた 2021 年度と大きく異なり，正文誤文選択形式が 8 問あった。テーマは「性差の日本史」で，国立歴史民族博物館で開催された同名の展覧会の内容から作問されている。原始・古代から戦後までをカバーしており，論述問題は 100 字 2 問，150 字 1 問の計 3 問であり，2021 年度の 75 字・125 字各 1 問より増えた。史料を利用した設問は 2 問で，1 問は未見と思われる史料である。基礎的な知識をもとに，問題文に即して考察する設問が多く，時事問題に対しても歴史的視点からみる学習姿勢が求められるなど，2021 年度より難化した。

問 1．基礎的問題であり，必ず正解しないといけないレベルである。

問 2．上智大学では，時事的テーマが取り上げられることが多いので，新聞などの活用が求められるが，本問はその例である。

問 3．卑弥呼が「男性首長と変わらぬ政治執行者であった」ことを，問題文と史料 1 の双方から丁寧に読み取ることが求められている。

問 4．問題文と選択肢を注意深く検討する必要がある。前期古墳と中期古墳の被葬者の副葬品の違いがあることのみを頼りにすると，④を選んでしまう可能性が高い。文意を正確に把握したうえで，選択肢を吟味しよう。

問 5．教科書太字レベルの基礎的事項である。なお，庚午年籍・庚寅年籍は 2021 年度にも選択問題で出題されていた。

問 6．〔解説〕では，選択肢を注意深く読み解いたが，正解以外の選択肢には明らかな誤りが含まれているため，消去法で正答にたどり着くこともできる。

問 7．難解な史料ではないので内容の理解はできるだろう。「漢字 4 字」の指定があるから「人身売買」が正答となる。

問 8．大奥はテレビなどの時代劇で知っているのではないだろうか。設問は，「誤っているもの」を選ぶので，ケアレスミスに気をつけたい。

問 9．問題文を丁寧に読み込めば解答できる。

問 10．北条政子，日野富子らの例を思い出せば，明治民法以前は夫婦別姓であったことに気づくはず。なお，2022 年度共通テスト「日本史

B」には，「人名から見た日本の歴史」をテーマにした出題があり，「明治の民法では，女性は嫁いだ家の苗字を使うように義務付けたんだね」（会話の一部），「江戸時代以前における日本の支配階層においては，夫婦同姓が原則であったと考えられる」（選択肢・誤文）などがみられた。

問 11.「福利厚生」と「身体管理の強化」が対にされていることから正しい選択肢を選ぶ。

問 12. 一部の女性の例のみに着目することの問題点を指摘したが，やや難しい。

問 13. 設問をよく吟味できたかどうか。「性差の日本史」という名称，ジェンダーの概念，問題文中に記された展示の目的から，展示「性差の日本史」の大きな問題点を考察することになる。参考文献として，『新書版 性差の日本史』（国立歴史民俗博物館監修，インターナショナル新書）をあげる。

世界史

解答

設問１．(1)―(b)　(2)―(a)　(3)―(a)　(4)―(a)　(5)―(c)

設問２．奴隷制は 19 世紀半ばまで存続していたが，奴隷制をめぐる北部諸州と南部諸州の対立は 1850 年代に激化し，1860 年代には南部諸州が連邦から離脱して南北戦争に突入した。戦中にリンカン大統領は奴隷解放宣言を発し戦後に奴隷制は廃止されたが，1890 年代に南部諸州は州法で黒人への差別待遇をすすめ差別は根強く残った。1960 年代にキング牧師の指導で公民権運動が高揚すると，公民権法により選挙権や公共施設での人種差別が禁止された。(200 字以内)

設問３．白人による植民地支配は，人道主義に基づいてアフリカ社会の黒人を救い出し，恩恵をもたらすという理屈の上に成り立っていた。しかし根底には，黒人の社会は未開で完全に後進的であり，黒人は野蛮で白人と同じ人間にあらずという差別意識があった。事実，ヨーロッパ諸国は黒人をまるでモノのように使役し，経済収奪を繰り返すことで自らの繁栄を支えていた。モザンビークにおいては理論上，黒人の同化民は白人と同等の地位に達することができるとされたが，実際には身分証明書の携帯が欠かせず，所持していても白人用施設の利用は許されないなど，同化民でさえも白人と同等の権利を保有できなかったという例は，白人による理屈が建前であった根拠といえる。(300 字程度)

◀解　説▶

≪黒人差別からみた近代・現代のアフリカ・アメリカ社会≫

設問１．(1)(b)誤文。セシル＝ローズが植民地化において功績をあげたのは南アフリカ（ケープ植民地の周辺)。

(2)(a)誤文。産業革命は 18 世紀後半にイギリスから始まったが，大西洋世界の奴隷貿易が始まったのは 16 世紀なので，産業革命より前の出来事。当初はポルトガルやスペインが，18 世紀にはイギリスが中心となった。

(4)(a)誤文。アメリカ大陸のスペイン領では酷使や伝染病により先住民が激減すると，代わりの労働力として黒人奴隷を輸入しているので，黒人の導入がわずかだったとはいえない。

(5)問題文中の「2001年」「その直後に…発生」から，2001年9月11日に起こった同時多発テロ事件（9.11事件）が正解とわかる。チュニジアなどアラブ諸国での(a)アラブの春は2011年，リーマンショックに端を発した(b)世界同時不況は2008年，イラクのクウェート侵攻に対する(d)湾岸戦争は1991年の出来事。

設問2．設問文には「節目となった時期」を明示と「人種差別的法制度」とあるので，まずは指定用語からこの2つに関連する年代・用語を連想できるかどうかがポイントとなる。指定用語のうち，「南北戦争」は1861～65年の出来事であり，法制度に関するものとしてはリンカン大統領が戦争中に発した奴隷解放宣言（1863年）と，戦後に連邦憲法の修正による奴隷制の廃止がある。また，戦争に至った経緯として，「奴隷制」に対する立場の違いによる北部諸州と「南部諸州」の対立を説明すれば，2つの指定用語が使える。ただ，その後につなげたいので，1890年頃に南部諸州が州法により差別待遇を進めたことにも触れたい。あとは指定用語に「キング牧師」があるので，キング牧師が指導した1960年代の公民権運動，及び1964年の公民権法により投票・教育・公共施設利用上の人種差別が禁止されたことを補足し，200字以内にまとめればよい。なお，19世紀後半に南北の対立が激化した背景としてカンザス・ネブラスカ法（1854年）の制定や，公民権運動高揚の背景として人種隔離を違憲としたブラウン判決（1954年）もあるが，文字数から入れるのは困難だろう。設問の要求に応える形で適宜解答の要素を取捨選択したい。

設問3．難問。設問文から解答に含むべきポイントは「植民地支配の理屈と実態」と「理屈が建前だと判断される根拠」の2つがある。「理屈」と「実態」の2つについては，引用文と問題文を参考にしながら具体的に述べる必要がある。「根拠」については引用文からまとめることが必要である。

　まず，「理屈」については，問題文第3段落にある「アフリカの人びとを救い出す手段こそ，ヨーロッパによる植民地支配なのだ」という箇所が参考になる。ただ，設問文には「黒人に対する差別意識との関わりに言及しながら」とあるので，その支配の根底に「黒人は『野蛮』であり，自分たちと同じ人間にはあらず」（問題文第2段落）や「アフリカ社会が『野蛮』で『未開』」（問題文第3段落）といった差別意識があったことにも触れる必要がある。また，「実態」については問題文第２段落の「黒人をまるでモノのように売り買いし使役することで，ヨーロッパ諸国の繁栄を支える富を生み出し続けた」や，引用文第１段落の「経済収奪」といった表現を使いながらまとめたい。そして，「理屈が建前だと判断される根拠」については引用文第３段落に「白人および《同化民》は，理論上は，ポルトガル市民権に付随するあらゆる特権をもった」とある点に注意したい。実際には第４・５段落に「身分証明書を持ち歩かねばならない」「白人の映画館に入れない。白人用トイレットをしばしば使うことはできない」ため，ここから白人と同化民が同等の特権を保持するという理屈は建前だと判断することができる。こうした点を自分なりの表現に置き換えつつ，具体例が必要な前半に文字を割きながら，300 字程度にまとめればよい。

❖講　評

ブラック・ライブズ・マターやコロナ禍における反人種差別運動も踏まえながら，主に黒人差別をテーマとして近代から現代におけるアフリカやアメリカ合衆国の政治史・社会史を問う内容である。小問レベルでは植民地支配や奴隷制度に関連して西欧諸国やラテンアメリカの内容が含まれており，2001 年の同時多発テロといった現代史も問われた。

出題形式に変化はなく，従来と同じ選択法および論述法で構成されており，選択法は誤文選択３問，語句選択２問となっている。論述法については，設問２は 2021 年度同様に４つの指定語句が解答を導く大きなヒントとなっており，関連する用語を想起してまとめていけばよく，200 字以内という比較的多めの文字数ではあるが，解答しやすい。設問３は問題文および設問に付随する引用文の内容から 300 字程度にまとめる必要があり，読解力と論述力が試されている。問題文および引用文から問題の意図に関連する記述や用語を拾いつつ，ヨーロッパ諸国によるアフリカの植民地支配について 300 字程度にまとめる必要がある。2022 年度の問題については，問題文・引用文ともに趣旨が明快なため，2021 年度よりは解答しやすい内容となっている。

数学

◀数学Ⅰ・Ⅱ・A・B▶

1　**解答**　(1)ア．3　イ．4　ウ．5　エ．12　オ．5　カ．36

(2)キ．1　ク．36　ケ．5　コ．36

(3)サ．7　シ．18

◀解　説▶

≪さいころの目で決まる直線の確率≫

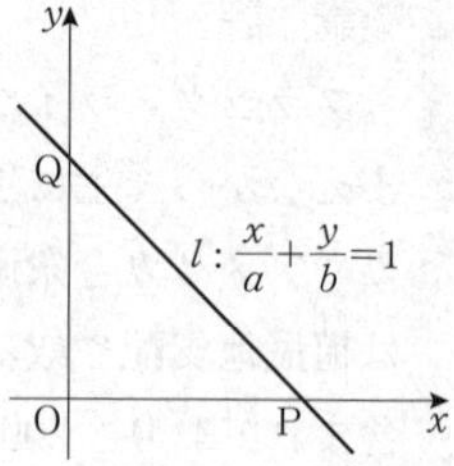

$D:\begin{cases} x\geqq 0,\ y\geqq 0 \\ \dfrac{x}{a}+\dfrac{y}{b}\leqq 1 \end{cases}$，$S=\dfrac{1}{2}ab$ と表せる。

(1)　S が整数になるのは，積 ab が偶数のときで，これは a，b ともに奇数のときの余事象なので，求める確率は

$$1-\left(\frac{1}{2}\right)^2=\frac{3}{4}\quad (\to ア，イ)$$

S が3の倍数になるのは，積 ab が6の倍数のときで

(i)　a，b の少なくとも一方が6のとき

(ii)　a，b のうち片方が2か4，もう一方が3のとき

のいずれかである。

(i)のとき　$1-\left(\dfrac{5}{6}\right)^2=\dfrac{11}{36}$

(ii)のとき　$\left(\dfrac{2}{6}\times\dfrac{1}{6}\right)\times 2=\dfrac{4}{36}$

よって，S が3の倍数になる確率は

$$\frac{11}{36}+\frac{4}{36}=\frac{5}{12}\quad (\to ウ，エ)$$

S が4の倍数になるのは，積 ab が8の倍数のときで

$$\begin{cases} a=2 \text{ のとき，} b=4 \text{ の1通り} \\ a=4 \text{ のとき，} b=2,\ 4,\ 6 \text{ の3通り} \\ a=6 \text{ のとき，} b=4 \text{ の1通り} \end{cases}$$

よって，S が 4 の倍数になる確率は

$$\frac{1+3+1}{6^2}=\frac{5}{36}$$ （→オ，カ）

(2)　点 $(2,\ 4)$ が D に含まれるとき

$$\frac{2}{a}+\frac{4}{b}\leqq 1 \qquad 2b+4a\leqq ab \quad (\because \quad a>0,\ b>0)$$

$$\therefore \quad (a-2)(b-4)\geqq 8 \quad \cdots\cdots ①$$

$1\leqq a\leqq 6$，$1\leqq b\leqq 6$ より　　$-1\leqq a-2\leqq 4$，$-3\leqq b-4\leqq 2$

よって，①を満たすのは　　$a-2=4$，$b-4=2$

$\therefore$　$a=6$，$b=6$ の 1 通りのみ

ゆえに，点 $(2,\ 4)$ が D に含まれる確率は　　$\dfrac{1}{36}$　（→キ，ク）

点 $(2,\ 3)$ が D に含まれるとき

$$\frac{2}{a}+\frac{3}{b}\leqq 1 \qquad 2b+3a\leqq ab \quad (\because \quad a>0,\ b>0)$$

$$\therefore \quad (a-2)(b-3)\geqq 6 \quad \cdots\cdots ②$$

$-1\leqq a-2\leqq 4$，$-2\leqq b-3\leqq 3$ より，下記のとおり。

$a-2$	4	4	3	3	2
$b-3$	3	2	3	2	3

よって，②を満たすのは，$(a,\ b)=(6,\ 6)$，$(6,\ 5)$，$(5,\ 6)$，$(5,\ 5)$，$(4,\ 6)$ の 5 通り。

ゆえに，点 $(2,\ 3)$ が D に含まれる確率は　　$\dfrac{5}{36}$　（→ケ，コ）

(3)　円 $(x-3)^2+(y-3)^2=5$ と直線 l：$bx+ay=ab$ が共有点をもたないための条件は

$$\frac{|3b+3a-ab|}{\sqrt{b^2+a^2}}>\sqrt{5}$$

$$|(3-a)b+3a|>\sqrt{5(b^2+a^2)}$$

両辺ともに 0 以上なので，2 乗して整理すると

$\{5-(3-a)^2\}b^2+6a(a-3)b-4a^2<0$　……③

(i)　$a=1$ のとき

③は　$b^2-12b-4<0$　$b(b-12)<4$

これを満たす b は，$b=1,\ 2,\ 3,\ 4,\ 5,\ 6$ の6通り。

(ii)　$a=2$ のとき

③は　$4b^2-12b-16<0$　$b^2-3b-4<0$　$(b-4)(b+1)<0$

$\therefore$　$-1<b<4$

これを満たす b は，$b=1,\ 2,\ 3$ の3通り。

(iii)　$a=3$ のとき

③は　$5b^2-36<0$

これを満たす b は，$b=1,\ 2$ の2通り。

(iv)　$a=4$ のとき

③は　$4b^2+24b-64<0$　$b^2+6b-16<0$　$(b+8)(b-2)<0$

$\therefore$　$-8<b<2$

これを満たす b は，$b=1$ の1通り。

(v)　$a=5$ のとき

③は　$b^2+60b-100<0$　$b(b+60)<100$

これを満たす b は，$b=1$ の1通り。

(vi)　$a=6$ のとき

③は　$-4b^2+108b-144<0$　$b^2-27b+36>0$

$\therefore$　$b(27-b)<36$

これを満たす b は，$b=1$ の1通り。

よって，(i)～(vi)より，求める確率は

$$\frac{6+3+2+1+1+1}{36}=\frac{14}{36}=\frac{7}{18}$$　(→サ，シ)

2　解答

(1)ス．5　セ．6　ソ．1　タ．2

(2)チ．4　ツ．9

(3)テ．-1　ト．24　ナ．3　ニ．8　ヌ．1

◀解　説▶

≪空間ベクトル，立方体≫

(1)　$\overrightarrow{AQ}=\dfrac{\overrightarrow{AP}+\overrightarrow{AC}}{2}=\dfrac{1}{2}\left\{\dfrac{2}{3}\overrightarrow{AB}+(\overrightarrow{AB}+\overrightarrow{AD})\right\}$

$=\dfrac{5}{6}\overrightarrow{AB}+\dfrac{1}{2}\overrightarrow{AD}$　(→ス〜タ)

(2)　点 R は線分 AG 上の点なので，$\overrightarrow{AR}=t\overrightarrow{AG}$　$(0\leqq t\leqq 1)$ と表せる。

$\overrightarrow{AR}=t(\overrightarrow{AB}+\overrightarrow{AD}+\overrightarrow{AE})$

よって

$$\overrightarrow{QR}=t(\overrightarrow{AB}+\overrightarrow{AD}+\overrightarrow{AE})-\left(\frac{5}{6}\overrightarrow{AB}+\frac{1}{2}\overrightarrow{AD}\right)$$

$$=\left(t-\frac{5}{6}\right)\overrightarrow{AB}+\left(t-\frac{1}{2}\right)\overrightarrow{AD}+t\overrightarrow{AE}$$

$\overrightarrow{QR}\perp\overrightarrow{AG}$ より　$\overrightarrow{QR}\cdot\overrightarrow{AG}=0$

$$\left\{\left(t-\frac{5}{6}\right)\overrightarrow{AB}+\left(t-\frac{1}{2}\right)\overrightarrow{AD}+t\overrightarrow{AE}\right\}\cdot(\overrightarrow{AB}+\overrightarrow{AD}+\overrightarrow{AE})=0$$

$$\left(t-\frac{5}{6}\right)|\overrightarrow{AB}|^2+\left(t-\frac{1}{2}\right)|\overrightarrow{AD}|^2+t|\overrightarrow{AE}|^2+\left(2t-\frac{4}{3}\right)\overrightarrow{AB}\cdot\overrightarrow{AD}$$

$$+\left(2t-\frac{1}{2}\right)\overrightarrow{AD}\cdot\overrightarrow{AE}+\left(2t-\frac{5}{6}\right)\overrightarrow{AE}\cdot\overrightarrow{AB}=0\quad\cdots\cdots①$$

ここで，$|\overrightarrow{AB}|=|\overrightarrow{AD}|=|\overrightarrow{AE}|=x$　(>0) とおく。

$\overrightarrow{AB}\cdot\overrightarrow{AD}=0$，$\overrightarrow{AD}\cdot\overrightarrow{AE}=0$，$\overrightarrow{AE}\cdot\overrightarrow{AB}=0$ なので，①は

$$\left\{\left(t-\frac{5}{6}\right)+\left(t-\frac{1}{2}\right)+t\right\}x^2=0$$

$x\neq 0$ より　$3t-\dfrac{4}{3}=0$　　∴　$t=\dfrac{4}{9}$　(これは $0\leqq t\leqq 1$ を満たす)

ゆえに　$\overrightarrow{AR}=\dfrac{4}{9}\overrightarrow{AG}$　(→チ，ツ)

(3)　$\overrightarrow{QS}=k\overrightarrow{QR}$　(k は実数) と表せる。

(2)より　$\overrightarrow{QR}=-\dfrac{7}{18}\overrightarrow{AB}-\dfrac{1}{18}\overrightarrow{AD}+\dfrac{4}{9}\overrightarrow{AE}$

よって

$$\overrightarrow{AS}=\overrightarrow{AQ}+\overrightarrow{QS}=\overrightarrow{AQ}+k\overrightarrow{QR}$$

$$=\left(\frac{5}{6}\overrightarrow{AB}+\frac{1}{2}\overrightarrow{AD}\right)+k\left(-\frac{7}{18}\overrightarrow{AB}-\frac{1}{18}\overrightarrow{AD}+\frac{4}{9}\overrightarrow{AE}\right)$$

$$=\frac{15-7k}{18}\overrightarrow{AB}+\frac{9-k}{18}\overrightarrow{AD}+\frac{4k}{9}\overrightarrow{AE} \quad \cdots\cdots ②$$

また，点Sは平面EFGH上の点なので

$$\overrightarrow{AS}=\alpha\overrightarrow{AB}+\beta\overrightarrow{AD}+\overrightarrow{AE} \quad (\alpha,\ \beta \text{は実数}) \quad \cdots\cdots ③$$

と表せる。

$\overrightarrow{AB}$，$\overrightarrow{AD}$，$\overrightarrow{AE}$ は同一平面上にないので，②，③より係数を比較すると

$$\begin{cases} \dfrac{15-7k}{18}=\alpha \\ \dfrac{9-k}{18}=\beta \\ \dfrac{4k}{9}=1 \end{cases}$$

$$\therefore \quad k=\frac{9}{4},\ \alpha=-\frac{1}{24},\ \beta=\frac{3}{8}$$

ゆえに　$\overrightarrow{AS}=-\dfrac{1}{24}\overrightarrow{AB}+\dfrac{3}{8}\overrightarrow{AD}+\overrightarrow{AE}$　（→テ～ヌ）

3 解答

(1)ネ．-2　ノ．3　ハ．2　ヒ．3

(2)フ．-2　ヘ．3　ホ．3　マ．27　ミ．4

◀解　説▶

≪3次関数のグラフと面積≫

(1)　$f(x)=9x^3-9x+a$

$$f'(x)=27x^2-9$$

$$=27\left(x+\frac{\sqrt{3}}{3}\right)\left(x-\frac{\sqrt{3}}{3}\right)$$

x	…	$-\frac{\sqrt{3}}{3}$	…	$\frac{\sqrt{3}}{3}$	…
$f'(x)$	+	0	−	0	+
$f(x)$	↗	極大	↘	極小	↗

$y=f(x)$ のグラフと x 軸の共有点が2つ以上あるための条件は

$$\begin{cases} (\text{極大値})\geqq 0 & \cdots\cdots ① \\ (\text{極小値})\leqq 0 & \cdots\cdots ② \end{cases}$$

①より　$f\left(-\dfrac{\sqrt{3}}{3}\right)=2\sqrt{3}+a\geqq 0$　　$\therefore\ a\geqq -2\sqrt{3}$　……①′

②より　$f\left(\dfrac{\sqrt{3}}{3}\right)=-2\sqrt{3}+a\leqq 0$　　$\therefore\ a\leqq 2\sqrt{3}$　……②′

よって，①′，②′より　$-2\sqrt{3} \leqq a \leqq 2\sqrt{3}$　（→ネ～ヒ）

(2)　$a=2\sqrt{3}$ のとき

$$f(x)=9x^3-9x+2\sqrt{3}=9\left(x-\frac{\sqrt{3}}{3}\right)^2\left(x+\frac{2\sqrt{3}}{3}\right)$$

よって，$f(x)=0$ の解は　$x=-\dfrac{2\sqrt{3}}{3},\ \dfrac{\sqrt{3}}{3}$

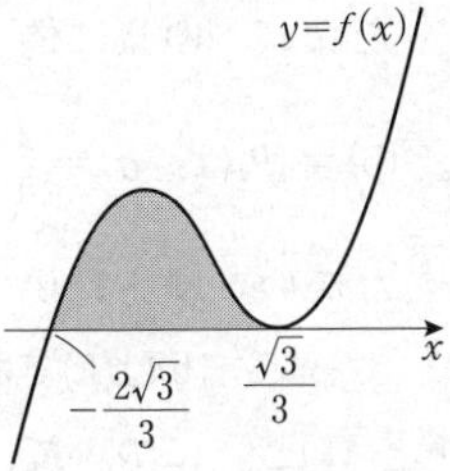

ゆえに，最も小さい解は　$-\dfrac{2\sqrt{3}}{3}$　（→フ～ホ）

$y=f(x)$ のグラフと x 軸の囲む図形は，右図の網かけ部分である。よって，その面積は

$$\begin{aligned}\int_{-\frac{2\sqrt{3}}{3}}^{\frac{\sqrt{3}}{3}} f(x)dx &= \int_{-\frac{2\sqrt{3}}{3}}^{\frac{\sqrt{3}}{3}} 9\left(x-\frac{\sqrt{3}}{3}\right)^2\left(x+\frac{2\sqrt{3}}{3}\right)dx \\ &= 9\int_{-\frac{2\sqrt{3}}{3}}^{\frac{\sqrt{3}}{3}} \left(x-\frac{\sqrt{3}}{3}\right)^2\left\{\left(x-\frac{\sqrt{3}}{3}\right)+\sqrt{3}\right\}dx \\ &= 9\int_{-\frac{2\sqrt{3}}{3}}^{\frac{\sqrt{3}}{3}} \left\{\left(x-\frac{\sqrt{3}}{3}\right)^3+\sqrt{3}\left(x-\frac{\sqrt{3}}{3}\right)^2\right\}dx \\ &= 9\left[\frac{1}{4}\left(x-\frac{\sqrt{3}}{3}\right)^4+\frac{\sqrt{3}}{3}\left(x-\frac{\sqrt{3}}{3}\right)^3\right]_{-\frac{2\sqrt{3}}{3}}^{\frac{\sqrt{3}}{3}} \\ &= -9\left\{\frac{1}{4}(-\sqrt{3})^4+\frac{\sqrt{3}}{3}(-\sqrt{3})^3\right\} \\ &= \frac{27}{4}\quad（→マ，ミ）\end{aligned}$$

4　**解答**　(1)(i)―(a)・(f)　(ii)―(e)　(iii)―(d)

(2)ム．4　メ．2　モ．2

(3)ヤ．10　ユ．37　ヨ．6　ワ．37

◀解　説▶

≪小問 3 問≫

(1)　(ア)　(P)と(a)について

(P)⇒(a)は成り立つ。ゆえに真である。

(a)⇒(P)は，(a)における N を用いて，(P)の N を $N+1$ とすると，(P)は成り立つ。ゆえに真である。

よって，(a)は(P)であるための必要十分条件である。

(イ)　(P)と(b)について

(P)⇒(b)は，$a_n=\begin{cases}5 & (n=1)\\3 & (n\geqq 2)\end{cases}$ とすると，(P)は成り立つが，(b)は成り立たない。ゆえに偽である。

(b)⇒(P)は，$a_n=\begin{cases}3 & (n=1)\\5 & (n\geqq 2)\end{cases}$ とすると，(b)は成り立つが，(P)は成り立たない。ゆえに偽である。

よって，(b)は(P)であるための必要条件でも十分条件でもない。

(ウ)　(P)と(c)について，(イ)と同様に，数列 $\{a_n\}$ を設定すると

(c)は(P)であるための必要条件でも十分条件でもない。

(エ)　(P)と(d)について，(ウ)と同様にして

(d)は(P)であるための必要条件でも十分条件でもない。

(オ)　(P)と(e)について

(P)⇒(e)は成り立つので真である。

(e)⇒(P)は，$a_n=\begin{cases}3 & (n\text{は奇数})\\5 & (n\text{は偶数})\end{cases}$ とすると，(e)は成り立つが，(P)は成り立たないので，偽である。

よって，(e)は(P)であるための必要条件であるが，十分条件ではない。

(カ)　(P)と(f)について

(P)⇒(f)は，$a_n>4$ を満たす自然数 n は存在しても $N-1$ 個なので，真である。

(f)⇒(P)は，$a_n>4$ を満たす自然数 n は有限個なので，最大の n より大きい整数を N とすると成り立つので，真である。

よって，(f)は(P)であるための必要十分条件である。

(キ)　(P)と(g)について

(P)を満たす n は無限個存在するので，(P)⇒(g)も(g)⇒(P)も偽である。

よって，(g)は(P)であるための必要条件でも十分条件でもない。

(i)　(ア)〜(キ)より　　(a)，(f)

(ii)　(ア)〜(キ)より　　(e)

(iii)　(P)の否定であるものは，(P)の必要条件でも十分条件でもないことが必要である。

よって，(b)，(c)，(d)，(g)について考える。

(カ)より，(P)と(f)は同値なので，(P)の否定と(f)の否定は同値である。

(f)の否定は(d)である。

〔1〕 (d)と(b)について

$a_n=5$ （$n=1,\ 2,\ 3,\ \cdots$）のとき，(d)⇒(b)は偽なので，(d)と(b)は同値ではない。

〔2〕 (d)と(c)について

$a_n=\begin{cases}3 & (n\text{は奇数})\\ 5 & (n\text{は偶数})\end{cases}$ のとき，(d)⇒(c)は偽なので，(d)と(c)は同値ではない。

〔3〕 (d)と(g)について

〔2〕と同様に考えて，(d)と(g)は同値ではない。

よって，〔1〕〜〔3〕より，(P)の否定は(d)である。

(2) 領域 B は中心 $(0,\ 2)$，半径 $\dfrac{t}{2}$ の円の周および内部を表す。中心 $(0,\ 2)$ と l との距離を d とすると，領域 B と直線 $l：x+y-t=0$ が 2 点以上で交わるための条件は

$$d=\frac{|0+2-t|}{\sqrt{1^2+1^2}}<\frac{t}{2}\qquad \therefore\quad \sqrt{2}\,|t-2|<t$$

両辺ともに 0 以上なので，2 乗すると

$$2(t^2-4t+4)<t^2\qquad t^2-8t+8<0$$

ゆえに　$4-2\sqrt{2}<t<4+2\sqrt{2}$　……①

線分の長さを x とすると，右図より

$$\frac{x}{2}=\sqrt{\left(\frac{t}{2}\right)^2-d^2}$$

$$\therefore\quad x=2\sqrt{\frac{t^2}{4}-\frac{(t-2)^2}{2}}$$

$$=\sqrt{-t^2+8t-8}$$

$$=\sqrt{-(t-4)^2+8}$$

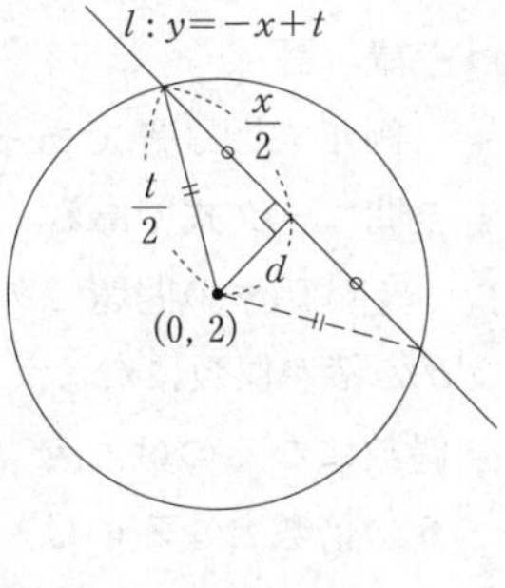

①より，$t=4$ のときに最大値 $\sqrt{8}=2\sqrt{2}$ をとる。（→ム〜モ）

(3)
$$\begin{cases} x \geqq 1 \\ y \geqq 1 \\ x^5y^4 \geqq 100 \\ x^2y^9 \geqq 100 \end{cases} \quad \cdots\cdots②$$

$\log_{10}x=X$，$\log_{10}y=Y$ とおくと，②より

$$D : \begin{cases} X \geqq 0 \\ Y \geqq 0 \\ 5X+4Y \geqq 2 \\ 2X+9Y \geqq 2 \end{cases} \quad \cdots\cdots③$$

2直線 $5X+4Y=2$，$2X+9Y=2$ の交点の座標は

$$\left(\frac{10}{37},\ \frac{6}{37}\right)$$

よって，③が表す領域 D は右図の網かけ部分である。

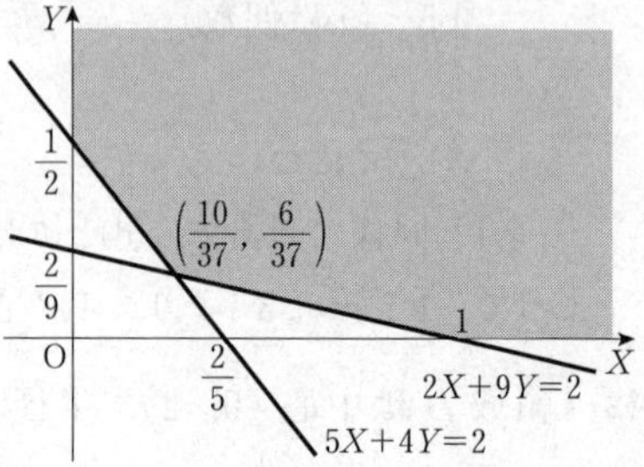

$z=xy$ より　　$\log_{10}z=\log_{10}xy=X+Y$

$X+Y=k$ とおくと，領域 D と直線 $Y=-X+k$ が共有点をもつときの直線の y 切片 k が最小となるときを考える。

図より，$(X,\ Y)=\left(\dfrac{10}{37},\ \dfrac{6}{37}\right)$ のとき，k は最小。

k が最小のとき，z も最小であるから，z が $(x,\ y)=(a,\ b)$ で最小となるとき

$$\log_{10}a=\frac{10}{37},\ \log_{10}b=\frac{6}{37} \quad (\to ヤ〜ワ)$$

❖講　評

例年大問3題であったが，2021・2022年度は4題の出題となった。全問マーク式である。

[1]は確率の問題である。(1)は，さいころを2回投げて，その出た目 a，b の積が偶数になる，6の倍数になる，8の倍数になる確率を求める。偶数になるのは，a，b ともに奇数となる場合の余事象として考える。6の倍数となるのは，「6」の目が出る場合と出ない場合で分けて考え

る。8 の倍数となるのは，「4」の目が少なくとも 1 回出て，もう 1 回は偶数となる場合である。(2)は，それぞれの点が $\dfrac{x}{a}+\dfrac{y}{b}\leqq 1$ を満たす $(a,\ b)$ の組を調べる。(3)は，円の中心と直線 l の距離が円の半径より大きくなるときを考える。

[2]は空間ベクトルの問題である。図形が立方体であることに注意して考えることになる。(1)は，与えられた条件の点を A を始点とするベクトルで表していく。(2)は，(1)の結果を利用して，垂直である条件の (内積)=0 を利用して求める。(3)は，点 S は平面 EFGH 上の点なので，$\overrightarrow{\mathrm{AS}}=\alpha\overrightarrow{\mathrm{AB}}+\beta\overrightarrow{\mathrm{AD}}+\overrightarrow{\mathrm{AE}}$ と表せる。

[3]は 3 次関数のグラフの問題である。(1) $y=f(x)$ のグラフと x 軸の共有点が 2 つとなるのは，(極大値)=0 または (極小値)=0 のときで，3 つとなるのは (極大値)>0 かつ (極小値)<0 となるときである。(2) $a=2\sqrt{3}$ のとき (極小値)=0 なので，$f(x)$ は $\left(x-\dfrac{\sqrt{3}}{3}\right)^2$ を因数にもつ。これを利用すると簡単に因数分解できる。定積分の計算は，〔解答〕のように少し工夫すると計算しやすくなる。

[4]の(1)は論証の問題である。(i)，(ii)は必要・十分条件の問題である。それぞれの場合で必要条件なのか十分条件なのかを調べることになる。(iii)は命題の否定を考える問題である。(i)，(ii)で調べた結果を利用しよう。(P)の否定は，(P)であるための必要条件でも十分条件でもないことが必要なので，この中から考える。(2)は，円と直線が異なる 2 点で交わるときの，その 2 点を結んだ線分の長さの最大を求める問題であるが，円の性質を利用して交点の座標は使わずに求める。(3)は領域の問題である。底が 10 の対数をとって考える。不等式で表された領域と直線が共有点をもつような場合を考える。

◀数学Ⅰ・Ⅱ・Ⅲ・A・B▶

1 **解答**　(1)ア．48　(2)(i)イ．8　(ii)ウ．4　エ．7
(3)(i)―(b)　(ii)―(g)　(iii)―(h)

◀解　説▶

≪小問3問≫

(1)　$\cos 61^\circ = \cos(60^\circ + 1^\circ) = \cos\left(\frac{\pi}{3} + \frac{\pi}{180}\right)$

$(\cos x)' = -\sin x$ より，$|h|$ が十分小さいとき，1次の近似式は

$$\cos(a+h) \fallingdotseq \cos a - h\sin a$$

よって　$\cos\left(\frac{\pi}{3} + \frac{\pi}{180}\right) \fallingdotseq \cos\frac{\pi}{3} - \frac{\pi}{180}\sin\frac{\pi}{3}$

$$= \frac{1}{2} - \frac{\pi}{180}\cdot\frac{\sqrt{3}}{2}$$

$$= \frac{1}{2} - \frac{3.14}{180}\cdot\frac{1.73}{2}$$

$$= 0.484\cdots$$

小数第3位を四捨五入すると　$\cos 61^\circ \fallingdotseq 0.48$　(→ア)

(2)(i)　残り1人の点数を a 点とすると，Aグループの生徒3人の点数の分散が6なので

$$\frac{2^2+5^2+a^2}{3} - \left(\frac{2+5+a}{3}\right)^2 = 6 \qquad a^2 - 7a - 8 = 0$$

$$(a-8)(a+1) = 0 \qquad \therefore\ a = 8,\ -1$$

a は0以上10以下の整数なので　$a=8$　(→イ)

(ii)　Bグループの生徒4人の点数を b_k $(k=1,\ 2,\ 3,\ 4)$，Cグループの生徒5人の点数を c_k $(k=1,\ 2,\ 3,\ 4,\ 5)$ とすると

Bグループの平均値　$\frac{1}{4}\sum_{k=1}^{4} b_k = 2$　　$\therefore\ \sum_{k=1}^{4} b_k = 8$　……①

分散　$\frac{1}{4}\sum_{k=1}^{4} {b_k}^2 - 2^2 = 3$　　$\therefore\ \sum_{k=1}^{4} {b_k}^2 = 28$　……②

Cグループの平均値　$\frac{1}{5}\sum_{k=1}^{5} c_k = 5$　　$\therefore\ \sum_{k=1}^{5} c_k = 25$　……③

$$\text{分散}\quad \frac{1}{5}\sum_{k=1}^{5}{c_k}^2-5^2=6 \qquad \therefore \quad \sum_{k=1}^{5}{c_k}^2=155 \quad \cdots\cdots④$$

よって，12 人の点数の平均値は

$$\frac{1}{12}\left\{(2+5+8)+\sum_{k=1}^{4}b_k+\sum_{k=1}^{5}c_k\right\}$$

$$=\frac{1}{12}(15+8+25) \quad (\because \ ①,\ ③より)$$

$$=4 \quad (\to ウ)$$

分散は

$$\frac{1}{12}\left\{(2^2+5^2+8^2)+\sum_{k=1}^{4}{b_k}^2+\sum_{k=1}^{5}{c_k}^2\right\}-4^2$$

$$=\frac{1}{12}(93+28+155)-16 \quad (\because \ ②,\ ④より)$$

$$=7 \quad (\to エ)$$

(3)(i)　$a>3$ とすると，$x>3$ を満たす $x\in X$ が存在する。この x に対して，$x\geqq y$ を満たす $y\in Y$ が存在するので，$a\leqq 3$ が必要。逆に $0<a\leqq 3$ のとき，すべての $x\in X$，$y\in Y$ について $0<x<a\leqq 3<y<5$ となり，つねに成り立つ。

よって，求める必要十分条件は $(0<)\ a\leqq 3$ である。

(ii)　$a\geqq 5$ とすると，すべての $y\in Y$ に対して $y<a$ を満たすので，つねに $x\geqq y$ を満たす $x\in X$ が存在する。

よって，$a<5$ が必要。

逆に，$0<a<5$ のとき，$y>a$ を満たす $y\in Y$ が必ず存在する。

ゆえに，求める必要十分条件は $(0<)\ a<5$ である。

(iii)　$a>5$ とすると，$x\geqq 5$ を満たす $x\in X$ が存在し，この x に対してつねに $x>y$ が成り立つので，$a\leqq 5$ が必要。

逆に，$0<a\leqq 5$ のとき，すべての $x\in X$ について $x<5$ なので，$x<y$ を満たす $y\in Y$ が必ず存在する。

よって，求める必要十分条件は $(0<)\ a\leqq 5$ である。

2　**解答**　(1)あ．AE　い．DF　(2)う―(e)

(3)え―(d)　お―(e)　か―(b)

(4)き―(f)　オ．6　カ．4

(5)キ．1　ク．6

◀解　説▶

≪空間における2直線の位置関係，線分の通過領域≫

(1)　$\overrightarrow{OP}=(1-s)\vec{a}+s\vec{b}+s\vec{c}$

$=(1-s)\vec{a}+s(\vec{b}+\vec{c})$

$=(1-s)\overrightarrow{OA}+s\overrightarrow{OE}=\overrightarrow{OA}+s\overrightarrow{AE}$　……①

よって，点Pは直線AE上にある。（→あ）

$\overrightarrow{OQ}=\vec{a}+t\vec{b}+(1-t)\vec{c}$

$=(\vec{a}+\vec{c})+t(\vec{b}-\vec{c})$

$=\overrightarrow{OF}+t\overrightarrow{CB}$

$=\overrightarrow{OF}+t\overrightarrow{FD}$　（∵　$\overrightarrow{CB}=\overrightarrow{FD}$）　……②

よって，点Qは直線DF上にある。（→い）

(2)　$\left.\begin{array}{l}|\vec{a}|=|\vec{b}|=|\vec{c}|=1\\ \vec{a}\cdot\vec{b}=\vec{b}\cdot\vec{c}=\vec{c}\cdot\vec{a}=0\end{array}\right\}$　……③

$\overrightarrow{AE}\cdot\overrightarrow{DF}=(-\vec{a}+\vec{b}+\vec{c})\cdot(-\vec{b}+\vec{c})$

$=\vec{a}\cdot\vec{b}-\vec{a}\cdot\vec{c}+|\vec{c}|^2-|\vec{b}|^2$

$=0$　（∵　③より）

よって　$\overrightarrow{AE}\perp\overrightarrow{DF}$

立方体の図形より，2直線AEとDFがねじれの位置にあるのは明らかであるから，2直線AEとDFはねじれの位置にあって垂直である。（→う）

(3)　$\overrightarrow{PQ}=\{\vec{a}+t\vec{b}+(1-t)\vec{c}\}-\{(1-s)\vec{a}+s\vec{b}+s\vec{c}\}$

$=s\vec{a}+(t-s)\vec{b}+(1-t-s)\vec{c}$

よって

$$|\overrightarrow{PQ}|^2=s^2|\vec{a}|^2+(t-s)^2|\vec{b}|^2+(1-t-s)^2|\vec{c}|^2+2s(t-s)\vec{a}\cdot\vec{b}$$
$$+2(t-s)(1-t-s)\vec{b}\cdot\vec{c}+2s(1-t-s)\vec{c}\cdot\vec{a}$$

③を代入して

$|\overrightarrow{PQ}|^2=s^2+(t-s)^2+(1-t-s)^2$

$=3s^2-2s+2t^2-2t+1$

$$=3\left(s-\frac{1}{3}\right)^2+2\left(t-\frac{1}{2}\right)^2+\frac{1}{6}$$

ゆえに，$|\overrightarrow{\mathrm{PQ}}|^2$ は $s=\frac{1}{3}$，$t=\frac{1}{2}$ のとき，最小値 $\frac{1}{6}$ をとる。

したがって，線分 PQ の長さは，$s=\frac{1}{3}$，$t=\frac{1}{2}$ のとき最小値をとり，このとき，$\mathrm{PQ}^2=\frac{1}{6}$ である。（→え～か）

(4)　$\overrightarrow{\mathrm{OM}}=\frac{1}{2}(\overrightarrow{\mathrm{OP}}+\overrightarrow{\mathrm{OQ}})$

$$=\frac{1}{2}\{(\overrightarrow{\mathrm{OA}}+s\overrightarrow{\mathrm{AE}})+(\overrightarrow{\mathrm{OF}}+t\overrightarrow{\mathrm{FD}})\}$$

$$=\frac{1}{2}(\overrightarrow{\mathrm{OA}}+\overrightarrow{\mathrm{OF}})+s\left(\frac{1}{2}\overrightarrow{\mathrm{AE}}\right)+t\left(\frac{1}{2}\overrightarrow{\mathrm{FD}}\right)$$

$\frac{1}{2}\overrightarrow{\mathrm{AE}}=\overrightarrow{\mathrm{AK}}$，$\frac{1}{2}\overrightarrow{\mathrm{FD}}=\overrightarrow{\mathrm{AL}}$ とすると

$$\overrightarrow{\mathrm{OM}}=\frac{1}{2}(\overrightarrow{\mathrm{OA}}+\overrightarrow{\mathrm{OF}})+s\overrightarrow{\mathrm{AK}}+t\overrightarrow{\mathrm{AL}}$$

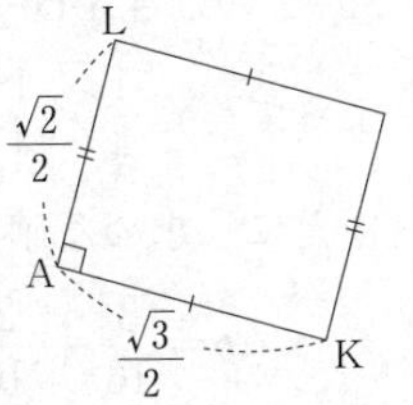

よって，$0\leqq s\leqq 1$，$0\leqq t\leqq 1$ のとき，点 M が描く図形の面積は，線分 AK，AL を隣り合う 2 辺とする平行四辺形の面積に等しい。

$\mathrm{AK}=\frac{1}{2}\mathrm{AE}=\frac{\sqrt{3}}{2}$，$\mathrm{AL}=\frac{1}{2}\mathrm{FD}=\frac{\sqrt{2}}{2}$ で，$\overrightarrow{\mathrm{AE}}\perp\overrightarrow{\mathrm{FD}}$ より　　$\angle\mathrm{KAL}=90°$

ゆえに，中点 M の動く領域は正方形でない長方形であり，（→き）

その面積は　　$\frac{\sqrt{2}}{2}\cdot\frac{\sqrt{3}}{2}=\frac{\sqrt{6}}{4}$　（→オ，カ）

(5)　$0\leqq s\leqq 1$ のとき，①より点 P は線分 AE を描く。

$0\leqq t\leqq 1$ のとき，②より点 Q は線分 DF を描く。

よって，線分 PQ が通過してできる立体は，四面体 EADF（右図）である。

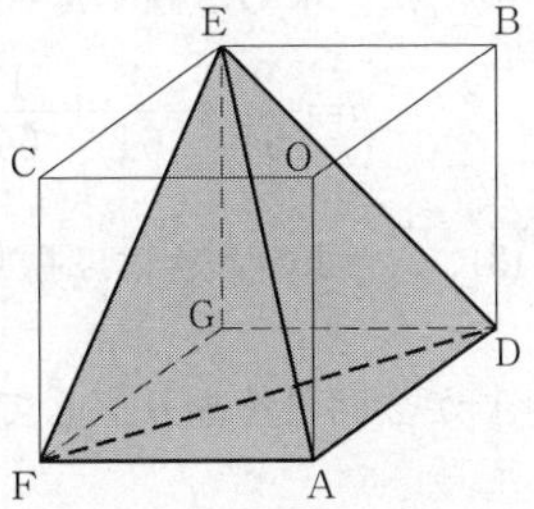

ゆえに，求める体積は

$$\frac{1}{3}\times\triangle\mathrm{ADF}\times\mathrm{EG}$$

$$=\frac{1}{3}\times\left(\frac{1}{2}\cdot 1\cdot 1\right)\times 1$$

$=\frac{1}{6}$　(→キ，ク)

3 **解答**　(1)ケ．1　コ．3　(2)サ．3　シ．5
(3)ス．0　セ．1　(4)ソ．2　タ．4
(5)チ．1　ツ．3

◀解　説▶

≪正四面体のさいころの目による勝敗の確率≫

(1)　A=4のとき，B=1，2，3

よって　$\frac{1}{4}\times\frac{3}{4}=\frac{3}{16}$

A=3のとき，B=1，2

よって　$\frac{1}{4}\times\frac{2}{4}=\frac{2}{16}$

A=2のとき，B=1

よって　$\frac{1}{4}\times\frac{1}{4}=\frac{1}{16}$

ゆえに，求める確率は

$$p=\frac{3}{16}+\frac{2}{16}+\frac{1}{16}=\frac{3}{8}=\frac{2\times1+1}{2^3}$$　(→ケ，コ)

(2)　Aが勝つとき，Bは必ず2回振る。(1)と同様に考えて

A=4のとき　$\frac{1}{4}\times\left(\frac{3}{4}\right)^2=\frac{9}{64}$

A=3のとき　$\frac{1}{4}\times\left(\frac{2}{4}\right)^2=\frac{4}{64}$

A=2のとき　$\frac{1}{4}\times\left(\frac{1}{4}\right)^2=\frac{1}{64}$

ゆえに，求める確率は

$$p=\frac{9}{64}+\frac{4}{64}+\frac{1}{64}=\frac{7}{32}=\frac{2\times3+1}{2^5}$$　(→サ，シ)

(3)　A=4のときは，振り直さないので　$\frac{1}{4}\times\frac{3}{4}=\frac{3}{16}$

Aが2回目を振り直して勝つ確率は，(1)より $\frac{3}{8}$ なので，Aが2回目を振

らずに勝つ確率と比較して

A＝3 のときは，$\dfrac{2}{4}\left(>\dfrac{3}{8}\right)$ なので振り直さず　　$\dfrac{1}{4}\times\dfrac{2}{4}=\dfrac{2}{16}$

A＝2 のときは，$\dfrac{1}{4}\left(<\dfrac{3}{8}\right)$ なので振り直して　　$\dfrac{1}{4}\times\dfrac{3}{8}=\dfrac{3}{32}$

A＝1 のときは，振り直して　　$\dfrac{1}{4}\times\dfrac{3}{8}=\dfrac{3}{32}$

よって，求める確率は

$$p=\frac{3}{16}+\frac{2}{16}+\frac{3}{32}+\frac{3}{32}=\frac{8}{16}=\frac{1}{2}=\frac{2\times0+1}{2^1}\quad(\to ス，セ)$$

(4)　A が勝つとき，B は必ず 2 回振る。

A＝4 のときは，振り直さないので　　$\dfrac{1}{4}\times\left(\dfrac{3}{4}\right)^2=\dfrac{9}{64}$

A が 2 回目を振って勝つ確率は，(2)より $\dfrac{7}{32}$ である。

A＝3 のときは，$\left(\dfrac{2}{4}\right)^2>\dfrac{7}{32}$ なので　　$\dfrac{1}{4}\times\left(\dfrac{2}{4}\right)^2=\dfrac{4}{64}$

A＝2 のときは，$\left(\dfrac{1}{4}\right)^2<\dfrac{7}{32}$ なので　$\dfrac{1}{4}\times\dfrac{7}{32}=\dfrac{7}{128}$

A＝1 のときは，振り直すので　　$\dfrac{1}{4}\times\dfrac{7}{32}=\dfrac{7}{128}$

よって，求める確率は

$$p=\frac{9}{64}+\frac{4}{64}+\frac{7}{128}+\frac{7}{128}=\frac{20}{64}=\frac{5}{16}=\frac{2\times2+1}{2^4}\quad(\to ソ，タ)$$

(5)　A＝4 のときは，振り直さないので　　$\dfrac{1}{4}\times\left(\dfrac{3}{4}\right)^2=\dfrac{9}{64}$

A が 2 回目（または 3 回目）を振って勝つ確率は，(4)より $\dfrac{5}{16}$ である。

A＝3 のとき，$\left(\dfrac{2}{4}\right)^2<\dfrac{5}{16}$ なので　　$\dfrac{1}{4}\times\dfrac{5}{16}=\dfrac{5}{64}$

A＝2 のとき，$\left(\dfrac{1}{4}\right)^2<\dfrac{5}{16}$ なので　　$\dfrac{1}{4}\times\dfrac{5}{16}=\dfrac{5}{64}$

A＝1 のときは，必ず振り直すので　　$\dfrac{1}{4}\times\dfrac{5}{16}=\dfrac{5}{64}$

よって，求める確率は

$$p=\frac{9}{64}+\frac{5}{64}+\frac{5}{64}+\frac{5}{64}=\frac{3}{8}=\frac{2\times1+1}{2^3}\quad(\to チ,\ ツ)$$

4 **解答** (1)　点Pが y 軸上に到着するのは，$\theta=\dfrac{\pi}{2}+n\pi$　(n は整数) のときである。

よって

$$\log(1+t)=\frac{\pi}{2}+n\pi \qquad 1+t=e^{\frac{\pi}{2}+n\pi}$$

$$\therefore\quad t=e^{\frac{\pi}{2}+n\pi}-1$$

$t>0$ で最小となるのは $n=0$ のときで　　$t=e^{\frac{\pi}{2}}-1$　……(答)

(2)　直交座標で $\mathrm{P}(x(t),\ y(t))$ とすると

$$C:\begin{cases}x(t)=r\cos\theta=(1+t)\cos(\log(1+t))\\ y(t)=r\sin\theta=(1+t)\sin(\log(1+t))\end{cases}\quad(0\leqq t\leqq e^{\frac{\pi}{2}}-1)$$

$$\begin{aligned}x'(t)&=1\cdot\cos(\log(1+t))+(1+t)\{-\sin(\log(1+t))\}\cdot\frac{1}{1+t}\\&=\cos(\log(1+t))-\sin(\log(1+t))\\&=\sqrt{2}\cos\left(\log(1+t)+\frac{\pi}{4}\right)\end{aligned}$$

$0\leqq t\leqq e^{\frac{\pi}{2}}-1$ より　　$\dfrac{\pi}{4}\leqq\log(1+t)+\dfrac{\pi}{4}\leqq\dfrac{3}{4}\pi$

よって，$x'(t)=0$ を解くと

$$\log(1+t)+\frac{\pi}{4}=\frac{\pi}{2}$$

$$\therefore\quad t=e^{\frac{\pi}{4}}-1$$

t	0	$\cdots$	$e^{\frac{\pi}{4}}-1$	$\cdots$	$e^{\frac{\pi}{2}}-1$
$x'(t)$		$+$	0	$-$	
$x(t)$	1	↗		↘	0

ゆえに，増減表より，x 座標の最大値は

$$x(e^{\frac{\pi}{4}}-1)=\frac{e^{\frac{\pi}{4}}}{\sqrt{2}}\quad\cdots\cdots(答)$$

(3)

$$\begin{aligned}y'(t)&=1\cdot\sin(\log(1+t))+(1+t)\cos(\log(1+t))\cdot\frac{1}{1+t}\\&=\sqrt{2}\sin\left(\log(1+t)+\frac{\pi}{4}\right)\end{aligned}$$

よって

$$\{x'(t)\}^2+\{y'(t)\}^2=2\cos^2\left(\log(1+t)+\frac{\pi}{4}\right)+2\sin^2\left(\log(1+t)+\frac{\pi}{4}\right)$$

$$=2$$

ゆえに，C の長さは

$$\int_0^{e^{\frac{\pi}{2}}-1}\sqrt{\{x'(t)\}^2+\{y'(t)\}^2}\,dt$$

$$=\int_0^{e^{\frac{\pi}{2}}-1}\sqrt{2}\,dt$$

$$=\left[\sqrt{2}\,t\right]_0^{e^{\frac{\pi}{2}}-1}$$

$$=\sqrt{2}\,(e^{\frac{\pi}{2}}-1)\quad\cdots\cdots(\text{答})$$

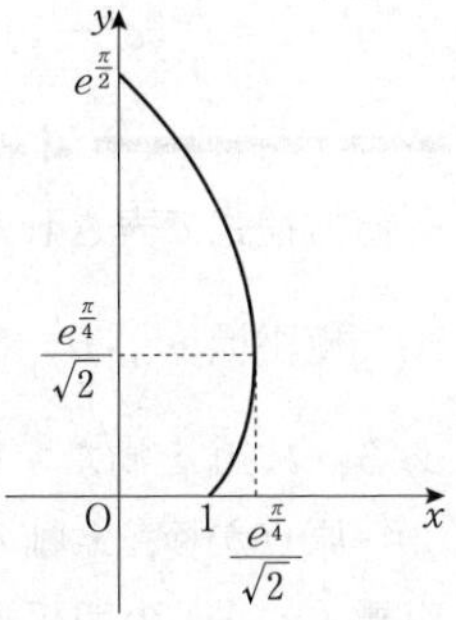

(4)　$\dfrac{\pi}{4}\leqq\log(1+t)+\dfrac{\pi}{4}\leqq\dfrac{3}{4}\pi$ のとき　　$y'(t)>0$

よって，$y(t)$ は単調増加である。

(2)の増減表とあわせて，C の概形は右のようになる。

(5)　求める面積を S とすると

$$S=\int_0^{e^{\frac{\pi}{2}}}xdy$$

$$=\int_0^{e^{\frac{\pi}{2}}-1}(1+t)\cos(\log(1+t))\cdot\{\sin(\log(1+t))+\cos(\log(1+t))\}dt$$

$\log(1+t)=\theta$ とおくと

$$1+t=e^{\theta}$$

$$dt=e^{\theta}d\theta$$

t	$0\ \to\ e^{\frac{\pi}{2}}-1$
θ	$0\ \to\ \frac{\pi}{2}$

よって

$$S=\int_0^{\frac{\pi}{2}}e^{\theta}\cos\theta\cdot(\sin\theta+\cos\theta)\cdot e^{\theta}d\theta$$

$$=\int_0^{\frac{\pi}{2}}e^{2\theta}(\sin\theta\cos\theta+\cos^2\theta)d\theta$$

$$=\frac{1}{2}\int_0^{\frac{\pi}{2}}e^{2\theta}(\sin2\theta+\cos2\theta+1)d\theta$$

ここで

$$\int e^{2\theta}\sin2\theta d\theta=\frac{1}{2}e^{2\theta}\sin2\theta-\int\frac{1}{2}e^{2\theta}\cdot2\cos2\theta d\theta$$

$$\therefore\quad \int e^{2\theta}\sin 2\theta d\theta+\int e^{2\theta}\cos 2\theta d\theta=\frac{1}{2}e^{2\theta}\sin 2\theta+C \quad (C\text{は積分定数})$$

ゆえに

$$S=\frac{1}{2}\left[\frac{1}{2}e^{2\theta}\sin 2\theta+\frac{1}{2}e^{2\theta}\right]_0^{\frac{\pi}{2}}$$

$$=\frac{1}{4}\left[e^{2\theta}(\sin 2\theta+1)\right]_0^{\frac{\pi}{2}}$$

$$=\frac{1}{4}(e^{\pi}-1)\quad\cdots\cdots(\text{答})$$

◀解　説▶

≪極方程式で表された曲線，面積≫

(1)　極座標 $(r,\ \theta)$ で，y 軸との交点は $\theta=\dfrac{\pi}{2}+n\pi$（$n$ は整数）のときである。$t>0$ を満たす整数 n で t が最小となるものを求める。

(2)　原点が極，x 軸の正の部分を始線とするので，極座標 $(r,\ \theta)$ と直交座標 $(x,\ y)$ の関係は，$x=r\cos\theta$，$y=r\sin\theta$ であるから，これから x 座標の最大値を求める。

(3)　(2)で点 P を直交座標で表すと，$(x,\ y)$ が媒介変数 t で表された形になるので，(1)で求めた t の範囲に注意して，C の長さを求める。

(4)　(2)で $x(t)$ の増減を調べているので，$y(t)$ の増減を調べて，グラフの概形を描く。

(5)　置換積分を利用して計算をやりやすくする。

$\int e^{2\theta}(\sin 2\theta+\cos 2\theta)d\theta$ を求めるときに，$I=\int e^{2\theta}\sin 2\theta d\theta$，$J=\int e^{2\theta}\cos 2\theta d\theta$ として，I と J の関係式を2つ作り，連立させて I，J を求めるとよい。ただし，この問題では I を計算する過程で $I+J$ がでてきたので，それを利用した。

❖講　評

4だけが記述式で，他はマーク式となっている。

1は小問3問である。(1)は近似値を求める問題である。$|h|$ が十分小さいとき，1次の近似式は $f(a+h)\fallingdotseq f(a)+hf'(a)$ で求める。近似式はきちんと確認しておこう。(2)はデータの分析の問題である。平均値，

分散の求め方はしっかり頭に入れておく必要がある。(3)は必要十分条件の問題である。(ii)と(iii)の違いが難しい問題である。先に x を決めるか y を決めるかの違いがあるので，その違いを整理しておこう。

2 は空間図形の問題である。(1)は与えられたベクトルの式から 2 点 P，Q が動ける範囲を調べる。点 P が直線 AB 上を動くとき，$\overrightarrow{AP}=l\overrightarrow{AB}$（$l$ は実数）と表せる。これを変形すると

$$\overrightarrow{OP}=\overrightarrow{OA}+l\overrightarrow{AB}\iff\overrightarrow{OP}=(1-l)\overrightarrow{OA}+l\overrightarrow{OB}$$

となるので，これは直線 AB のベクトル方程式である。(2)は 2 直線の位置関係の問題である。ねじれの位置であることはすぐにわかるが，垂直かどうかはわからないので，内積の値を調べる。(3)$|\overrightarrow{PQ}|^2$ を計算する。s，t についての 2 次式となるので，平方完成して考える。(4)$\overrightarrow{OX}=\overrightarrow{OA}+\alpha\overrightarrow{AB}+\beta\overrightarrow{AC}$　（α，β は実数）で表される点 X は平面 ABC 上にあることから，点 X の描く図形を調べる。$\overrightarrow{AX}=\alpha\overrightarrow{AB}+\beta\overrightarrow{AC}$ $(0\leqq\alpha\leqq1,\ 0\leqq\beta\leqq1)$ を満たす点 X は，線分 AB，AC を隣り合う 2 辺とする平行四辺形を表すことも同時に確認にしておこう。(5)点 P は線 AE 上を，点 Q は線分 DF 上を動くので，2 点 P，Q を結ぶと四面体 EADF になる。

3 は確率の問題である。勝つ確率を最大にするように選択するので，複数回さいころが振れるときは，振ったときと振らないときの勝つ確率を比べて大きい方で考えていく。このとき前の小問で求めた確率を利用する。

4 は極座標を直交座標に変えて考える問題である。(1)極座標 $(r,\ \theta)$ で $\theta=\dfrac{\pi}{2}+n\pi$（$n$ は整数）を満たすものを求める。(2)$x(t)$ を t の関数として増減を調べる。(3)$x(t)$ を cos に合成しておくと，わりと簡単に $\sqrt{\{x'(t)\}^2+\{y'(t)\}^2}$ の計算ができる。(4)$x(t)$，$y(t)$ の増減を調べる。(5)y で積分するほうが計算がやりやすい。$\log(1+t)=\theta$ と置換するとすっきりする。

物理

1

解答　1．$\sqrt{2gL}\,t-\dfrac{1}{2}gt^2$　2．$\dfrac{3}{4}L$

3．質点Aの速度：$-\dfrac{\sqrt{2gL}}{2}$　質点Bの速度：$\dfrac{\sqrt{2gL}}{2}$

4．$\dfrac{3}{4}L+\dfrac{\sqrt{2gL}}{2}t'-\dfrac{1}{2}gt'^2$

5．$\dfrac{15}{16}L$

6．質点Bの速度：$\dfrac{\sqrt{2gL}}{4}$

質点Cの速度：$-\dfrac{\sqrt{2gL}}{4}$

7．$\dfrac{3M-m}{4(M+m)}\sqrt{2gL}$

8．$\dfrac{Mm(M-m)gL}{2(M+m)^2}$

9．hの式：$\dfrac{15}{16}L+\dfrac{1}{16}\left(\dfrac{3M-m}{M+m}\right)^2L$

hのグラフ：右図参照

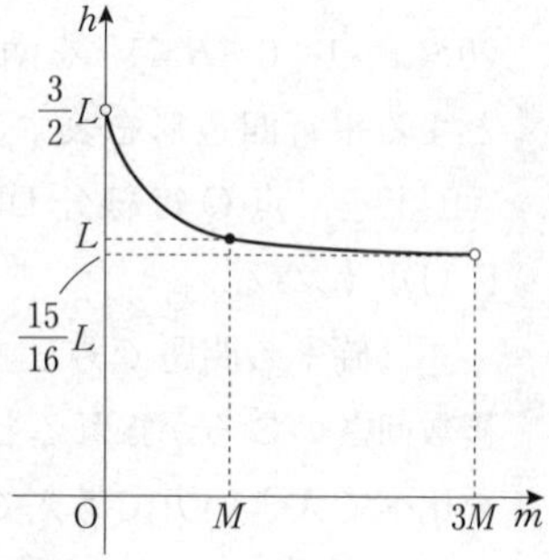

◀解　説▶

≪自由落下と鉛直投げ上げ，一直線上での２物体の衝突≫

1．Aは自由落下をする。床に衝突する直前の速さを v_0 とすると

$$v_0{}^2-0^2=2gL\qquad\therefore\quad v_0=\sqrt{2gL}$$

床との衝突は弾性衝突であるから，衝突前と同じ速さではね返る。その後，鉛直投げ上げと同じ運動をする。高さを h_A とすると

$$h_A=v_0t-\frac{1}{2}gt^2=\sqrt{2gL}\,t-\frac{1}{2}gt^2$$

2．Bは自由落下をする。落下距離を y_B とすると

$$y_B=\frac{1}{2}gt^2$$

衝突した地点では，$h_A+y_B=L$ が成り立つ。

$$\left(v_0t-\frac{1}{2}gt^2\right)+\frac{1}{2}gt^2=L$$

$$v_0t=L$$

$$t=\frac{L}{v_0}=\frac{L}{\sqrt{2gL}}=\sqrt{\frac{L}{2g}}$$

落下距離は

$$y_B=\frac{1}{2}gt^2=\frac{1}{2}g\left(\sqrt{\frac{L}{2g}}\right)^2=\frac{1}{4}L$$

したがって，衝突した高さは

$$h_A=L-y_B=L-\frac{1}{4}L=\frac{3}{4}L$$

3．衝突の直前の A，B の速度を，それぞれ v_1，v_2 とする。

$$v_1=v_0-gt,\quad v_2=-gt$$

衝突の直後の A，B の速度をそれぞれ v_1'，v_2' とする。
運動量保存の法則，反発係数の式より

$$Mv_1+Mv_2=Mv_1'+Mv_2' \qquad 1=-\frac{v_1'-v_2'}{v_1-v_2}$$

よって　$v_1'=v_2=-\dfrac{\sqrt{2gL}}{2}$，$v_2'=v_1=\dfrac{\sqrt{2gL}}{2}$

参考　同じ質量の 2 つの物体が一直線上で弾性衝突する場合，2 つの物体の速度は交換される。

4．B は $t'=0$ において，高さ $\dfrac{3}{4}L$ から初速 v_2' の鉛直投げ上げと同じ運動をする。高さを h_B とする。

$$h_B=\frac{3}{4}L+v_2't'-\frac{1}{2}gt'^2=\frac{3}{4}L+\frac{\sqrt{2gL}}{2}t'-\frac{1}{2}gt'^2$$

5．C は自由落下をする。落下距離を y_C とすると

$$y_C=\frac{1}{2}gt'^2$$

衝突した地点では，$h_B+y_C=L$ が成り立つ。

$$\left(\frac{3}{4}L+v_2't'-\frac{1}{2}gt'^2\right)+\frac{1}{2}gt'^2=L$$

$$v_2' t' = \frac{L}{4}$$

$$t' = \frac{L}{4v_2'} = \frac{L}{4} \cdot \frac{2}{\sqrt{2gL}} = \frac{1}{2}\sqrt{\frac{L}{2g}}$$

落下距離は

$$y_C = \frac{1}{2}gt'^2 = \frac{1}{2}g\left(\frac{1}{2}\sqrt{\frac{L}{2g}}\right)^2 = \frac{1}{16}L$$

したがって，衝突した高さは

$$h_B = L - y_C = L - \frac{1}{16}L = \frac{15}{16}L$$

6．衝突の直前のB，Cの速度を，それぞれ v_3，v_4 とする。

$$v_3 = v_2' - gt' = \frac{\sqrt{2gL}}{2} - g \cdot \frac{1}{2}\sqrt{\frac{L}{2g}} = \frac{\sqrt{2gL}}{4}$$

$$v_4 = -gt' = -g \cdot \frac{1}{2}\sqrt{\frac{L}{2g}} = -\frac{\sqrt{2gL}}{4}$$

7．衝突の直後のB，Cの速度を，それぞれ v_3'，v_4' とする。運動量保存の法則，反発係数の式より

$$Mv_3 + mv_4 = Mv_3' + mv_4' \quad \cdots\cdots①$$

$$1 = -\frac{v_3' - v_4'}{v_3 - v_4} \quad \cdots\cdots②$$

6から，$v_4 = -v_3$ である。これを式①，②に代入する。

$$(M-m)v_3 = Mv_3' + mv_4' \quad \cdots\cdots③$$

$$-2v_3 = v_3' - v_4' \quad \cdots\cdots④$$

式③，④から，v_3' を消去して v_4' を求める。

$$v_4' = \frac{3M-m}{M+m}v_3 = \frac{3M-m}{4(M+m)}\sqrt{2gL}$$

8．位置エネルギーは，衝突の前後で変化しない。したがって，Cの力学的エネルギーの変化は

$$\frac{1}{2}mv_4'^2 - \frac{1}{2}mv_4^2$$

$$= \frac{1}{2}m\left(\frac{3M-m}{M+m}v_3\right)^2 - \frac{1}{2}m(-v_3)^2$$

$$= \frac{1}{2}m\left\{\left(\frac{3M-m}{M+m}\right)^2 - 1\right\}v_3^2$$

$$=\frac{1}{2}m\cdot\frac{(3M-m)^2-(M+m)^2}{(M+m)^2}\cdot\left(\frac{\sqrt{2gL}}{4}\right)^2$$
$$=\frac{1}{2}m\cdot\frac{8M(M-m)}{(M+m)^2}\cdot\frac{gL}{8}$$
$$=\frac{Mm(M-m)gL}{2(M+m)^2}$$

9．C は鉛直投げ上げと同じ運動をする。最高点では速度が 0 なので

$$0^2-v_4'^2=-2g\left(h-\frac{15}{16}L\right)$$

$$h=\frac{15}{16}L+\frac{v_4'^2}{2g}$$
$$=\frac{15}{16}L+\frac{1}{2g}\left\{\frac{3M-m}{4(M+m)}\sqrt{2gL}\right\}^2$$
$$=\frac{15}{16}L+\frac{1}{16}\left(\frac{3M-m}{M+m}\right)^2L\quad\cdots\cdots⑤$$

h を m の関数とする。

式⑤から，$m\to 3M$ のとき　$h\to\frac{15}{16}L$

$m\to 0$ のとき　$h\to\frac{3}{2}L$

$m=M$ のとき　$h=L$

また，式⑤から

$$h=\frac{15}{16}L+\frac{1}{16}\left\{\frac{4M-(M+m)}{M+m}\right\}^2L$$
$$=\frac{15}{16}L+\frac{1}{16}\left(\frac{4M}{M+m}-1\right)^2L\quad\cdots\cdots⑥$$

式⑥から，$0<m<3M$ で，h は単調減少する。以上から，グラフは〔解答〕のようになる。

〔注〕 $m=M$ である同じ質量の 2 つの物体が一直線上で衝突する場合は，2 つの物体の速度が交換される。$v_4=-v_3$ であるため，C は衝突前と同じ速さではね返る。よって，衝突後の C の最高点は $h=L$，元の高さに戻る。

2　**解答**　1．(a)内部抵抗に流れる電流：$\frac{E}{r}$

抵抗器に流れる電流：0

(b)内部抵抗に流れる電流：$\dfrac{E}{R+r}$　抵抗器に流れる電流：$\dfrac{E}{R+r}$

(c)内部抵抗に流れる電流：0　抵抗器に流れる電流：$\dfrac{E}{R+r}$

2．(a)電気量：$\dfrac{CRE}{R+r}$　静電エネルギー：$\dfrac{CR^2E^2}{2(R+r)^2}$

(b)$\dfrac{RE^2}{(R+r)^2}$

(c)消費電力を最大にする抵抗値：r　消費電力：$\dfrac{E^2}{4r}$

3．(a)内部抵抗に流れる電流：$\dfrac{E}{R+r}$　抵抗器に流れる電流：$\dfrac{E}{R+r}$

(b)内部抵抗に流れる電流：$\dfrac{E}{r}$　抵抗器に流れる電流：0

(c)内部抵抗に流れる電流：0　抵抗器に流れる電流：$\dfrac{E}{r}$

4．$\dfrac{RE}{(R+r)L}$　5．$\dfrac{LE^2}{2r^2}$　6．$\dfrac{RE}{rL}$

◀解　説▶

≪電池の内部抵抗，コンデンサー，コイル≫

1．(a)　スイッチを閉じた直後は，コンデンサーの極板間の電位差は 0 であり，電池の起電力 E はすべて内部抵抗に加わる。そのため，抵抗器に流れる電流の大きさは 0 になる。内部抵抗に流れる電流を i_1 とすると，オームの法則から

$$i_1=\frac{E}{r}$$

(b)　十分時間が経過したとき，コンデンサーの充電は完了している。コンデンサーには電流が流れなくなり，抵抗器，内部抵抗には同じ大きさの電流が流れる。この電流を i_2 とすると，各抵抗に加わる電圧の和は電池の起電力 E に等しいので

$$E=(R+r)i_2 \qquad \therefore \quad i_2=\frac{E}{R+r}$$

(c)　再びスイッチを開くと，電池からの電流は流れなくなる。そのため，

内部抵抗に流れる電流の大きさは0になる。しかし，充電されたコンデンサーが放電を始め，抵抗器に電流を流す。スイッチを開く前の抵抗器にかかる電圧を V_1 とする。

$$V_1=Ri_2=R\cdot\frac{E}{R+r}$$

コンデンサーの極板間の電位差も V_1 である。これは，再びスイッチを開いた直後もすぐには変化しない。したがって，抵抗器に流れる電流は $i_2=\frac{E}{R+r}$ である。

2．(a)　コンデンサーに蓄えられた電気量を Q_1，静電エネルギーを U_1 とする。

$$Q_1=CV_1=\frac{CRE}{R+r}$$

$$U_1=\frac{1}{2}C{V_1}^2=\frac{CR^2E^2}{2(R+r)^2}$$

(b)　抵抗での消費電力を P_1 とする。

$$P_1=\frac{{V_1}^2}{R}=\frac{RE^2}{(R+r)^2}$$

(c)　抵抗値 R を変化させる。

$$P_1=\frac{RE^2}{R^2+2Rr+r^2}=\frac{E^2}{R+2r+\frac{r^2}{R}}$$

$$=\frac{E^2}{\left(\sqrt{R}-\frac{r}{\sqrt{R}}\right)^2+4r}\leqq\frac{E^2}{4r}$$

かっこの中が0になるとき，P_1 が最大値 $\frac{E^2}{4r}$ になる。

また，そのときの R は

$$\sqrt{R}=\frac{r}{\sqrt{R}}\qquad\therefore\quad R=r$$

となる。

別解　$P_1=\dfrac{E^2}{R+2r+\frac{r^2}{R}}$

相加平均・相乗平均の関係より

$$R+\frac{r^2}{R}\geqq 2\sqrt{R\cdot\frac{r^2}{R}}=2r$$

$$P_1=\frac{E^2}{R+2r+\frac{r^2}{R}}\leqq\frac{E^2}{4r}$$

等号は，$R=\frac{r^2}{R}$ のとき成立し，$R=r$ のとき P_1 は最大値 $\frac{E^2}{4r}$ となる。

3．(a)　スイッチを閉じた直後には，コイルの自己誘導による起電力のため，コイルに電流は流れない。そのため，抵抗器，内部抵抗には同じ大きさの電流が流れる。この電流を i_3 とすると，各抵抗に加わる電圧の和は電池の起電力 E に等しいので

$$E=(R+r)i_3 \qquad \therefore \quad i_3=\frac{E}{R+r}$$

(b)　十分時間が経過したとき，コイルに流れる電流の大きさは変化しないため，コイルは導線とみなすことができる。そのため，抵抗器に流れる電流の大きさは 0 になる。内部抵抗に流れる電流を i_4 とすると，オームの法則から

$$i_4=\frac{E}{r}$$

(c)　再びスイッチを開くと，電池からの電流は流れなくなる。そのため，内部抵抗に流れる電流の大きさは 0 になる。しかし，スイッチを開く前のコイルには電流 i_4 が流れている。これは，再びスイッチを開いた直後もすぐには変化しない。したがって，抵抗器に流れる電流は $i_4=\frac{E}{r}$ である。

4．スイッチを閉じた直後の抵抗器にかかる電圧を V_2 とする。

$$V_2=Ri_3=R\cdot\frac{E}{R+r}$$

コイルに生じる誘導起電力は V_2 に等しい。

$$L\cdot\left|\frac{\Delta I}{\Delta t}\right|=V_2$$

$$\left|\frac{\Delta I}{\Delta t}\right|=\frac{V_2}{L}=\frac{RE}{(R+r)L}$$

5．コイルには電流 i_4 が流れている。コイルに蓄えられたエネルギーを

U_2 とする。

$$U_2=\frac{1}{2}Li_4{}^2=\frac{LE^2}{2r^2}$$

6．コイルに生じる誘導起電力は，抵抗器に加わる電圧に等しいので

$$L\cdot\left|\frac{\Delta I}{\Delta t}\right|=Ri_4$$

$$\left|\frac{\Delta I}{\Delta t}\right|=\frac{Ri_4}{L}=\frac{RE}{rL}$$

❖講　評

例年と同様に大問 2 題，力学と電磁気の出題である。難易度も標準的であるが，試験時間を考えると手際よく取り組む必要がある。

1は，自由落下と鉛直投げ上げ，弾性衝突を扱っている。このタイプの問題は，標準的でよくみられる内容だが，衝突が複数回起こるため変数が多くなり，そこで混乱しないように注意したい。9で「数学Ⅲ」の範囲である第 2 次導関数等を用いれば，より詳細なグラフを描くことができるが，途中の計算が煩雑になる。両端の様子，$(M,\ L)$ を通ること，単調減少であることなどの要所を押さえれば，グラフの概形を描くことができる。

2は，電池の内部抵抗，抵抗器，コンデンサーまたはコイルを含む回路の問題である。基本的な内容であり，問題集等を学習する過程で一度は解いているだろう。1の(c)，3の(c)で，電池から電流が流れなくなった直後は，コンデンサーやコイルのふるまいが変わらないことに注意して，必要な物理量を求められるようにしたい。

いずれの問題も基礎知識や論理的思考力を問う標準的な問題であり，力学，電磁気学の分野において，総合的な力をみる良問である。

化学

1 解答

問 1．2.0×10^{-6}　問 2．2.1×10^{-2}　問 3．$3.3\times10^{+1}$
問 4．※　問 5．$6.9\times10^{+1}$

※問 4 については，実験Ⅱの設定が適切でなかったため，化学を選択した受験生については，当該問題の解答を正解とみなし，一律加点とする措置を取ったことが大学から公表されている。

◀解　説▶

≪分解速度と反応速度定数，活性化エネルギー≫

問 1．0〜5.00 min 間の分解速度 v〔mol/(L・min)〕は

$$v=-\frac{9.00\times10^{-5}-1.00\times10^{-4}}{5.00-0}$$

$$=2.00\times10^{-6}\fallingdotseq2.0\times10^{-6}\text{〔mol/(L・min)〕}$$

問 2．5.00〜10.0 min 間の分解速度 v〔mol/(L・min)〕は

$$v=-\frac{8.10\times10^{-5}-9.00\times10^{-5}}{10.0-5.00}$$

$$=1.80\times10^{-6}\fallingdotseq1.8\times10^{-6}\text{〔mol/(L・min)〕}$$

また，5.00〜10.0 min 間の X の平均濃度 $[\overline{X}]$ は

$$[\overline{X}]=\frac{9.00\times10^{-5}+8.10\times10^{-5}}{2}=8.55\times10^{-5}\text{〔mol/L〕}$$

よって，$v=k[\overline{X}]$ より，反応速度定数 k は

$$k=\frac{1.80\times10^{-6}}{8.55\times10^{-5}}=2.105\times10^{-2}\fallingdotseq2.1\times10^{-2}\text{〔/min〕}$$

時間 t〔min〕	0	5.00	10.0
モル濃度 [X]〔mol/L〕	1.00×10^{-4}	9.00×10^{-5}	8.10×10^{-5}
濃度変化量 $\varDelta$[X]〔mol/L〕	1.00×10^{-5}	9.00×10^{-6}	
分解速度 v〔mol/(L・min)〕	2.00×10^{-6}	1.80×10^{-6}	
平均濃度 [X]〔mol/L〕	9.50×10^{-5}	8.55×10^{-5}	
反応速度定数 k〔/min〕	2.10×10^{-2}	2.10×10^{-2}	

問 3．式(3)より，$\dfrac{[X]_{t+\Delta t}}{[X]_t}=\dfrac{1}{2}$ となるまでの時間 Δt は

$$\log_e\frac{[X]_{t+\Delta t}}{[X]_t}=\log_e\frac{1}{2}=-\log_e 2=-k\Delta t$$

より

$$\Delta t=\frac{\log_e 2}{k}=\frac{0.693}{2.10\times10^{-2}}=3.30\times10\fallingdotseq3.3\times10\,[\mathrm{min}]$$

問 5．式(5)より，反応速度定数 k と活性化エネルギー E の関係は

$$\log_e k=-\frac{E}{RT}+\log_e A$$

T＝300K および 330K のときの反応速度定数を，それぞれ k_{300} および k_{330} と表すので，式(5)にそれぞれ代入すると

$$\log_e k_{300}=-\frac{E}{300R}+\log_e A$$

$$\log_e k_{330}=-\frac{E}{330R}+\log_e A$$

また

$$\log_e\frac{k_{330}}{k_{300}}=\log_e k_{330}-\log_e k_{300}=\frac{E}{300R}-\frac{E}{330R}$$

$$=\frac{E}{R}\left(\frac{1}{300}-\frac{1}{330}\right)=\frac{E}{R}\times\frac{1}{3300}=2.50$$

よって，活性化エネルギー E は

$$E=2.50\times8.31\times3300$$

$$=6.85\times10^4\,[\mathrm{J/mol}]\fallingdotseq6.9\times10\,[\mathrm{kJ/mol}]$$

2　**解答**　問 6．$\dfrac{[H^+]}{K_1}+1+\dfrac{K_2}{[H^+]}$

問 7．c）

問 8．3.0×10^0

問 9．f）

問 10．$2H_2O+2e^-\longrightarrow H_2+2OH^-$

問 11．5.6×10^{-2}

◀解 説▶

≪アミノ酸の電離平衡と平衡定数，等電点，イオン交換膜による電解≫

問６．中性アミノ酸の第１電離定数 K_1 と第２電離定数 K_2 をそれぞれ変形して，式(4)に代入する。

$$[H_2A^+]=\frac{[HA^\pm][H^+]}{K_1}$$

$$[A^-]=\frac{K_2[HA^\pm]}{[H^+]}$$

$$f=\frac{[HA^\pm]}{[H_2A^+]+[HA^\pm]+[A^-]}$$

$$=\frac{[HA^\pm]}{\dfrac{[HA^\pm][H^+]}{K_1}+[HA^\pm]+\dfrac{K_2[HA^\pm]}{[H^+]}}$$

$$=\frac{1}{\dfrac{[H^+]}{K_1}+1+\dfrac{K_2}{[H^+]}}$$

問７．中性アミノ酸Ｙの双性イオン $HA^\pm$ の存在割合 f と pH の関係について，等電点を求めてみる。

中性アミノ酸Ｙの等電点は，$[HA^\pm]$ が最大であり，$[H_2A^+]=[A^-]$ となる pH なので

$$K_1\times K_2=\frac{[HA^\pm][H^+]}{[H_2A^+]}\times\frac{[A^-][H^+]}{[HA^\pm]}$$

$$=\frac{[A^-]}{[H_2A^+]}\times[H^+]^2$$

$$=[H^+]^2=(5.0\times10^{-3})\times(2.0\times10^{-10})=1.0\times10^{-12}$$

ゆえに，$[H^+]=1.0\times10^{-6}$(mol/L) より，pH＝6.0 となる。

したがって，$f=1$ の $[HA^\pm]$ が最大のときの pH が 6.0 より，グラフ c) か d) となる。酸性域で $f=0.5$ になるのは，式(2)において $[H_2A^+]=[HA^\pm]$ となるときなので $[H^+]=K_1$ となり

$$pH=pK_1=-\log_{10}(5.0\times10^{-3})=3-\log_{10}5.0$$

塩基性域で $f=0.5$ になるのは，式(3)において $[HA^\pm]=[A^-]$ となるときなので，$[H^+]=K_2$ となり

$$pH = pK_2 = -\log_{10}(2.0\times10^{-10}) = 10 - \log_{10}2.0 = 9.7$$

この条件を満たすのは，グラフ c)となる。

問 8．問 7 より

$$K_1\times K_2 = \frac{[A^-]}{[H_2A^+]}\times[H^+]^2 = 1.00\times10^{-12}$$

$\dfrac{[H_2A^+]}{[A^-]} = 1.00\times10^6$ を代入すると

$$1.00\times10^{-6}\times[H^+]^2 = 1.00\times10^{-12}$$

$$[H^+]^2 = 1.00\times10^{-6} \qquad [H^+] = 1.00\times10^{-3}$$

よって，$pH = 3.0$ となる。

問 9．問 7 より，$[H^+]^2 = K_1K_2$ より　　$[H^+] = \sqrt{K_1K_2}$

ゆえに　　$pH = -\log_{10}[H^+] = -\log_{10}\sqrt{K_1K_2}$

問 10．実験Ⅰの水溶液の陰極では，イオン化傾向の大きい Na^+ の還元は起こらず，水の還元が起こり水素が発生する。

$$2H_2O + 2e^- \longrightarrow H_2 + 2OH^-$$

問 11．実験Ⅰの装置に流れた電気量 Q は

$$Q = 2.00\times0.965\times3600\,[C]$$

電子の物質量に換算すると

$$\frac{2.00\times0.965\times3600}{9.65\times10^4} = 0.0720\,[mol]$$

電気分解前の A 室と C 室には，0.200 mol/L の NaCl 水溶液が 0.500 L あり，それぞれ NaCl は 0.100 mol 存在している。電気分解前の B 室には，0.100 mol/L の中性アミノ酸 Y と 0.200 mol/L の NaCl 水溶液が 0.500 L あり，中性アミノ酸 Y 0.0500 mol と NaCl 0.100 mol が存在している。

電気分解では，電子が 0.0720 mol 移動した。C 室では次の反応が起こる。

$$2H_2O + 2e^- \longrightarrow H_2 + 2OH^-$$

e^- の物質量と生成する OH^- の物質量が等しく，OH^- は 0.0720 mol 生成するので，水溶液の電荷のバランスを取るために，Na^+ は B 室から陰極のある C 室へ陽イオン交換膜を通って 0.0720 mol 移動することになる。

また，A 室では，次の反応が起こる。

$$2Cl^- \longrightarrow Cl_2 + 2e^-$$

e^- の物質量と消費する Cl^- の物質量が等しく，Cl^- は 0.0720 mol 消費するので，水溶液の電荷のバランスを取るために，Cl^- は B 室から陽極のある A 室へ陰イオン交換膜を通って 0.0720 mol 移動することになる。結果的に，B 室から A 室または C 室へ NaCl が 0.0720 mol 移動して減少することになる。ゆえに，B 室に残っている NaCl は

$$0.100 - 0.0720 = 0.028\,[\mathrm{mol}]$$

通電後の B 室の NaCl 水溶液のモル濃度は

$$\frac{0.028}{0.500} = 0.056 = 5.6 \times 10^{-2}\,[\mathrm{mol/L}]$$

中性アミノ酸 Y のある B 室の pH は等電点に調整されているので，Y はどちらの極にも移動しない。

3 解答

問 12.　b)，d)　問 13.　b)，c)，d)

問 14.　$a=4$，$b=8$，$c=1$

問 15.　a)，c)，e)

問 16.　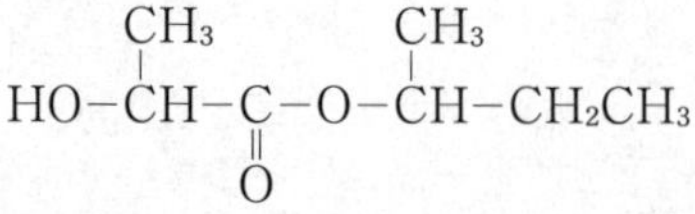

◀解　説▶

≪脂肪族エステルの構造決定≫

問 12.　下線部(i)より，化合物 A は $-COOH$ をもつカルボン酸と考えられる。ゆえに，オルト位の芳香族ジカルボン酸のフタル酸 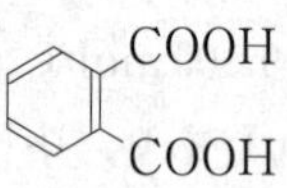

と，トランス形の不飽和ジカルボン酸のフマル酸 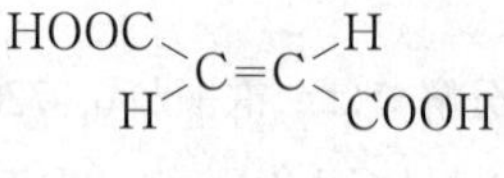

となる。

問 13.　下線部(ii)より，銀鏡反応を示さないのは還元性のあるアルデヒド以外となる。ゆえに，ケトンのアセトン CH_3COCH_3 と，第二級アルコールの 2-プロパノール $CH_3CH(OH)CH_3$ と，アルケンのプロピレン $CH_2=CHCH_3$ となる。

問 14. 化合物 C は，化合物 B を硫酸酸性の $K_2Cr_2O_7$ で穏やかに酸化すると得られ還元性がないので，化合物 B は第二級アルコールで，化合物 C はケトンと考えられる。

一方，化合物 C の組成式を $C_xH_yO_z$ とする。元素分析より

C の質量は　$17.6\times\dfrac{12.0}{44.0}=4.80$〔mg〕

H の質量は　$7.20\times\dfrac{2.00}{18.0}=0.800$〔mg〕

O の質量は　$7.20-(4.80+0.800)=1.60$〔mg〕

よって

$$x:y:z=\frac{4.80}{12.0}:\frac{0.800}{1.00}:\frac{1.60}{16.0}$$

$$=4:8:1$$

化合物 C の組成式は C_4H_8O（式量 72.0），分子式 $(C_4H_8O)_n$ となる。

$n=1$ のとき，化合物 C の分子式 C_4H_8O，酸化により C を生じる第二級アルコール B は分子式 $C_4H_{10}O$，不斉炭素原子があるから 2-ブタノール $CH_3C^{*}H(OH)CH_2CH_3$ となる。

$n\geqq 2$ のとき，化合物 B の分子量は 74.0×2 以上となるので，分子量 146 の化合物 Z の構成要素にはならない。

よって　$a=4$，$b=8$，$c=1$

問 15. a）濃硫酸を加えて加熱すると，低温では分子間脱水反応（縮合反応）が起こりエーテルが，高温では分子内脱水反応が起こりアルケン（ブテン）が生成する。

c）$2C_4H_9OH+2Na \longrightarrow 2C_4H_9ONa+H_2$ が起こる。

e）$CH_3CH(OH)-$ の構造をもつので，ヨードホルム反応が起こる。

問 16. 化合物 Z の分子式を $C_xH_yO_3$（分子量：$12x+y+48.0$）とする。

分子量が 146 なので，$12x+y+48.0=146$ となる。

$12x+y=98.0$，また，$y\leqq 2x+2$ より，$x=7$，$y=14$ となる。

ゆえに，化合物 Z の分子式は $C_7H_{14}O_3$（分子量：146）となる。

化合物 Z の加水分解反応は

$$C_7H_{14}O_3+H_2O \longrightarrow \text{化合物 A}+\underset{\text{2-ブタノール}}{C_4H_{10}O\ (\text{化合物 B})}$$

より，化合物 A の分子式は $C_3H_6O_3$ で，カルボキシ基と不斉炭素原子 C* があるから，乳酸 $CH_3C^*H(OH)COOH$（分子量 90.0），化合物 Z は，乳酸と 2-ブタノールのエステルとなる。

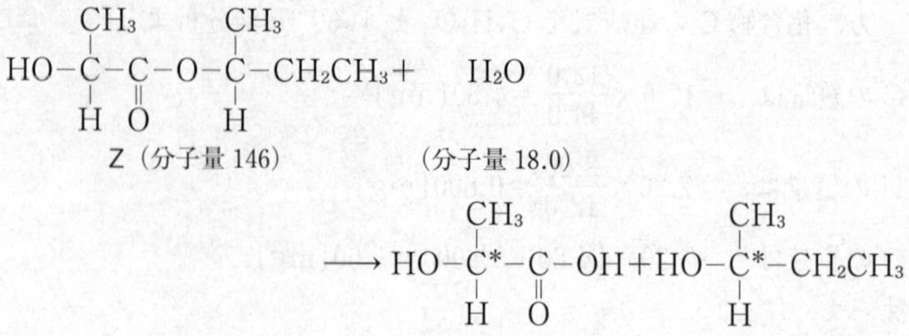

Z（分子量 146）　（分子量 18.0）

A（分子量 90.0）　B（分子量 74.0）

❖講　評

[1]は，「分解速度と反応速度定数，活性化エネルギー」であった。分解反応速度や反応速度定数を，モル濃度の時間変化の実験データから求める問題は標準的であった。また，一次反応の半減期を求める問題や対数関数を用いて活性化エネルギーを求める問題は，与えられた式を丁寧に変形すれば確実に解答できる。活性化エネルギーでは，気体定数の単位について化学で使っている〔Pa･L/K･mol〕ではなく〔J/K･mol〕となることを理解すればよい。

[2]は，「アミノ酸の電離平衡と平衡定数，等電点，イオン交換膜による電解」であった。中性アミノ酸の 2 段階電離の K_1 と K_2 を用いて等電点を求める問題は，教科書や問題集にも必須として出されており，標準的であった。水溶液中に存在する双性イオンの割合 f に関する変形も指示通りに行えば問題はない。pH と f の関係を表すグラフについては，等電点の pH で f が最大となること，$f=0.5$ のときの 2 つの pH の値を，K_1 と K_2 から求められれば正確に解答できる。陽イオン交換膜と陰イオン交換膜を用いた混合水溶液の減塩では，Na^+ と Cl^- が移動して減少する物質量が計算できればよい。

[3]は，「脂肪族エステルの構造決定」であった。構造決定する化合物の分子量と酸素原子の数が与えられていたので，C と H の数は容易に推測ができただろう。加水分解した際の 2 つの生成物がいずれも不斉炭

素原子をもつことや元素分析の結果から，乳酸と 2-ブタノールであることも確実に求められる。問題集で構造決定の練習を行っていれば，流れに沿って確実に解答できたと思われる。

生物

1 解答

問1．ア―F　イ―D　ウ―B

問2．エ―c）　オ―a）

問3．カドヘリン

問4．a）

問5．c），f）

問6．原口背唇〔原口背唇部〕

問7．右図

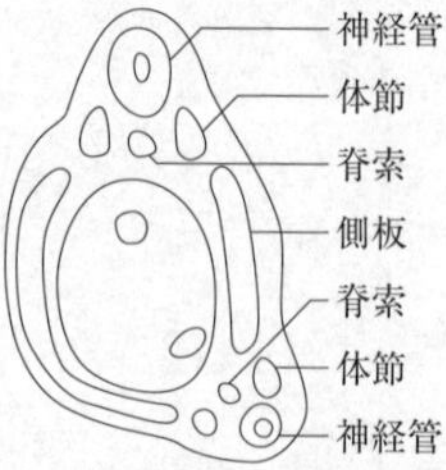

◀解　説▶

≪両生類の発生≫

問1．本問の図は，教科書には記載されていない角度から見た両生類の受精卵や胚の図であることに注意したい。図2→図3でEに向かって細胞が移動している（陥入している）ことから，Eが陥入点であり，その反対側のFが精子侵入点であることがわかる。また，リード文に「原腸胚期には動物極側の細胞の動きは速く，植物極側の細胞の動きは遅い」と記載されていることから，陥入が速いD側が動物極側であり，陥入が遅いB側が植物極側であることがわかる。

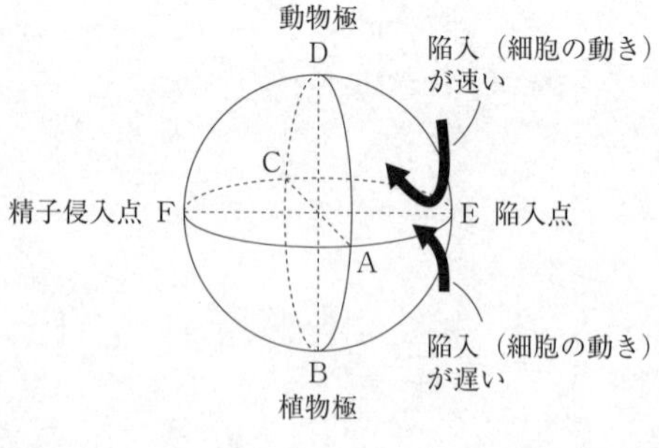

問2．エ．両生類の卵の第一卵割は経割（動物極と植物極を結ぶ面に対し平行な分割）であり，陥入点（E）の位置にある灰色三日月を二分するように生じる。したがって，第一卵割面はB（植物極），D（動物極），Eを含む面である。

オ．両生類の卵の第二卵割は第一卵割面に直交するように生じる経割である。したがって，第二卵割面はA，B，C，Dを含む面である。

問4．両生類では，精子侵入点（F）が腹側に，その反対側である陥入点（E）が背側になる。したがって，BとDを結ぶ線が前後軸，前後軸と垂直に交わる軸が左右軸なので，AとCを結ぶ線が左右軸である。なお，前後方向は動物極―植物極の方向と一致することから，下図の右側のような体軸をもつ個体へと発生すると考えられる。

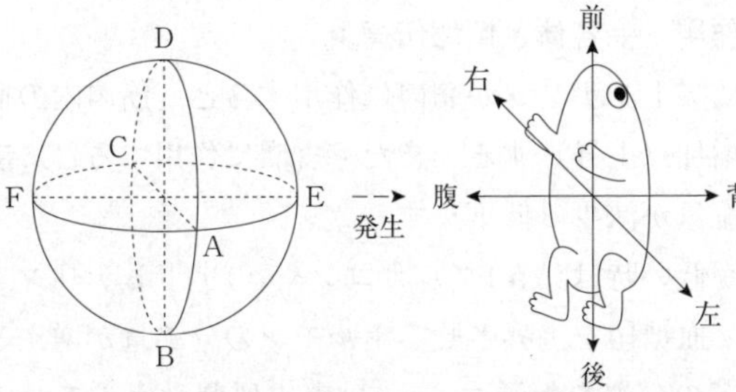

問5．選択肢の語句の中で外胚葉性の器官はｃ)神経とｆ)表皮である。残りのａ)筋肉，ｂ)血管，ｄ)脊索，ｅ)体節はすべて中胚葉性の器官である。

問7．実験2では，クシイモリ胚の背側にある原口背唇がスジイモリ胚の腹側に移植されている。したがって，二次胚（神経管，脊索，体節，側板）が一次胚の神経管の反対側（図4だと下側）に明確に図示できていればよいだろう。

2　**解答**　問8．ア．副腎髄質　イ．増加〔上昇〕　ウ．分解
エ．増加〔上昇〕　オ．減少〔低下〕

問9．ａ)，ｃ)，ｅ)

問10．細胞膜上の受容体にアドレナリンが結合すると，肝臓の細胞内でATPからセカンドメッセンジャー（cAMP）を合成する酸素Aが活性化される。合成されたセカンドメッセンジャーはグリコーゲンをグルコースに分解する酵素Bを活性化する。

問11．左下図

問12．右下図

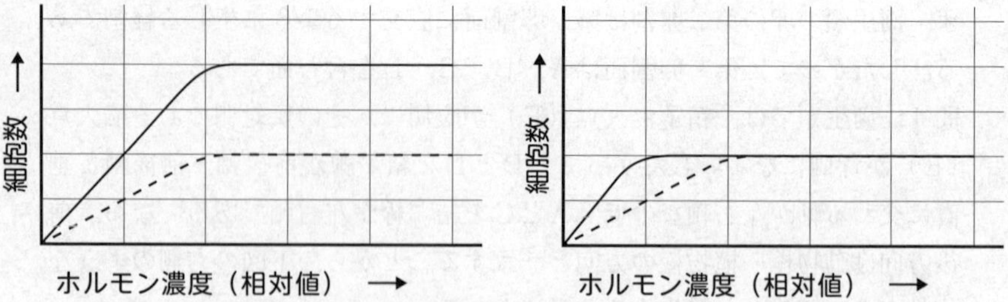

◀解　説▶

≪ホルモンの作用，受容体と情報伝達≫

問８．エ・オ．アドレナリンが筋肉に作用すると，筋肉内の血管が拡張され，血流量が増加（上昇）する。また，皮膚に作用すると，皮膚の血管が収縮され，血流量が減少（低下）する。

問９．血糖値が低い時は，ａ)グルカゴンやｃ)アドレナリン，糖質コルチコイドなどの，血糖値を上昇させるホルモンの分泌量が増える。また，糖質コルチコイドの分泌を促進するｅ)副腎皮質刺激ホルモンの分泌量も増える。ｂ)インスリンは血糖値を低下させるホルモン，ｄ)バソプレシンは血管内の水分量や血圧を上昇させるホルモンである。

問10．「ATP」「グルコース」「酵素」「受容体」の４つの指定用語を用いるためには，アドレナリンが細胞膜上の受容体に結合してから，グリコーゲンをグルコースに分解する酵素が活性化されるまでの流れについて言及していくとよい。したがって，〈細胞膜上の受容体にアドレナリンが結合すると，肝臓の細胞内でATPからセカンドメッセンジャー（cAMP，または，情報伝達物質）を合成する酵素が活性化すること〉〈セカンドメッセンジャーの合成によってグリコーゲンをグルコースに分解する酵素が活性化されること〉の２点を盛り込みたい。また，ATPからセカンドメッセンジャーを合成する酵素を〈ATPからcAMPを合成する酵素（アデニル酸シクラーゼ)〉として扱ってもよいだろう。

問11．図１より，組織Ａの受容体Ｘを持つ細胞の割合（80％）が組織Ｂの受容体Ｘを持つ細胞の割合（40％）の２倍であることがわかる。受容体Ｘを持つ細胞の割合が高いほどホルモンに反応する細胞数も多くなることから，常に組織Ｂの結果（破線のグラフ）の２倍になるように図示できていればよいだろう。また本問では，酵素反応の〈基質濃度と反応速度〉の関係を参考にして，基質→ホルモン，酵素→受容体 X，と考えていけば解きやすくなる。

問 12. 文章 3 より，〈組織 C において受容体 Y を持つ細胞の割合は，組織 B において受容体 X を持つ細胞の割合と同じ 40%であること〉，および〈組織 C が持つ受容体 Y へのホルモンの結合力は，組織 B が持つ受容体 X への結合力よりも約 2 倍強いこと〉がわかる。つまり，組織 B と組織 C においてホルモンに反応する細胞の最大数はそれぞれ等しいが，その最大数に達するまでは，ホルモンに反応する細胞数は，組織 C が組織 B の約 2 倍多いということである。したがって，頭打ちになるまでは組織 B の結果（破線のグラフ）の約 2 倍になるように図示した上で，頭打ちの高さを組織 B の結果（破線のグラフ）と同じになるように図示できていればよいだろう。また，問 11 同様，酵素反応の〈基質濃度と反応速度〉の関係を参考にして考えていけば解きやすくなる。

3 **解答**　問 13. ア．アグロバクテリウム　イ．遺伝子組換え

問 14. b），c）

問 15. a），f），g）

問 16. サイトカイニン

問 17. b），c），e）

問 18. ・核や葉緑体の構造の変化

・葉緑体の数や大きさの減少

・タンパク質やクロロフィル，核酸などの分解

(などから 2 つ)

問 19. 目的の DNA の下流に GFP 遺伝子を組み込んだプラスミドを用いて作出したトランスジェニックトマトの細胞が，紫外線の照射によって緑色の蛍光を発するかどうかを調べる。

◀解　説▶

≪遺伝子の導入，葉の老化≫

問 13. イ．外来遺伝子を細胞の DNA に組み込むことで，新しい性質を付け加えることを「遺伝子組換え」という。この方法では，外来遺伝子が目的の場所以外に組み込まれることも多い。一方，「ゲノム編集」という技術では，目的の場所を認識して切断してから導入するので，外来遺伝子

を的確に目的の場所に組み込むことができる。

問 14. a)不適。b)適切。プラスミドは原核生物で見られる小型の環状DNA であり，ウイルスには見られない。

c)適切。d)不適。プラスミドは染色体 DNA とは物理的に分離しており，独立して複製される。

問 15. 外来遺伝子の導入方法としては，a)エレクトロポレーション法，f)パーティクルガン法，g)ヒートショック法，マイクロインジェクション法，リポフェクション法などが挙げられる。b)クローニングは目的のDNA 断片を単離し増幅する操作，c)サンガー法（ジデオキシ法）はDNA の塩基配列を決定する方法，d)電気泳動法は溶液中の各物質を大きさに応じて分離する方法，e)ノックアウトは特定の遺伝子を欠損させることである。

問 16. 文章 2 の冒頭に「植物の成長や環境応答に重要な植物ホルモンの1つ」とあるので，オーキシンと解答した受験生もいたかもしれないが，同じく文章 2 の末尾に「そのトマトは葉の老化の遅延を示した」とあるので，葉の老化防止の作用をもつサイトカイニンを解答とした。

問 17. a)不適。真核細胞において，クロマチン繊維が凝縮して高次構造が形成された状態では，プロモーターに基本転写因子や RNA ポリメラーゼなどが結合できず，ゲノム DNA の転写が不活性化する。

d)不適。オペレーターに調節タンパク質が結合することで転写が調節される機構は，原核細胞に見られるしくみで，真核細胞では見られない。

e)適切。f)不適。真核細胞において，転写されてできた mRNA 前駆体は，スプライシングによって加工されることで mRNA となる。

問 18. 植物にとって葉の老化とは，効率の悪くなった生命活動を抑制し，蓄えられた代謝産物をできるだけ有効に他の器官に利用するためにプログラムされたしくみである。本問では細胞内で見られる分子レベルの現象について問われているので，細胞小器官や細胞内の代謝産物に注目していくとよい。葉の老化にともない，「核や葉緑体の構造の変化」「葉緑体の数や大きさの減少」「タンパク質やクロロフィル，核酸などの分解」が生じることで，植物がもつエネルギーの利用効率が飛躍的に向上する。

問 19. 遺伝子が導入された細胞を選別するために用いられる遺伝子をマーカー遺伝子という。マーカー遺伝子としては，薬剤耐性遺伝子とともに，紫外線を照射することで緑色の蛍光を発する GFP をコードしている GFP 遺伝子が挙げられる。ここでは GFP 遺伝子について言及する。下図のように，プラスミドの目的の DNA の下流に GFP 遺伝子を組み込むと，そのプラスミドの導入によって作出されたトランスジェニックトマトの細胞では，GFP が合成されるようになる。したがって，このトマトの細胞が紫外線照射によって緑色の蛍光を発すれば，目的の DNA が実際に導入されていることになる。

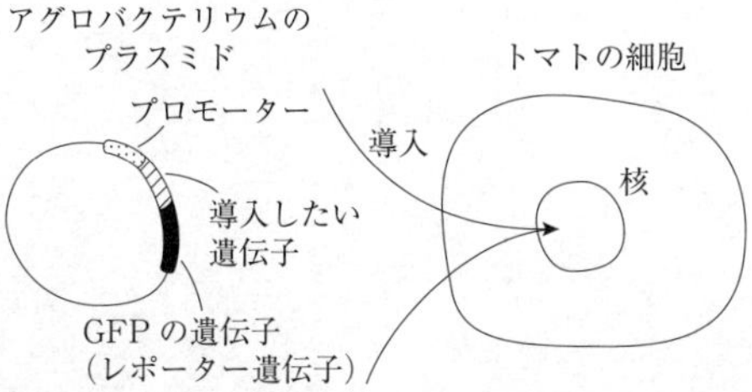

なお，他の方法としては，導入した遺伝子に特異的に結合するプライマーを設計し，トマトから抽出した DNA とプライマーを用いて PCR 法を行い，PCR 反応産物を電気泳動法により分析する方法も考えられる。

❖講　評

例年どおり，2022 年度も大問 3 題の出題であった。小問は 19 問，うち論述問題は 2 問で，いずれも 2021 年度と比べて減少した。描図問題は 3 問で，増加した。

[1]は，両生類の卵割や背腹軸の決定，神経誘導に関する出題であった。図 1 ～ 3 では，教科書には記載されていない角度から見た両生類の受精卵や胚の図が出題された。また問 7 では，二次胚が形成された尾芽胚の描図問題が出題された。

[2]は，ホルモンの受容と作用に関する出題であった。問 10 では，アドレナリンを受容した細胞内で起こる情報伝達の経路についての論述問題が出題された。問 11・問 12 は，ホルモンの濃度と受容体の数に関する描図問題であったが，酵素反応のグラフ問題に慣れていた受験生であれば難なく正答できたであろう。

[3]は，遺伝子の導入，葉の老化に関する出題であった。基本的な知識問題が多かったが，問 18 では葉の老化に関する記述問題，問 19 では目

的のDNAが導入された細胞を判別する方法のアイデアが問われる論述問題が出題された。いずれも教科書の発展的な内容であり，正答できなかった受験生が多くいただろう。

いずれの大問も従来からの頻出分野であった。特に「生殖・発生」「植物の反応」の分野は，十分に学習しておくことが望ましい。3の問18・問19での出題を考慮すると，教科書や資料集の発展的な内容まで把握していきたい。

で、傍線部前後の文章を踏まえた選択肢の丁寧な判別が求められている。また、その際の読解を支える前提となる〈語彙・知識〉も重視されていると思われる。

[二]は『無名草子』からの出題。問一は基本的な語の文脈の中での訳し方が求められている。問二も文脈を踏まえての訳出が求められる。問三は指示語の把握の問題。問四は問一と同様に文脈の中で基本的な語の意味を確定しなくてはならない。文脈重視の出題といえる。Ｂの「いみじ」の選択肢がやや迷う。問五もやや判断に迷うところ。問四と併せて考える。これも基本的な語の多義性に着目させる問いであった。問六は基本的な内容把握の問題。問七は口語訳の問題。疑問・反語の解釈の判断と「おろかなり」の語義が問われている。問八は敬語の問題。「法華経」に対する敬意、という点に受験生は戸惑ったかもしれない。問九・問十の解釈、内容把握の問題はさほど難しくはない。問十一は傍線部以降の正確な読解を求めている。問十二は文学史の問題。物語文学の流れを摑んでおく必要があった。

[三]は漢文二種とそれに関連する『宇治拾遺物語』をあわせて問う出題。問一は書き下し文の問題。語法の知識と文脈の把握との双方が問われる。問二は問一と併せて考える。文章の登場人物の関係を把握させる問題。問三は文章の対句的表現に着目できるかどうかがポイント。問四は文学史の要素も含めた出題。『和漢朗詠集』に関する知識があると解きやすい。問五は句形・語法の問題。受身の句形が問われた。問六は古文の解釈問題。さほど難しくはない。問七はやや難しい。文章Ａ・Ｂの二つに空欄が設けられているが、Ａの文章から答えを導き出すとよい。問八は三つの文章の類似点と相違点と読み比べながら考えさせる問題。文学史の知識や〈注〉をヒントに解くような出題には今後も注意を要する。

a、鄭弘が親孝行であったとはCの文章にしか描かれていないので不適。

b、Bの文章には以下の箇所に対句が用いられている。「聖代之丘園、昔猶多遺徳」と「明時之朝市、今必有隠才」とは対句。また、「春過夏闌。……」と「旦南暮北、……」の袁司徒の故事と鄭太尉の故事も対句なので、これが正解の選択肢の一つ。

c、Cの文章『宇治拾遺物語』は説話に分類される。『堤中納言物語』は物語に分類されるため不適。

d、やや判断に迷うが、〈注〉からは、大雪の時、袁司徒が家から出なかったのは、人々の邪魔になることを嫌ったとあるので「世をすねた人物」（＝ひねくれた人物）とは判断できない。〈注〉をよく読むことが求められる。

e、Aの文章で「此鶴為仙人取箭」とあるので正解。

f、「不思議な風」は鄭弘の行いによって仙人からもたらされたものである。仙人の起こした「風」が「鄭公の風」と呼ばれたのであって、鄭弘その人が神仙になぞらえられてはいない。

g、菅原文時《ふみとき》は平安時代の漢詩人。祖父は菅原道真である。Cの『宇治拾遺物語』は鎌倉時代の成立であるので、時代が逆で不適。

h、「翻案」とは原作の内容を生かしつつ時代・人物などを変えて新しく作り直すことである。Bの文章はAの文章に基づいたもので、「翻案」ではない。また、Cは鄭弘が親孝行であったとするなど、Aの文章にはない新たな内容を加えているので、原文にそって他の国の言語に訳す「翻訳」ではない。

❖講　評

一の現代文は、文学的内容の形式に対する漱石の定義を分析しつつ、その前提となる「意識」の考察の必要性を述べた文章。論旨は明快で読解は容易。設問は内容説明が中心。二〇二一年度に出題された〈図を踏まえた判別〉〈口語文法〉〈語意〉等は出題されず、代わりに〈明治文語文の口語訳〉が出題された。設問のレベルはいずれも標準的なものがヒントである。

c、Bの文章の作者は菅原文時で日本人だが『和漢朗詠集』は中国の詩文、日本の漢文、および和歌が収められている。それゆえ、ただちにcのようなことは言えない。

d、漢文と和歌の調べは異なる。

問五　傍線部の「被」は受身の助動詞「る・らル」と読む用法がある。傍線部を訓読すると「人に知らる」（＝人に知られる）となる。選択肢の中で受身の語法はaの「為《ル》二A《ノ》所《ト》一レB《スル》」（＝AによってBされる）だけである。aを訳出すると〝人に知られる〟となり、傍線部の訳と合致するので、これが正解。bの「莫《シ》レ如《クハ》二―《ニ》一」は「―に如くは莫し」と訓読する比較の用法。〝人が知るのが最もよい〟の意になってしまう。cは「令」を「しム」と読む使役の用法。訳すと〝人に知られないようにする〟となってしまう。dは「何為《レゾ》―」で「何為れぞ―」と訓読する疑問（反語）の用法。訳すと〝人はなぜ知るのか〟となってしまい不適。

問六　傍線部の主部は「孝養の心」である。「そら」はここでは〝天〟の意。「そら」には「そらに〜」の形で〝記憶で・暗記で〟の意味や、「諳《そら》んず」のように〝暗記している〟状態のことを指す意もあるが（選択肢a・c）、風が鄭太尉を助けたことから、ここでは〝天〟の意。「しられぬ」の「れ」は受身の助動詞「る」の連用形。これらを満たすdが正解。

問七　Cの「朝には……。夕には、……」が最もわかりやすい参照箇所であるが、これを参考に、Aの文章の鄭弘の言葉から確認しておこう。「常患若邪渓……北風」が鄭弘の言葉。鄭弘はここで〝いつも薪を舟に載せて運ぶことに難儀している〟と述べている。日々の仕事の便宜を図ってほしいと「神人」（＝仙人）に願っていることから、空欄X・Yには〝朝〟を意味する「旦」と〝夕暮れ時〟を意味する「暮」が入る。dの「先」「後」では、風の吹き方の順序について述べただけで、時の指定がないので不適。

問八　選択肢を検討する。

読み方であるので文意にも合わない。bのように「いづれのところにか」と読むと〝どこ（に）〟となり、これも文意に合わない。cは「所」字を受身の助動詞として読んでいるが、これも文意に合わない。

問二　傍線部以前の箇所で「一遺箭」（＝一本の落ちていた矢）を拾ったのが鄭弘であることがわかる。ここでの「遺」は、〝あとに残す・忘れる〟の意。また、傍線部の後に着目すると、〈箭を拾った者〉の願いごとを、〈箭を返してほしいと言った者〉が叶えていることがわかる。この伝説に由来する風を人々が「鄭公風」と呼んでいることから、〈箭を拾った者〉が鄭弘であり、〈箭を返してほしいと言った者〉が「神人」（選択肢では「仙人」）であると判断できる。したがって、正解はcである。

問三　「明時」は〝よく治まった世・太平の世〟の意。「朝市」は本来は〝朝廷や市場などの人が集まるにぎやかな場所〟の意である。転じて〝人々が名利を争う場〟の意にもなる。ここでは「聖代之丘園」（＝優れた天子が治める世の山野）と対応していると考えるとよい。また、「多遺徳」（＝世に出ていない隠れた賢人が多くいた）と「有隠才」（＝隠れた俊才がいるだろう）も対応している。したがって「明時之朝市」は〝明君が治めている世〟の意であると考えられる。この意味に最も近い選択肢はaである。bは「明」字を「明るい」としており不適。cの「朝日の当たる」も「明」字の解釈を誤っている。dの「公明正大」は〝道理にかなっていて、少しも私心がない〟の意。「明時」の語義に合わず不適。本文では「聖代」「明時」（＝賢明な君主が治める世）と「遺徳」「隠才」（＝まだ世に出ていない優れた臣下）との関係を述べている。

問四　『和漢朗詠集』は藤原公任が編纂した平安時代中期の詩歌集。声に出して朗唱するのに適した和漢の詩句を収めたもの。選択肢を検討する。

a、『和漢朗詠集』では「袁司徒」を、まだ世に出ていない隠れた賢者（「隠才」）として扱っている。当時の貴族の「憧れの人物」というよりは、朝廷がその隠れている才能を見出すべき人として描かれているので不適。

b、『和漢朗詠集』は当時の貴族に愛唱された優れた詩歌のアンソロジーであるので、これが正解。「口ずさまれた」

C　今となっては昔のこと、親に孝行をする者がいた。朝夕に木を伐って、親を養う。孝養の心は、天に知られた。楫《かじ》（＝櫂・櫓）もない舟に乗って、向かいの島に行くと、朝には南からの風が吹いて北の島に吹きつけた。夕暮れ時には、再び舟に木を伐ったものを積み込んで座っていると、北からの風が吹いて家に吹きつけた。このようにするうちに、長年になって、朝廷におかれては（この話を）お聞きになって、大臣として招いてお使いになった。その名を鄭太尉といった。

読み

A　射的山の南に白鶴山有り、此の鶴仙人の為《ため》に箭《や》を取る。漢の太尉鄭弘《ていこう》嘗《かつ》て薪を采《と》り、一遺箭を得たり。頃《しばら》くして人の覓《もと》むる有り、弘之を還す。何をか欲する所と問ふ。弘其の神人たるを識《し》るなり。曰く、常に若邪渓《じゃくやけい》に薪を載することを難しと為すを患《わづら》ふ。願はくは旦《あした》には南風し、暮《くれ》には北風せしめんことをと。後果《はた》して然り。故《ゆゑ》に若邪渓の風今に至るまで猶《な》ほ然り。呼びて鄭公風と為すなり。

B　聖代の丘園には、昔猶ほ遺徳多し。明時の朝市には、今必ず隠才有らん。春過ぎ夏闌《た》けぬ。袁司徒の家の雪、応《まさ》に路達すべし。旦には南暮には北、鄭太尉の谿《たに》の風、人に知らる。

◀解　説▶

問一　「問」は動詞。「何」は疑問詞。「所」は返読文字で下の動詞を名詞化する。「欲」を動詞で読むと「欲す」であるから、連体形として「欲する所」と訓読する。「何所欲」は、ここでは後文で箭（＝矢）を返すように求めた者（＝仙人）に対して、鄭弘が風の吹き方について頼みごとをしていることをヒントとして、「何所欲」のおおまかな訳を考えると〝何をしてほしいのか〟（＝何か頼みごとはないか）となるはずである。したがって、dが文法的にも文意にも合致する。aの「なんすれぞ」という読み方は「何（奚・胡）為―」の読み方。また「んや」は基本的には反語の

問三　a
問四　b
問五　a
問六　d
問七　b
問八　b・e

◆全　訳◆

A　射的山の南に白鶴山があり、この山の鶴が仙人のために矢を取っていた。漢の太尉鄭弘がかつて薪を取り集めているときに、一本の落ちていた（鶴が取り残していた）矢を手に入れた。しばらくして（矢を）探し求める者がおり、鄭弘はこれ（＝矢）を返した。（矢を探していた者が）何か欲しいものはあるかと問う。（それで）鄭弘はその者が神人（＝仙人）であるとわかった。（鄭弘が）言う、「いつも若邪渓に薪を（舟に）載せて運ぶことが難儀なことをつらく思っている。どうか朝には南風を吹かせ、夕暮れ時には北風を吹かせてほしい」と。その後期待通りにそのようになった。このことから若邪渓の風は今に至るまで依然としてそのように吹いている。（人々はこの風を）「鄭公の風」と呼んでいるのである。

B　優れた天子が治める世の山野には、昔はやはり世に出ていない隠れた賢人が多くいました。（それならば今の）よく治まった世の朝野には、今きっと隠れた俊才がいるでしょう。春が過ぎ夏の盛りとなりました。（それで）司徒袁安の家の雪は（融けて）、きっと道が通じるようになっているでしょう（そして間もなく召し出されるでしょう）。朝には南風（が吹き）夕暮れ時には北風（が吹き）、（こうして）鄭太尉も若邪渓の風（の逸話とともに）、人に知られたのです。

に）「めでたし」（＝素晴らしい）と述べているので、法華経を「すばらしい」と賛美した内容のdが正解。

問十　傍線部を含む一文の「これ」は直前の「など、『源氏』とてさばかり……一言も侍る」という内容を指す。『源氏物語』を素晴らしいとしている語り手は、法華経の文字が「一偈一句」も書かれていないことだけが不審であるとしている。傍線部の「難」はここでは〝欠点〟の意。したがって、aが正解。

問十一　傍線部の「道心」は〝仏道に帰依する心〟の意。語り手の一人が、『源氏物語』の作者である紫式部を擁護する場面。この語り手が紫式部を「いみじく道心あり」とする根拠は、傍線部以下の「後の世の恐れを思ひて……心もとまらぬさまなりける人にや」に述べられている。ここでは、紫式部が後世のことを恐れ、朝夕勤行に勤め、現世には心ひかれることもなかった、と述べている。これに合致する選択肢はb。aは「善行を施していた」が不適。他の選択肢の内容はいずれも本文に書かれていないことである。

問十二　傍線部「それより後の物語」とは、『源氏物語』以降の物語のこと。『源氏物語』は平安時代中期に書かれた物語文学。作者は中宮彰子に仕えた紫式部である。文学史的な位置づけとして、『伊勢物語』『大和物語』などの歌物語、『竹取物語』や『落窪物語』などの作り物語、さらには『蜻蛉日記』などの先行する文学作品の集大成として、物語文学の最高峰とされている。aの『狭衣物語』とbの『夜の寝覚』はいずれも『源氏物語』の影響を受けて書かれた平安時代後期の物語の代表作である。

三

出典　A、『後漢書』〈鄭弘伝注〉

B、菅原文時「為一條左大臣辞右大臣第三表」（『本朝文粋』〈巻五〉）

C、『宇治拾遺物語』〈巻十二－十七　鄭太尉の事〉

解答

問一　d

問二　c

に形容詞「恥づかし」には〝（こちらが気後れするほど相手が）立派だ・素晴らしい〟の意がある。傍線部の「恥づかし」はこの意味で解釈するのが妥当であろう。

問六　傍線部は「まして後の世のため」を受けている。「後の世」は〝後世・来世〟の意。「南無阿弥陀仏」と唱えることが、現世のことでも心の乱れを抑え、平安を求める尊い行いなのだから、なおさら来世の平安を願うならば、「南無阿弥陀仏」と唱えることがどんなにか「要事」（＝重要な事柄）であろう、と述べている箇所である。したがって、正解はｄである。

問七　傍線部を含む一文は法華経を賞讃している。「功徳」は〝現世・来世の幸福をもたらすもとになるよい行い〟の意。その功徳の中でも法華経（＝仏教の経典）を唱えることを素晴らしいとする。「おろか（疎か）なり」は〝並一通りだ・いい加減だ〟の意。「何事か」の「か」は以上の文脈から判断して反語の用法。直訳すれば〝何かいい加減なものがあるだろうか、いや、いい加減なものなどはない〟となる。したがって、正解はａ。ｂでは反対の意味になってしまう。

問八　傍線部を含む「覚えさせ給ふ」の「覚え」は「覚ゆ」の未然形。「覚ゆ」は「思ふ」に自発・受身の「ゆ」がついたものとされている。〝自然と思われる・自然とそう感じられる〟の意。主語は語り手である。「させ給ふ」の「させ」は尊敬の用法である場合が多いが、ここでは使役の意を表すと考えて、〝（私に）思うようにさせなさる〟の意ととるとわかりやすい。やや不自然な言い回しではあるが、語り手である「私」に「めでたし」（＝すばらしい）と感じさせるのは、その下に続く「法華経」である。仮に「させ」を尊敬の用法で考えても、文脈に合致する選択肢はｂのみ。したがって、ｂが正解。

問九　傍線部の主部は「これは千部を千部ながら……覚ゆるこそ」である。「これ」の指示内容は「法華経」。気晴らしとなるものの例として、「絵物語」（＝絵入りの物語本）は二、三度読むと（飽きてしまい）厭わしいものとなるが、法華経は見聞きするたびに新鮮に思われることを述べている。このことについて「あさましく」（＝驚きあきれるほどすなわち、すばらしいことへの執着心を「南無阿弥陀仏」と唱えることで「慰む」（＝心を鎮める）のであるから、傍線部2の「めでたし」はcの「心の乱れを生じさせる例」が適当。aがやや紛らわしいが、「めでたし」を「程度が甚だしいことを表す語」としている点が不適。なお、現在の「めでたい」には〝愚かだ・お人好しだ〟の意味もあるが、これは近世（＝江戸時代）以降の用法である。

問二　傍線部「人の上にも」は直前の「身にとりては」（＝私にとっては）を受けている。『南無阿弥陀仏』と唱えることの普遍的な効験を述べている箇所である。「人」はここでは〝他人〟の意。「～の上」は〝～についてのこと・～に関する〟の意。「身の上」が我が事についてのことをいうのと同じである。したがって、cの「他の人の場合でも」が正解。bは「高貴な人」と限定しているところが誤り。

問三　傍線部の直訳は〝そう思うであろう〟である。傍線部3「人の上にも」を受けていることに注意する。自分が『南無阿弥陀仏』と唱えることで得られる心の平安を「人」も得られるだろうと推し量っている。「さ」の指示内容は直前の「身にとりてはかく覚え侍れば」の「かく」と同じ。「かく」は『南無阿弥陀仏』とだに申しつれば……慰む心地することにて侍れ」である。したがって、aが正解。

問四　形容詞「いみじ」は善悪ともに程度の甚だしいさまを表す。破線部Aの「いみじくこそ侍れ」は「南無阿弥陀仏」の経文についての賞讃を述べている。「心にくく、奥ゆかしく」に続く箇所なのでaが正解。破線部Bの「いみじ」は、選択肢の中に直接的な根拠を持つものが見出しにくいが、左衛門督公光の態度について、かつて親しかった女性の心変わりに心を乱されることなく「南無阿弥陀仏」と唱えたことを「恥づかし」（＝気後れするほど立派だ）と評価していて、公光の態度に気後れし、自分の卑俗な予想（公光が女を非難するだろうと予想していた）に冷や汗が出るほど困惑したと考えるとよい。

問五　選択肢b「立派で」と選択肢c「きまりが悪く」とで迷うところ。本文の第一段落は「南無阿弥陀仏」と唱えることの功徳を説いている。したがって、語り手は公光の態度を賞讃していると考えてよい。問四の〔解説〕で述べたようようなので、（その座にいて聞いて）いた者の中で若い声で、「紫式部が法華経を読み申し上げなかったのでしょうか」と言うようなので、（その声に応じて）「さあどうでしょうか。それにつけても、とても残念なことです。つまらない私たちでさえ、後世のためはもちろんのことで、他人が聞いた場合にも（法華経を読んでいないということは）情が乏しいように思われるにちがいないことですので、無理にでも（法華経を）読み申し上げたいことであるのに、それほどであったという人（＝紫式部ほど情の深かったという人）が、どうしてそのようなことがあるでしょうか」などと言うと、また（ある人が）、「そうは言うものの、（紫式部は）とても仏道に帰依する心が深かった人で、後世の恐れ（＝極楽往生できないこと）を思って、朝夕ひたすら勤行ばかりをし続けて、総じて現世には心もひかれない様子であった人であろうか、と見られているようです」などと言い始めて、

「それにしても、この『源氏物語』を作り出したことが、どう考えても、この世（＝現世）だけのことではなく（＝前世からの因縁によるもので）珍しく思われます。ほんとうに、仏に祈願したその効験でありましょうか、と思われます。それ（＝『源氏物語』）以降の物語は、考えてみるととても容易にできる（＝やすやすと作ることができる）にちがいないものです。あれ（＝『源氏物語』）を創作の参考として作ったとしたら、『源氏物語』にまさったものを作り出す人もあることでしょう。（しかし紫式部が）わずかに『宇津保（物語）』『竹取（物語）』『住吉（物語）』などだけを物語として見たという心持ちで、あれほどに（物語を）作り出したのだろうということは、並の者のし遂げたこととは思われないことです」

▲解　説▼

問一「めでたし」は「めづ」（＝賞讃・賞美する）＋「たし」で賞美する対象に用いられ〝素晴らしい・立派である・美しい〟〝喜ばしい〟が基本的な語義。ただし、設問に「傍線部2では否定的な例として挙げられている」とある。ここでは、「人の恨めしき」「世の業のわびしき」「ものの羨ましき」と並べて「強ひて心にしみて物の覚ゆる」（＝むしょうに心に深く感じて思われる）ことの一つとして挙げられている。それらと並べて、物を賞美したくなる心の乱れ、

ら）消え失せて心が慰められる気持ちがすることです。他の人はどのようにお思いになるでしょうか。私にとってはこのように感じられますので、他の方についてもただ『南無阿弥陀仏』と申す人は、そのように思うであろうと、慕わしく、心ひかれて、しみじみとすばらしいと感じることでございます。『左衛門督公光と申した人が、以前親しくしていた宮仕えしている人（＝宮中の女房）が、他（の男性）に心を移していたと聞いて後に、たまたま出くわして、もはやその（＝恋の）方面のことなどは少しも話題にせず、一般的な世間話や、宮中のことだけを、言葉少なに語って、南無阿弥陀仏、南無阿弥陀仏と言っておられましたのは、（二人について）過去のことやこれからのことを（とやかく）言うようなことよりもこちらが気後れするほど立派で、冷や汗も流れるほどひどく困惑したことでした』と語る人がいましたが、ましてや後世のためには、（念仏を唱えることは）どれほど大事なことでございましょうか（さぞ大事なことでしょう）」と言うと、また、

「功徳の中で、何かいい加減なものがあろうか（いや、いい加減なものなど何もない）と申す中でも、何度考えてもすばらしいことと（私に）思うようにさせなさるのは、法華経でいらっしゃる。どのように面白く素晴らしい絵物語と言っても、二、三度も見てしまうと、厭わしいものですが、これ（＝法華経）は千部を千部とも聞くたびに新鮮な感じがして、一文字ごとにはじめて聞き及んだことのように思われることが、驚くほどすばらしいのです。『無二亦無三《むにまたむさん》』（＝二無く亦《また》三無く、ただ一つの教え）と仰せられているだけではなく、『法華最第一』（＝法華経が最もすぐれた経文である）とあるようですので、改めてこのように申すまでもないことですが、そのように昔から言い伝えていることも、必ずしもそうだとは思われないこともございますが、これ（＝法華経）は、たまたま（この世に）生まれてきた思い出として、ただ（この法華経に）会い申し上げただけだ（＝法華経にめぐり逢うためだけに生まれてきたのだ）、と思うと、どうして、『源氏』（＝『源氏物語』）というあれほどにすばらしいものに、この法華経の文字が一偈《いちげ》一句もおありにならないのでしょうか。（『源氏物語』の中に）何か書き残したり、書き漏らしたりしたことが、一言でもございましょうか（いいえ、何一つ書き残したことはないのです）。これ（＝法華経に言い及んでいないこと）だけが第一の難点と思われるのです」と言う

二

出典　『無名草子』

解答

問一　c

問二　c

問三　a

問四　A—a　B—c

問五　b

問六　d

問七　a

問八　b

問九　d

問十　a

問十一　b

問十二　a・b

◆全　訳◆

「いまさら改めて申すべきでもないことですが、この世（＝現世）にとって第一にすばらしく思われることは、阿弥陀仏でいらっしゃいます。念仏の功徳の重要なことなどをはじめとして、申しあげるまでもないことです。『南無阿弥陀仏』と申すことは、つくづくすばらしいと思われるのです。他人のことが恨めしい場合にも、人の世が辛く思われる場合にも、何か羨ましい場合にも、好ましいと感じる場合にも、ただどのような事柄（＝方面のこと）につけても、むしょうに心に染み入るように感じられることの慰めにも、『南無阿弥陀仏』とだけでも申しますと、どのようなことも、すぐに（心かこれを踏まえて傍線部が問題としている「ｆだけがある文章」を定義すると〈印象や観念の焦点が存在しないまま、それに伴って生じる情緒だけが述べられている文章〉ということになる。これが「端的に訳が分からない」、つまり〈なぜそのような情緒が生じているのかがさっぱり分からない〉のだと理解する。

問六　Ａ、傍線部「この説明」の「この」が「焦点的なる語」を指すことを確認した上で、「出立せざるべからず」が〈出発しないわけにはいかない＝出発しなければならない〉であることを踏まえて選択肢を選ぶ。

Ｂ、傍線部前後で筆者の考えを確認すると、前の部分に「Ｆは焦点が当たっている印象または観念のこと」「『焦点』という言葉についてはさらに説明が必要」とあり、後ろの部分に「文学作品と呼ばれるものは、認識と情緒……からできている、つまり人間の意識状態が材料」「文学の材料となる意識そのものについて検討する必要がある」とあるので、これらを考えあわせて選択肢を選ぶ。

問七　直前に①「一人の人間のなかで生じるさまざまな変化を分類して名づけたものだ」、後ろの部分に②「研究者たちのあいだで『感情とはこういうものだ』と合意があるわけではなく、いくつもの分類が試みられている」とある。①がａに、②がｂに該当すると理解する。ｃの「レッテルを貼」るは〝ある人物やその考え、立場などを一方的に評価し、決めつける〟という意味。

問八　傍線部の指示語「このような意味で」を手がかりにして直前を見ると「文学を研究する上で、人間の精神（心理）の働きから考えるということは、私たちが人間や精神をどこまでどのように解明・理解しているかとおおいに関係している」とある。この〈文学研究と精神の理解〉との関係を踏まえ、傍線部の「『文学論』……読み替え、更新」に対応した選択肢を選ぶ。ｄは「文学の定義」が誤り。定義が「Ｆ＋ｆ」である点を変更するとは書かれていない。

問九　ｄは本文全体の内容を適切に要約している。ａは「不徹底なものとなっている」、ｂは「両者を考えるよりも、人間の精神（心理）を考えることの方が……重要」、ｃは「反対に……精神活動を考える必要」が、それぞれ本文に記述がない。

を考えあわせると、『文学論』は心理学や認知科学、神経科学の進展によって読み替え、更新される書物でもある。

▲解　説▼

問一　傍線部より前に注目。一つ目の引用文に「Fは焦点的印象または観念を意味し、fはこれに附着する情緒を意味す」とあり、また冒頭には「認識すること（F）」と「認識に伴って生じる情緒（f）」とあるので、これらを踏まえて選択肢を選ぶ。

問二　直後から段落末尾まででキーワードを拾うと、①「数式めいたもの」、②「最も重要なことを最初に述べている」、③「戸惑ったとしても無理はない」、④「漱石自身は、たくさんの文学作品……を読んでゆくなかで、この見方に至っている」、⑤「探究の果て……果実を惜しげもなく提示していると受け取りたい」とある。bは①・③・④・⑤に、dは②・③にそれぞれ該当する。

問三　まず設問文の「漱石」「文学作品の性質」という語を手がかりにして傍線部より前を見ると、三段落前に「漱石が『あらゆる文学作品』についてまとめて述べてしまおうとしている」「古今東西の文学作品一般に妥当する」とある。次に「変数」に関して傍線部の段落内後半を見ると「それぞれいろいろな具体物が入りうる」「…さまざまな認識が、……多種多様な情緒がありうる」とあるので、これらを踏まえて選択肢を選ぶ。

問四　空欄を含む文は「Fとfを足すことはできない」の理由にあたる内容である。また、この文の内容について、直後の文で「重さと長さ」を例に説明していることを押さえる。重さや長さは物事を分析・計測するための〈基準となる単位〉である。ならば〈基準〉そのものが違う、ということを問題にしていると理解できる。よってcが正解。dの「等値」は〝①値が等しいこと／②価値が等しいこと〟という意味で、〈基準〉の違いの説明とはならない。

問五　直後の「文学作品では、Fとfが両方揃っている」という記述を手がかりにしてFとfの中身を第一段落でもう一度確認すると、「あらゆる文学作品は、人間が『認識すること（F）』と『認識に伴って生じる情緒（f）』という二つの要素からできている」「『認識すること』とは人の注意が向いて焦点が当たっている印象や観念のことだ」とある。

国語

一

出典　山本貴光『文学問題（F＋f）＋』〈I　漱石の文学論を読む　第二章　『文学論』第一編　文学作品の内容は「F＋f」である〉（幻戯書房）

解答

問一　d

問二　b・d

問三　b

問四　c

問五　a

問六　A―c　B―a

問七　a・b

問八　b

問九　d

◆要　旨◆

『文学論』で漱石はどんな文学作品も「認識すること（F）」とその「認識に伴って生じる情緒（f）」とを内容としていると主張する。Fやfは状況に応じて変化しうる「変数」的なものである。Fとは焦点が当たっている印象や観念だが、「焦点」とは何かを考えるためには人間の意識について検討する必要がある。文学作品がFとfから成る以上漱石としては文学の材料となる意識の検討が必要なのだ。また「認識」を始めとする諸精神の働きを説明する名づけと分類の妥当性

////////////////////// · memo · //////////////////////

//////////////////// · memo · ////////////////////

//////////////////// · memo · ////////////////////

//////////////////// · memo · ////////////////////

//////////////////// · memo · ////////////////////

//////////////////// · **memo** · ////////////////////

//////////////////// · memo · ////////////////////

教学社 刊行一覧

2025年版 大学赤本シリーズ

国公立大学（都道府県順）

374大学556点
全都道府県を網羅

全国の書店で取り扱っています。店頭にない場合は，お取り寄せができます。

1 北海道大学(文系－前期日程)
2 北海道大学(理系－前期日程) 医
3 北海道大学(後期日程)
4 旭川医科大学(医学部〈医学科〉) 医
5 小樽商科大学
6 帯広畜産大学
7 北海道教育大学
8 室蘭工業大学／北見工業大学
9 釧路公立大学
10 公立千歳科学技術大学
11 公立はこだて未来大学 総推
12 札幌医科大学(医学部) 医
13 弘前大学 医
14 岩手大学
15 岩手県立大学・盛岡短期大学部・宮古短期大学部
16 東北大学(文系－前期日程)
17 東北大学(理系－前期日程) 医
18 東北大学(後期日程)
19 宮城教育大学
20 宮城大学
21 秋田大学 医
22 秋田県立大学
23 国際教養大学 総推
24 山形大学 医
25 福島大学
26 会津大学
27 福島県立医科大学(医・保健科学部) 医
28 茨城大学(文系)
29 茨城大学(理系)
30 筑波大学(推薦入試) 医 総推
31 筑波大学(文系－前期日程)
32 筑波大学(理系－前期日程) 医
33 筑波大学(後期日程)
34 宇都宮大学
35 群馬大学 医
36 群馬県立女子大学
37 高崎経済大学
38 前橋工科大学
39 埼玉大学(文系)
40 埼玉大学(理系)
41 千葉大学(文系－前期日程)
42 千葉大学(理系－前期日程) 医
43 千葉大学(後期日程) 医
44 東京大学(文科) DL
45 東京大学(理科) DL 医
46 お茶の水女子大学
47 電気通信大学
48 東京外国語大学 DL
49 東京海洋大学
50 東京科学大学(旧 東京工業大学)
51 東京科学大学(旧 東京医科歯科大学) 医
52 東京学芸大学
53 東京藝術大学
54 東京農工大学
55 一橋大学(前期日程)
56 一橋大学(後期日程)
57 東京都立大学(文系)
58 東京都立大学(理系)
59 横浜国立大学(文系)
60 横浜国立大学(理系)
61 横浜市立大学(国際教養・国際商・理・データサイエンス・医〈看護〉学部)
62 横浜市立大学(医学部〈医学科〉) 医
63 新潟大学(人文・教育〈文系〉・法・経済科・医〈看護〉・創生学部)
64 新潟大学(教育〈理系〉・理・医〈看護を除く〉・歯・工・農学部) 医
65 新潟県立大学
66 富山大学(文系)
67 富山大学(理系) 医
68 富山県立大学
69 金沢大学(文系)
70 金沢大学(理系) 医
71 福井大学(教育・医〈看護〉・工・国際地域学部)
72 福井大学(医学部〈医学科〉) 医
73 福井県立大学
74 山梨大学(教育・医〈看護〉・工・生命環境学部)
75 山梨大学(医学部〈医学科〉) 医
76 都留文科大学
77 信州大学(文系－前期日程)
78 信州大学(理系－前期日程) 医
79 信州大学(後期日程)
80 公立諏訪東京理科大学 総推
81 岐阜大学(前期日程) 医
82 岐阜大学(後期日程)
83 岐阜薬科大学
84 静岡大学(前期日程)
85 静岡大学(後期日程)
86 浜松医科大学(医学部〈医学科〉) 医
87 静岡県立大学
88 静岡文化芸術大学
89 名古屋大学(文系)
90 名古屋大学(理系) 医
91 愛知教育大学
92 名古屋工業大学
93 愛知県立大学
94 名古屋市立大学(経済・人文社会・芸術工・看護・総合生命理・データサイエンス学部)
95 名古屋市立大学(医学部〈医学科〉) 医
96 名古屋市立大学(薬学部)
97 三重大学(人文・教育・医〈看護〉学部)
98 三重大学(医〈医〉・工・生物資源学部) 医
99 滋賀大学
100 滋賀医科大学(医学部〈医学科〉) 医
101 滋賀県立大学
102 京都大学(文系)
103 京都大学(理系) 医
104 京都教育大学
105 京都工芸繊維大学
106 京都府立大学
107 京都府立医科大学(医学部〈医学科〉) 医
108 大阪大学(文系) DL
109 大阪大学(理系) 医
110 大阪教育大学
111 大阪公立大学(現代システム科学域〈文系〉・文・法・経済・商・看護・生活科〈居住環境・人間福祉〉学部－前期日程)
112 大阪公立大学(現代システム科学域〈理系〉・理・工・農・獣医・医・生活科〈食栄養〉学部－前期日程) 医
113 大阪公立大学(中期日程)
114 大阪公立大学(後期日程)
115 神戸大学(文系－前期日程)
116 神戸大学(理系－前期日程) 医
117 神戸大学(後期日程)
118 神戸市外国語大学 DL
119 兵庫県立大学(国際商経・社会情報科・看護学部)
120 兵庫県立大学(工・理・環境人間学部)
121 奈良教育大学／奈良県立大学
122 奈良女子大学
123 奈良県立医科大学(医学部〈医学科〉) 医
124 和歌山大学
125 和歌山県立医科大学(医・薬学部) 医
126 鳥取大学 医
127 公立鳥取環境大学
128 島根大学 医
129 岡山大学(文系)
130 岡山大学(理系) 医
131 岡山県立大学
132 広島大学(文系－前期日程)
133 広島大学(理系－前期日程) 医
134 広島大学(後期日程)
135 尾道市立大学 総推
136 県立広島大学
137 広島市立大学
138 福山市立大学 総推
139 山口大学(人文・教育〈文系〉・経済・医〈看護〉・国際総合科学部)
140 山口大学(教育〈理系〉・理・医〈看護を除く〉・工・農・共同獣医学部) 医
141 山陽小野田市立山口東京理科大学 総推
142 下関市立大学／山口県立大学
143 周南公立大学 新 総推
144 徳島大学 医
145 香川大学 医
146 愛媛大学 医
147 高知大学 医
148 高知工科大学
149 九州大学(文系－前期日程)
150 九州大学(理系－前期日程) 医
151 九州大学(後期日程)
152 九州工業大学
153 福岡教育大学
154 北九州市立大学
155 九州歯科大学
156 福岡県立大学／福岡女子大学
157 佐賀大学 医
158 長崎大学(多文化社会・教育〈文系〉・経済・医〈保健〉・環境科〈文系〉学部)
159 長崎大学(教育〈理系〉・医〈医〉・歯・薬・情報データ科・工・環境科〈理系〉・水産学部) 医
160 長崎県立大学 総推
161 熊本大学(文・教育・法・医〈看護〉学部・情報融合学環〈文系型〉)
162 熊本大学(理・医〈看護を除く〉・薬・工学部・情報融合学環〈理系型〉) 医
163 熊本県立大学
164 大分大学(教育・経済・医〈看護〉・理工・福祉健康科学部)
165 大分大学(医学部〈医・先進医療科学科〉) 医
166 宮崎大学(教育・医〈看護〉・工・農・地域資源創成学部)
167 宮崎大学(医学部〈医学科〉) 医
168 鹿児島大学(文系)
169 鹿児島大学(理系) 医
170 琉球大学 医

2025年版　大学赤本シリーズ

国公立大学 その他

171 〔国公立大〕医学部医学科 総合型選抜・学校推薦型選抜※ 医 総推
172 看護・医療系大学〈国公立 東日本〉※
173 看護・医療系大学〈国公立 中日本〉※
174 看護・医療系大学〈国公立 西日本〉※
175 海上保安大学校／気象大学校
176 航空保安大学校
177 国立看護大学校
178 防衛大学校 総推
179 防衛医科大学校（医学科） 医
180 防衛医科大学校（看護学科）

※No.171～174の収載大学は赤本ウェブサイト（http://akahon.net/）でご確認ください。

私立大学①

北海道の大学（50音順）

201 札幌大学
202 札幌学院大学
203 北星学園大学
204 北海学園大学
205 北海道医療大学
206 北海道科学大学
207 北海道武蔵女子大学・短期大学
208 酪農学園大学（獣医学群〈獣医学類〉）

東北の大学（50音順）

209 岩手医科大学（医・歯・薬学部） 医
210 仙台大学 総推
211 東北医科薬科大学（医・薬学部） 医
212 東北学院大学
213 東北工業大学
214 東北福祉大学
215 宮城学院女子大学 総推

関東の大学（50音順）

あ行（関東の大学）

216 青山学院大学（法・国際政治経済学部－個別学部日程）
217 青山学院大学（経済学部－個別学部日程）
218 青山学院大学（経営学部－個別学部日程）
219 青山学院大学（文・教育人間科学部－個別学部日程）
220 青山学院大学（総合文化政策・社会情報・地球社会共生・コミュニティ人間科学部－個別学部日程）
221 青山学院大学（理工学部－個別学部日程）
222 青山学院大学（全学部日程）
223 麻布大学（獣医、生命・環境科学部）
224 亜細亜大学
226 桜美林大学
227 大妻女子大学・短期大学部

か行（関東の大学）

228 学習院大学（法学部－コア試験）
229 学習院大学（経済学部－コア試験）
230 学習院大学（文学部－コア試験）
231 学習院大学（国際社会科学部－コア試験）
232 学習院大学（理学部－コア試験）
233 学習院女子大学
234 神奈川大学（給費生試験）
235 神奈川大学（一般入試）
236 神奈川工科大学
237 鎌倉女子大学・短期大学部
238 川村学園女子大学
239 神田外語大学
240 関東学院大学
241 北里大学（理学部）
242 北里大学（医学部） 医
243 北里大学（薬学部）
244 北里大学（看護・医療衛生学部）
245 北里大学（未来工・獣医・海洋生命科学部）
246 共立女子大学・短期大学
247 杏林大学（医学部） 医
248 杏林大学（保健学部）
249 群馬医療福祉大学・短期大学部
250 群馬パース大学 総推
251 慶應義塾大学（法学部）
252 慶應義塾大学（経済学部）
253 慶應義塾大学（商学部）
254 慶應義塾大学（文学部） 総推
255 慶應義塾大学（総合政策学部）
256 慶應義塾大学（環境情報学部）
257 慶應義塾大学（理工学部）
258 慶應義塾大学（医学部） 医
259 慶應義塾大学（薬学部）
260 慶應義塾大学（看護医療学部）
261 工学院大学
262 國學院大學
263 国際医療福祉大学 医
264 国際基督教大学
265 国士舘大学
266 駒澤大学（一般選抜T方式・S方式）
267 駒澤大学（全学部統一日程選抜）

さ行（関東の大学）

268 埼玉医科大学（医学部） 医
269 相模女子大学・短期大学部
270 産業能率大学
271 自治医科大学（医学部） 医
272 自治医科大学（看護学部）／東京慈恵会医科大学（医学部〈看護学科〉）
273 実践女子大学 総推
274 芝浦工業大学（前期日程）
275 芝浦工業大学（全学統一日程・後期日程）
276 十文字学園女子大学
277 淑徳大学
278 順天堂大学（医学部） 医
279 順天堂大学（スポーツ健康科・医療看護・保健看護・国際教養・保健医療・医療科・健康データサイエンス・薬学部） 総推
280 上智大学（神・文・総合人間科学部）
281 上智大学（法・経済学部）
282 上智大学（外国語・総合グローバル学部）
283 上智大学（理工学部）
284 上智大学（TEAPスコア利用方式）
285 湘南工科大学
286 昭和大学（医学部） 医
287 昭和大学（歯・薬・保健医療学部）
288 昭和女子大学
289 昭和薬科大学
290 女子栄養大学・短期大学部 総推
291 白百合女子大学
292 成蹊大学（法学部－A方式）
293 成蹊大学（経済・経営学部－A方式）
294 成蹊大学（文学部－A方式）
295 成蹊大学（理工学部－A方式）
296 成蹊大学（E方式・G方式・P方式）
297 成城大学（経済・社会イノベーション学部－A方式）
298 成城大学（文芸・法学部－A方式）
299 成城大学（S方式〈全学部統一選抜〉）
300 聖心女子大学
301 清泉女子大学
303 聖マリアンナ医科大学 医
304 聖路加国際大学（看護学部）
305 専修大学（スカラシップ・全国入試）
306 専修大学（前期入試〈学部個別入試〉）
307 専修大学（前期入試〈全学部入試・スカラシップ入試〉）

た行（関東の大学）

308 大正大学
309 大東文化大学
310 高崎健康福祉大学
311 拓殖大学
312 玉川大学
313 多摩美術大学
314 千葉工業大学
315 中央大学（法学部－学部別選抜）
316 中央大学（経済学部－学部別選抜）
317 中央大学（商学部－学部別選抜）
318 中央大学（文学部－学部別選抜）
319 中央大学（総合政策学部－学部別選抜）
320 中央大学（国際経営・国際情報学部－学部別選抜）
321 中央大学（理工学部－学部別選抜）
322 中央大学（5学部共通選抜）
323 中央学院大学
324 津田塾大学
325 帝京大学（薬・経済・法・文・外国語・教育・理工・医療技術・福岡医療技術学部）
326 帝京大学（医学部） 医
327 帝京科学大学 総推
328 帝京平成大学 総推
329 東海大学（医〈医〉学部を除く－一般選抜）
330 東海大学（文系・理系学部統一選抜）
331 東海大学（医学部〈医学科〉） 医
332 東京医科大学（医学部〈医学科〉） 医
333 東京家政大学・短期大学部 総推
334 東京経済大学
335 東京工科大学
336 東京工芸大学
337 東京国際大学
338 東京歯科大学
339 東京慈恵会医科大学（医学部〈医学科〉） 医
340 東京情報大学
341 東京女子大学
342 東京女子医科大学（医学部） 医
343 東京電機大学
344 東京都市大学
345 東京農業大学
346 東京薬科大学（薬学部） 総推
347 東京薬科大学（生命科学部） 総推
348 東京理科大学（理学部〈第一部〉－B方式）
349 東京理科大学（創域理工学部－B方式・S方式）
350 東京理科大学（工学部－B方式）
351 東京理科大学（先進工学部－B方式）
352 東京理科大学（薬学部－B方式）
353 東京理科大学（経営学部－B方式）
354 東京理科大学（C方式、グローバル方式、理学部〈第二部〉－B方式）
355 東邦大学（医学部） 医
356 東邦大学（薬学部）

2025年版　大学赤本シリーズ

私立大学②

357 東邦大学（理・看護・健康科学部）
358 東洋大学（文・経済・経営・法・社会・国際・国際観光学部）
359 東洋大学（情報連携・福祉社会デザイン・健康スポーツ科・理工・総合情報・生命科・食環境科学部）
360 東洋大学（英語〈3日程×3カ年〉）
361 東洋大学（国語〈3日程×3カ年〉）
362 東洋大学（日本史・世界史〈2日程×3カ年〉）
363 東洋英和女学院大学
364 常磐大学・短期大学 総推
365 獨協大学
366 獨協医科大学（医学部） 医

な行（関東の大学）

367 二松学舎大学
368 日本大学（法学部）
369 日本大学（経済学部）
370 日本大学（商学部）
371 日本大学（文理学部〈文系〉）
372 日本大学（文理学部〈理系〉）
373 日本大学（芸術学部〈専門試験併用型〉）
374 日本大学（国際関係学部）
375 日本大学（危機管理・スポーツ科学部）
376 日本大学（理工学部）
377 日本大学（生産工・工学部）
378 日本大学（生物資源科学部）
379 日本大学（医学部） 医
380 日本大学（歯・松戸歯学部）
381 日本大学（薬学部）
382 日本大学（N全学統一方式－医・芸術〈専門試験併用型〉学部を除く）
383 日本医科大学 医
384 日本工業大学
385 日本歯科大学
386 日本社会事業大学 総推
387 日本獣医生命科学大学
388 日本女子大学
389 日本体育大学

は行（関東の大学）

390 白鷗大学（学業特待選抜・一般選抜）
391 フェリス女学院大学
392 文教大学
393 法政大学（法〈Ⅰ日程〉・文〈Ⅱ日程〉・経営〈Ⅱ日程〉学部－A方式）
394 法政大学（法〈Ⅱ日程〉・国際文化・キャリアデザイン学部－A方式）
395 法政大学（文〈Ⅰ日程〉・経営〈Ⅰ日程〉・人間環境・グローバル教養学部－A方式）
396 法政大学（経済〈Ⅰ日程〉・社会〈Ⅰ日程〉・現代福祉学部－A方式）
397 法政大学（経済〈Ⅱ日程〉・社会〈Ⅱ日程〉・スポーツ健康学部－A方式）
398 法政大学（情報科・デザイン工・理工・生命科学部－A方式）
399 法政大学（T日程〈統一日程〉・英語外部試験利用入試）
400 星薬科大学 総推

ま行（関東の大学）

401 武蔵大学
402 武蔵野大学
403 武蔵野美術大学
404 明海大学
405 明治大学（法学部－学部別入試）
406 明治大学（政治経済学部－学部別入試）
407 明治大学（商学部－学部別入試）
408 明治大学（経営学部－学部別入試）
409 明治大学（文学部－学部別入試）
410 明治大学（国際日本学部－学部別入試）
411 明治大学（情報コミュニケーション学部－学部別入試）
412 明治大学（理工学部－学部別入試）
413 明治大学（総合数理学部－学部別入試）
414 明治大学（農学部－学部別入試）
415 明治大学（全学部統一入試）
416 明治学院大学（A日程）
417 明治学院大学（全学部日程）
418 明治薬科大学 総推
419 明星大学
420 目白大学・短期大学部

ら・わ行（関東の大学）

421 立教大学（文系学部－一般入試〈大学独自の英語を課さない日程〉）
422 立教大学（国語〈3日程×3カ年〉）
423 立教大学（日本史・世界史〈2日程×3カ年〉）
424 立教大学（文学部－一般入試〈大学独自の英語を課す日程〉）
425 立教大学（理学部－一般入試）
426 立正大学
427 早稲田大学（法学部）
428 早稲田大学（政治経済学部）
429 早稲田大学（商学部）
430 早稲田大学（社会科学部）
431 早稲田大学（文学部）
432 早稲田大学（文化構想学部）
433 早稲田大学（教育学部〈文科系〉）
434 早稲田大学（教育学部〈理科系〉）
435 早稲田大学（人間科・スポーツ科学部）
436 早稲田大学（国際教養学部）
437 早稲田大学（基幹理工・創造理工・先進理工学部）
438 和洋女子大学 総推

中部の大学（50音順）

439 愛知大学
440 愛知医科大学（医学部） 医
441 愛知学院大学・短期大学部
442 愛知工業大学 総推
443 愛知淑徳大学
444 朝日大学 総推
445 金沢医科大学（医学部） 医
446 金沢工業大学
447 岐阜聖徳学園大学 総推
448 金城学院大学
449 至学館大学 総推
450 静岡理工科大学
451 椙山女学園大学
452 大同大学
453 中京大学
454 中部大学
455 名古屋外国語大学 総推
456 名古屋学院大学 総推
457 名古屋学芸大学 総推
458 名古屋女子大学 総推
459 南山大学（外国語〈英米〉・法・総合政策・国際教養学部）
460 南山大学（人文・外国語〈英米を除く〉・経済・経営・理工学部）
461 新潟国際情報大学
462 日本福祉大学
463 福井工業大学
464 藤田医科大学（医学部） 医
465 藤田医科大学（医療科・保健衛生学部）
466 名城大学（法・経営・経済・外国語・人間・都市情報学部）
467 名城大学（情報工・理工・農・薬学部）
468 山梨学院大学

近畿の大学（50音順）

469 追手門学院大学 総推
470 大阪医科薬科大学（医学部） 医
471 大阪医科薬科大学（薬学部） 総推
472 大阪学院大学 総推
473 大阪経済大学 総推
474 大阪経済法科大学 総推
475 大阪工業大学 総推
476 大阪国際大学・短期大学部 総推
477 大阪産業大学 総推
478 大阪歯科大学（歯学部）
479 大阪商業大学 総推
480 大阪成蹊大学・短期大学 総推
481 大谷大学 総推
482 大手前大学・短期大学 総推
483 関西大学（文系）
484 関西大学（理系）
485 関西大学（英語〈3日程×3カ年〉）
486 関西大学（国語〈3日程×3カ年〉）
487 関西大学（日本史・世界史・文系数学〈3日程×3カ年〉）
488 関西医科大学（医学部） 医
489 関西医療大学 総推
490 関西外国語大学・短期大学部 総推
491 関西学院大学（文・法・商・人間福祉・総合政策学部－学部個別日程）
492 関西学院大学（神・社会・経済・国際・教育学部－学部個別日程）
493 関西学院大学（全学部日程〈文系型〉）
494 関西学院大学（全学部日程〈理系型〉）
495 関西学院大学（共通テスト併用日程〈数学〉・英数日程）
496 関西学院大学（英語〈3日程×3カ年〉） 新
497 関西学院大学（国語〈3日程×3カ年〉） 新
498 関西学院大学（日本史・世界史・文系数学〈3日程×3カ年〉） 新
499 畿央大学 総推
500 京都外国語大学・短期大学 総推
502 京都産業大学（公募推薦入試） 総推
503 京都産業大学（一般選抜入試〈前期日程〉）
504 京都女子大学 総推
505 京都先端科学大学 総推
506 京都橘大学 総推
507 京都ノートルダム女子大学 総推
508 京都薬科大学 総推
509 近畿大学・短期大学部（医学部を除く－推薦入試） 総推
510 近畿大学・短期大学部（医学部を除く－一般入試前期）
511 近畿大学（英語〈医学部を除く3日程×3カ年〉）
512 近畿大学（理系数学〈医学部を除く3日程×3カ年〉）
513 近畿大学（国語〈医学部を除く3日程×3カ年〉）
514 近畿大学（医学部－推薦入試・一般入試前期） 医 総推
515 近畿大学・短期大学部（一般入試後期） 医
516 皇學館大学 総推
517 甲南大学 総推
518 甲南女子大学（学校推薦型選抜） 新 総推
519 神戸学院大学 総推
520 神戸国際大学 総推
521 神戸女学院大学 総推
522 神戸女子大学・短期大学 総推
523 神戸薬科大学 総推
524 四天王寺大学・短期大学部 総推
525 摂南大学（公募制推薦入試） 総推
526 摂南大学（一般選抜前期日程）
527 帝塚山学院大学 総推
528 同志社大学（法、グローバル・コミュニケーション学部－学部個別日程）

2025年版　大学赤本シリーズ　No. 284

上智大学（TEAP スコア利用方式）

編　集　教学社編集部
発行者　上原 寿明
発行所　教学社
〒606-0031
京都市左京区岩倉南桑原町56
電話　075-721-6500
振替　01020-1-15695
印　刷　加藤文明社

2024年6月10日　第1刷発行
ISBN978-4-325-26342-5
定価は裏表紙に表示しています